PAULINE JULIEN
La vie à mort

ŒUVRES DE LOUISE DESJARDINS

Rouges Chaudes suivi du *Journal du Népal*, poésie, Saint-Lambert, Éditions du Noroît, 1983
La Catastrophe, poésie, en collaboration avec Élise Turcotte, Montréal, Éditions de la NB, 1985
Petite Sensation, poésie, Montréal, Éditions de l'Estérel, 1985 (épuisé)
Les Verbes seuls, poésie, Saint-Lambert, Éditions du Noroît, 1985
La Minutie de l'araignée, poésie, Montréal, Éditions de la NBJ, 1987 (épuisé)
La 2e avenue, poésie, Saint-Lambert, Éditions du Noroît, 1990 (épuisé)
Le Désert des mots, poésie, Amay, Belgique, Le buisson ardent, 1991
La Love, roman, Montréal, Leméac, 1993
Poèmes faxés, poésie, en collaboration avec Jean-Paul Daoust et Mona Latif-Ghattas, Trois-Rivières, Les Écrits des forges, 1994
Politique de Pouvoir de Margaret Atwood, traduction, Montréal, l'Hexagone, 1995
La 2e Avenue, précédé de *Petite sensation, La minutie de l'araignée, Le marché de l'amour*, poésie, Montréal, l'Hexagone, 1995
Le Prêt-à-écrire, une grammaire simple comme bonjour, en collaboration avec Michèle Frémont, Montréal, CCDMD, 1997
Darling, roman, Montréal, Leméac, 1998

LOUISE DESJARDINS

PAULINE JULIEN
La vie à mort

biographie

LEMÉAC

DONNÉES DE CATALOGAGE AVANT PUBLICATION (CANADA)

Desjardins, Louise

Pauline Julien: la vie à mort

(Collection Vies et mémoires)

ISBN 2-7609-5137-5

1. Julien, Pauline. 2. Chanteurs – Québec (Province) – Biographies. 3. Compositeurs – Québec (Province) – Biographies. 4. Paroliers – Québec (Province) – Biographies. I. Titre. II. Collection.

ML420.J8D47 1999 782.42164'092 C99-941343-0

Conception de la couverture : Gianni Caccia

Couverture : photographie de Pauline Julien par François Rivard, Trois-Rivières, 1978 ; photographie de Pauline Julien et Louise Desjardins par Jean Bernier, 1998.

ISBN 2-7609-5137-5

1124, rue Marie-Anne Est, Montréal (Qc) H2J 2B7
Dépôt légal – Bibliothèque nationale du Québec, 3e trimestre 1999

Imprimé au Canada

Ça tourne autour de moi, ça m'étourdit
J'ai pas envie d'me laisser faire
pourtant
J'en mets beaucoup j'veux tout savoir
J'me r'flète dans cinquante-six miroirs
Mais quand j'nous r'garde bien dans les yeux
Y a une lumière qui manque sur deux
La vie à mort, la vie à mort
On court, on danse, on crie, on mord
On appelle ça la vie à mort, la vie à mort
On est bien sûr qu'y a rien d'plus fort
Des fois j'rêve qu'la vie a deux bords
et puis et puis
Des fois ça m'donne le goût d'pleurer[1]

PAULINE JULIEN

Prologue

J'ai rencontré Pauline Julien chez elle la première fois au début de mars 1997. En février, mon éditeur m'avait téléphoné chez moi, à Rouyn-Noranda, pour me proposer d'écrire sa biographie. J'ai hésité quelques jours. À cause de la distance, surtout. J'ai bien réfléchi. Comme à peu près tous les gens de ma génération, je l'avais vue en spectacle, à la télévision, j'avais acheté ses disques, je l'avais aperçue lors de rassemblements politiques, rencontrée lors de vernissages et de lancements. J'ai remis un de ses disques et sa voix m'est revenue, sa voix forte et emportée qui avait accompagné la venue au monde du Québec moderne, un peu à la manière d'une sage-femme pas très sage, bouillonnant d'impatience devant la lenteur des changements, toujours sur la brèche, attentive aux moindres remous. Il n'en fallait pas davantage pour me convaincre de plonger dans cette aventure dont je savais d'instinct qu'elle n'allait pas être de tout repos. J'ai donc accepté, comme on dit oui alors qu'il serait plus raisonnable de dire non. Je sentais que si je disais non, je le regretterais toute ma vie.

J'ai sonné au 4538, rue Pontiac, et tout de suite une petite femme brune a descendu l'escalier couvert de moquette rouge. Elle a ouvert, elle a souri et m'a fait remarquer une horloge de carton sur laquelle était écrit : « La concierge est dans l'escalier. » Elle m'a montré comment avancer l'horloge et faire apparaître des messages différents : « La concierge dort » et « La concierge est sortie. » Elle m'a dit : « C'est Alan Glass, mon ami, qui a fait ça. » Puis elle a souri de nouveau et n'a plus rien dit. On m'avait renseignée sur la maladie qui couvait sournoisement en elle, une aphasie dégénérescente, et je n'ai pas insisté. À cause de ma mère qui, à la fin de sa vie, n'arrivait pas elle non plus à s'exprimer, j'avais appris à me comporter avec les personnes qui ont des problèmes d'élocution.

Nous sommes montées toutes les deux à l'étage dans son appartement rempli de livres, de photos, d'objets d'art et de bibelots. Lucienne Losier, son imprésario, était là et nous avons abordé le sujet de sa biographie. Pauline Julien allait me fournir la documentation et me « parler » lors d'entrevues enregistrées. Lucienne nous a quittées au bout d'une heure. Pauline Julien m'a invitée à partager son repas. Elle a voulu faire cuire des côtelettes, mais ça n'allait pas sans mal, sa motricité fine étant déjà affectée. Maxime Deschênes, qui habitait au rez-de-chaussée, dans l'ancien bureau du député Gérald Godin, le mari de Pauline Julien, son « préféré » comme elle l'appelait affectueusement, est montée pour l'aider mine de rien. Pauline a servi le thé en prenant dans ses mains une théière bouillante sans anse : « Je ne me brûle pas », a-t-elle lancé avec fierté.

Elle m'a demandé ensuite si je pouvais venir dès le lendemain commencer les entrevues. « Ça presse, insista-t-elle, je n'en ai pas pour longtemps, un an, deux ans au maximum. Ensuite je ne serai plus là. » Le matin suivant il faisait tempête. Quand je suis arrivée devant chez elle, très tôt, Pauline Julien déblayait son entrée avec vigueur, armée d'une pelle plus grande qu'elle. Elle s'est arrêtée, m'a souri et a fait un salut majestueux, comme à la scène, et m'a dit en m'invitant à entrer : « Après vous. » Je l'ai remerciée. Elle a aussitôt protesté : « Ne dites pas merci, je ne vous ai rien donné. »

Nous nous sommes installées à la table de sa cuisinette. Elle m'a avoué alors qu'elle était en train d'écrire des petits « contes vécus ». J'ai voulu les voir, mais elle a refusé net en m'annonçant qu'elle allait les publier dans quelques mois. Son manuscrit était très avancé ; elle allait presque tous les jours écrire au presbytère de la paroisse Saint-Pierre-Claver. Elle l'a serré contre sa poitrine comme un trésor et je n'ai pas compris à ce moment-là toute la valeur qu'elle accordait à ces textes sur lesquels elle bûchait depuis des années et qu'elle voulait absolument publier avant de mourir. Je trouvais qu'il y avait danger de faire double emploi avec la biographie que je m'apprêtais à écrire, mais elle m'a rassurée : « Ce n'est pas une autobiographie, ce sont des petits contes vécus. » Pendant les entrevues réalisées chez elle entre mars 1997 et février 1998, elle avait toujours son manuscrit à portée de main, le consultant au moindre trou de mémoire. Je n'arrivais pas à comprendre pourquoi elle tenait tant à ce que quelqu'un écrive sa biographie alors qu'elle-même était en train d'écrire ce que je croyais être son autobiographie. J'ignorais alors que nous n'en resterions pas à une contradiction près et que nous n'arriverions à nous faire mutuellement confiance que très graduellement.

Quand est sorti Il fut un temps où l'on se voyait beaucoup *en avril 1998, j'ai constaté que ce livre ne dévoilait que des petits fragments de sa vie. Ces récits autobiographiques écrits sur un ton délicat et affectueux étaient dédiés à sa petite-fille Marie, fille de Pascale et Jean Bernier, pour l'« amuser si ça lui chante », et représentaient son ultime raison de vivre « avant de tout perdre, la mémoire, la parole, la santé, le plaisir de vivre, les attentions, les câlineries réciproques de [sa] famille et de [ses] amis, l'habitude de rire à propos de tout et de rien, avant de mettre fin aux nombreux et beaux voyages de Ouagadougou à North Hatley*[2] *». Ce livre lui donnait l'occasion de revivre par petites touches sa vie depuis l'enfance, d'aimer une dernière fois ceux qu'elle avait aimés et qui l'avaient aimée, de chanter encore un peu dans son cœur.*

Pendant dix-huit mois, je l'ai rencontrée plus d'une vingtaine de fois. Ce que j'aimais chez Pauline, c'était ce sens aigu qu'elle avait du dérisoire, cette capacité à rire au moment le plus inattendu, à rire d'elle-même surtout. Dans les entrevues, nous riions beaucoup toutes les deux de ses lapsus, et c'est ce qui nous a permis de continuer malgré les énormes difficultés de langage qu'elle éprouvait. Et je comprends, avec le recul, pourquoi elle tenait tant à voir le spectacle de Raymond Devos une dernière fois, le 29 septembre 1998, juste avant de mettre fin à ses jours.

Parallèlement à ces rencontres, j'ai obtenu des entrevues auprès d'une centaine de personnes, tant au Québec qu'en Europe, qui l'avaient bien connue : ses deux frères Bernard et Marcel, sa sœur Fabienne, des musiciens, des comédiens, des chanteurs, des imprésarios et surtout des amis. Ses enfants, Pascale et Nicolas Galipeau, tout en m'assurant de leur collaboration pour la recherche de documents et de photos, ont préféré rester en retrait et j'ai respecté leur choix. Pauline avait déjà légué ses archives à la Bibliothèque nationale du Québec que j'ai eu le loisir de consulter à ma guise. Au milieu de l'été 1998, les transcriptions des entrevues étaient terminées, je considérais que je ne pouvais guère aller plus loin dans mes recherches. Je ne pouvais plus compter sur la collaboration de Pauline, dont la maladie s'aggravait de semaine en semaine, et j'avais entrepris la rédaction des premiers chapitres.

Le lundi 28 septembre 1998, vers huit heures quarante-cinq du matin, j'ai reçu un appel de Magalie, une amie qui venait chez Pauline presque tous les matins l'aider à faire sa correspondance, sa comptabilité, prendre ses rendez-vous, etc. Elle a dit : « Un instant, Pauline va vous parler. » J'ai attendu un peu, puis un tout petit filet de voix a balbutié péniblement : « J'ai trois, quatre tiroirs de cahiers, des journaux, des lettres, les veux-tu ? » J'ai répondu en blaguant : « Une folle dans une poche ! » Elle a rigolé au bout du fil, comme elle le faisait souvent quand mes réponses la surprenaient. Puis elle a ajouté : « Jure, jure, jure-moi que tu les brûleras après t'en être servie. » J'aurais juré n'importe quoi tant j'étais fébrile. Puis elle a ajouté : « Au revoir. » Je n'ai pas insisté, j'ai cru qu'elle partait pour North Hatley, dans sa maison de campagne, où elle avait passé presque tout l'été 1998. Trois jours plus tard, elle nous quittait.

En revenant de ses funérailles en autobus, le lundi 5 octobre, j'apportais avec moi un sac de voyage contenant les documents personnels que Pauline m'avait légués. Il y en avait des kilos ! Toute la journée, de Montréal à Rouyn-Noranda, le soleil faisait flamber les feuillus dans le ciel d'automne ; on aurait dit la chevelure de Pauline au vent. J'ai extrait deux ou trois cahiers boudinés de mon sac pour les lire pendant le voyage. Les premières pages que j'ai lues étaient celles d'un journal écrit à quarante-trois ans, dans lequel elle commençait son autobiographie : il y avait un plan, quelques titres provisoires tels « Comme si c'était à recommencer » ou « À la pointe de » ou encore « Du plus loin que je m'en souvienne[3]. » Après quelques notes sur son enfance, elle poursuivait : « Comment écrire des souvenirs ? Par la rigueur du détail, les pensées qui en découlent, les impressions, les événements les plus marquants, tout ou la fraction, l'éclair, l'enchantement[4] ? »

De retour chez moi, j'ai fait un inventaire des nouveaux documents qu'elle m'avait donnés : un journal intime allant de 1960 à 1996, des brouillons de lettres, des manuscrits de chansons, des projets de programmes de spectacles, des journaux de voyage, des descriptions de rêves, d'états d'âme, d'angoisse, et surtout, surtout, des tentatives récurrentes d'écrire son autobiographie. J'ai dévoré comme un roman tout ce qu'elle racontait de son enfance et des événements évoqués tant en entrevue que dans Il fut un temps où l'on se voyait beaucoup. *À travers ses phrases courtes, allusives, dans les petites touches de couleur et d'affection, je la retrouvais comme si je l'avais connue plus jeune, alors qu'elle était fringante et en possession de tous ses moyens. Ces pages m'ont émue aux larmes et j'ai compris à ce moment-là que la biographie allait prendre une tout autre perspective, que ces documents seraient déterminants. J'ai décidé de m'en servir abondamment, de citer de larges extraits de ses écrits afin de faire entendre sa voix d'écrivain et de la conjuguer à la mienne. J'ai pensé que de cette façon, je pourrais raconter sa vie un peu comme elle l'aurait fait elle-même si elle n'en avait pas été empêchée par sa terrible maladie, poursuivant cette œuvre qu'elle avait plusieurs fois remise sur le métier sans pouvoir l'achever. Même si elle s'en défendait beaucoup, elle avait fait le projet de devenir écrivain, elle qui aimait tant les livres, elle qui était consciente que sa carrière de chanteuse allait se terminer un jour.*

Dans le lot des documents, il y avait aussi les premières lettres de Gérald Godin, écrites soit à la main sur des cartons, soit à la machine à écrire sur du papier qui avait jauni avec le temps. Chacune des lettres était encore dans son enveloppe d'origine et plusieurs d'entre elles portaient un numéro, comme si, beaucoup plus tard, probablement après la mort de Gérald, elle avait voulu reconstituer la chronologie de leur amour. Ces enveloppes étaient nouées et quand j'ai ouvert ce paquet, j'ignorais que je tombais sur un tel trésor. Je savais qu'un grand nombre de ces lettres avaient été déposées par Pauline dans son fonds de la Bibliothèque nationale. Elle m'avait permis de les parcourir, surtout pour y repérer des dates, des lieux, pour m'aider à situer des événements dans leur contexte. Un jour, elle tint à m'accompagner aux archives, pour « m'aider », et cette image de Pauline relisant les lettres de Gérald me restera pour toujours comme la représentation d'un amour qui traverse les pires trahisons, les pires mésententes et qui reste vivant, malgré tout, au-delà de la mort. Elle avait près de soixante-dix ans, Gérald était décédé depuis trois ans, et voilà qu'elle se met à rire sous cape en lisant des lettres d'amour écrites vingt, trente ans auparavant, gloussant comme une adolescente. Elle me pousse du coude pour me lire des passages croustillants, elle s'amuse comme une folle et ça dure des heures. Quelle force que cette écriture qui réussit à émouvoir Pauline encore et encore malgré la mort, malgré l'absence.

Pendant les entrevues, Pauline Julien me disait souvent qu'elle allait mettre fin à ses jours. Je n'y croyais pas tant je la trouvais vivante, énergique, drôle en dépit de son handicap. En lisant son journal intime, j'ai découvert une femme très angoissée, peu sûre d'elle, qui se sentait abandonnée et qui avait évoqué maintes fois la possibilité de se suicider depuis le début des années soixante. Elle voulait contrôler sa mort tout autant que sa vie.

Maintenant, il me reste à rendre compte le plus fidèlement possible de ce que cette femme, cette grande artiste, cette mère courage, cette amoureuse, cette citoyenne a vécu. Elle a su me séduire avec ses mille gentillesses et ses grandes maladresses. Même malade, elle était une « terrible vivante » et elle me manque « terriblement ». Les mots, je l'espère, la feront revivre encore et encore, pour toujours, dans nos cœurs.

Place à Pauline Julien !

NOTES

1. Extrait d'une chanson écrite par Pauline Julien, ayant pour titre *La Vie à mort.* (*Au milieu de ma vie, peut-être à la veille de...*, 1972).
2. *Il fut un temps où l'on se voyait beaucoup*, Lanctôt éditeur, 1998.
3. Pauline Julien, texte inédit, août 1971.
4. Idem. (D'après une chanson de Barbara.)

La petite dernière

Juin 1944

Quand je suis née à Trois-Rivières
dans les années d'avant la guerre
à deux coins de rue du séminaire
mon papa vendait du smallware
et personne n'aurait compris
dans la rue Laviolette
qu'en ce mois de Marie
je n'avais dans la tête
que le goût
de faire l'amour avec vous[1]

« C'est un cadeau du ciel », ne cesse de répéter son père quand Pauline Julien vient au monde. Le 23 mai 1928, elle entre dans une famille qui a déjà une histoire. Les dix premiers enfants d'Émile Julien et de Marie-Louise Pronovost ont, dans l'ordre, entre vingt-trois et quatre ans : André, Émilienne, Alphonse, Roland, Rita, Bernard, Alice, Alberte, Marcel et Fabienne. Pauline sera la petite dernière, celle qu'on n'attendait pas, un rayon de soleil au sein d'une famille éprouvée par des difficultés financières.

Dès leur mariage en février 1903, Émile et Marie-Louise s'étaient installés au village de Baie-de-Shawinigan, à une trentaine de kilomètres au nord de Trois-Rivières. Très vite, Émile devient un prospère marchand général. La famille s'agrandit d'année en année mais, vers la fin de la Première Guerre mondiale, Émile Julien souffre de graves problèmes de santé. Le médecin lui conseille de déménager dans une région où l'air est sec. Fils de fermier, Émile avait gardé la nostalgie de la campagne et il voulait tenter l'exploitation d'une terre et faire de l'élevage. Marie-Louise suggère de vendre le magasin pour acheter une terre au Manitoba, près de Winnipeg. Au début du siècle, plusieurs familles québécoises, attirées par la prospérité et l'aventure, ont ainsi déménagé dans l'Ouest canadien pour s'installer près de Saint-Boniface, région agricole où une petite communauté francophone avait fait son nid. En 1920, les parents Julien prennent le train en direction des Prairies, amenant leurs huit enfants avec un wagon complet de marchandises, des chevaux et la somme rondelette de vingt-cinq mille dollars[2], provenant de la vente du commerce. Émile achète un *homestead*, une terre si grande qu'on ne voit rien d'autre à l'horizon que des champs à perte de vue. Grêle, sécheresse, mauvaises récoltes, troupeau improductif, crise économique, toutes les raisons seront invoquées pour expliquer l'échec de l'aventure. En avril 1922, les Julien ont presque tout perdu et décident de revenir au Québec. Abandonnant leur bétail et laissant sur place la plupart de leurs meubles, ils ne ramènent qu'un lit d'enfant, des vêtements et de menus objets, ainsi que le piano Pratt acheté pour la belle Émilienne, l'aînée des filles. Ils s'entassent dans un camion avec un nouvel enfant de quatre mois, Marcel. Leur unique enrichissement depuis deux ans.

Très éprouvés, les Julien n'ont plus de maison où loger leur famille. Les enfants sont placés dans la parenté, quelques-uns vont à Saint-Tite dans celle de Marie-Louise, d'autres chez l'oncle Louis, qui habite la maison paternelle près de Trois-Rivières. Émile doit recommencer à zéro, marcher sur son orgueil et travailler pour le cousin Albert, à qui il avait vendu son magasin et qui avait fait fortune en le revendant à prix fort à une compagnie de papier. Rien pour réjouir Émile, déjà enclin à la neurasthénie, mais Marie-Louise ne se plaint pas. À force de persévérance, la situation se redresse peu à peu et la famille, à nouveau réunie, emménage trois ans plus tard à Trois-Rivières, au 1492, rue Laviolette, avec une petite fille de plus, Fabienne, puis au 351B de la même rue. C'est là que Pauline vient au monde, dans cette ville épiscopale et industrielle, au confluent du Saint-Laurent et du Saint-Maurice, en plein cœur du Québec. Donnant sur un parc aux pins majestueux, le logement des Julien est modeste, au deuxième étage d'une grande maison de briques rouges qui existe toujours[3], mais qu'un incendie a, depuis, amputée du troisième étage.

La petite enfance de Pauline, comme celle de la majorité des Canadiens français de l'époque, se passe dans le cercle familial où les oncles et les tantes se fréquentent et s'entraident. Émile Julien a trois frères, Louis, Edmond et Georges, et deux sœurs religieuses, sœur Zéphyr et sœur Julien. Émile est né le 17 juillet 1876 dans une vieille famille de paysans installée près de Trois-Rivières depuis plus de cent ans. Pauline ira avec ses parents visiter la maison paternelle qu'habite l'oncle Louis : « Il y avait le salon mystérieux tout glacé où on n'entrait jamais, un salon figé avec ses fauteuils recouverts, ses fleurs en plastique et surtout ce surréaliste globe, où sous verre il y avait la photo de communiant et les fleurs de la tombe du petit cousin mort avant l'adolescence et sûrement une photo de la Vierge avec le cierge qui répandait son odeur d'encens. Il y avait aussi le lit de la grand-mère, lit à baldaquin avec la toilette dans la garde-robe, le couvre-pieds en dentelles[4]. » Pauline n'a jamais connu ses grands-parents, mais elle se plaît à s'inventer une grand-mère déterminée dont elle retient un conseil utile : « Si tu veux franchir une porte fermée, il faut passer au-dessus, par-dessous, de côté, et s'il le faut, par le trou de la serrure[5]. » Comme ses parents étaient assez âgés quand elle est née, elle a pu confondre par moments les deux générations. Loin de souffrir du fait que ses parents sont plus vieux que ceux de ses petites amies, elle y voit un certain avantage : « Mais cette enfance vécue un peu dans l'inconscience, de grands replis sur moi, une manière de guetter ce qui se passait et faire en sorte d'arriver où je voulais. Cette enfance, grâce aussi à ces parents déjà âgés, me donnait une kyrielle innombrable de tantes, oncles, cousins, cousines, frères, sœurs, qui semaient dans ma vie toutes sortes de courants d'air chargés d'émotions, tout oreilles, que fantastiques, que douloureuses, mystérieuses, selon les arrivées, les départs, les crises familiales, les réunions, les Fêtes[6]. »

Dans cette famille nombreuse, il y avait un cousin célèbre. Émile Julien et Maurice Duplessis, qui allait devenir premier ministre de la province de Québec de 1936 à 1939 et de 1944 à 1959, étaient cousins germains, selon un arbre généalogique de la famille[7]. La mère d'Émile Julien, Séraphine-Olivine Le Noblet-Duplessis, était la tante de Maurice Duplessis. Émile s'intéressait lui aussi à la chose politique ; il avait été maire de Baie-de-Shawinigan avant de partir au Manitoba. Il aimait discuter de l'actualité : « Mon père lisait beaucoup les journaux, écoutait religieusement les nouvelles (Francœur et son [pétainisme] forcené aux approches et au début de la guerre – toute mon optique politique en fut faussée pour longtemps), en parlait avec sa femme, ses frères, les oncles[8]. » Ce goût de la politique, Émile le transmet à son fils aîné, André, qui sera un organisateur électoral pour Maurice Duplessis et maire du Cap-de-la-Madeleine. Il le transmet sûrement à Pauline aussi qui écoute religieusement du haut de l'escalier tout ce qui se dit dans la cuisine les soirs où les cousins de la banlieue de Trois-Rivières rendent visite à Émile. Pauline ne fera pas de politique active, elle ne se présentera pas comme députée, mais elle sera très attentive aux injustices sociales et militera toute sa vie pour améliorer le sort de ses concitoyens les plus démunis.

Politique et religion ne font qu'un à cette époque d'avant les années soixante. La religion catholique est le pain quotidien des Canadiens français : le curé, le prêtre, la religieuse détiennent un grand pouvoir sur les gens, ils font les lois qui régissent leur vie privée jusque dans leur lit. On ne peut « empêcher la famille » sans être exclu de la communauté paroissiale, là où se gèrent les intérêts sociaux, éducatifs et financiers. Dans les familles nombreuses, il est bien vu qu'au moins deux ou trois enfants se consacrent à la vie religieuse. Pour perpétuer l'œuvre de Dieu, pour conserver langue et religion et pour faire les études supérieures auxquelles n'ont accès que les fils de familles les mieux nanties. Entrer en religion représente parfois la seule porte de sortie pour s'instruire ou fuir un climat familial très difficile en raison de la pauvreté et de la promiscuité. Plusieurs frères et sœurs de Pauline entreront en religion : avant sa mort prématurée, Roland convoite le sacerdoce ; Bernard étudiera de longues années à Rome avant d'être ordonné prêtre en 1941, et Alberte, qui entre en 1936 au noviciat chez les Filles de Jésus, prononcera ses vœux perpétuels en 1938. Dans ces familles nombreuses, les filles aînées se marient tard ou ne se marient pas du tout : Émilienne se marie la première, à un âge respectable, après un séjour chez les Sœurs elle aussi ; Rita demeure célibataire et Alice devient missionnaire laïque au Pérou. Parmi les filles, seules Fabienne et Pauline se marient jeunes. Dans la vingtaine, Pauline abandonnera la pratique de la religion, mais sa ferveur religieuse l'accompagnera toute sa vie dans sa quête spirituelle, dans sa générosité envers les « brebis perdues », les pauvres et les malades, dans sa volonté de devenir missionnaire dans le tiers monde. Elle tient de sa mère son éveil à la vie spirituelle : « J'avais quatre ans et ma mère me montre un très beau livre illustré de la Bible. Tout à coup, pour la première fois je fais face à une illustration d'ange. Je demande, en pointant les ailes : "Qu'est-ce et qui est-ce que c'est ?" Ma mère me répond : "Des ailes et c'est un ange[9]." » Pauline insiste alors pour avoir des ailes et être un ange, mais sa mère, ne sachant que répondre, lui dit qu'on devient ange après sa mort. Pauline hurle : « Je veux mourir, je veux mourir ! » Plus tard, les beaux hommes de passage dans sa vie, elle les appellera ses « anges ».

Pauline a une enfance heureuse, chargée d'émotions ; elle est entourée de ses sœurs, de ses frères plus âgés, de ses parents débordant d'attention et d'affection pour elle, la cadette. Elle aime les grandes tablées, les histoires mystérieuses que les grands racontent, les histoires d'amour de sa sœur Émilienne. Mais elle n'est pas sans oublier son frère Roland dont la mort l'a profondément marquée. Toute sa vie, elle regrettera de l'avoir peu connu. Marie-Louise lui en parle souvent en lui montrant l'unique photo de famille réunissant les onze enfants autour des parents. On a dû mettre Roland en médaillon, car c'est peu après son décès que les Julien se réunissent chez un photographe. Sur le cliché, Pauline, toute vêtue de blanc, l'air ingénu, tient la vedette, assise au premier rang telle une petite princesse, se démarquant des autres membres de la famille attristés par le deuil. Marie-Louise raconte à sa petite Pauline tous les événements qui ont tissé leur vie parce que lorsque Pauline naît, les aînés ont déjà quitté la maison.

André, l'aîné des fils, s'est engagé chez le cousin Albert Julien, marchand de fruits et légumes. Alphonse commence bientôt à gagner sa vie comme employé à la Wabasso, une manufacture de coton, avant de s'associer à André. Émilienne, la belle Émilienne, dite Mimie, termine à Montréal des études d'infirmière. L'atmosphère de la maison n'est pas toujours rose : Rita est si souvent malade qu'elle ne peut poursuivre ses études, ce qui l'aigrit. Alice ne s'entend pas toujours avec sa sœur Rita et des tensions s'élèvent entre le père et Alice et Rita. Bernard et Alberte partent pour le noviciat : « C'était peut-être une façon pour eux de s'évader de l'atmosphère familiale[10] », dira Marcel. Ces vocations suscitent une grande fierté chez les parents Julien, comme si Dieu les consolait de toutes leurs souffrances. La ferveur religieuse sert de soupape aux malheurs qui s'acharnent sur les Julien : on prie en famille, on se dit que Dieu éprouve ceux qu'il aime, qu'il y aura le ciel en récompense ultime. Et l'on chante ! Le dimanche soir, Émilienne, venue passer le week-end au Cap-de-la-Madeleine, se met au piano et accompagne les airs de *La Bonne Chanson* de l'abbé Gadbois. Marie-Louise a une belle voix et connaît toutes les chansons, *Au bois du rossignolet*, *Les Roses blanches*, *Le Petit Navire*. Les couplets de *Veillée rustique* amusent moins les filles, surtout Émilienne qui a pour tâche de laver le plancher :

C'est pas l'affaire des filles d'aller voir les garçons
Mais c'est l'affaire des filles de balier la maison
Quand la maison est propre, tous les garçons y vont,
Ils entrent quatre par quatre en frappant du talon...

On chante aussi en auto en revenant de la ferme de l'oncle Louis, après avoir dit le chapelet en famille. En plus de chanter, on lit beaucoup chez les Julien. Marcel va régulièrement chercher des livres à la bibliothèque municipale pour tout le monde. Très jeune, Pauline est piquée du virus de la lecture et se délecte des livres que sa mère lui offre, des *Bécassine* et des albums de la *Semaine de Suzette.* Elle est toujours dans un coin, fascinée par les histoires qu'elle dévore. Cette habitude ne la quittera pas, elle accordera beaucoup de temps et d'importance aux livres qu'elle choisira avec l'exigence de ceux pour qui l'écriture est un art et un mode de vie. Elle a un cahier à sa portée pour noter les beaux passages, les citations qui l'aident à se comprendre et à comprendre. Et, par-dessus tout, elle aime les bonnes histoires. Surtout celles que lui raconte Marie-Louise. L'une d'entre elles la hantera en lui permettant de ne pas se laisser abattre par les difficultés, de ne pas accepter l'échec, de ne jamais baisser les bras : l'histoire du Manitoba.

Le pénible séjour dans les Prairies colore les conversations familiales pendant toute l'enfance de Pauline et se transforme en une véritable légende. Marie-Louise prend plaisir à nourrir l'imaginaire de sa jeune Pauline en dramatisant les événements du Manitoba. « C'était l'hiver et le vent soufflait fort sur les plaines. Pourtant ton père a attelé parce que la messe était la seule sortie hebdomadaire pour voir du monde, commenter les nouvelles locales et politiques et s'approvisionner au magasin général. À cause de la poudrerie qui faisait rage, on ne voyait ni n'entendait rien. Nous étions emmitouflés sous les fourrures quand soudain ton père, guidé par son instinct, tire brusquement sur les rênes. Il avait pressenti le passage d'un train. Les deux chevaux ont été tués sur le coup, la carriole secouée à l'extrême. Grâce au sang-froid de ton père, personne n'a été blessé[11]. »

À travers les épisodes héroïques que Marie-Louise conte et reconte au fil des ans, Pauline retient la figure d'un père courageux. Elle le voit grand, fort, avec ses beaux cheveux très blancs. Il est dur au travail. Quand il rentre fatigué le vendredi soir, il sort de sa voiture une petite valise brune dans laquelle Marie-Louise a déposé le lundi les chemises propres, les cravates, les mouchoirs, les chaussettes. Marie-Louise reçoit cet homme avec amour et grande attention malgré son humeur maussade. Pauline a le cœur en fête, car elle sait qu'il y a toujours une petite surprise pour elle dans cette mallette et elle tourne autour d'Émile qui finit par lui sourire. « Mon père prenait son temps, demandait comment avait été la semaine, pour finalement me donner la petite barre de chocolat au lait Lowney. J'ai su plus tard que j'avais été la seule à qui mon père accordait tant d'attention[12]. » De son père Pauline retiendra l'amour de la baignade, de la campagne, du jardinage. En le voyant cultiver ses fines herbes, ses tomates juteuses, ses carottes et ses laitues, elle se dit : « Je ferai de même plus tard. » Pauline conservera un souvenir plutôt positif de son père, contrairement à ses frères et sœurs plus âgés, mais elle admettra plus tard que l'angoisse et la propension à la neurasthénie de cet homme l'ont irrémédiablement marquée. En 1971, dans ses premiers textes autobiographiques, elle retouche le portrait idyllique d'Émile en se rappelant les échanges de mots aigres-doux. « Je revois ma mère suppliant ses enfants de s'arrêter, de ne pas parler ainsi à leur père, se taisant quand mon père était excédé, pleurant aussi quelquefois[13]. » Pauline se réfugie dans son lit pour ne plus entendre, ou parfois, au contraire, colle son oreille à la porte ou se dissimule en haut de l'escalier pour tout écouter. Émile est resté amer à la suite de son échec au Manitoba, il est devenu voyageur de commerce afin de faire vivre sa famille, mais il n'y trouve pas grand plaisir. Cela aurait accentué, selon Bernard, son caractère distant et intransigeant.

S'il faut en croire Pauline et les autres enfants, Marie-Louise détend cette atmosphère familiale difficile. Mère typique de sa génération, sa bonté, sa piété, sa patience sans limites en font une figure de sainte. Fille cadette d'Édouard Pronovost et de Pauline Cossette, née le 31 janvier 1885, elle avait épousé, sous le coup de ses dix-huit ans, le bel Émile, le 3 février 1903. Institutrice à Saint-Tite, près de Shawinigan, cette jeune fille sérieuse avait astucieusement annoncé à Émile qu'elle devait partir travailler dans une école éloignée. Émile lui aurait proposé le mariage pour ne pas perdre sa dulcinée. Mais comment résister à cette belle femme au port de reine, qui noue ses longs cheveux noirs en torsade derrière la tête ? Pauline la regarde se peigner le matin devant le miroir de la cuisine : « C'était si beau, si net, surtout en comparaison des mères de mes amies qui, en grande partie, avaient les cheveux courts, frisés, permanentés, que j'avais juré à elle et surtout à moi que, plus tard, quand j'en aurais fini avec les coiffures frivoles, je laisserais aussi pousser mes cheveux pour les mater, les "toiser" afin de faire une "belle vieille". Ma mère était sobre, à la peau douce il me semble, parlant doux, yeux bruns de descendance indienne, c'était visible autant pour elle que pour moi, à ce qu'il paraît, et j'en étais bien fière. Elle portait lunettes (myopie héréditaire) et dentier dont j'ai deviné assez tard l'existence, probablement à cause de sa grande discrétion et de mon manque d'observation pour certaines choses... Quand elle élevait la voix, ce n'était jamais par conviction profonde, mais puisqu'il le fallait bien[14]. » Marie-Louise fait de longues promenades avec sa cadette, l'initie aux chants des oiseaux, aux fruits sauvages, lui donne des leçons de botanique. Pauline tiendra toujours à nommer les fleurs par leur nom qu'elle notera dans un cahier et apprendra à ses amis étonnés.

Bernard, Marcel et Fabienne sont attachés à leur mère d'une manière tout aussi inconditionnelle. Ils voient en elle une femme courageuse et dévouée. Bernard renchérit en confiant que, en plus d'être bonne, elle est dotée d'une grande culture : « Une fois, alors que j'avais à peu près quatorze ans, je repassais des notions de littérature en vue de mes examens annuels et je me suis mis à lui réciter le poème *Papillon* de Lamartine. À mon grand étonnement, elle a continué de le dire par cœur d'un bout à l'autre[15]. » Mais de tous les enfants, Pauline est sans doute celle qui parle le plus avec Marie-Louise, qui lui raconte des dizaines de fois les mêmes histoires : « Ma mère, à ma demande, me raconta le temps de la grippe espagnole. Elle avait déjà six ou sept enfants, mais en tant qu'épouse du maire, elle n'a jamais refusé d'envelopper les corps de draps blancs pour les envoyer à la fosse commune, puisqu'elle craignait la contamination, ni de secourir les familles éprouvées, me disant qu'il ne se passait pas une journée sans qu'on voie passer au moins une charrette dans laquelle on empilait les défunts. C'était atroce et captivant pour mon imagination d'enfant. Et si aucun membre de la famille n'avait contracté la maladie, cela tenait du miracle[16]. » Pauline retiendra de Marie-Louise ce goût de charité chrétienne qui fera germer en elle son sens missionnaire et lui fera épouser de nombreuses causes humanitaires. Dans sa chanson *L'Étranger*, Pauline évoquera cette femme hiératique à qui il manque peut-être un peu d'élan et de folie amoureuse.

Et ma mère bonne comme du bon pain
Ouvrait sa porte
Rarement son cœur
C'est ainsi que j'apprenais la charité
Mais non pas la bonté...

Les tâches ménagères sont propices aux histoires qui n'en finissent plus. Pauline participe joyeusement aux corvées de la lessive en aidant Marie-Louise qui se sert d'une machine à essorer manuelle en bois : « Ma mère et moi, nous étions les gardiennes des baquets d'eau. Je me faisais répéter les horreurs d'un bras pris dans le tordeur, d'un enfant tombé dans l'eau bouillante. La grande cuve où l'eau devenait bleue comme par enchantement avec deux plaquettes de bleu, l'étendage du linge qui séchait au soleil hiver et été. Une science, étendre le linge ; il n'y a plus de traditions, ne s'accole pas qui veut, on harmonise les dimensions, les tissus[17]. » Non loin de la lessiveuse trône la machine à coudre, source elle aussi de nombreuses histoires. Madame Leblanc, une vieille fille très grosse, un peu infirme, que les Julien hébergent quelques mois par année, fait toute la couture de la famille. Elle parle beaucoup, ne donne pas sa place comme conteuse et elle fredonne tout le temps des chansons de folklore.

Pauline ne se rappelle pas le 351B, rue Laviolette à Trois-Rivières, mais seulement la maison de la rue Notre-Dame, au Cap-de-la-Madeleine, où la famille Julien déménage au printemps 1932. À plusieurs reprises, elle parle de ce déménagement comme d'un événement marquant de son enfance. C'est en fait son premier souvenir d'enfance. Elle se voit « fière comme un coq faisant les cent pas sur le trottoir devant la maison[18]. » C'est une grande maison en papier-brique qui donne sur le fleuve, mais l'usine de la Saint-Maurice Paper obstrue la vue au large du Saint-Laurent, empêche de bien voir les paquebots, comme un rappel constant au « né pour un petit pain » dont Marie-Louise abreuve ses enfants. La cuisine immense donne sur le jardin que cultive amoureusement Émile. À l'avant du rez-de-chaussée, il y a, d'un côté, la salle à manger et le salon qui ne servent qu'à recevoir la grande visite et à faire de la musique à l'occasion et, de l'autre côté, la chambre des parents dont la garde-robe, où Pauline se cache pour observer son père, communique avec le bureau d'Émile. Près de la cuisine, un escalier où se blottit Pauline pour écouter les conversations mène à l'étage des quatre chambres : deux d'un côté, celle de Pauline et Fabienne et celle de Rita ; deux de l'autre, celles d'Alice et de Marcel. On entre dans la maison par la cuisine, en empruntant une galerie qui longe une allée de garage en bordure de laquelle fleurissent des roses trémières et poussent des asperges. Près du poêle à bois, à proximité d'une fenêtre qui donne sur son jardin, Émile passe ses soirées dans une grande berceuse blanche. Au-dessus de l'évier, vers la salle à manger, un immense miroir devant lequel Marie-Louise se coiffe tous les matins. Les places à la grande table sont assignées et il faut être poli pendant les repas tout en ayant un discours intelligent. Quand on parle d'un pays, il faut connaître le nom de sa capitale et quand on dit un mot, on doit en connaître le sens exact, sinon Émile sévit et vous renvoie au dictionnaire.

Rue Notre-Dame, Pauline fait la connaissance de voisines, en particulier de Liliane Bruneau, dont le père est boucher-épicier. Pauline est attirée par la mystérieuse chambre froide : « Quand on a la chance de voir la large porte entrouverte, on y devine plus qu'on y voit des carcasses de bœufs entiers qui pendent à un crochet (l'horreur) et le sang qu'on essuie souvent sur l'étal[19]. » Ce sang qui coule à côté de chez elle, combiné aux histoires d'horreur de Marie-Louise, hantera longtemps l'imagination de la petite fille qui, par ailleurs, est plutôt insouciante et agréable. Les amies de Pauline s'appellent Cécile Fiset, Gisèle Cadotte, mais c'est de Liliane Bruneau qu'elle est la plus proche. Elles font les quatre cents coups, se « prennent » des bonbons et des cigarettes au magasin de monsieur Bruneau, fument sous une chaloupe. Infatigables, elles vont à bicyclette, se baignent dans le fleuve, marchent sur des clôtures très hautes.

À l'école primaire Sainte-Madeleine, Pauline est une élève appliquée, curieuse, désireuse d'apprendre. Elle pose beaucoup de questions, et elle se distingue par son sens du drame et son exaltation : « Quand elle parlait de quelque chose en classe, en histoire par exemple, elle pouvait se jeter par terre à la fin de son exposé[20]. »

Elle nourrit déjà de grands rêves, dont celui de devenir danseuse, à cause de son corps filiforme et gracieux. Elle réussit même à convaincre sa mère de lui payer des cours de ballet, mais, faute d'argent, elle doit abandonner très vite ses leçons chez Aline Piché, la sœur du poète Alphonse Piché. Pour se consoler de n'avoir pu continuer ses cours, Pauline affirme que de toute façon, elle n'aurait jamais pu devenir une grande ballerine, puisqu'elle a le gros orteil rétracté. Si les raisins sont encore trop verts, elle n'abandonne pas pour autant son rêve de monter sur une scène. Elle veut séduire. Pour se faire remarquer, pour qu'on l'admire, elle est prête à grimper sur une table s'il le faut.

En 1938, un autre drame frappe la famille. Idy, la femme d'André, meurt dans un accident d'automobile, laissant sept enfants. Lorette Lampron, la sœur de Idy, prend la relève et deviendra, en septembre 1940, la seconde épouse d'André. Cette même année, Bernard revient au pays après sept ans d'études à Rome. L'atmosphère est fébrile, c'est le début de la Deuxième Guerre mondiale, et le paquebot à bord duquel Bernard traverse l'Atlantique est escorté par un destroyer. Pauline écoute avec passion les aventures européennes de ce frère instruit qu'elle connaît à peine et dont l'accent français la fascine. L'adolescente de douze ans, à la fois impressionnée et enjouée, lui fera cette remarque : « Dis donc, toi, tu ne parles pas, tu chantes[21]. » Un an plus tard, en septembre 1941, Pauline commence son cours secondaire à l'école Sainte-Madeleine. En dixième année, elle pourra fréquenter le pensionnat Notre-Dame-du-Cap, où elle sera externe pour terminer l'équivalent de la première moitié du cours classique de l'époque.

Ce pensionnat, dirigé par les Filles de Jésus, surplombe la rive du majestueux Saint-Laurent. Toujours aussi studieuse, Pauline se classe première de son groupe en neuvième année, sera de nouveau première en dixième année au pensionnat, et puis deuxième en onzième année. Au secondaire comme au primaire, Pauline est une jeune fille active et originale. Pauline Ducharme, devenue Fille de Jésus par la suite, a gardé d'elle le souvenir d'une « fille indépendante qui se fichait des règles, qui pouvait par exemple se mettre les pieds sur le pupitre si ça lui tentait[22]. » Elle est devenue une grande sportive, fervente de la bicyclette, du ski, de la natation, du tennis, des sports qu'elle pratiquera toute sa vie : « Pauline était bien exubérante. Elle faisait de grands gestes, elle parlait beaucoup. Elle avait toujours quelque chose à dire, quelque chose d'intéressant, de pas banal. Elle était différente de nous autres, on aurait dit qu'elle était plus curieuse, elle voulait en savoir plus[23]. »

Parallèlement à ses deux années au pensionnat, Pauline Julien prend goût à la vie en plein air, aux endroits sauvages et à l'aventure. Elle rejoint les rangs des guides, dont Alice était la cheftaine. Cet entraînement à la vie en groupe, à la débrouillardise, à un certain ascétisme lui servira plus tard dans ses tournées et dans ses nombreux voyages en Afrique, en Amérique du Sud ou en Asie. C'est chez les guides qu'elle rencontre son amie Denise Hébert, lors d'un camp au lac Vert près de Saint-Thomas de Caxton, à côté de Trois-Rivières. Denise impressionne grandement Pauline. « Je voulais ressembler à Denise qui me semblait paisible et sereine. De son côté, elle me voyait sûre de moi et sans complexes. Ce qu'on peut faire illusion[24] ! »

La mort d'Émile Julien, le 24 juin 1944, jour de la Saint-Jean-Baptiste, vient compromettre définitivement le rêve qu'a Pauline de s'instruire davantage, de terminer son cours classique. Elle aurait tant aimé étudier le latin chez les ursulines : « J'ai regretté souvent de n'avoir pu accéder à cette formation[25]. » Quand Émile s'éteint à la suite d'un cancer à l'Hôtel-Dieu de Montréal, Pauline vient de terminer sa dixième année. Elle fera quand même sa onzième année, mais elle devra se diriger ensuite vers le cours commercial. La mort d'Émile marque un tournant dans sa vie et celle de sa famille. Très malade depuis plusieurs mois, Émile est hospitalisé à l'Hôtel-Dieu de Montréal pour subir une intervention chirurgicale à l'estomac. Il hésite longtemps avant de s'y résoudre, se sachant peut-être condamné. Pauline est témoin des préparatifs mystérieux de son départ. Les parents Julien se retirent tôt le soir dans leur chambre et Pauline les entend chuchoter tard dans la nuit du haut de l'escalier. Émile souffre beaucoup et le chirurgien l'avertit que les chances de guérison sont minces. Marie-Louise est désespérée, mais Émile lui fait comprendre qu'il n'a pas le choix, qu'il doit quand même tenter l'opération. Dignement, il se prépare à mourir. Il parle aux aînés, surtout aux garçons, reçoit à la maison toute la parenté, met de l'ordre dans ses papiers, révise son testament. Il ne résiste pas au choc opératoire et meurt quelques jours plus tard. « Ma mère fut d'une grande dignité, elle devenait la dernière tante de ses neveux et nièces et chacun était là pour lui demander conseil. Ma mère était inconsolable. Et une nuit j'entendis des sanglots déchirants qui ne pouvaient s'arrêter ; je me levai en hâte et la pressai dans mes bras. Elle pleurait de plus belle. Alice vint et doucement lui disait de "prendre sur elle", de "ne pas se laisser aller" (plus tard je fus indignée par ces paroles, il faut se laisser aller et ne pas garder toutes ses peines enfouies.) "Qu'est-ce que je vais devenir ? Qu'est-ce que je vais faire ?" Elle avait peur de l'ennui qu'elle a assumé à satiété[26]. » Presque tous les enfants sont partis ou sur le point de le faire. Marie-Louise prendra soin de Rita qui est maladivement solitaire. Faute de ressources, elle devra quitter la grande maison du Cap pour s'installer dans un petit appartement jouxtant la maison d'André.

Ce père mourant dira à Bernard, venu à son chevet, qu'il regrettait d'avoir négligé sa famille, de n'avoir pas pris le temps d'écouter ses enfants. Émile était un pur, un écorché vif qui n'avait pas su montrer toute sa sensibilité. Il avait également la plume alerte, se donnait la peine d'écrire à sa fille religieuse, Alberte, de longues lettres empreintes de finesse et d'émotion : « Tableau qui m'entoure : tout y est bien tranquille, c'est le repos. Après la méridienne qui accommode si bien les vieux surtout, la mère semble goûter un repos très bien mérité, depuis longtemps, en s'étirant dans un fauteuil, un livre à la main. Pauline feuillette les suppléments de *L'Action catholique* reliés dans deux grands volumes ; les autres font un peu la même chose et s'il y avait un chat, je crois que la contagion serait telle qu'il imiterait la nonchalance de ses maîtres. [...] Le jour de l'An au soir, le souper se donne ici, s'il n'y a pas d'accident. Émilienne devant nous arriver dans la journée. Maintenant irons-nous te voir vendredi ? Je ne sais. [...] En attendant de te voir, je t'envoie ma bénédiction avec les meilleurs souhaits de la famille, n'oubliant pas le vieux et beau souhait de nos ancêtres : À toi et à nous, le paradis à la fin de nos jours. Ton père affectueux, Émile Julien[27]. »

Après les funérailles d'Émile, Rita continuera de répondre aux commandes du commerce familial et de recouvrer les comptes impayés de son père. Elle est aidée dans cette tâche par Marcel, qui poursuivra seul ce travail pendant quelques années. Des clients qui lui devaient de l'argent sont lents à rembourser Marie-Louise qui doit se résoudre à inscrire Pauline dans une école commerciale publique de Trois-Rivières. L'école Saint-Patrick dispense des cours de dactylo et de sténo en anglais. Émile tenait à ce que ses enfants soient bilingues, pour bien se débrouiller dans la vie. Mais encore là, Pauline ne peut terminer son cours de deux ans, car au bout d'un an et demi, en janvier 1947, à dix-huit ans, la ville du Cap-de-la-Madeleine l'engage comme sténodactylo. Grâce à son frère André qui s'occupe de politique municipale, elle sera secrétaire de Roger Lord, le « gérant » de la ville, l'ingénieur civil de la municipalité. Au bout de quelques mois seulement, Pauline quitte le secrétariat : au lieu de taper des lettres ou de faire les comptes, elle rêve de devenir danseuse et virevolte dans les bureaux parmi les employés qui la trouvent plutôt frivole, fantaisiste et artiste.

À la fin de l'été 1947, elle reçoit une longue lettre de Jean-Paul Guay, fiancé de sa sœur Fabienne partie vivre à Québec. Son futur beau-frère lui conseille de quitter Cap-de-la-Madeleine si elle veut faire carrière dans la danse, le théâtre ou la musique. Marie-Louise se montre compréhensive et l'incite à suivre son chemin. Pauline part pour Québec à l'automne 1947 avec en poche les cinq dollars que sa mère lui a donnés pour ses petites dépenses. Avec beaucoup d'espoir et très peu de ressources, elle part à la conquête du monde.

« À nous deux la vie ! »

NOTES

1. Couplet d'une chanson écrite par Réjean Ducharme pour Pauline Julien, ayant pour titre *Je vous aime*. (*Au milieu de ma vie, peut-être à la veille de...*, février 1972).
2. Bernard Julien, entrevue du 12 mai 1997.
3. Aujourd'hui au 1637, rue Laviolette.
4. Pauline Julien, texte inédit, août 1971.
5. Pauline Julien et Denise Hébert, *Népal : L'Échappée belle*, VLB éditeur, 1989, p. 105.
6. Pauline Julien, texte inédit (vers 1996).
7. Arbre généalogique que Marthe Lanouette, la femme de Marcel, me remit lors de ma visite chez eux au Cap-de-la-Madeleine en mai 1997.
8. Pauline Julien, texte inédit, août 1971.
9. Idem.
10. Marcel Julien, entrevue du 13 mai 1997.
11. Pauline Julien, texte inédit (vers 1996).
12. *Ibid.*, août 1971.
13. Idem.
14. Idem.
15. Bernard Julien, entrevue du 12 mai 1997.
16. Pauline Julien, texte inédit, août 1971.
17. *Ibid.*, août 1992.
18. Pauline Julien, *Il fut un temps où l'on se voyait beaucoup*, Lanctôt éditeur, 1997, p. 27.
19. Pauline Julien, texte inédit, août 1971.
20. Liliane Bruneau, entrevue du 14 mai 1997.
21. Bernard Julien, entrevue du 12 mai 1997.
22. Pauline Ducharme, entretien téléphonique du 14 mai 1997.
23. Jacqueline de Grandmont, entrevue du 13 mai 1997.
24. Pauline Julien et Denise Hébert, *Népal : L'Échappée belle*, VLB éditeur, 1989, p. 86.
25. Pauline Julien, entrevue du 21 mars 1997.
26. Pauline Julien, texte inédit, 15 juillet 1992.
27. Émile Julien, lettre à Alberte, 28 décembre 1941.

Pauline aux gants verts

Août 1951

Que tu sois unique
Que tu sois multiple
Si tu dois partir
Va-t'en

Ce qui était vrai hier
Ce qui est vrai aujourd'hui
Dans l'instant c'est autrement
Demain est encore si loin[1]

Dans l'histoire culturelle québécoise, la fin des années quarante représente une époque charnière. La guerre est finie. La culture est tournée vers la France, la littérature française, le théâtre français. Certains courants de l'intelligentsia canadienne-française commencent à ébranler la conscience cléricale de l'idéologie dominante. En 1948, alors que le premier ministre Maurice Duplessis règne sur une période dite de Grande Noirceur, le manifeste du *Refus global*, dont les signataires sont principalement des artistes en art visuel, dénonce l'emprise de l'Église sur l'État. Paul-Marie Lapointe fait paraître son recueil iconoclaste du *Vierge incendié*, des troupes de théâtre émergent hors des sentiers battus des classiques et du vaudeville. Le malaise se fait sentir parmi les artistes qui ne sont pas tous aussi révolutionnaires que les signataires du *Refus global*, mais qui cherchent à se libérer d'une société étroite et monolithique tout en conservant leurs principes religieux. Les deux troupes de théâtre auxquelles s'associera Pauline entre 1948 et 1951 se fixent comme mission d'éduquer le public en lui donnant accès à un répertoire de qualité, c'est-à-dire à des œuvres plus poétiques qui portent à réfléchir. Pauline, avec son esprit déterminé et rebelle, a le désir de changer les choses, de faire table rase des diktats de son éducation, mais elle reste encore pour un temps, comme plusieurs de ses compagnons de théâtre, attachée à la pratique religieuse et à la foi chrétienne.

Fabienne Julien et Jean-Paul Guay se marient le 18 octobre 1947. Ce dernier, alors étudiant en sculpture à l'École des Beaux-Arts de Québec, apprend à connaître une Pauline enthousiaste, jouissant de sa liberté toute nouvelle : « Elle voulait toujours devenir danseuse. On l'a encouragée à s'inscrire à l'École de danse de Québec. Puis à l'École de musique sur Sainte-Famille. Je voyais qu'elle avait une forte personnalité. Une intensité ! De l'acharnement. Et elle avait déjà des angoisses existentielles[2] ! »

Pauline se joint aux Comédiens de la Nef par l'entremise de Jean-Paul Guay, le décorateur de la troupe fondée par Pierre Boucher et dont font partie Roland Lepage, Paul Hébert, Jacques Létourneau, Margot Déry, Denise Lefaivre, Thérèse Dufresne. Pauline est une camarade dynamique qui sait déjà ce qu'elle veut. Roland Lepage est tout de suite frappé par son énergie débordante et joyeuse : « On s'amusait avant les répétitions, on faisait de l'improvisation de danse de ballet. L'hiver, elle avait une cagoule bleu marine, et elle avait des gants verts, d'un vert très brillant. Je l'appelais Pauline aux gants verts[3]. » Les comédiens doivent se lever très tôt pour répéter à cinq heures du matin, parce qu'ils ont tous un travail ou des études qui les accaparent le reste de la journée. Mais l'enthousiasme fait oublier la fatigue, les inconvénients : « En allant répéter, je croisais les femmes de ménage du Parlement, la neige était toute fraîche, c'était merveilleux[4]. » Après la répétition matutinale, les comédiens vont prendre le petit déjeuner à l'hôtel Lorraine, aujourd'hui démoli. Il est encore tôt, le personnel commence tout juste à mettre la cuisine en branle, et Pauline, impatiente et affamée, s'offre pour préparer les déjeuners. Parfois elle sert d'autres clients de l'hôtel et les camarades l'applaudissent dans la rigolade générale.

Grâce à une entente avec les Frères des écoles chrétiennes, les comédiens de la troupe ont accès à la salle de l'Académie de Québec, au coin de la rue Chauveau, tout près de l'hôtel de ville. L'Académie de Québec, dirigée par le frère Clément Lockwell, n'existe plus aujourd'hui. C'était alors un collège commercial qui abrite maintenant des bureaux de l'Administration provinciale. Le frère Alcide, un dévoué professeur de littérature, intercède auprès de ses supérieurs pour que tout soit gratuit ; il ouvre les portes, fournit du matériel, prodigue ses conseils. Pauline aime bien le frère Alcide qui l'encourage et la protège. Jean-Paul Guay construit tous les décors sur la scène de la grande salle où ont lieu les répétitions. Cet hiver 1948, les Comédiens de la Nef montent *Noé*, pièce d'André Obey.

Pauline se débrouille comme elle peut pour suivre ses cours et répéter avec les Comédiens de la Nef. Elle loge au pair chez des gens, garde des enfants, enseigne le français à des petits anglophones et aide à la cuisine du restaurant de l'hôtel Lorraine où elle engloutit son petit déjeuner. Toute petite, elle avait de nombreux caprices alimentaires, elle ne mangeait que des œufs, des pommes de terre et du blanc de poulet, mais cette habitude a disparu du jour au lendemain, lors d'une fête d'enfant, quand elle s'est aperçue à sa grande honte qu'elle ne mangeait pas comme ses petites amies. Même si elle n'est pas très douée pour la cuisine, contrairement à Marie-Louise et aux autres sœurs Julien, Pauline mange de tout et abondamment, elle sait apprécier les bons plats et elle se dira gourmande autant de nourriture que de plaisir et d'action. Son appétit ne l'empêche pas de rester filiforme et on l'oblige même à « engraisser » pour les besoins des pièces : « La distribution n'allait pas sans difficulté et Pauline, que sa minceur a longtemps désespérée, hérita d'un rôle de nourrice dans une farce de Molière. On étoffa sa silhouette pour l'arrondir aux proportions voulues, mais on ne pouvait rien faire à son visage pointu de chat, qui jaillissait incongrûment au-dessus d'un corps dodu à souhait[5]. »

Pauline travaille de façon assidue avec les Comédiens de la Nef à des pièces qui ne seront pas toujours jouées, comme c'est le cas pour le *Noé* d'Obey. Au printemps 1948, Jacques Létourneau et Roland Lepage montent un spectacle composé de quatre courtes pièces (*Les Vieillards amoureux*, de Chancerel, *Les Gueux au Paradis*, de Gaston-Marie Martens, *La Jalousie du barbouillé*, de Molière, *L'Impromptu du médecin*, de Chancerel), avec l'intention de le jouer devant les étudiants de l'Université Laval et de faire une tournée dans la région de Québec. Pauline est la jeune première dans *Les Vieillards amoureux* et joue la servante dans *La Jalousie du barbouillé*. Les comédiens se déplacent comme des romanichels entre Saint-Romuald et Portneuf en passant par Cap-Rouge à bord d'une vieille Ford déglinguée. Quand ils arrivent quelque part, le crieur du village parcourt les rues en répétant dans le haut-parleur surplombant son auto : « Ce soir à la salle paroissiale, spectacle comique. »

L'esprit qui anime les comédiens est caractérisé entre autres par le total anonymat dans lequel ils doivent travailler, en accord avec la mystique de cette époque. La troupe suit l'esprit de la revue française *Jeux, tréteaux et personnages*, dont le directeur Henri Brochet est un disciple d'Henri Ghéon, dramaturge d'inspiration chrétienne. « C'était un peu nos maîtres à penser, dira Roland Lepage. Personne n'avait l'intention de s'abaisser à faire des productions commerciales. C'était la pureté, nous voulions jouer comme les artisans du Moyen Âge. C'était le début d'une réflexion, bien avant la Révolution tranquille[6]. »

Au cours du printemps 1948, Pauline, qui se joint à l'Ordre de Bon Temps, fait un voyage aux États-Unis. Une photo de *L'Action catholique* du 18 mai 1948 la montre entourée de sept « danseurs » dont les noms ne sont pas mentionnés dans la légende : « Un groupe de jeunes filles et jeunes gens de Québec a participé récemment au festival international de folklore, à St-Louis, Mo. À cette occasion ils ont visité le collège Webster de Webster Groves, où ils sont ici photographiés. Plusieurs jeunes Québécoises[7] ont été admises au collège Webster, affilié à l'Université St-Louis. » C'est la première photo de Pauline Julien publiée dans un journal. L'Ordre de Bon Temps, qui a des ramifications dans tout le Québec, regroupe des jeunes, dont Gaston Miron, qui veulent faire connaître les danses et les chants du folklore québécois. Quand elle ira à Montréal, elle maintiendra des contacts avec cette troupe, dont elle avait rencontré les âmes dirigeantes, Roger Varin et Guy Messier, chez Fabienne et Jean-Paul.

Les comédiens Fernand Doré et Charlotte Boisjoli, qui font alors partie des Compagnons de Saint-Laurent, une troupe dirigée et animée de main de maître par le père Émile Legault, connaissent Fabienne Julien et Jean-Paul Guay. Les deux couples se sont rencontrés grâce à un ami commun, André Jasmin, confrère de Jean-Paul Guay à l'École des Beaux-Arts. André Jasmin et sa femme Louise habitent un petit appartement adjacent à celui des Doré, rue Lajeunesse, et tout ce monde, lors de tournées à Québec, se réunit dans la chambre de Fabienne Julien. Lors de ces réunions, on chante beaucoup, surtout des chansons du folklore français, très populaire à l'époque. Pauline rencontre Charlotte Boisjoli et Fernand Doré à quelques reprises à Québec et est immédiatement séduite par la vie théâtrale de la métropole, plus active. Peu à peu elle mûrit son projet de quitter Québec pour tenter sa chance à Montréal. Elle aime Québec, ses camarades, mais le groupe se désintègre et il lui en faut davantage : « Tout le monde partait à Montréal, et Létourneau et Paul Hébert, Pierre Boucher aussi. Il fallait aboutir à la métropole, voir un peu ce qui se faisait[8]. »

Ce séjour à Québec, Pauline l'a toujours considéré comme profitable, estimant que ce début de formation lui a ouvert des portes, ne serait-ce que pour avoir travaillé avec Lepage, Létourneau, Hébert, trois noms qu'elle citera constamment dans ses entrevues. Elle parlera aussi de Pierre Boucher qui, même s'il n'a pas répété avec elle pendant cette période, l'a beaucoup encouragée : « Je suis toute au feu sacré du théâtre et je reçois les copains dans ma chambre où nous avons de longues discussions. Ma logeuse, outrée devant les dangers que son esprit pudibond ou peut-être vicieux (comme on voudra) appréhende, me prête de 'mauvaises pensées' que je n'avais pas du tout[9]. » C'est à Québec pourtant qu'elle fait sa première rencontre amoureuse. Pauline, par l'entremise de Jean-Paul Guay, fait la connaissance d'un sculpteur, Georges Vézina, qui lui laissera le souvenir impérissable d'un amour de jeunesse : « Il fut mon premier soupirant. Le plus attentif, le plus doux, me répétant sans cesse : "Que tu es belle, que tu es belle." C'était un artiste d'origine très modeste, timide, n'élevant jamais la voix, passionné de l'exception et de l'harmonie. Il me faisait la cour. Jamais personne ne m'avait parlé ainsi, aussi je ne le crus pas. Pourtant j'avais plaisir à recevoir les élans de son amour fou. Il a voulu m'embrasser un soir dans un taxi, me reconduisant à ma petite chambre d'étudiante. J'étais convaincue qu'un baiser sur la bouche entraînait les derniers outrages dont je ne savais presque rien, sauf qu'il était essentiel de garder ma virginité pour l'Unique, le Prince qui me comblera à tout point de vue dans une réciprocité absolue. Il me demanda de lui servir de modèle. J'acceptai volontiers, curieuse de participer à une création. Il me voulait de profil, assise sur un tabouret et immuable. Il en résulta un buste imposant, trois pieds ou deux pieds, ciselé dans un tronc d'érable blond. Le gros œuvre était terminé quand je quittai Québec pour Montréal, mais déjà la pièce était belle et grave. Ce visage me plut, mais je ne m'y reconnaissais pas, trop sage, trop immobile dans ce bois couleur de miel brun[10]. » Pauline n'oubliera pas son beau sculpteur, mais ne retrouvera jamais le buste.

Le tissu des amitiés commence à se resserrer au cours de l'été 1948. À l'occasion des fêtes commémoratives de Princeville, Pauline fait la rencontre des comédiens Hélène Loiselle et Lionel Villeneuve. On célèbre le centième anniversaire de cette petite municipalité des Bois-Francs, non loin de Victoriaville, en présentant un *pageant*, une fresque historique avec décors et costumes d'époque. Ce spectacle à grand déploiement est orchestré par Roger Varin et Guy Messier. Hélène Loiselle est sous le charme : « Pauline avait improvisé une danse autour d'un feu, avec une immense écharpe de soie orangée. Le soir où la fête se terminait, elle avait pris des ciseaux et elle avait coupé cette immense écharpe en deux. Puis elle m'en avait donné un morceau. Je n'ai jamais oublié ce geste qui la représente tout à fait[11]. »

En arrivant à Montréal à l'automne 1948, Pauline s'intègre facilement à la Compagnie du Masque qui a établi ses locaux dans le petit appartement de quatre pièces de Fernand Doré et Charlotte Boisjoli, rue Lajeunesse. Pauline se fait appeler Pau-Pau : « Elle sautait partout, dira le comédien Jean-Marie Da Silva, elle était très gaie, elle virevoltait, elle chantait tout le temps. C'était très agréable, mais ça indisposait parfois Charlotte Boisjoli, qui était une personne plus sérieuse[12]. » Fernand et Charlotte sont mariés et parents d'un petit garçon, Jean-François, et, à ce titre, ils disposent de la seule chambre fermée. Il y a parfois jusqu'à quatre autres comédiens à se partager l'unique divan-lit de l'autre grande pièce, mais la ferveur l'emporte sur le confort et personne ne se plaint de la promiscuité. Et comme on est encore très catholiques, la chasteté est de rigueur !

L'amour du théâtre, la volonté de présenter des pièces à texte et non pas seulement des sketches populaires et humoristiques, voilà ce qui anime les membres de la compagnie par-dessus tout. On lit à voix haute *Le Malentendu* de Camus, *La Reine morte* de Montherlant, les *Cinq grandes odes* et *L'Annonce faite à Marie* de Claudel. Il est question de jouer *Les Mariés de la tour Eiffel*, mais cette pièce de Cocteau n'est pas jugée assez « consistante ». Sous la direction de Fernand Doré, on fait également la lecture de textes de la Bible, surtout du *Cantique des cantiques*, de textes théoriques sur le théâtre, entre autres *Souvenirs et notes de travail d'un acteur* de Charles Dullin et *Notes sur le métier de comédien* de Jacques Copeau. Et comme Pauline aime les arts et les beaux textes poétiques et qu'elle est éprise de culture, elle voue à Fernand Doré une grande admiration. Il devient le mentor dont elle rêvait pour l'aider à poursuivre son idéal de perfection esthétique.

La Compagnie du Masque n'a pas marqué l'histoire du théâtre québécois d'une façon aussi prestigieuse que l'ont fait Les Compagnons de Saint-Laurent du père Émile Legault. Citons tout de même ces quelques lignes de Jean Béraud : « La Compagnie du Masque groupe, pour les farces du *Cuvier* et du *Chaudronnier*, des débutants disciplinés : Charlotte Boisjoli, Françoise Graton, Jean Boisjoli, Jacques Galipeau, Pauline Julien, Denise Marsan, Marcel Houben et Pierre Lebœuf, qui se sont réunis en régime communautaire grâce à l'hospitalité que leur accorde Victor Barbeau, président de la Familiale, dans un domaine de cette société aux bords de la rivière des Prairies[13]. » Les membres de la Compagnie du Masque entretiennent de bonnes relations avec les Compagnons de Saint-Laurent, même si Charlotte Boisjoli et Fernand Doré ont quitté la compagnie pour fonder la leur. Ils participent à des ateliers communs et utilisent parfois leur salle de théâtre. Les Compagnons de Saint-Laurent ont un but d'animation sociale, comme la Compagnie du Masque, mais ils sont davantage orientés vers la pratique du théâtre en tant que telle, la représentation, le métier d'acteur. La compagnie, qui sera d'ailleurs une pépinière de comédiens professionnels pour le Québec à partir des années cinquante, ne joue que là où existe déjà une infrastructure, une salle de collège, par exemple. À la Compagnie du Masque, c'est l'esprit communautaire qui prédomine. Les membres s'engagent à servir d'abord et avant tout les intérêts du théâtre populaire, un peu dans la veine de Jacques Copeau, qui a créé en France le théâtre du Vieux-Colombier, entouré de ses disciples, les Copiaux. Pour remplir sa mission, la troupe se rend dans des villes et des villages éloignés. Ils forment un groupe d'esprit laïque, non orthodoxe, sans la caution du clergé. « Un spectacle de théâtre vaut une messe, dit Denise Marsan, lorsque le théâtre arrive à un niveau où il est sacré, symboliquement chargé. Sauf qu'en cours de route, les rapports sociaux ont fait qu'on a rencontré deux jésuites, Guy Courteau, un littéraire très fin, et Thomas Migneault, du collège Sainte-Marie, dont l'option politique d'action sociale se situait dans la foulée des Jeunes Canadiens, La Laurentie, groupe francophile s'il en est[14]. »

Au printemps 1949, Charlotte Boisjoli et Fernand Doré décident d'installer leurs apprentis comédiens dans un ancien couvent de la banlieue nord-est de Montréal baptisé *L'Oasis*. La coopérative d'alimentation La Familiale, située à Montréal, à l'angle des rues Saint-Hubert et Saint-Grégoire, a acquis ce bâtiment qu'elle a converti en un hôtel rustique où un chef retraité de l'hôtel Windsor, monsieur

Alain, règne sur la cuisine. La coopérative avait eu l'intention de louer cet hôtel à ses membres pendant l'année et d'en faire une colonie de vacances à caractère éducatif pendant l'été. Mais le projet n'a pas abouti et la Compagnie du Masque peut établir ses quartiers dans l'établissement champêtre.

Cette maison de trois étages contient une vingtaine de pièces lambrissées de bois verni dont l'atmosphère feutrée rappelle celle des communautés religieuses. Au rez-de-chaussée, il y a la cuisine, la salle à manger, la bibliothèque, la chambre des époux Doré et une grande pièce pour les répétitions. À l'étage supérieur, Pauline occupe l'une des nombreuses chambres destinées aux membres de la troupe et aux visiteurs. Chez ces comédiens regroupés en collectif, la routine est prise au sérieux. Les tâches du ménage sont distribuées entre les filles qui font la cuisine et les garçons qui travaillent aux champs. Certains membres comme Jacques Hébert et Jacques Dupire occupent un emploi à l'extérieur tout en habitant à l'Oasis. On se consacre entièrement au théâtre, Denise Marsan dessine les costumes sur place, Charlotte Boisjoli coupe les patrons, achète les tissus à rabais chez Dupuis et Frères, « le » magasin à rayons des Canadiens français. Elles teignent de grandes lisières de coton écru pour en faire des rideaux de scène.

Depuis l'arrivée de Pauline chez les Doré, la troupe se prépare à monter l'*Antigone* de Cocteau dans lequel elle obtient un petit rôle, celui d'Eurydice, la femme de Créon. Les Doré choisissent cette pièce car pour eux il s'agit d'une occasion en or pour apprendre aux jeunes ce qu'est une tragédie : « Chaque personnage, explique Denise Marsan, devait rappeler un insecte. Le décor était une immense toile d'araignée. Pauline n'était pas très douée pour l'expression. Elle avait très peu à dire, mais sa présence devait se prolonger en faisant jouer un élément du costume. Elle avait un maillot, une tunique de couleur très franche, cuivrée, en très beau tissu, sur lequel était drapé un châle crêpé long. Elle reçoit des mauvaises nouvelles et elle doit réagir physiquement, sans dire un mot, mais en exprimant sa douleur. Elle s'appuie sur une colonne et, pour faire sentir que c'en est fini, elle laisse tomber les bras tout en entraînant le tissu. Elle tourne puis elle sort. Une fois qu'elle est sortie, il y a encore du tissu dans les marches. Le tout sur une musique très contemporaine de Aaron Copland[15]. »

Charlotte Boisjoli aimerait que Pauline fasse sentir davantage la douleur d'Eurydice en se pliant en deux, en se contractant, mais Pauline n'accepte pas que les mouvements lui soient commandés de l'extérieur et, n'écoutant que son instinct, elle veut qu'ils viennent de l'intérieur. Pourtant, même si le rôle d'Eurydice n'est pas un grand rôle, il reste un rôle chargé. Pauline n'aime pas son long châle même si on lui explique qu'il a une nécessité dramatique, pour évoquer la mort qui l'entoure. Elle se fie à sa vision bien à elle des choses, comme elle le fera pendant toute sa carrière : « Pauline finissait par se plier à la discipline mais elle était anguleuse. Elle avait du tempérament, elle était déjà très blindée, elle ne se laissait pas faire, sans doute parce qu'elle a grandi dans une famille nombreuse, une famille de caractères forts, comme dans une petite société[16]. »

Au printemps 1950, après avoir joué la pièce de Cocteau au Gesù, la troupe la reprendra dans la nouvelle salle des Compagnons aménagée dans une ancienne église protestante, angle Sherbrooke et Delorimier. La participation de Pauline ne semble pas avoir frappé l'historien Jean Béraud, qui ne mentionne même pas son nom dans le compte rendu qu'il fait de la pièce. Nous sommes très loin des *Fridolinades* de Gratien Gélinas et de sa pièce *Ti-Coq*, laquelle, dès 1948, fait un malheur parce que le public canadien-français se reconnaît dans les personnages et le langage. Un an après sa création, cette pièce en sera à sa deux centième représentation, véritable exploit pour le théâtre de l'époque, qui survient en même temps que le succès de Gabrielle Roy pour son roman *Bonheur d'occasion.* Mais à la Compagnie du Masque, on ne cherche pas nécessairement le succès du box office, on veut surtout faire connaître à la population un « théâtre de qualité ».

Pendant l'hiver 1949, la troupe part en tournée dans la Mauricie et établit ses quartiers chez les Julien au Cap-de-la-Madeleine, répartissant les comédiens chez l'un et chez l'autre, un peu comme la famille Julien qui, au retour du Manitoba, trouva refuge chez les oncles et les tantes. La troupe est accueillie chaleureusement avec une générosité inouïe : « C'était une famille avec du tonus, ouverte. Tout le monde était reçu après le spectacle, on mangeait à minuit. Les soupers étaient fastueux[17]. » La famille entre dans le jeu de la petite dernière. Marie-Louise est un peu inquiète de l'avenir de sa fille, mais elle en est fière. André, Alphonse, Marcel, Alice, tout le monde s'efforce d'aider Pauline à développer ses talents d'artiste. Pauline ne leur rend pas visite très souvent, mais elle n'est pas comme les autres, et on lui pardonne ses frasques, son excentricité.

Pendant l'été, des comédiens de l'Oasis font une deuxième tournée du Lac Saint-Jean. Ils couchent sous la tente comme des gitans, l'oncle de l'un des artistes est réquisitionné comme chauffeur. Les quatorze comédiens sont reçus dans une ferme où l'on doit vivre au rythme de la famille. Quand tout le monde se met à genoux pour dire le chapelet après le repas du soir, Pauline est prise d'un fou rire communicatif. Elle joue les gais lurons et attire l'attention d'un autre comédien, Jacques Galipeau, sur lequel elle jette son dévolu même s'il est un peu « pris » ailleurs.

Jacques Galipeau reste très discret sur ses fréquentations avec Pauline : « On s'est tout de suite bien entendus. On a travaillé ensemble. On a joué dans les mêmes spectacles, des farces du Moyen Âge, des chansons mimées. On chantait en groupe des chansons de folklore. Pauline n'avait pas de solo. Elle aimait chanter comme tout le monde, pas plus que tout le monde. Elle voulait devenir comédienne. On a passé un mois, un mois et demi en tournée. On s'est mariés l'année suivante[18]. »

Pauline Julien et Jacques Galipeau travaillent également à la colonie de vacances où l'on initie les enfants à l'art, au chant, où l'on fabrique des marionnettes. C'était une tâche très exigeante que de recevoir environ cent vingt enfants pendant l'été, quarante à la fois pour des séjours de trois semaines. Certains y mettront plus de cœur que d'autres, dira Jean-Marie Da Silva : « Denise Marsan, Françoise Graton, Pauline et Jacques étaient les plus constants et les plus dévoués auprès des enfants. On a travaillé très fort dans un bon esprit d'équipe[19]. » Pauline Julien et Jacques Galipeau ont aussi l'habitude de se rendre à Claire-Vallée chez madame Françoise Gaudet-Smet, hôtesse d'un centre culturel important fréquenté par des artistes, dont les poètes Alfred DesRochers, Gaston Miron et le père Ambroise Lafortune, qui agit à l'occasion comme aumônier de la Compagnie du Masque. C'est là qu'ils font la connaissance d'Élisabeth et Pierre Besse, des Français de la région de Tours qui ont la nostalgie de la France et qui deviendront par la suite de grands amis de Pauline et Jacques.

Au printemps 1950, Pauline Julien et Jacques Galipeau décident d'unir leurs destinées. Les bans sont publiés et le mariage aura lieu à l'église de Rivière-des-Prairies le samedi 17 juin. La noce se fera à l'Oasis même et toute la maisonnée sera mise à contribution pour les préparatifs du mariage. Pour rendre la politesse et la remercier de les avoir reçus lors de la tournée en Mauricie, les comédiens invitent la famille de Pauline à loger à l'Oasis. Le matin du mariage, Pauline, très élégante dans sa robe de taffetas verte, se présente à l'église au bras de son frère aîné qui est son témoin. Puis la noce se déplace à l'Oasis, comme convenu, où monsieur Alain a préparé un banquet digne des plus célèbres clients de son ancien hôtel du centre-ville. Il a même confectionné un superbe gâteau de noces. Le mariage est chaleureux, intime et champêtre. Sur ses premières amours, Pauline demeura très secrète. Elle n'a laissé dans ses écrits que des allusions très brèves à son mariage, dont Jacques Galipeau ne se rappelait pas lui-même la date exacte. Pauline tient pourtant mordicus à se marier, ce qui est fort compréhensible si nous nous reportons au climat des années cinquante : les unions libres sont plutôt rares et il est assez impensable pour de jeunes catholiques d'avoir des relations sans l'approbation de monsieur le curé.

Après leur mariage, Pauline et Jacques Galipeau quittent la Compagnie du Masque et s'installent dans un petit appartement du quartier Ahuntsic, près du collège où Jacques Galipeau a été engagé comme professeur : « J'enseignais à Grasset où j'avais fait mes études. Quelques cours par semaine. Je faisais un peu de radio. Pauline tenait maison... Elle détestait faire à manger. Elle détestait la servitude[20]. » Ils ne jouent plus avec leurs anciens compagnons qui sont obligés de déménager à Longueuil après la vente de l'Oasis et qui devront par la suite se disperser à cause d'une inondation.

Pendant l'année qui suit, Pauline, en plus de « tenir maison », se prépare à réaliser un grand rêve : aller à Paris. Nourrie de culture française et insatisfaite de la formation qu'elle peut recevoir de ce côté de l'Atlantique, elle cherche à fuir le cadre étroit de la société canadienne-française. Elle veut suivre l'exemple d'autres comédiens, peintres et sculpteurs qui se sont expatriés à Paris, échappant ainsi au régime du gouvernement duplessiste qui dénigre trop souvent les artistes et le travail intellectuel. La loi de l'Index, interdisant la lecture d'œuvres osées et impies et qui restera en vigueur encore une vingtaine d'années, pèse lourd sur les créateurs qui veulent s'affranchir de ce carcan. Pierre Boucher avait séjourné à Paris, Paul Hébert étudie à Londres, Guy Provost y est aussi et Pauline reçoit des échos positifs de tous ces gens qui sont ravis d'élargir leurs horizons, de suivre les cours de grands maîtres, de fréquenter des intellectuels de gauche, des existentialistes. Pauline n'a cependant pas les moyens de s'offrir un séjour en Europe, ni même un billet pour faire la traversée, le maigre salaire de Jacques suffisant à peine à joindre les deux bouts. Elle s'évertue à demander des bourses à droite et à gauche, mais sans succès.

À bout de ressources, elle se rappelle tout à coup son cousinage lointain avec le premier ministre Duplessis. Elle décide d'utiliser les grands moyens et se rend à Québec. Ignorant la secrétaire de Duplessis, elle entre directement dans le bureau du premier ministre et lui parle de son « cousin » Émile dont elle est la digne fille, tout en lui racontant d'amusantes anecdotes. Duplessis est impressionné par son audace et lui octroie une bourse. Certains amis jettent les hauts cris devant cette démarche de Pauline qu'ils assimilent à un pacte avec le régime, mais elle leur rétorque que « quand on veut quelque chose, on se débrouille pour l'obtenir[21]. » À la façon de Marie-Louise, Pauline racontera souvent cette histoire en ajoutant chaque fois des détails nouveaux qui, une fois superposés, finiront par donner une image rocambolesque de l'entreprise. Ce qui est certain, c'est qu'elle obtient les mille dollars qu'il lui faut pour aller à Paris et s'y installer, en attendant de trouver du travail. Une fois acquitté le coût de la traversée, il leur reste six cents dollars : « Le chèque était fait à mon nom, dit Jacques Galipeau, je vois la grosse signature de Duplessis. J'étais allé chercher le chèque non pas à Québec, mais dans le bureau de l'avocat Johnson. C'est elle qui tenait à aller en Europe, mais c'était très très serré[22]. » Jacques Galipeau et Pauline Julien s'embarquent donc pour Paris en août 1951.

Quarante-cinq ans plus tard, d'une main hésitante qui trahit les ravages de la maladie, Pauline nous fait partager l'atmosphère qui régnait : « Sur un bateau grec, les parents, les amis sont là. Heureux, heureuse. Tout m'émerveille, de la salle à manger à la piscine sur le pont. Et la mer à longueur de jour, contemplée sept jours. La campagnarde s'initie à la liberté des voyages, des découvertes de la richesse des autres. Jacques et moi en profitons au max[23]. »

Juste avant que Pauline parte pour Paris en ce mois d'août 1951, Jean-Paul Guay lui demande de prendre des nouvelles de Vézina, en passe de revenir au Québec. Pour le rejoindre, Jean-Paul donne à Pauline le numéro de téléphone de Philippe Scrive, un sculpteur né à Ville-Marie, un petit village de l'Abitibi-Témiscamingue. Peu de temps après son arrivée, elle s'arrange pour rejoindre Scrive qui habite au quartier latin, rue Vanneau, et qui lui parle longuement de Georges qui était « suffoqué d'enthousiasme par toutes les beautés qu'offre Paris à tous les coins de rue, sans compter les jardins, les musées, les bistrots accessibles aux plus pauvres, avec cette foule nerveuse et belle qui n'arrête pas de défiler sous nos yeux[24]. » Vézina, ayant épuisé ses dernières ressources, se disait incapable de retourner aux contraintes puritaines et hostiles à tout changement de l'époque du « cadenas » de Duplessis. Quand Pauline entre en contact avec Philippe Scrive pour la première fois, il sait déjà que Vézina est mort. Il a lu dans le journal qu'on avait retrouvé sa valise sur le bateau et qu'on avait entendu quelqu'un tomber à l'eau. « Ça ne faisait pas longtemps qu'elle était arrivée à Paris. Elle m'a téléphoné, un jour, pour parler de Georges. Je lui ai dit qu'il s'était suicidé[25]. » Fascinée par la sculpture, par tout ce qui prend vie de la pierre inerte, elle se liera d'amitié par la suite avec plusieurs sculpteurs. Le destin tragique de Vézina, disparu en 1951 dans des circonstances mystérieuses, de même que celui de plusieurs artistes qui se sont donné la mort, tels Marilyn Monroe, Hubert Aquin, Claude Jutra, exercera chez Pauline une sorte de magnétisme où la séduction et la peur se livreront une lutte sans merci. Dès le début des années soixante, elle se mettra à jongler entre le désir de vivre et le désir de mourir.

La petite Canadienne française du Cap-de-la-Madeleine de vingt-trois ans, arrivée à Paris depuis la fin du mois d'août, enceinte de quelques mois, fait sien le discours de Vézina, tel que le lui rapporte Philippe Scrive. Elle vient de fuir le Québec pour les mêmes motifs : « la morale bourgeoise, routinière et conservatrice, des interdits sur tous les chapitres, une certaine chasse aux sorcières où le clergé a toujours le dernier mot[26]. » Au sortir du train qui les avait amenés du Havre, Pauline et Jacques sont descendus à la gare Saint-Lazare. En mettant le pied sur le quai, les oreilles de Pauline ont bourdonné des conversations ambiantes, son cœur s'est mis à battre au rythme de Paris, elle s'est sentie immédiatement chez elle.

NOTES

1. Couplet d'une chanson écrite par Pauline Julien ayant pour titre *Saluts* (*Femmes de paroles*, 1978).
2. Jean-Paul Guay, entrevue du 4 septembre 1997.
3. Roland Lepage, entrevue du 14 octobre 1997.
4. Louise Côté, « Pauline Julien : La grande aventure de la chanson », *Le Magazine Maclean*, janvier 1963.
5. Idem.
6. Roland Lepage, entrevue du 14 octobre 1997.
7. Il s'agit ici de jeunes filles habitant la ville de Québec, car le terme « Québécois » ne désignait pas encore les habitants de la province de Québec, qu'on appelait alors les Canadiens français.
8. Pauline Julien, entrevue à *Jeunesse Oblige* (télévision SRC), 13 octobre 1967.
9. Henri Deyglun, *La Semaine*, 2 au 8 septembre 1968.
10. Pauline Julien, texte inédit, vers 1992.
11. Hélène Loiselle, entrevue du 21 mai 1997.
12. Jean-Marie da Silva, entrevue téléphonique du 13 janvier 1999.
13. Jean Béraud, *350 ans de théâtre au Canada français*, Montréal, Cercle du livre de France, 1958, p. 267.
14. Denise Marsan, entrevue du 19 mai 1997.
15. Idem.
16. Idem.
17. Idem.
18. Jacques Galipeau, entrevue du 16 mai 1997.
19. Jean-Marie da Silva, entrevue téléphonique du 13 janvier 1999.
20. Jacques Galipeau, entrevue du 16 mai 1997.
21. Louise Côté, « Pauline Julien : La grande aventure de la chanson », *Le Magazine Maclean*, janvier 1963.
22. Jacques Galipeau, entrevue du 16 mai 1997.
23. Pauline Julien, texte inédit, 1996.
24. Ibid., vers 1992.
25. Philippe Scrive, entrevue du 10 mars 1998.
26. Pauline Julien, texte inédit, vers 1992.

La diseuse rive gauche

Août 1957

quand je suis partie pour Paris
que j'y ai trouvé une chambre
dans l'idée de trouver la vie
que je n'ai trouvé que septembre

non personne n'aurait pu dire
dans la rue Vaugirard
que j'allais « revenir »
au bout de mon regard[1]*.*

Dans les années cinquante, tout artiste ou intellectuel canadien-français nourrissant des idées de révolution et de liberté trouve à Paris, du côté de Saint-Germain-des-Prés, de quoi satisfaire ses désirs d'émancipation. C'est la belle époque des cabarets enfumés de la rive gauche où parmi les existentialistes, les surréalistes, les socialistes, le sort du monde se discute en toute liberté, où l'amour est loi, l'amitié reine et le vin inépuisable. Avant même d'être reconnus à Montréal, certains chanteurs du Canada, comme Félix Leclerc et Raymond Lévesque, feront leurs premières armes dans ces lieux bénis qui ont pour nom Chez Moineau, la Rose rouge, la Colombe, l'Échelle de Jacob, l'Écluse, le Cheval d'or, le Port-du-Salut. On y côtoie de jeunes talents qui ignorent encore qu'ils deviendront grands : Aznavour, Brel, Barbara, Vian, Ferrat, Ferré, Gréco. L'atmosphère de la rive gauche se retrouve aussi de l'autre côté de la Seine, dans Montmartre, place Blanche ou place du Tertre, où logent Canetti et ses Trois-Baudets, et Patachou. Personne n'est encore vraiment célèbre, personne n'est riche. Tous s'entraident, l'on ne pense pas encore à la compétition ni au star system. On vit d'expédients, on vit de presque rien, avec un dollar canadien on peut manger dans un bon bistrot, vin et service compris. C'est la douce misère de ceux qui ont le ventre vide, mais le cœur plein d'imagination, de courage et de talent. Pauline Julien et Jacques Galipeau découvrent cette effervescence artistique et intellectuelle en arpentant les rues de Saint-Germain à la recherche d'un logement.

Ils s'installent d'abord quelques jours dans une chambre pour étudiants à la Cité universitaire. En consultant les petites annonces à l'Institut catholique, Jacques déniche une chambre, 41, rue de

Vaugirard, angle d'Assas, à côté du jardin du Luxembourg. Il se présente seul à la propriétaire, mademoiselle Baudrillart, qui lui pose les questions d'usage. Il commence par lui dire qu'il est étudiant, puis il ajoute qu'il n'est pas seul, qu'il a une femme. Mademoiselle hésite un peu. Finalement il lui avoue que sa femme est enceinte de six mois. Mais l'étudiant est sympathique et la logeuse finit par accepter de lui louer une chambre dans son grand appartement bourgeois.

Le couple Galipeau est confiné dans une seule pièce de l'appartement et Pauline ose à peine faire des incursions dans les quartiers de mademoiselle Baudrillart. Tout émerveille la petite « paysanne », les lourdes portes, la disposition des pièces, les hauts plafonds, le luxueux tapis de l'entrée, les boiseries sombres, les plafonniers, le ruban de la clochette qu'on tire pour appeler les domestiques. Elle examine longuement la pièce de séjour chargée de meubles anciens et d'objets exotiques au fond de laquelle trône une cheminée. Pauline et Jacques habitent une chambre minuscule meublée d'un lit simple, d'une commode à trois tiroirs, d'un réchaud à deux ronds. Une table de jeu pour manger, trois chaises droites, une haute fenêtre qui laisse entrer le soleil du matin, il n'en faut pas davantage à nos étudiants qui sont aux oiseaux !

Pauline et Jacques ne peuvent faire la cuisine dans cette pièce trop exiguë, ils ne peuvent non plus se payer le restaurant tous les jours. Très vite, ils trouvent une solution. À titre de boursière du gouvernement du Québec, Pauline a droit à certains privilèges. Jacques Galipeau voit une assistante sociale qui s'intéresse à leur cas et obtient des laissez-passer pour les restaurants universitaires. Moyennant une somme minime, ils ont même droit à un restaurant médico-social israélite destiné aux étudiants de santé délicate. Pauline profite de son état de grossesse avancée pour manger à ce restaurant midi et soir, accompagnée de Jacques. Ils s'y rendent à bicyclette, une bicyclette achetée à des Américaines rencontrées sur le bateau. Les dernières semaines où Pauline doit rester à la maison, c'est Jacques qui saute sur le vélo et lui rapporte son repas rue Vaugirard après avoir pris le sien sur place. Longtemps après la naissance de Pascale, ils profiteront toujours de ce restaurant, et à force de se renseigner à droite et à gauche, ils jouiront de tarifs réduits dans les transports, au théâtre, au concert, pour les soins médicaux, les vitamines. Les médicaments sont gratuits et ils obtiennent même une allocation de loyer qui leur permet d'étirer considérablement leur mince pécule.

Dès l'automne 1951, Pauline et Jacques s'inscrivent au Conservatoire d'art dramatique de Paris comme auditeurs libres et suivent les cours de Bernard Bimont, sur la recommandation de Georges Groulx et Lucile Cousineau, rentrés à Montréal quelque temps avant leur départ. Guy Provost et Denise Vachon y ont aussi travaillé. Pauline saisit avec enthousiasme la moindre occasion de parfaire sa formation de comédienne. Elle assiste aux cours de Georges Leroy et d'Henri Rollan qu'a fréquentés avant elle le comédien Jean Gascon. Elle étudie la pose de la voix, la plastique, lit Racine, Molière, Corneille, Marivaux. Pauline Julien et Jacques Galipeau sont friands de théâtre et ne se privent pas d'y aller pour un prix dérisoire grâce à leur statut d'étudiants du Conservatoire. Ils vont souvent à l'Odéon, parfois à la Comédie-Française. Ils voient *Meurtre dans la cathédrale* au Trocadéro, avec Jean Vilar, *Le Cid* et *Le Prince de Hombourg*, avec Gérard Philipe, et aiguisent leur sens critique : « Nous allons au théâtre tous les soirs. Moi, j'en profite avec un désir de plus en plus grand. Brasseur, Vilar, Barrault, Vitold restent les maîtres. Et Edwidge [Feuillère], Madeleine Renaud, Michèle Alfa. Nous voyons beaucoup les jeunes compagnies. *Marie Stuart* de Schiller, très forte tragédie avec Hermantier. Bon souffle, belle mise en scène, mais manque de tenue. C'est un peu le lot des jeunes compagnies, pas toutes heureusement[2]. »

En décembre 1951, pour les vacances de Noël, il leur reste assez de sous pour se rendre en Angleterre. Ils voyageront par train, par bateau et feront même de l'auto-stop à l'occasion malgré les mises en garde de leurs amis : « Enceinte de six mois, ça ne me gêne pas. Londres, ses théâtres, ses concerts, ses musées et la Tamise. Beau projet. La vague est clémente et nous avons le pied marin. Les trains, je les aime, la campagne bien verte un peu échevelée et nous y sommes. Londres[3]. » Ils passent six jours merveilleux dans cette ville. Londres fait un peu partie de l'histoire du Canada, et c'est un plaisir pour tout Canadien de voir ce qu'il connaît déjà à travers les livres, la Tamise, Trafalgar, la Tour de Londres, les impériales, les boîtes aux lettres rouges, les lampadaires qu'on allume à la brunante. La vie culturelle les enthousiasme, ils se rendent au Sadlers' Mill Ballet et à la Tate Gallery. Pauline est bouleversée par le modernisme des œuvres de Epsein, Marino Marini, Dalou, Degas, Rodin et Maillot. Ils obtiennent des tarifs réduits au théâtre et voient deux Shakespeare extraordinaires : *Le Conte d'hiver* et *Le Songe d'une nuit d'été* les émerveillent par la mise en scène, les décors, les costumes. « Et le chant inimitable de la langue[4]. » Pauline apprécie certaines coutumes londoniennes, en particulier celle qui consiste à servir le thé au théâtre. Les Anglais sont pleins d'égards pour la jeune étudiante enceinte restée assise pendant l'entracte. Pendant qu'elle examine attentivement la scène shakespearienne, une femme lui verse une tasse de thé sur un plateau et revient la reprendre quelques minutes plus tard. Pauline est étonnée de cette attention pleine de raffinement. Elle est étonnée aussi des manières londoniennes en matière de pudeur. À l'auberge de jeunesse où elle habite, elle fait sa première expérience de nudisme. Dans la salle de bains des dames, on fait sa toilette dans le plus simple appareil tout en riant, en s'interpellant. Une porte battante laisse deux tiers d'ouverture aux W.-C. : « J'apprends le sans-gêne de la pudeur, héritage peut-être des primitifs que les Anglais ont colonisés[5]. » Pauline se baignera presque toujours sans maillot par la suite, pour le plaisir et l'étonnement de son entourage.

Après quelques jours, elle se met à faire des comparaisons entre Londres et Paris. Elle n'aime pas beaucoup l'architecture londonienne, et même l'abbaye de Westminster, avec ses tombeaux de figures célèbres, lui semble de mauvais goût... Londres lui rappelle aussi l'atmosphère commerciale de Montréal qu'elle trouve « laide ». Elle traverse la Manche la tête pleine de beaux souvenirs, mais elle reste convaincue que Paris lui permet d'évoluer dans une société libre parmi les Sartre, les Camus, les de Beauvoir qui repensent le monde dans une perspective existentialiste. Dans un style inspiré de *Hamlet,* elle donne à ses amis restés au Canada le goût de l'imiter dans son aventure : « Il faut vivre pour être. Je ne me sens pas sage du tout, mais révolutionnaire. Nous ne perdons pas une minute. Je suis très bien. Je trotte et j'en profite[6]. »

Toutes ces œuvres qui l'ont éblouie à Londres ont peut-être fait germer le goût de l'art chez Pascale, qui naîtra le 27 février 1952 à l'hôpital de la Maternité. Aussitôt après l'accouchement, la vie trépidante reprend son cours. Mademoiselle Baudrillart accepte parfois de surveiller le bébé quand Jacques et Pauline vont au théâtre, mais la plupart du temps, ils trimballent l'enfant même aux cours. Pauline amène souvent Pascale au jardin du Luxembourg pour la nourrir en plein air, surprise qu'en France on ne fasse pas de cas de sa poitrine découverte, contrairement au Canada. Pauline et Jacques planifient avec soin leurs sorties en « famille ». Tous les samedis, de dix à treize heures, ils se donnent comme consigne de visiter le Louvre. À cette heure matinale, ils ont tout le loisir de voir et revoir les salles : « Pascale est un bébé charmant qui ne pleure pas, seulement pour le boire et si elle est incommodée. On s'installe, le bébé dans son lit-sac, deux solides poignées, un toit pour le visage, un espace pour les couches, fermeture éclair, la Rolls Royce des bébés. Les salles sont presque vides. Par contre, c'est un peu contraignant, le poids. Une idée. Les gardiens, des hommes et des femmes d'âge mûr, me font de grands sourires. Je m'adresse à celui qui est devant une fenêtre qui fait encoignure et je dépose le sac et le bébé. Elle dort, elle vient de boire, sans doute qu'elle va dormir trente minutes et plus, c'est lourd à transporter, je fais mon petit boniment : "Nous sommes de Montréal, venus étudier. Pouvez-vous jeter un coup d'œil à notre trésor ?" Il n'hésite pas : "Oui, oui. Je comprends. Prenez votre temps. Je suis grand-père[7]." »

Au début de l'automne 1952, Jacques et Pauline déménagent. Jacques Galipeau a entendu dire que la ville avait fermé quelques maisons closes dont certaines sont attribuées à des étudiants. Ils en obtiennent une rue de Montyon, à côté des Folies-Bergère, à côté de la station Montmartre, rue du Faubourg-Montmartre, une rue très achalandée, très vivante, avec des marchés. Quand on entre dans cette grande maison à quatre étages, il y a d'abord une grande salle de réception qui correspond à l'ancien bordel. On y a laissé des sculptures de Vénus en plâtre au mur, extraordinaires, avec la coquille et tout. Cette salle d'un kitsch consommé sert pour les répétitions et les réunions de tous les étudiants de la maison. À l'étage, c'est l'appartement de Pauline et Jacques. Ils disposent de deux pièces : une cuisinette dont les fenêtres donnent sur la rue et une très grande salle de séjour qui sert aussi de chambre à coucher. Pascale dort dans la cuisine. La douche à l'étage du dessus n'a pas d'eau chaude ; mais, grâce à l'intervention de l'assistante sociale, cet appartement ne leur coûte presque rien. Voyant que Pauline et Jacques sont fatigués, elle les envoie même quinze jours à Annecy aux frais de la République.

Quand Hélène Loiselle arrive à Paris en novembre 1952 avec son mari, le comédien Lionel Villeneuve, Pauline est déjà installée dans son nouvel appartement. « Pauline avait beaucoup d'audace pour dénicher tout ce qui pouvait être des ressources, parce qu'on n'avait pas d'argent personne. On était des étudiants au pain sec. Nous avions deux enfants et habitions la banlieue parce qu'on ne pouvait pas se payer un appartement dans Paris[8]. » Lors de soirées mémorables, Pauline invite ses amis chez elle pour leur réciter *La Lorelei* de façon passionnée. Pauline est à l'affût de nouveaux poèmes qu'elle apprend par cœur : « J'étais une peste ! j'étais toujours à dire des vers. Je rencontrais des amis et je leur disais : "Tiens, écoute" et je leur disais un, deux, cinq poèmes[9] ! » Mais il n'y a pas que la poésie, il y a également le quotidien avec un bébé qui dort dans la cuisine, les problèmes d'argent. Elle fait la vaisselle dans le bidet et la lessive pend un peu partout dans la pièce. Heureusement qu'il y a les vers d'Aragon et d'Audiberti pour mettre du baume sur la petite misère.

La joyeuse bande de comédiens canadiens-français et d'autres élèves du professeur Bimont, sous la direction de l'apprenti metteur en scène et comédien Bernard Jenny, un des élèves talentueux du cours, commencent à répéter *L'Annonce faite à Marie* de Paul Claudel. Cette pièce sera jouée dans le cadre du Festival de Paris en mai 1954 dans la cour du cloître de l'église Saint-Séverin, près du boulevard Saint-Michel. Pauline Julien joue le rôle de la mère, Jacques Galipeau, celui du père, Lionel Villeneuve, celui de Pierre de Craon. Sont également de la distribution Roland Lepage, que Pauline avait connu à Québec avec les Comédiens de la Nef, et Hélène Loiselle. Les cinq ou six représentations ont lieu le soir, en plein air, près du magnifique arbre esseulé de la cour, qui semble appeler les grands drames. À un moment donné, Loleh Bellon, qui tient le rôle de la perfide Mara, estime qu'il y a trop de Canadiens dans la pièce, que cela crée un déséquilibre. Mais la controverse fait long feu. Au même moment, la Comédie-Française présente également *L'Annonce faite à Marie* et la critique est à l'avantage des jeunes comédiens du cours Bimont. Dans cet entrefilet du *France Observateur*, le journaliste ne mentionne cependant que des comédiens français : « France Descaut, Loleh Bellon et tous leurs camarades ont su nous restituer le texte claudélien avec une simplicité, une ferveur auxquelles on se plaît à rendre hommage, ainsi qu'à la sobre efficacité d'une mise en scène très intelligemment adaptée à la circonstance et au cadre[10]. »

Le vicaire de l'église Saint-Séverin, Joachim Moubarach, un intellectuel libanais, fréquente la colonie de comédiens canadiens. « C'était un prêtre nouveau genre, dira Philippe Scrive, à la mode et qui aimait beaucoup les femmes. Il prenait des cafés avec nous au bistrot. Et on le voyait en soutane, souvent. C'était un homme très bien, profond et cultivé. C'était la première fois sans doute que Pauline connaissait des prêtres aussi intelligents[11]. » Pauline a déjà connu des prêtres intelligents, notamment au sein de la Compagnie du Masque, mais comme elle a reçu une éducation très religieuse, elle est sans doute attirée par cet homme qui la désire et qui, en même temps, représente une sorte d'interdit pour elle. Elle teste son propre pouvoir de séduction sans que les conséquences ne bouleversent sa vie de jeune mère et de jeune épouse. À vingt-six ans, elle commence à remettre en question cette vie sage et douce qu'elle mène en compagnie de son mari et de son enfant. Moubarach devient un « grand ami » de Pauline : « Il donne des prêches courus par tous les étudiants et les étudiantes assoiffés d'une philosophie nouvelle. Un soir je l'abordai pour en parler sous couvert de me renseigner, je ne compris pas l'excitation qu'il voulait cacher, moi sainte nitouche, je jouissais de ces fruits défendus mais ne voulus pas aller plus loin[12]. »

L'été 1954 est déterminant pour la carrière de Pauline, à cause surtout de cette tournée que des comédiens de Bimont font en province et particulièrement à l'île de Ré. C'est la première fois qu'elle chantera devant son premier vrai public, les bagnards de l'île de Ré. Pauline accompagne Jacques Galipeau, qui a un rôle dans *Aimer*, une pièce en trois actes de Paul Géraldy que Bernard Jenny a montée. Les prisonniers n'ayant pas le droit de quitter la salle, Bernard demande à Pauline de chanter pour meubler l'entracte. Elle n'ose pas, elle se fait prier, son accompagnateur insiste, et elle finit par s'exécuter. « Elle leur chante *Le Galérien*, "J'ai pas tué, j'ai pas volé." La fin a été tout à fait superbe. Une pluie de roses est partie du côté des prisonniers[13]. » Pour que Pauline, tremblante de peur, ose chanter à des bagnards une chanson sur d'innocents galériens, il lui fallait de l'audace. C'est une première victoire qui reste sans suite pour l'instant : Pauline ne voit encore sa vie qu'à travers le théâtre.

Au mois d'août, au retour de l'île de Ré, les Galipeau, devenus des Parisiens types, décident de s'accorder un mois de vacances annuelles et prennent la route de l'Espagne. Ils voyagent en autostop, comme des étudiants fauchés, malgré les protestations de leurs amis français. Dans le Cher, aux environs de Bourges, ils déposent la petite Pascale dans une ferme, chez une dame qui leur a été recommandée par Paul Hébert, madame Lesimple : « On allait la conduire là pendant qu'on allait en voyage, s'évaporer un peu. Avoir un enfant là-bas dans ces conditions-là, c'était très difficile. Pour tout mener en même temps nous deux (chacun voulait faire sa carrière, on était à Paris puis on voulait aller au théâtre, on sortait beaucoup) c'était de la haute voltige[14]. »

Sur les routes d'Espagne, au début des années cinquante, les rares voitures sont souvent des limousines noires dont les riches occupants ne sont pas toujours disposés à prendre des passagers. Ils attendent parfois toute la matinée au bord de la route. Seuls quelques ânes passent : « C'est arrivé deux ou trois fois que ces grosses voitures nous prennent. On a traversé les Pyrénées. On logeait dans des petits hôtels. Même si on avait très peu de sous, on avait pris l'habitude de partir pour un mois[15]. » Tout les ravit : Pampelune, la Place des fêtes, la corrida, les toréadors. Ils poursuivent ainsi leur voyage jusqu'à Madrid sur des routes désertes, à l'aventure. Ils visitent le Prado et logent dans une maison ancienne dont les grandes chambres et les nombreuses fenêtres à carreaux les émerveillent. Puis ils poussent une pointe vers le sud, se rendent à Grenade et à Séville avant d'aller à la mer. Et c'est là, sur un rocher surplombant la Méditerranée, qu'est conçu Nicolas, leur deuxième enfant.

Au retour, ils vont chercher Pascale et rentrent chez eux où les attendent Denise Marsan et le poète Roland Giguère qui arrivent de Montréal. Fidèle à l'esprit qui anime la *Canadian Connection* à Paris, Pauline leur avait tout simplement indiqué où se trouvait la clé pour qu'ils s'installent dans l'appartement de la rue de Montyon pendant leur absence, le temps de trouver un endroit où habiter. Au début du mois d'août, la comédienne Kim Yaroshevskaya, qui ne connaissait ni Jacques ni Pauline, avait su par Denise où se trouvait la clé et était elle aussi venue déposer ses valises rue de Montyon. Mais elle a déchanté assez rapidement : « En apercevant les toilettes turques, que j'appelle aussi des pattes d'éléphant, je me suis dit : "Ah non, je ne reste pas ici." Je ne savais même pas chez qui j'étais. C'est là que j'ai rencontré Pauline un peu plus tard à l'automne 1954[16]. » Mimi Parent, une peintre originaire de Québec installée à Paris depuis 1946 avec son mari le peintre Jean Benoît, fait la connaissance de Pauline en 1954, au moment où elle est enceinte de Nicolas. Pauline n'a plus de manteau et Mimi lui en confectionne un dans du tissu bon marché qu'elles achètent ensemble au marché Saint-Pierre : « Elle a gardé son manteau des années. Elle l'adorait ! Je pense que c'est la première fois qu'elle avait quelque chose qu'on ne lui avait pas donné. Ils n'avaient pas d'argent. Jacques faisait ce qu'il pouvait. Mais on en était tous là[17]. »

À l'automne 1954, les activités théâtrales reprennent. Ici et là, Pauline suit des cours de pose de la voix : « Auditrice libre au Conservatoire, elle suit les cours d'Henri Rollan, de Tania Balachova, étudie parallèlement le mime avec Marcel Marceau, la danse : une formation tous azimuts en quelque sorte[18]. » Impossible de vérifier toute cette « scolarité », car dans ses futures stratégies de promotion, elle se permettra d'enjoliver le passé, le présent, d'annoncer des projets incertains qui tomberont à l'eau plus tard. Mais il y a toujours une part de vrai dans ce qu'elle raconte. Par exemple, elle n'étudie pas auprès de Marcel Marceau, mais elle se joint à Denise Marsan et Kim Yaroshevskaya qui suivaient les cours d'un élève de Marceau et qui avaient loué un petit studio de la salle Pleyel pour y faire des exercices.

L'automne 1954 se passe principalement dans la préparation de la pièce que les élèves de Bimont montent sous la direction de Bernard Jenny : *La Fable de l'enfant échangé* de Pirandello. Cette pièce peu connue, créée en version française au Studio des Champs-Élysées en février 1955, sera un tournant dans sa vie. L'un des personnages, une chanteuse de cabaret, doit chanter quelques lignes. La comédienne qui joue ce rôle tombe malade et il faut la remplacer au pied levé. Pauline hésite un peu et accepte. On la félicite de son interprétation : « Évidemment, vous êtes chanteuse. – Mais non, pas du tout. – Alors qu'est-ce que vous attendez[19] ? » Pauline est ensuite encouragée par Gabriel Charpentier, qu'elle avait bien connu à Québec par l'entremise de sa sœur Fabienne et qui deviendra par la suite réalisateur musical à Radio-Canada. Mais un autre événement se prépare, très important lui aussi dans la vie de Pauline. Elle est enceinte jusqu'aux dents et Roland Lepage, qui joue dans la pièce, a peur qu'elle n'accouche à l'entracte. « Elle avait une ombrelle pour cacher son gros ventre. Elle était en tutu, vert, avec du tulle drapé autour d'elle. À l'entracte, elle faisait des exercices de relaxation[20]. »

Le spectacle n'est guère prisé par la critique du *Figaro littéraire*, qui fait l'éloge de la *Fleur à la bouche*, la petite pièce jouée en deuxième partie du spectacle, pour ensuite attaquer *La Fable de l'enfant échangé* : « Un spectacle qui commence, assez tristement, par *La Fable de l'enfant échangé*, cinq actes courts et assez peu consistants de Pirandello, auxquels la compagnie Bernard Jenny – qui ne tient pas à ce qu'on l'appelle une "jeune compagnie" – ne peut apporter que la somme de ses expériences[21]. » Robert Kemp, dans *Le Monde*, est moins cinglant. Il a également préféré la *Fleur à la bouche*, mais il est plus indulgent pour *La Fable de l'enfant échangé*. Pour Denise Marsan, qui était dans la salle ce soir-là, le spectacle n'aurait pas tenu trois jours à Montréal sans se faire huer par les Montréalais et la critique aurait été beaucoup moins positive. « Ça m'a donné une leçon. On était d'une intolérance[22]. »

Il est peu probable que Pauline, enceinte de sept mois, se soit mise immédiatement après la pièce à faire des auditions. Mais elle trouve Alfred Abondance, ex-professeur chez Jean-Louis Barrault, qui lui enseigne à placer sa voix et qui l'aide à se constituer un répertoire : « Il y avait des gens qui préparaient une opérette. Il donnait des conseils dans son salon, ce n'étaient pas vraiment des cours de chant, c'était pour la voix, il n'y avait pas de théorie. J'allais voir ce qui s'y passait, je profitais des conseils qu'il donnait aux gens. C'était un professeur à la retraite. Parfois il m'écoutait chanter, j'y suis allée une dizaine de fois[23]. » Pauline se présente aussi chez la « grande » Mireille à quelques reprises dans son atelier et lui demande de l'écouter. Elle lui chante *La Grenouille*, *Dans les prisons de Nantes* et lui récite des poèmes. Pauline n'a pas le temps ni les moyens de s'inscrire à ces cours. Il lui faut se débrouiller comme elle peut, tirer toutes les ficelles pour arriver au but. Son deuxième enfant naîtra en pleine période de « recyclage », augmentant l'urgence de gagner sa vie le plus rapidement possible. Elle choisit de profiter des circonstances et des tendances de la mode : « Le choix s'est fait presque automatiquement. Je voulais bien faire ce que je faisais. Je n'étais pas encore prête pour le théâtre alors que la chanson a immédiatement répondu[24]. »

Avec un élan que rien ne peut ralentir, elle plonge dans la chanson avec pour tout bagage musical le répertoire de son enfance, une facilité au chant, une voix spontanée.

Kim Yaroshevskaya, qui sera aux premières loges de l'accouchement, hésite longtemps avant de céder et d'accompagner son amie qui veut absolument aller au théâtre le soir du 23 avril 1955. Or, beaucoup de théâtres font relâche, et après avoir arpenté les rues, elles entrent à la Michodière voir *Les Œufs de l'autruche* et *Les Grands Garçons* de Roussin. Après cinq minutes, Pauline dit tout bonnement à Kim que ses eaux viennent de crever. Kim est affolée, mais Pauline continue de regarder la pièce comme si de rien n'était. Kim veut partir sur-le-champ, Pauline veut attendre l'entracte. Passe l'entracte et Pauline ne bouge toujours pas, proposant plutôt de sortir de la salle une fois la lumière éteinte, mais elle continue, au grand dam de Kim, à regarder la pièce jusqu'au bout. Ensuite elle attend que le théâtre soit complètement vide pour enfin sauter dans un taxi. Une fois devant l'appartement de la rue Montyon, Pauline demande à Kim de monter chercher Jacques qui garde la petite Pascale. Kim n'a pas franchi la dernière marche que Pauline grimpe les escaliers derrière elle à son tour pour prendre sa valise. Quatre heures plus tard, Nicolas Galipeau naît à l'hôpital de la Maternité.

Pendant l'été 1955, Jacques trouve des petits boulots qui lui permettent de s'acheter une moto d'occasion et de partir en vacances avec Pauline, malgré des ressources de plus en plus limitées. Après avoir déposé Pascale, trois ans, et Nicolas, trois mois, chez madame Lesimple, ils poursuivent leur voyage à travers les Alpes et arrivent à Monaco où ils visitent le casino et les salles de jeux. En Italie, ils se font voler un morceau à chaque étape, et comme la moto tombe souvent en panne, Jacques doit trouver chaque fois un garage pour changer les bougies : « J'ai vite appris que "bougie" se disait "candera" en italien, mais nous avons vu Rome, le Colisée, ce fut un voyage magnifique[25]. » Sur le chemin du retour, cependant, ils ont un accident de moto. Pauline est blessée au dos et fait le reste du voyage en train, plâtrée, et Jacques reprendra les enfants en route avant de rentrer à Paris.

À son retour d'Italie, Pauline entreprend sa vraie carrière de chanteuse rive gauche. Elle n'a pas encore eu d'engagements véritables jusque-là, sauf au Bal des Anglais, près de la Bastille, où elle a commencé à roder son répertoire. Elle quête, elle « fait la manche » comme on dit, dans ce bar où on accueille des cars de touristes. À l'automne 1955, Pauline cherche activement à se tailler une place dans les cabarets de Paris, mais c'est au Cheval d'or, une boîte de la rue Descartes près de la place de la Contrescarpe et dont le patron est Léon Tcherniack, qu'elle fait vraiment ses débuts.

Henri Serre, l'un des sympathiques copains de Jeanne Moreau dans *Jules et Jim,* et Jean-Pierre Suc sont les animateurs du Cheval d'or, avec Pierre Maguelon, dit Petit Bobo. Il paraît plausible alors qu'elle ait chanté à cet endroit à partir de 1956 seulement, car sur des coupures de presse datant de l'automne 1955, il n'est aucunement fait mention de Pauline. Elle est engagée par la suite un peu partout, notamment Chez Moineau où elle se sent comme chez elle. Tout va très vite et il ne reste pas de traces de ses passages dans ces cabarets, sauf des témoignages qui confirment qu'entre l'automne 1955 et l'été 1957, pendant ces deux petites années, Pauline commence à se tailler une place dans quelques cabarets de la rive gauche et à se faire des amis parmi les artistes parisiens, dont Ferré, Ferrat, Ricet Barrier et Barbara.

Pierre Maguelon se rappelle l'atmosphère qui régnait au Cheval d'or à l'époque où Pauline y chantait : « Nous avions fait au fond une espèce de rideau sur lequel Jean-Pierre Suc avait peint quatre sites un peu particuliers, dont la place de la Contrescarpe. Comme animateur, je faisais les présentations en me servant de ces paysages, mais je ne sais pas du tout ce que je disais sur Pauline Julien. Les coulisses étaient dans la cave et la pauvre Pauline devait se changer devant nous tous car il n'y avait pas de loges. Alors on essayait de lui faire un petit paravent. C'était toujours problématique, parce qu'elle avait son pull-over qui remontait. Elle avait des systèmes d'attaches, des jarretières. Quelque chose d'assez extraordinaire. Il est fort possible que ce soit Audiberti qui nous l'ait présentée, car j'ai inscrit dans mes notes de l'époque qu'elle chantait Audiberti[26]. »

Le Cheval d'or est un cabaret d'un genre tout à fait nouveau, une mercerie transformée en restaurant. La salle est éclairée au gaz et, quand les gens ont fini de manger, les artistes montent sur la scène, jouent du piano, de sorte que le spectacle commence en douce. Sur une photo, on voit Pauline au Cheval d'or devant un micro unidirectionnel bizarre, cadeau de Georges Brassens lui-même. Elle a déjà un comportement tout à fait professionnel : « Quand Pauline est venue, on peut dire qu'on était un petit groupe de machos ou presque. On ne la voyait pas dans la journée, on la voyait le soir seulement. Elle venait très régulièrement, très professionnellement jouer alors que nous, nous vivions toute la journée ensemble. C'était un continuel brassage d'idées. La peinture, la musique, toute la journée y passait. On vivait dans une effervescence constante. On a créé quelque chose de très particulier. On n'avait même pas d'alcool au début, les gens apportaient leur bouteille dans la poche. Jacques Florencie était là aussi, il nous a fait découvrir Aristide Bruant[27]. »

Pauline commence à se créer un répertoire et elle fait déjà sa marque en y incluant très rapidement un poème du *Tombeau des rois,* « La fille maigre » de la poète canadienne-française Anne Hébert, avec lequel elle se sent en symbiose :

> *Je suis une fille maigre*
> *Et j'ai de beaux os*
> *J'ai pour eux des soins attentifs*
> *Et d'étranges pitiés*
> *Je les polis sans cesse*
> *Comme de vieux métaux*

Ce texte poétique étonne beaucoup Pierre Maguelon de même que les clients de Chez Moineau où elle le transporte. Cette toute petite boîte ornée de filets de pêche et de coquillages, un peu à la façon des boîtes à chansons québécoises des années soixante, est située au 10, rue Guénégaud. C'est l'endroit où Pauline chantera le plus souvent, et c'est celui dont il est le plus spontanément question dans les témoignages des gens qui l'ont fréquentée lors de ce premier long séjour à Paris. La journaliste Judith Jasmin, qui était à Paris en 1957, adore l'atmosphère colorée de la boîte : « Chez Moineau, celui qui veut dire des vers se lève et les lit ; celui qui veut chanter ne se fait même pas prier. Il y a des jeunes, des lakistes, des barbus, des femmes glabres, autour d'une unique table, on dirait les membres d'une même famille. Le nouveau venu se glisse parmi eux : on lui raconte sa vie s'il est prêt à l'écouter. Vers deux heures du matin, la mère Moineau apporte des grands plats de couscous. Puis, après un dernier verre, tous se lèvent et se disent "À demain soir". Ce ne sont pas des intellectuels, mais sur *la frange*, des gens qui cherchent l'évasion l'un par l'autre : chansons et poésie, blagues et histoires[29]. »

Pour arriver à gagner un peu sa vie, et il en est de même pour presque tous les chanteurs de la rive gauche des années cinquante et du début des années soixante, il faut faire deux ou trois boîtes chaque soir. Au bout de quelques semaines, les artistes s'échangent les cabarets de manière à faire un roulement, à ne pas toujours être ensemble au même endroit. C'est ainsi que Pauline chante à l'Écluse, le fief de Barbara, sur les quais de la Seine, au Port-du-Salut, rue Saint-Jacques, et aux Trois-Baudets, place Blanche à Pigalle, où Félix Leclerc s'est à peu près installé sous l'aile de Jacques Canetti, le célèbre imprésario parisien. Pauline se déplace la nuit en Vespa et rentre aux petites heures du matin. Période exaltante, mais qui rend difficile la vie de la famille. Comme Jacques Galipeau a des rôles au théâtre lui aussi, ils doivent souvent faire garder les deux bébés. Pauline se découvre comme diseuse, elle prend du large, se sent fébrile, rentre souvent très tard, se désintéresse de la vie familiale. C'est durant cette période, vers la fin de 1956, que les tiraillements commencent entre eux et que les sentiments s'étiolent : « Pendant ce temps-là, je m'occupais des enfants, dira Jacques Galipeau. Elle a découvert cette nouvelle façon de s'exprimer, ça lui convenait de plus en plus. Elle s'est construite à tous points de vue parce qu'elle avait de l'acharnement. Elle travaillait énormément et elle avait beaucoup à faire parce qu'elle n'avait pas tellement de formation. Et même physiquement, elle se présentait n'importe comment. Elle a appris à devenir belle, à se faire une personnalité, à renaître. Une seconde naissance qu'elle a eue à Paris. Elle n'était pas facilement acceptée au début parce qu'elle était comme un petit pou... Elle s'est affirmée par sa force intérieure[30]. »

À l'hiver 1956, Pauline continue de consolider sa position de diseuse rive gauche, ayant déjà autour d'elle une troupe de spectateurs assidus, des artistes canadiens cantonnés à Paris pour la plupart. Ils lui font la claque Chez Moineau et parfois ils en rajoutent tellement qu'elle doit les arrêter. Pauline donne déjà de très bons spectacles, elle éclate littéralement sur scène : « Elle avait ça dans la peau, c'était une chanteuse de cabaret extraordinaire. Elle se jetait à corps perdu, c'est ce qui faisait sa force[31]. » Parmi ceux qui vont à ses tours de chant, il y a le peintre Bernard Vanier, le fils d'un gouverneur général du Canada, les frères Claude et Guy Fournier, le cinéaste Claude Jutra, les peintres Mimi Parent, Jean Benoît, Françoise Staar et son mari, le sculpteur Philippe Scrive. La journaliste Judith Jasmin et la poète Anne Hébert sont allées l'entendre quelques fois, de même que le peintre Borduas, principal signataire du *Refus global*.

Judith Jasmin gardera une affection particulière pour Pauline. Chaque fois qu'elle en aura l'occasion, elle en témoignera, comme en janvier 1966 lors de l'émission télévisée *Votre choix*. La journaliste vient alors d'être confirmée dans ses nouvelles fonctions de correspondante aux Nations unies, et elle commence par parler de René Lévesque, son premier choix, qui s'entretient avec elle de leur travail au début de la télévision canadienne. Avec Pauline Julien, son deuxième choix, elle se rappelle les circonstances dans lesquelles elle l'a connue, Chez Moineau, justement. Puis Pauline Julien récite un poème d'Anne Hébert et interprète une chanson de Léo Ferré, comme pour recréer l'atmosphère de ses débuts dans les boîtes de la rive gauche.

Raymond Lévesque avait présenté Pauline au patron du Port-du-Salut en 1957 et Pauline, devenue familière de Chez Moineau, lui rend la politesse en l'amenant dans la boîte : « J'avais connu le patron rue Dufour où il avait déjà eu une boîte avant Chez Moineau. C'était la bohème au temps où on couchait chez lui. Je l'avais perdu de vue et c'est Pauline qui m'a dit qu'il était rendu rue Guénégaud[32]. » Elle lui demande une chanson, *Moi j'en ai marre*, qu'elle enregistrera en 1958 sur un disque simple chez Castor. Il lui donnera également un peu plus tard, en 1965, *La Reine du strip tease*, qu'il avait composée à Paris à cette époque.

À l'hiver 1955, Pauline fait la connaissance du jeune peintre montréalais Alan Glass au Musée d'art moderne, à l'occasion d'un vernissage du peintre Alfred Pellan. Ils ont été présentés l'un à l'autre, mais ils ne se parlent vraiment qu'une fois dans le métro à la station Le Peletier. Alan Glass et Pauline se lieront par la suite d'une indéfectible amitié. Alan Glass vit au Mexique depuis de nombreuses années, mais il vient régulièrement à Montréal. Chaque fois que Pauline parlera de son ami Alan, elle dessinera son nom sur un bout de papier, sa façon à elle de l'écrire, avec un A majuscule suivi d'un quartier de lune : « A-lune, comme ça se prononce », disait-elle, avec un petit sourire. Cet homme est un confident, témoin privilégié de la peine qu'elle ressentira en se séparant de son mari et de ses enfants. Ils sont même allés ensemble voir Léo Ferré sur les Champs-Élysées : « Pauline connaissait Ferré, elle me disait toujours qu'elle le voyait dans une boîte. Il était abattu ; il était sur la rive gauche et voulait aller rive droite, mais les boîtes de la rive droite ne voulaient pas le prendre. Pauline l'a recommandé dans deux boîtes, dont le Cochon d'or, et ça a marché pour Ferré[33]. » Comme Pauline admire Ferré, elle sera l'une des premières Canadiennes à chanter ses chansons une fois de retour à Montréal et à Québec.

En septembre 56, presque au moment où meurt Brecht, qu'elle ne connaît peut-être pas encore mais qui deviendra son auteur fétiche, Pauline entreprend un voyage en Grèce. Elle fait le voyage seule en stop par la Suisse jusqu'à Venise où elle rejoint Alan Glass. Ils prennent ensuite le bateau à Brindisi. Par hasard, Jean Benoît et Mimi Parent, qu'ils ont prévu rencontrer en Grèce, sont sur le quai à Brindisi. Leur séjour en Grèce est une odyssée mémorable : « Alan nous a amenés chez son ami qui avait un hôtel. Et le soir, on se retrouvait au pied de l'Acropole où il y avait des tavernes merveilleuses où l'on mangeait, où l'on buvait. Un soir Pauline s'est levée et a dit : "Je veux chanter." Des types assis à une table avec leurs femmes ont demandé de quelle nationalité on était. On a dit : "Canadienne. On vit à Paris". Le type a dit : "Je vous propose quelque chose. J'ai une maison sur Ios. Si vous voulez y aller, je vous donne les clefs. Venez demain au bureau. Je vais téléphoner au maire du village. Il viendra vous chercher avec des ânes et vous amènera à la maison." On est partis le lendemain. On nous a logés dans une petite maison au bord de la mer. On est restés là une dizaine de jours avec Pauline et Alan. Des vacances de rêve. On s'est fait plein d'amis[34]. »

Mais à la fin du voyage les amis se dispersent et Alan Glass laisse Pauline au Pirée. Elle rentrera seule et en larmes, car des décisions difficiles l'attendent. Son ménage va mal, elle se sent dans un cul-de-sac. Jacques songe à revenir au Canada, Pauline tient mordicus à poursuivre sa carrière à Paris. Et il y a les enfants. Mais elle envoie une carte postale à Jacques, quelques jours avant son retour d'Athènes, dans laquelle rien de son trouble ne paraît ; « Alan et moi avons fait en trois jours un voyage magnifique à quatre cents kilomètres d'Athènes, d'aventures, de hasard, de rencontres. Les Météores, paysages et personnages d'Apocalypse. Je pars demain samedi. Je commence à avoir bien hâte de te voir. De toute façon j'irai à Marseille, poste restante, et je verrai ce que je ferai. Bon courage. Et les enfants, j'ai bien hâte de vous revoir. Je suis noire comme un négrillon. Voyage en camion ouvert, transportée par les dieux dans le ciel, Thèbes, Thessalie, Béotie. Je t'embrasse, Pauline. »

La vie de cabaret reprend de plus belle au retour et Pauline continue de se faire une niche comme chanteuse, même si tout est loin d'être gagné d'avance. Pauline rencontre Jacques Prévert, qui lui présente Pierre, son frère, lequel tient La Fontaine des quatre saisons, un bistrot à la mode, rive gauche. Elle obtient une audition par l'entremise de Mimi Parent : « Pierre Prévert me disait : "Ta copine est formidable mais c'est pas au point son affaire." Il aimait le personnage. Elle était très ambitieuse, mais ses trucs ne collaient pas très bien[35]. » Au printemps 1957, Pauline est enfin engagée à la rôtisserie de l'Abbaye, rue Jacob, figurant au même programme que l'auteur-compositeur-interprète Jacques Blanchet, qui étudie à Paris au Petit Conservatoire de la chanson de Mireille : « Ce furent véritablement alors des soirées canadiennes au cœur de Saint-Germain des Prés[36]. » Elle fait aussi la connaissance de Boris Vian, qui chantait avec Gréco au Tabou de la rue Dauphine, non loin de Chez Moineau, et elle lui demande des chansons.

Chez Moineau, Pauline rencontre celui qui va changer le cours de sa vie amoureuse et professionnelle, Dietrich Mohr, sculpteur d'origine allemande. Mimi Parent parle du printemps 1956, Denise Marsan semble également de cet avis, de même qu'Alan Glass. Pauline, quant à elle, m'a toujours répété qu'elle ne l'avait rencontré qu'à l'hiver 1957, pas très longtemps avant qu'elle ne revienne pour la première fois au Canada avec Jacques Galipeau et leurs deux enfants. Dietrich Mohr est un gentleman discret à l'attitude réservée. Il a connu Pauline Julien par l'entremise d'une amie d'origine allemande, Henny Wegner, qui habite en haut de Chez Moineau et qui descend tous les soirs au restaurant prendre un verre entre amis. Il emmène Pauline voir le film *L'Opéra de quat'sous* de Brecht dans un petit cinéma. Chez lui il a un disque des chants révolutionnaires allemands, des chansons du compositeur engagé Eisler qu'il lui fait entendre. C'est le coup de foudre : « Des Allemands venaient tous les soirs Chez Moineau, et ce pendant deux ou trois mois. Ils étaient tellement chaleureux. Dietrich faisait partie de ce groupe. Il m'a un soir abordée en me disant : “Connaissez-vous Bertolt Brecht ? Je vais vous apporter des chansons. C’est dans votre style.” Dietrich avait un appartement cité Falguière et dans la ruelle il avait un atelier. C’était dans Montparnasse, à quinze minutes de marche de Chez Moineau. Je venais de plus en plus le voir avec ses amis pour prendre un café et il est devenu un très bon ami. Un jour il me dit : “Je vais en Allemagne chez mes parents. Ils déménagent, je vais les aider.” J’ai accepté. Je voulais seulement aller avec lui. Il était marié, ça ne dérangeait pas sa femme. Jacques a dit : “Je vais m’arranger avec les enfants deux jours.” Je sais pas comment ça s’est passé. On s’est embrassés sur la route. Il fallait que ça arrive[37]. »

Dietrich Mohr aura une très grande influence sur Pauline, non seulement parce que c’est lui qui lui fait connaître Brecht qu’elle chantera toute sa vie, mais aussi parce qu’il est pour elle une sorte de mentor ou de Pygmalion. Il fait de la petite chanteuse un peu gavroche une diseuse de grande classe. Il lui fait même changer son physique. Curieusement, Pauline est docile avec lui. Il lui conseille de suivre des cours de maintien pour mieux bouger sur scène. Il l’emmène en Allemagne dans des châteaux. Elle est épatée de voir tant de richesse. C’est au retour de ce voyage en Allemagne qu’elle avouera à Jacques son amour pour Dietrich. Elle quitte alors l’appartement de la rue Montyon pour s’installer dans la petite loggia de son atelier d’artiste rue Falguière.

Pauline vient faire la causette avec Alan Glass après sa tournée de spectacles, à la fin de la nuit. Il est portier à la Une, rue Saint-Benoît, juste derrière les Deux Magots. Devant cette boîte de jazz, remplacée aujourd’hui par le Bilboquet, les deux amis se tiennent à la porte et regardent défiler des gens qu’ils reconnaissent parfois, le prince Rainier de Monaco, Yves Montand. Souvent Pauline ne dit rien, des larmes coulent sur ses joues. « Elle était comme une biche. Elle m’expliquait ce qui était arrivé. Toujours des séparations, des peines d’amour. D’autres fois, elle venait devant chez moi, s’assoyait au bord du trottoir et restait là. La concierge la voyait et me disait : “Ton amie est là.” Pauline faisait tout sur un vieux vélo, elle avait des chaussures d’hommes, sans lacet, elle pédalait. Elle avait une robe rayée, d’Indochine, mal cousue. Elle portait cette robe comme un fuseau. Elle traversait Paris en vélo, vêtue de sa robe droite dont la couture mal faite faisait une fente en diagonale[38]. »

Même dans ces temps durs où l'argent est rare, les périodes de tristesse alternent avec les périodes d'exaltation. Les difficultés se vivent dans une sorte d'insouciance et Pauline compte sur l'aide et la compréhension d'un réseau d'amis dont Mimi Parent fait partie : « Elle voulait faire une carrière à tout prix. Elle se promenait d'un endroit à l'autre, parfois avec un bébé sous le bras, sur cette moto. Dans le froid, avec des foulards. C'était vraiment de l'héroïsme. Mais elle vivait ça dans une espèce de joie et de plaisir. Mais après, elle a eu de la misère. Pauline est une fille très dépressive. Elle peut se mettre à pleurer comme ça. Des fois, on était en train de parler, tout à coup on disait : "Qu'est-ce qu'il y a ?" Elle disait : "C'est rien." Deux minutes après, ça s'arrêtait. Et deux minutes après, elle rigolait[39]. » Elle a malgré tout le don de s'arranger avec la vie et souvent, le soir, elle pique-nique sur les bords de la Seine, face au Palais-Royal : « Ils choisissent le meilleur arbre et là, au crépuscule, ils font un bon gueuleton à la française. Et là, par-delà Notre-Dame, coule la Seine[40] ! »

La plupart du temps les enfants sont rue de Montyon avec Jacques qui trouve la tâche difficile. À l'occasion, quand il joue au théâtre, il doit les faire garder par Françoise Staar qui, même si elle admire Pauline de réussir à percer comme chanteuse dans la jungle de Paris, critique la façon dont elle mène sa vie. Elles s'accrochent toutes les deux parce que Françoise, contrairement à Pauline, ne veut pas faire carrière tant que ses enfants ne seront pas assez grands. « Je ne voulais pas sacrifier des enfants. Mais d'un autre côté, je la comprenais très bien[41]. » Pendant de nombreuses années, Pauline fera passer sa carrière de chanteuse avant sa vie familiale, mais elle en éprouvera beaucoup de remords, se sentant jugée par une société où il est mal vu qu'une mère fasse autre chose que de s'occuper de ses enfants en bas âge. Pauline est déchirée, elle essaiera plus tard d'atténuer les effets de son absence prolongée, mais elle choisit de mener sa propre vie, comptant sur Jacques pour la remplacer auprès de ses petits.

En avril 1957, Pauline parle pour la première fois de sa « carrière » parisienne dans un journal montréalais, comme si elle projetait de faire sa rentrée au Canada : « J'aime exprimer [...] des sentiments qui prennent aux tripes... Je déteste les choses jolies, mièvres. Mon répertoire de chansons et de poèmes est donc très particulier : *L'Homme* et *L'Amour*, un poème d'Audiberti (qui est déjà tout un programme) *À minuit je mange de l'homme* et ce magnifique poème d'une autre Canadienne, Anne Hébert : *La fille maigre*[42]. » On apprend que la revue parisienne *Music Hall* a remarqué « l'ahurissante Pauline Julien » en parlant de « cette femme au corps frêle, au visage délicat mais dont les grands yeux bruns rayonnent intensément ». Selon l'article, Pauline se moque des conventions et ne chante que des chansons qui lui vont, comme du Léo Ferré. « Des chansons libres, fantaisistes. » Pauline projette rien de moins qu'une tournée en Turquie et en Grèce avec une troupe de théâtre.

Au lieu de retourner sur les bords de la mer Ionienne, elle prendra le bateau pour le Canada. Jacques Galipeau préfère revenir définitivement à Montréal afin d'y poursuivre sa carrière de comédien, et ils conviennent de rentrer tous ensemble à la fin de l'été 1957. Pauline restera à Montréal le temps que Jacques s'installe avec les enfants et qu'il trouve une gardienne. Une chose est claire : Pauline reviendra à Paris. Elle tourne une page, mais le livre n'est pas terminé. Elle a pris d'assaut les boîtes parisiennes, elle avait un rêve, elle voulait percer comme chanteuse, elle est en pleine ascension, elle est amoureuse. Elle est fébrile, en possession de ses moyens, elle croit que la vie se divisera facilement : la carrière à Paris pendant l'année auprès de son amoureux, les vacances à Montréal pendant l'été avec ses enfants. Son amour pour Dietrich qui se confond avec son amour pour Paris est plus fort que tout : « Un soir Chez Moineau. Une certitude, inconsciente, un grand calme. La première "écoute" de *L'Opéra de quat'sous*, les rencontres au Select, à l'atelier, les discussions autour du poêle, le premier baiser dans un taxi. Puis la première installation à l'atelier. À part les crises, je suis vraiment heureuse. À quoi cela sert-il de remuer cela ? La possibilité d'espérer que les enfants seront heureux avec une présence de pensée[43]. »

Dans une lettre datée du 3 août 1957, Pauline écrit à Gérard Thibault, le propriétaire de la boîte Chez Gérard à Québec, à qui Judith Jasmin lui a suggéré de s'adresser : « Comédienne et chanteuse, je travaille à Paris depuis six ans. J'ai passé à l'Écluse, au College Inn, Chez Moineau, au Cheval d'or, etc. [...] Je rentre au Canada pour quelques mois seulement, c'est pourquoi j'aimerais fixer quelque chose avec vous, si cela vous convenait, le plus tôt possible. »

Comme référence, elle n'a à lui offrir qu'un extrait d'un texte que Judith Jasmin a écrit sur elle dans la *Revue populaire* et qui contient en germe les paramètres de toutes les critiques à venir : « Sa voix est grave, chaude, vibrante, pleine d'étincelles ; elle distille l'or et le sang, cette interprète de Ferré et de Lorca. Quand, dans la petite salle enfumée, Pauline chante *Pauvre Rutebeuf, La Vie, T'en as,* ou *Barbara* de *L'Opéra de quat'sous,* chacun se tait, ému. Elle opère un changement complet et devient un mime pour chanter *La Gargouille,* ou *Dans une noix,* de Trenet. Et puis, elle fait écouter à ce public noctambule des poèmes de Lorca, de Michaux ou d'Anne Hébert. Il est doux de penser que chaque soir, dans la petite salle de Moineau, "Je suis une fille maigre et j'ai de beaux os...", ce poème écrit jadis entre les murs de Québec, retentit et revit grâce à cette jeune barde de chez nous, que nous aurons, je l'espère, le flair et le bon goût de découvrir un jour, à notre tour[44]. »

Pauline prendra l'habitude par la suite de faire des bilans de sa vie, et dans l'un d'eux, elle constatera que cette période, même si elle fut exaltante, ne lui a pas apporté une si grande satisfaction. Elle aurait voulu se faire aimer davantage des personnes qui l'ont entourée et côtoyée en ce début de carrière. « Je ne souffrais pas de n'être pas aimée, j'intéressais je crois, mais j'avais peur de tout[45]. » En rentrant au Canada, le 28 août 1957, elle apporte avec elle un répertoire français qu'elle fera connaître au public de son pays natal et elle a déjà semé un peu de poésie canadienne en terre européenne. Ce sera désormais son destin que d'assurer, par la chanson, la liaison entre les deux continents.

NOTES

1. Couplet d'une chanson écrite par Réjean Ducharme pour Pauline Julien, ayant pour titre *Je vous aime.* (*Au milieu de ma vie, peut-être à la veille de...*, février 1972).
2. Pauline Julien, lettre à Denise Marsan, 12 janvier 1952.
3. Pauline Julien, texte inédit, 1996.
4. Pauline Julien, lettre à Denise Marsan, 12 janvier 1952.
5. Pauline Julien, texte inédit, 1996.
6. Pauline Julien, lettre à Denise Marsan, 12 janvier 1952.
7. Pauline Julien, texte inédit, 8 mars 1997.
8. Hélène Loiselle, entrevue du 21 mai 1997.
9. Louise Côté, « Pauline Julien : La grande aventure de la chanson », *Le Magazine Maclean*, janvier 1963.
10. Jean Nepveu-Degas, *France Observateur*, 10 juin 1954.
11. Philippe Scrive, entrevue du 10 mars 1998.
12. Pauline Julien, texte inédit, 8 mars 1997.
13. Jacques Galipeau, entrevue du 16 mai 1997.
14. Idem.
15. Idem.
16. Kim Yaroshevskaya, entrevue du 12 septembre 1997.
17. Mimi Parent, entrevue du 21 mars 1998.
18. Louis-Jean Calvet, *Pauline Julien*, Seghers, coll. « Poésie et chansons », Paris, 1974, p. 9.
19. Louise Côté, « Pauline Julien : La grande aventure de la chanson », *Le Magazine Maclean*, janvier 1963.
20. Roland Lepage, entrevue du 14 octobre 1997.
21. L. J. « Pirandello au studio des Champs-Élysées », *Le Figaro littéraire*, 12 mars 1955.
22. Denise Marsan, entrevue du 19 mai 1997.
23. Pauline Julien, entrevue du 18 novembre 1997.
24. Louise Côté, « Pauline Julien : La grande aventure de la chanson », *Le Magazine Maclean*, janvier 1963.
25. Jacques Galipeau, entrevue du 16 mai 1997.
26. Pierre Maguelon, entrevue du 18 mars 1998.
27. Ibid.
28. Anne Hébert, *Poèmes*, Seuil, 1960, p. 33. *Le Tombeau des Rois* fut publié pour la première fois en 1953, avec une présentation de Pierre Emmanuel, à l'Institut littéraire du Québec.
29. Judith Jasmin, « J'ai choisi le plus vieux quartier de Paris », *La Revue populaire*, février 1957.
30. Jacques Galipeau, entrevue du 16 mai 1997.
31. Philippe Scrive, entrevue du 10 mars 1998.
32. Raymond Lévesque, entrevue du 18 février 1998.
33. Alan Glass, entrevue du 10 décembre 1997.
34. Mimi Parent, entrevue du 21 mars 1998.
35. Ibid.
36. Fernand Benoît, *Le Journal des vedettes*, 28 avril 1957.
37. Pauline Julien, entrevue du 22 mai 1997.
38. Alan Glass, entrevue du 10 décembre 1997.
39. Mimi Parent, entrevue du 21 mars 1998.
40. Fernand Benoît, *Le Journal des vedettes*, avril 1957.
41. Françoise Staar, entrevue du 10 mars 1998.
42. Fernand Benoît, *Le Journal des vedettes*, avril 1957.
43. Pauline Julien, journal intime, sans date.
44. Judith Jasmin, « Canadiens à Paris », *La Revue populaire*, juillet 1957.
45. Pauline Julien, texte inédit, août 1986.

La belle crigne

Février 1961

T'es là j'suis là au bout du fil
Tu m'parl' de toi et moi de moi
Écout' écoute j'voudrais te dire
C'est noir c'est vide y'a plus d'ressort
Ça pourra plus durer comm'ça
Pas durer comm'ça, pas comm'ça

Bonjour bonsoir comment ça va
Ça va ça va ça va et toi
On téléphone on écrit on passe le temps
C'est oui c'est non c'est moins c'est plus
Tou dom tou dom tou dom tou dom[1]

Depuis que Pauline est partie pour la France en 1951, les choses ont bougé au Québec. L'avènement de la télévision en 1952 donne aux artistes de la scène une possibilité accrue de gagner leur vie en exerçant leur métier. La maison d'édition l'Hexagone fait connaître les poètes Gaston Miron, Jean-Guy Pilon et Fernand Ouellette, qui « cherchent à formuler une "parole" chargée de tout le poids de leur expérience existentielle, amoureuse, spirituelle et même politique[2]. » Il n'y a pas encore d'École nationale de théâtre, mais un conservatoire dramatique est mis sur pied à Montréal depuis 1954. Ce n'est plus tout à fait le désert culturel du début des années cinquante, même si le clergé a toujours la mainmise sur l'éducation, même si Duplessis règne sur le Québec et multiplie ses sarcasmes contre les artistes et les intellectuels. Une véritable fourmilière de créateurs travaille en marge du grand public dans tous les domaines artistiques et prépare les grands bouleversements des années soixante.

À l'automne 1957, Jacques Galipeau a trouvé un appartement rue Lincoln, au centre-ville de Montréal, et Pauline habite temporairement chez lui avec les enfants et leur gardienne Cécile. Elle se cherche du travail et, grâce à l'intervention d'un ami, Gérald Tassé, elle obtient un premier engagement, du 31 octobre au 13 novembre 1957, au Saint-Germain-des-Prés, un cabaret « rive gauche » à l'angle des rues Saint-Urbain et Sainte-Catherine, qu'anime avec brio le fantaisiste Jacques Normand. Pauline nage dans ses eaux. Elle y interprète la chanson *Pauvre Rutebeuf* mise en musique par Léo Ferré et elle étonne aussitôt par son assurance et sa sensibilité : « Il fallait une diseuse très sûre pour rendre si sensible en plein XXe siècle, une complainte du XIIIe siècle. Léo Ferré apparaît soudain, par l'accord si parfait de sa musique à la poésie, comme la suite logique d'une forme du génie français. C'est à se demander si le temps passe comme on le dit ? Est-ce de Rutebeuf, de Léo Ferré ? Pauline Julien l'a ainsi compris, qui évite la "pause moyenâgeuse" des troubadours modernes[3]. »

Pauline fait impression, mais « le clou du spectacle, et les applaudissements du public corroborent ce jugement, c'est Clémence DesRochers[4] », la grande humoriste que Pauline a peut-être connue lors de séjours à Claire-Vallée chez madame Françoise Gaudet-Smet à la fin des années quarante, et avec qui elle partagera souvent la scène et se liera d'amitié. Ce music-hall compte également l'imitateur Jacques Desrosiers, la chanteuse Fernande Giroux, le caricaturiste Normand Hudon de même que le fantaisiste Jacques Normand, propriétaire de la boîte. Il s'agit là de la toute première apparition de Pauline Julien, diseuse, sur une scène de Montréal. Son répertoire est neuf, ses chansons sont peu connues à Montréal, c'est même la première fois qu'on y entend des chansons de Brecht-Weill.

Au début de décembre, Pauline fait une visite dans la ville de son enfance au Cap-de-la-Madeleine et, sans doute pour ne pas heurter sa famille, elle se présente comme « madame Galipeau » aux membres de l'amicale du pensionnat des Filles de Jésus qui l'ont invitée à un « thé musical » à cause de sa renommée, mais aussi à titre d'ancienne élève. Pour cette occasion Pauline, accompagnée de Pierre Brabant, chante *Mon ami réveille-toi, La rue s'allume.* Puis elle interprète *Une noix* de Charles Trenet et une création de Mistinguett, *Garde-moi.* Elle a déjà à son répertoire un extrait de *L'Opéra de quat'sous* de Brecht-Weill et une composition de Félix Leclerc, *La chanson du pharmacien.* Les anciennes sont épatées par son succès : « Mme Galipeau, une artiste avantageusement connue dans le domaine de la chansonnette française et canadienne. Vedette de la télévision montréalaise, elle fait aussi de la scène, du cabaret et de la radio. Son talent doublé de six années d'études à Paris, fait de Pauline Julien-Galipeau une artiste de premier choix et une grande acquisition pour le monde musical canadien[5]. » Vedette de la télévision ? Dans la seule émission conservée de cette période, elle chante *La Folle* de Jean-Paul Filion à la deuxième édition de Chansons canadiennes, un concours organisé par Radio-Canada dans le but de découvrir de nouvelles chansons et de nouveaux chansonniers. Elle chante sans bouger, porte la petite robe au collet évasé ; elle ressemble à Barbara avec son nez aquilin plutôt prononcé qui accentue sa beauté et son sens dramatique.

Pauline veut travailler à tout prix et elle demande même à Jacques Galipeau de lui donner la réplique dans une audition pour obtenir un rôle au théâtre. Un peu avant Noël, la lettre du mois d'août adressée à monsieur Gérard Thibault porte ses fruits : elle prend l'affiche, à côté de Émile et Amilia Gonzales, au cabaret Chez Gérard à Québec, du 16 au 22 décembre 1957. Le succès de cette boîte dépasse les frontières du Canada avec sa formule repas-spectacle, un peu comme au Cheval d'or ou au Port-du-Salut à Paris. La famille Thibault, propriétaire de quatre autres boîtes, Chez Émile, la Porte Saint-Jean, la Page blanche et la Boîte aux chansons, y avait déjà invité presque toutes les vedettes de la chanson française de l'époque, de Lucienne Boyer et Jacques Pills, accompagné au piano par Gilbert Bécaud lui-même, en passant par Jacqueline François, Maurice Chevalier et Patachou. Ce premier passage de Pauline Julien, vêtue de sa petite robe grise, est des plus discret : « L'accueil fut assez chaleureux ; elle apportait une note nouvelle et personnelle en interprétant notamment des chansons de Léo Ferré, Boris Vian, de Weill et Brecht qu'elle faisait connaître aux Québécois. Elle ne fit pas l'unanimité de la salle car, à la fin des années cinquante, la chanson à texte, qui constituait pour une large part le répertoire de Pauline Julien, ne jouissait pas encore de la popularité qu'elle connaîtra dans la décennie suivante[6]. » Chez Émile, en même temps que Pauline, mais dans un tout autre registre, se produit Willie Lamothe, chanteur country dénigré par les intellectuels de l'époque. Pauline, très rive gauche parisienne, ne se doute pas alors qu'elle partagera la vedette avec lui dans le film de Gilles Carle intitulé *La Mort d'un bûcheron* quinze ans plus tard.

Pauline retourne à Paris au début de janvier 1958. Le 17 janvier, elle passe une « audition pour permis de travail en tant que Chanteuse de variété auprès du Contrôle artistique des Émissions de la Radiodiffusion-Télévision française ». Dix ans plus tard, en 1968, elle affirmera qu'elle a fait en France et en Belgique des apparitions à la télé naissante, qu'elle était souvent demandée à la radio : « C'est à Radio-Liège au cours d'une émission à laquelle je participais, que j'ai connu

Serge Gainsbourg qui en était lui aussi et qui chantait pour la première fois[7]. »

Elle retrouve Dietrich et s'installe dans son modeste atelier de la cité Falguière : « Ils vivaient à deux dans cet atelier de sculpteur à même le sol, dans une espèce de petite cour, sans aucun confort. Ça ne devait pas être drôle[8]. » Mais Pauline s'acharne, dévorée par cet amour et la recherche effrénée de contrats pour la scène. Elle veut réussir sur tous les plans et elle met ses bons amis parisiens à contribution, Françoise Staar, en particulier, à qui elle demande d'assister aux répétitions. Pauline est maladroite, elle ne sait pas parler aux techniciens, aux pianistes, elle est impatiente avec eux parce qu'elle veut la perfection sur-le-champ. Elle se défend comme elle peut contre ses peurs, ses complexes. Elle crâne : « Mais je pense que, dira Françoise Staar, dans son caractère profond, c'était d'abord une artiste. Il aurait fallu qu'elle trouve quelqu'un pour s'occuper de ses affaires[9]. »

À défaut d'un agent pour l'appuyer et lui ouvrir les portes des grandes salles, des maisons d'enregistrement et des stations de radio et de télévision, par exemple d'un Lucien Morisse ou d'un Eddy Barclay, comme ce fut le cas pour Dalida quand elle débarqua à Paris, Pauline doit se battre jour après jour pour gagner son pain quotidien, déchirée entre son amour, sa carrière et ses enfants dont elle se sépare pour la première fois pendant une si longue période. Elle reprend graduellement contact avec les boîtes qui l'avaient engagée, le Cheval d'or, L'Écluse, Chez Moineau, le Port-du-Salut. Puis à la Colombe, elle fait la rencontre d'une autre chanteuse qui jouera un rôle important dans sa vie : Anne Sylvestre. Dans cette boîte de l'île de la Cité, à l'ombre de Notre-Dame, il y a deux salles : l'une au rez-de-chaussée où passent les gens qui s'accompagnent à la guitare, assis sur un tabouret, dont Anne Sylvestre ; et au premier étage, il y a une autre salle, avec un piano où passent des chanteurs debout près de leur pianiste, dont Pauline Julien accompagnée par Marcel Yonnais, alors l'époux d'Anne Sylvestre. « Lorsque Pauline passait à la Colombe, elle répétait évidemment avec lui. Elle venait chez lui, boulevard Sébastopol, pour répéter et c'était toujours très compliqué. Tous les jours, il rentrait en disant : “Elle veut encore changer quelque chose.” Et il fallait recommencer à répéter et re-répéter[10]. » Pauline est la première à lui prendre une chanson, *La Noce,* dont les mots un peu grinçants et pleins d'humour lui plaisent :

Dis-moi qui c'est qui sonne comme ça
C'est la noce
La noce à qui la noce à quoi
C'est la noce c'est pas la noce à moi

Pourquoi ils crient vive la mariée
Pourquoi ils crient comme ça
C'est pas la peine de tant crier
Elle est pas belle elle est pas belle comme moi[11]

Pauline Julien sur sa Vespa, la nuit, navigue d'un cabaret à l'autre jusqu'aux petites heures du matin, dans le froid, dans le noir, traînant derrière elle son accompagnatrice, Jacqueline Abraham, qu'elle a rencontrée Chez Moineau et qui était devenue une très grande amie. « On demandait si c'est un tel qui passe. Bon. D'accord. Si dans un endroit, quelqu'un prenait du retard, tout le monde était dans la panique. Pauline était tellement légère qu'elle avait du mal à démarrer la Vespa. Heureusement que Jacqueline était derrière[12]. » Pauline traverse la Seine et remonte courageusement aux Trois-Baudets, le petit théâtre de Jacques Canetti, qui se fond aujourd'hui aux cabarets de strip-tease, non loin du Moulin Rouge. C'est là qu'elle côtoie Serge Gainsbourg, Raymond Devos et toute l'écurie de Jacques Canetti, devant qui elle passe une audition mémorable.

Pour que Pauline charme cet imprésario célèbre qui a lancé Félix Leclerc, « le Canadien », Mimi Parent lui fabrique son premier costume de scène d'allure surréaliste : petit haut rouge, collant, jupe de tulle *shocking pink* de plusieurs épaisseurs. Elle s'applique du colorant un peu rouge dans les cheveux et elle se maquille de rose et de rouge intense sur les joues. Quand elle arrive sur scène, tout le monde s'arrête. Ce qui aujourd'hui est courant chez les jeunes artistes paraît moderne et osé à l'époque : « Ce que j'aimais beaucoup chez Pauline, c'est qu'elle avait le culot de le faire. Personne d'autre que Pauline ne l'aurait fait à l'époque. Et c'était très beau[13]. » Pauline est déçue du résultat de l'audition : Canetti lui conseille gentiment de continuer à travailler et de revenir quand sa voix sera mieux placée. Quelques années plus tard, Pauline, pourvue d'un sens poussé du dérisoire, pourra rire aux éclats en évoquant la réaction de l'imprésario qui lui avouera par la suite : « Tu étais bourrée de talent mais tu nous as tous fait tomber assis[14] ! »

À l'hiver 1958, Pauline participe au concours de jeunes chanteurs « Les numéros 1 de demain », organisé par la station de radio Europe n° 1. Les concurrents auditionnent en studio et les candidats retenus participent à la finale à l'Olympia. Pauline Julien est choisie par le jury et gagne un prix qui revêt pour elle beaucoup d'importance. Elle foule pour la première fois de sa vie la scène des grands d'alors, Bécaud, Gréco, Ferré, Piaf.

Forte de ces nouvelles expériences, Pauline revient au Québec à l'été 1958, non sans avoir préparé le terrain pour travailler pendant les vacances. Avant de partir, elle écrit à Gérard Thibault, et comme elle tient à obtenir un engagement, elle enjolive un peu la réalité côté contrats, côté disques : « Les jours ont passé trop vite, j'ai toujours voulu écrire un mot pour vous dire que malgré tout, la mauvaise semaine de l'année, etc., j'ai été heureuse de travailler chez vous et de prendre connaissance de votre cabaret et de votre public. Ici je continue, je travaille dans plusieurs cabarets de la Rive Gauche, je commencerai sous peu au cabaret chez Gilles, avenue de l'Opéra, où sont aussi Les Garçons de la rue. J'ai gagné un concours de jeunes à l'Olympia, des contrats avec Jacques Canetti, des disques. Il se peut que je rentre au Canada, en mai ou juin, vos cabarets tournent-ils toujours à cette époque[15] ? »

Elle demande également à Jacques Galipeau, avec qui elle garde des liens très cordiaux, de se renseigner sur les possibilités de faire un tour de chant à Montréal. Jacques Létourneau dirige alors, avec sa femme, la comédienne Monique Lepage, le Théâtre-Club, un petit théâtre qu'ils ont fondé en 1953, dans la lignée des Compagnons de Saint-Laurent. « Je n'étais pas branché sur la chanson, dit Létourneau, d'ailleurs beaucoup m'en avaient fait la remarque. J'ai réfléchi et j'ai accepté à la condition que le spectacle de chansons soit accompagné de théâtre et j'ai fini par concevoir un spectacle qui s'appelait “À la parenté”. Pauline chantait dans le “divertissement musical” de la deuxième partie, avec deux autres chansonniers, Clémence DesRochers et Jean-Paul Filion. Elle était passionnée de Weill-Brecht, mais ça n'a pas été facile. Elle était hésitante, à cause du répertoire différent, et elle disait qu'on ne pourrait trouver le pianiste qui conviendrait. Je connaissais ce merveilleux personnage qui s'appelait Herbert Ruff, qui a accepté. Ce fut un succès. Il y avait de l'émotion[16]. »

Pour ce deuxième tour de chant à Montréal, Pauline fait un malheur, elle suscite l'enthousiasme des spectateurs dès son entrée en scène. « Elle possède un style bien personnel tant dans sa façon de vivre ce qu'elle nous présente que dans sa mise en scène qui n'est jamais laissée au hasard. Pauline Julien est de plus servie par une voix émouvante et singulière[17]. »

Le répertoire de Pauline est une révélation pour les spectateurs et les journalistes, impressionnés par l'interprétation qu'elle fait de *Surabaya Johnny*, de *La Chanson de Bilbao* et de la *Complainte de Mackie*. Outre Brecht, elle chante Filion, Ferré, Audiberti. Le succès est immédiat, on refuse même du monde. Le 30 juin 1958, *Le Devoir* récidive et annonce que *À la parenté* et les deux Pirandello resteront à l'affiche pour une quatrième semaine. Un peu plus tard, il annonce la reprise du spectacle au Centre d'art de Sainte-Adèle.

À cette occasion, Hélène Loiselle revoit son amie Pauline : « C'était fort et audacieux, elle avait du charisme, de la présence dramatique. Bimont l'avait plutôt dirigée dans des rôles de composition, mais la tragédie lui allait[18]. » Dans la salle, un jeune spectateur d'à peine quinze ans sera lui aussi très impressionné par Pauline Julien, subjugué même, ne se doutant pas qu'il deviendra un des plus célèbres écrivains du Québec, ni qu'un jour il écrira des textes pour la chanteuse. Michel Tremblay se rend au Théâtre-Club en compagnie d'un ami. « Je connaissais à peine Brecht. Elle avait une robe de scène qu'on lui a vue pendant quatre ou cinq ans, en lainage, très près du corps. Chose marquante : elle nous a "spottés", Réal Bastien et moi, on était quasiment des enfants. Elle s'est mise à chanter pour nous. Elle semblait curieuse de voir des ti-culs comme nous autres. Je l'ai trouvée grande chanteuse, j'étais pétrifié. Des chansons de *L'Opéra de quat'sous*, et d'autres. Des chansons plus brusques et plus violentes que les petites chansons d'amour. Un moment marquant[19]. »

Au cours de l'été 1958 Pauline Julien participe souvent à l'émission *Entre la poire et le fromage*, réalisée par le poète Jean-Guy Pilon, où elle a l'occasion de faire entendre davantage son répertoire. Au début de l'automne, avant de repartir pour Paris et de revoir Dietrich, elle enregistre chez Castor un disque simple : *Moi, j'en ai marre/La Folle.* Mais rien n'est acquis pour l'instant. Elle sait qu'elle doit se battre et se battre si elle veut réussir. Toute son enfance, sa mère lui a raconté des histoires d'échec et d'humiliation, répétant sans cesse qu'on est tous « nés pour un petit pain ». Pauline ne se nourrit pas de ce pain-là. Elle sera connue, elle sera grande. Elle sait aussi que nul n'est prophète dans son pays, surtout dans le Québec des années cinquante. Rien de tel que de se faire consacrer à Paris pour être reconnu à Montréal. Si Félix Leclerc n'avait pas été propulsé en France, serait-il la vedette qu'il est devenu ? À l'époque, à l'exception du « Canadien », les compagnies de disques ne misent pas encore sur les chansonniers, ce qui oblige ceux-ci à se faire connaître à la radio, à la télévision et sur les scènes des boîtes à chansons encore trop peu nombreuses. Il faudra attendre 1962 pour que Pauline sorte son premier microsillon.

La vie de diseuse à Paris est loin d'être facile et les difficultés de Pauline ont des échos jusqu'au Cap-de-la-Madeleine. Marie-Louise, dans une lettre qu'elle écrit à Alberte, partie étudier en Europe, demande des nouvelles de sa cadette : « As-tu pu rencontrer notre pauvre Pauline ? As-tu pu causer un peu longuement avec elle ? Vraiment de toi, je ne suis pas trop inquiète mais de celle-là, mon Dieu que j'ai des soucis[20]. » À force de travail et d'acharnement, le 22 septembre 1958, Pauline participe à une émission pour obtenir son permis de travail et graduellement elle réintègre le circuit des cabarets, elle retrouve ses amis : « Elle est venue à la Tête d'or, au coin de la rue des Pyramides, dira Mimi Parent. Aussi au Cheval d'or, puis à la Tête de l'art qui était un club où passaient Devos et tous les grands, qui ensuite s'est appelé Chez Gilles, avenue de l'Opéra[21]. » Elle revoit Anne Sylvestre avec qui elle partage l'affiche au Cheval d'or, à la Colombe, au Port-du-Salut et Chez Moineau. Elles allaient aussi chez Patachou, où passait Brassens. Pauline a également fait la Galerie 55, rue de Seine, « un peu une chasse gardée[22] », dira Anne Sylvestre. Un soir qu'elle y chante, un client qui l'a suivie à la sortie de son tour de chant se permet de lui faire remarquer qu'elle en fait trop, qu'elle exagère dans la mimique, les gestes. Interloquée, Pauline monte sur sa Vespa sans le remercier. Mais après coup, elle trouvera son conseil judicieux et en fera parfois profiter des comédiennes et des chanteuses.

Peu à peu, à force de chanter presque tous les jours un peu partout, Pauline acquiert du métier. Elle apprend à bouger, développe une gestuelle plus personnelle, travaille sa diction, son interprétation. Ses amis l'aident et la suivent : « Elle s'améliorait beaucoup, dira Mimi Parent. Elle s'était comme assouplie. Avant c'était de la fougue, mais brute, sans travail[23]. » Elle continue de se lier à d'autres chanteurs et paroliers, elle demande des chansons à Ricet Barrier, qui lui donne *Stanislas*. Elle se rendra chez Boris Vian, qui règne avec Gréco dans Saint-Germain-des-Prés et qu'elle voit à la Rose rouge. Elle ne se doute pas qu'il sera un dieu de la chanson française quand elle se rend dans la boutique de musique de son frère Alain pour lui demander des chansons. Elle ira même chez lui, place Blanche, il lui présentera Jacques Prévert. Vian lui donne *Sous son chapeau cloche*, qu'elle chantera à la télévision de Radio-Canada en août 1959. « Mac Orlan m'invita chez lui à Montmartre à plusieurs reprises, ainsi que Prévert. Boris Vian me présenta à sa femme et m'invita également chez lui tout bonnement. Je travaillais avec lui de ses chansons dans une atmosphère de chaude cordialité[24]. » Elle dira en 1966, au moment où elle lui consacrera son microsillon, qu'elle se sentait plus émue d'être en face de la maison de Prévert que d'être chez Vian : « Elle n'était pas prête à dialoguer avec un si grand bonhomme. Elle prenait conscience de son importance mais là s'arrêtait son admiration. Elle ne comprenait pas l'humour de Vian, elle ne savait comment l'assimiler. [...] Elle se retrouve donc dans l'impossibilité momentanée de chanter Boris Vian, n'étant pas encore assez libre. Elle ne chante que ce qu'elle ressent, étant trop jeune à ce moment, et trop empreinte d'un milieu grave et sérieux, pour être d'accord ou même avoir connu cette "influence magnétique" qu'on accordait à Vian[25]. »

Pauline passe Noël 1958 et le jour de l'An 1959 à Paris, loin de ses enfants et de sa famille, puis vers le mois de février 1959, sous la recommandation de Dietrich, elle part en Allemagne subir une chirurgie plastique au nez. Un ami de Dietrich, photographe médical pour un chirurgien de Hambourg, fait des photos qui servent de publicité. Pauline et Denise Marsan acceptent de servir de cobayes pour faire corriger leur nez sans frais. Après un long voyage en train et plusieurs péripéties, elles finissent par se rendre chez le médecin qui se montre empressé tant il a peur qu'elles se ravisent. Pauline, plus émotive, se montre très hésitante devant ce docteur « si petit que quand il était debout, on était persuadées qu'il était assis[26] ». Elle laisse Denise passer avant elle, tergiverse encore mais finalement elle passe de bonne grâce sous le bistouri. Elles restent assez longtemps à Hambourg pour avoir le temps de lire tout Proust, de faire de la grammaire allemande, d'apprendre un peu de vocabulaire. Lorsque plus rien n'y paraît, Pauline rentre à Paris sans parler de cette opération à personne, sauf à ses meilleurs amis : « Son opération du nez, c'était le secret total. Personne n'en savait rien. Elle partait en voyage, soi-disant pour des affaires en Allemagne[27]. »

Le nouveau nez de Pauline ne fait pas l'unanimité parmi ses amis. Même Michel Valette, animateur de la Colombe, n'est pas content du changement. Mais pour Pauline, cela fait partie de sa métamorphose. Elle est devenue complètement parisienne et a même acquis un accent qui peut tromper le plus français des Français : « Léo Ferré, qui l'a connue à cette époque, écrit Louis-Jean Calvet, m'a raconté son étonnement de l'entendre plus tard, lors d'un voyage à Montréal, parler avec "l'accent" québécois ; à Paris, elle parlait comme une Parisienne[28]. » Pourtant, il ne semble pas que tout ce travail accompli pour parfaire sa beauté ait eu une influence heureuse sur sa relation avec Dietrich. L'atelier est petit, Pauline a la nostalgie de ses enfants, elle a très peu de moyens financiers, elle ne peut les faire venir à Paris. Après un passage à la télévision belge et luxembourgeoise, elle revient passer quelque temps à Montréal à l'été 1959, pour voir ses enfants, les bras chargés de cadeaux afin de se faire pardonner sa longue absence, les gâter comme elle peut. Elle cohabite avec Jacques Galipeau et Cécile dans l'appartement de la rue Lincoln, où les Scrive lui rendent visite. À la fin de l'été, la vie affective de Jacques Galipeau ayant pris une autre tournure, Pauline demande à sa sœur Fabienne et à son beau-frère Jean-Paul de prendre les enfants à Québec.

Dans une entrevue accordée en août 1959 à *La Semaine à Radio-Canada*, Pauline fait le point sur sa carrière et sur son répertoire. Pour elle, une belle chanson, ce n'est pas nécessairement une chanson prisée du public ni une chanson composée par un chansonnier à la mode. Non, Pauline Julien ne choisit que des chansons qui lui conviennent, qui expriment des sentiments et des idées avec lesquels elle se sent des affinités. « Elle ne se contente pas seulement de chanter les uns les autres, de les interpréter, elle les vit, elle les ressuscite. Voilà pourquoi ses auditeurs ont parlé de sa présence scénique, de sa voix bouleversante, de son charme[29]. » Son répertoire devient de plus en plus original, elle fait voisiner Jean Lenoir (l'auteur de *Parlez-moi d'amour*) avec Serge Gainsbourg, qu'elle a rencontré à Bruxelles. Elle interprète *Sous son chapeau cloche* de Boris Vian, *La Lune* et les *Quatre cents coups* de Ferré, *La Noce* d'Anne Sylvestre, *La Pluie* de Jean Lenoir. Lors de cette émission, elle chante aussi *La rue s'allume*, qu'elle a enregistrée spécialement pour Radio-Canada, le thème de l'émission du même nom diffusée au cours de l'hiver. Elle participera également à *Patte blanche* et à *Croquemitoufle*, deux émissions réalisées par Jean-Guy Pilon.

Le 24 août, elle est à la télévision à *Sérénade estivale* avec l'orchestre de Radio-Canada, sous la direction de Jean Deslauriers. À cette émission un peu légère mais de bon goût, elle chante *La Lune*, que Léo Ferré lui a donnée en exclusivité, *Parlez-moi d'amour* et *La rue s'allume*. L'« ahurissante » Pauline s'est beaucoup assagie, elle bouge avec grâce, elle porte sa robe de velours grise, très élégante, très ajustée ; son nez refait, elle a les cheveux courts, la voix plus riche, plus posée. Sous une photo annonçant son passage à *Sérénade estivale*, la légende est sans équivoque : « Paris l'a transformée en chanteuse sophistiquée[30]. » Elle passera une partie de l'automne à Montréal où elle se produira, le 17 septembre 1959, à la boîte du Scribe, près du café Saint-Jacques, avec Raymond Lévesque, Jacques Blanchet et Marc Gélinas. Elle fait un dernier récital le 9 octobre 1959, à l'auditorium de l'Université de Montréal, en deuxième partie de la présentation du film *Pain, amour et fantaisie* de Comencini.

Pendant ce séjour au Québec, en septembre 1959, le premier ministre Duplessis meurt, mettant un terme à quinze ans d'un règne très critiqué. Le vent de transformations qui couvait chez les intellectuels et les artistes commence à souffler dans la population et donne naissance à ce qu'on appellera la Révolution tranquille. Les chansonniers participeront d'une façon très active à ce grand remue-ménage qui aboutira, en 1976, à la prise du pouvoir par le parti indépendantiste. Jusque-là, le répertoire de Pauline Julien est presque exclusivement français, mais elle se rend compte de l'essor grandissant de la chanson canadienne, surtout depuis la fondation des Bozos en mai 1959 par Jean-Pierre Ferland, Hervé Brousseau, Raymond

Lévesque, Clémence DesRochers et Claude Léveillée. Au restaurant Lutèce de la rue Crescent, la boîte à chansons Chez Bozo, ainsi nommée d'après la chanson de Félix Leclerc, ces jeunes auteurs-compositeurs accueillent un public qui se reconnaît dans le nouveau pays qu'ils chantent, dans l'espoir revenu, dans les mots qui leur appartiennent. Pauline, qui a toujours su détecter les talents, saisir la chance au vol, est impressionnée par la fougue de ces créateurs qu'on identifiera, avec les poètes de l'Hexagone réunis autour de Miron, à la quête du pays. Avec cette nouvelle donne, Pauline repart en France tard à l'automne. Elle passera Noël à Paris une troisième fois, sans ses enfants qui habitent toujours chez Fabienne. Elle enverra de jolis cadeaux, des vêtements, des jouets, elle leur écrira de tendres lettres, espérant tromper ainsi son énorme sentiment de culpabilité.

À Paris, la vie reprend. Elle retrouve Dietrich, ses amis, ses cabarets. Le 17 mars 1960, à la Maison des étudiants canadiens, dans le cadre de « Le Canada français vu par les lauréats des bourses Zellidja », elle chante des chansons canadiennes. À cet événement présidé par Maurice Genevoix, de l'Académie française, assiste le poète Gaston Miron qui étonne par sa voix tonitruante, sa verve, ses « batèche de batèche » qu'il égrène dans ses discours colorés et emportés sur le Québec. Au mois d'avril, un article du *Photo-Journal* raconte un peu la vie trépidante qu'elle mène ce printemps-là : « Pauline Julien, qui avait d'abord rêvé de théâtre, possède une solide formation de comédienne. Cela lui permet de donner un tour de chant d'une extraordinaire dimension dramatique dans un petit cabaret comme celui de Port-du-Salut, qui ne possède pas de scène. Le succès de Pauline Julien lui a valu des engagements dans trois cabarets à la fois. Elle alterne ses tours de chant entre le Port-du-Salut, Chez Moineau et la Colombe[31]. » Michel Valette, de la Colombe, ne l'a pas acceptée tout de suite dans sa boîte, car il trouve son répertoire difficile et particulier : « Elle faisait partie du palmarès de la Colombe en 1960. Son tour de chant était très bon et son exigence a fini par lui servir. Son talent de comédienne-chanteuse lui permettait de jouer ses chansons[32]. »

Pauline répète et se fait accompagner par sa complice Jacqueline Abraham. Les deux amies ont un incroyable sens de l'humour. Jacqueline est pleine d'énergie et infatigable, elle est drôle. C'est une excellente musicienne, elle enseigne le piano et accompagne plusieurs chanteurs qu'elle fait connaître à Pauline. Ensemble, elles découvrent des chansons qu'elles travaillent dans une atmosphère à la fois rieuse et sérieuse. Originaire du Nicaragua, Jacqueline vient d'hériter d'une maison appartenant à sa famille à Managua. Elle offre à Pauline de l'accompagner pendant son séjour, de visiter l'Amérique centrale et le Mexique avec elle. Pauline n'a jamais fait d'aussi grand voyage et l'aventurière en elle se réveille. Elle convainc Dietrich de l'accompagner et les trois amis partent d'Orly le 27 mai 1960. « Quel voyage en première classe, écrit Pauline dans son journal. Whisky, champagne, bourgogne, caviar, cochon de lait, veau, champagne, café, chartreuse ! Dietrich est d'une humeur merveilleuse et nous volons dans le soleil, au-devant du temps. Les icebergs en bas, et le plein soleil dans le ciel[33]. » À l'aller, elle fait une escale de quelques jours à Montréal, le temps d'un saut à Québec pour voir ses enfants et sa mère : « Québec, beaucoup de douceur. Je reviendrai. Maman a vieilli, mais toujours douce et résignée[34]. »

Le 4 juin, ils reprennent l'avion pour New York, où Pauline retrouve des amis avec qui elle avait partagé des moments quand elle faisait partie de la Compagnie du Masque en 1948-1949. Tout New York l'exalte : « Empire State, la vue de ces immenses champignons surgissant d'un peu partout, la pierre, on dirait un cirque grandiose. La première nuit au Greenwich, une boîte de jazz pas mal, la douceur de la nuit en marchant lentement, avec Jeannette, Jean et Frank et Dietrich. Puis pour cinq cents, une heure de bateau, la mer est belle, et New York se dessine dans le brouillard. Immenses ombres chinoises au clair de lune. Dimanche le Broadway, les petites négresses roses et bleues, les robes affreuses, le manque de goût, mais New York[35]. »

Puis une série d'escales les mène de Miami à Merida en passant par Cuba. Ils gravitent autour de Merida en se rendant à Uxmal : « Il fait humide pour escalader le temple de 30 m qui me fait peur ; mais quel calme et quelle majesté. Cela me comble, mais ensuite j'ai beaucoup de mal à revenir dans notre ère. Pourquoi un tel silence me plaît-il tant, une telle grandeur pourtant morte. Je suis plus faite pour le contemplatif que l'actif[36]. » Ils reprennent l'avion pour le Nicaragua en faisant escale au Guatemala et à San Salvador. À Managua, Pauline fait la connaissance de la famille de Jacqueline Abraham qui l'accueille chaleureusement : « Des enfants, beaucoup de femmes et des gros cousins sympathiques. Nous mangeons, buvons rhum et Coca-Cola, visitons la maison de Jacqueline dans le noir ; elle est sympathique et confortable, isolante, propre à de très belles vacances. » Pauline en profite pour se reposer et lire *Les Désarrois de l'élève Törless* de Musil et *Justine* de Durrell. Elle lit ensuite *Portrait d'un inconnu* de Nathalie Sarraute. Elle constate, ne fait pas de réflexions, elle n'a pas les yeux assez grands pour tout voir, tout entendre. En circulant dans les rues de Managua, elle est confrontée pour la première fois de sa vie à la misère des peuples du tiers monde. « Ce matin au marché un enfant nu qui dort sur le trottoir sale, comme le petit chat qui mourait. Un homme le visage couvert de sang, les autres indifférents circulent autour. Une bombe a éclaté dans la nuit, un mort[37]. » Avec Jacqueline et Dietrich, elle fait des excursions à Granada, Leon, Massaya, Juigalpa, puis après avoir réglé la vente de la maison chez le notaire, les trois amis partent pour Mexico en passant par Antigua, Copan et Quiriqua. Quand elle se remet à son journal de voyage, Pauline est déjà à Mexico dans un hôtel minable.

Rapidement elle cherche à rencontrer Alexandro Jodorowski et sa femme Denise Brosseau, qu'elle a connus à Paris. Elle est impressionnée par les cours d'Alexandro auxquels elle assiste : « Un cours de mime chez les fous. Mais il sort ces gens du quotidien, réalise son corps avec beauté, c'est bien[38]. » Puis Dietrich et Pauline prennent l'autobus pour aller visiter Taxco où des amis de Jodorowski les reçoivent chez eux. Pauline et Dietrich savourent cette halte romantique dans leur maison de terre cuite près d'une rivière, le thé aux chandelles, la longue promenade à travers la montagne. Puis c'est le retour vers New York, d'où Jacqueline repart pour Paris. Pauline veut passer quelque temps avec ses enfants à Québec, elle sait qu'elle devra bientôt se séparer aussi de Dietrich qui devient plus distant, plus silencieux. Les derniers jours du voyage, ils visitent New York en scooter, le New York d'une chanteuse qui fait les disquaires à l'affût de nouveaux sons américains, le New York d'un sculpteur qui se rend au musée Guggenheim voir Kandinsky, Miró, Picasso. Pauline est impressionnée par les Douanier Rousseau, Juan Gris, Braque, le Moore qu'ils voient ensuite dans la salle Brancusi du Musée d'art moderne.

Vers le 19 juillet, Pauline revient à Montréal avec Dietrich avant d'aller seule à Québec voir ses enfants. Elle ne profite pas pleinement de ces retrouvailles, elle est inquiète, elle attend Dietrich qui doit lui rendre visite avant de rentrer à Paris. Pauline sort brusquement de la magie du voyage. La réalité est tout autre, elle se sent abandonnée par son amoureux qui ne tient pas du tout à partager sa vie familiale qui prend de plus en plus d'importance pour elle. Ses enfants lui ont tellement manqué, elle est émue de les retrouver, elle ne peut laisser libre cours à ses émotions : « Le visage barbouillé, maquillé de Pascale avec ses yeux tellement brillants de nous revoir[39]. »

Pauline chante chez Gérard Thibault, à la Boîte aux chansons, du 30 octobre au 6 novembre 1960, où elle partage la vedette avec Gilles Vigneault. Le public leur réserve un accueil triomphant. « La Boîte aux chansons, banc d'essai des jeunes artistes en herbe voyait triompher Pauline Julien, l'insolite, et Gilles Vigneault, auteur-interprète maison. Pauline Julien ne ressemble véritablement à personne. Robe bleue, cheveux roux, longs gestes précis et visage pathétique d'une chanson à l'autre, elle aime et souffre, ironise, pleure et rit. Elle chante *La Folle* magique et humaine de Filion et l'insolite *Lune* de Ferré à sa manière qui ne correspond à rien d'autre. [...] J'aime peut-être moins *La Fille des bois*, pas assez sauvage et tendre, mais trop désespérée et compliquée, et le rythme excessif de *Ton visage*, admirable chanson de Jean-Pierre Ferland. Pauline Julien, discutable et discutée, mais jamais indifférente, permet que triomphe la chanson de qualité, peut-être un brin intellectuelle mais non sans saveur, ni humanité[40]. »

Pauline Julien et Gilles Vigneault forment un duo extraordinaire. Gilles Vigneault vient tout juste de commencer à chanter ses propres chansons. Auparavant il se contentait de dire des monologues, laissant à Jacques Labrecque le soin d'interpréter *Jos Monferrand*, *Jos Hébert*, *Amenez-en d'la pitoune* et quelques autres de ses compositions. Pauline est si convaincue du talent de Vigneault qu'elle essaiera de le persuader d'abandonner son poste de professeur à l'École de technologie de Québec pour se consacrer exclusivement à la chanson.

Le centre d'art de l'Élysée, rue Milton, voit le jour à l'automne 1960, offrant aux Montréalais non seulement une salle de cinéma de répertoire, mais également un lieu de rencontre où les cinéphiles peuvent voir des expositions, acheter livres et revues. Une boîte à chansons qu'inaugurera Claude Léveillée le vendredi 13 janvier 1961 jouxtera la salle de projection, le Chat noir, du même nom que la boîte de Montmartre où sont passés les Aristide Bruant, Yvette Guilbert et autres fameux chansonniers parisiens. Pauline sera parmi les premiers invités du Chat noir et c'est là qu'elle se liera d'amitié avec un des animateurs de la boîte, l'écrivain Patrick Straram dit le Bison ravi. Par ailleurs, l'École nationale de théâtre ouvre ses portes le 2 novembre 1960 sous la direction de Jean Gascon au secteur francophone et de Powys Thomas au secteur anglophone. Ces deux personnes auront une grande place dans la vie de Pauline : le premier deviendra son voisin et lui donnera un rôle dans *L'Opéra de quat'sous*, le second la dirigera dans ce rôle et aura une liaison avec elle.

À la Pauline Julien avide de découvertes et qui veut voyager s'offre une occasion en or qu'elle ne peut refuser. En décembre 1960, on lui téléphone pour l'inviter avec une trentaine d'artistes dans le Grand Nord canadien pour chanter devant les troupes canadiennes en garnison à Churchill. Sans hésiter, elle part faire la connaissance à Frobisher Bay de ceux qu'on n'appelle pas encore des Inuit, mais des Esquimaux. Pauline est émerveillée de tant d'espace, de blanc, de lumière. Son esprit sollicité, tourmenté, toujours en alerte, se calme dans ces lieux nordiques et désertiques qui appellent le rêve, la réflexion et le retour à soi. Cet automne 1960 est si occupé qu'elle n'a même pas le temps d'écrire dans son journal, qu'elle se coupe de la vie et de ses enfants : « Il faudrait refaire ce journal depuis six mois (c'est-à-dire depuis août), trop de travail. Si je peux tenir au jour le jour. Où en suis-je aujourd'hui ? Un ennui énorme des enfants (cette nuit j'avais rêvé de Nicolas), j'en pleurais dans la rue, puis j'ai téléphoné à Québec. Ils semblaient gais, Nicolas jouant les canailleries, Pascale esquissant des programmes pour son samedi de congé, qu'elle ne tiendra pas, mais elle rêve, et nous jouons. Leur légèreté m'a fait du bien[41]. »

Du 9 au 15 janvier 1961, elle reprend l'affiche Chez Gérard à Québec, ce qui lui permet en même temps de retrouver ses enfants pour quelques jours chez Fabienne. Gilles Vigneault passe à la Boîte aux chansons en même temps qu'elle, soit les 13 et 14 janvier. Elle est éblouie par une de ses nouvelles compositions qui raconte l'histoire de l'Indien Jack Monoloy, tombé amoureux d'une blanche. Elle repart à Montréal avec cette chanson qu'elle interprétera avec bonheur et qui deviendra sa chanson fétiche pendant plusieurs années.

Ce séjour à Québec sera l'occasion d'une autre invitation de la part de Gérard Thibault, qui lui offre de faire ses premières armes dans une grande salle : elle sera du spectacle de Gilbert Bécaud à la Comédie-Canadienne. Tout ne semble pas gagné d'avance, cependant. *Le Devoir* du 3 février annonce le spectacle de Gilbert Bécaud sans même mentionner le nom de Pauline Julien. Même « oubli » le 6 février et le 13, jour du spectacle, Jean Tainturier n'en a que pour Bécaud dans son titre « "Monsieur 100 000 volts" ce soir à la Comédie-Canadienne. » Pauline arrive au dernier paragraphe parmi Roger Joubert et son orchestre, les ballets espagnols de Papita et Royo Royce, le comédien Bon Bellamy et Gilles Pellerin !

Le chemin est long à parcourir, mais Pauline en a vu d'autres. Elle a assez de flair pour savoir qu'elle tient là une chance et qu'elle doit s'en servir. Elle décide de roder son spectacle chez elle, à Trois-Rivières, au milieu des siens. À l'hôtel Saint-Maurice, on n'a pas l'habitude des chansonniers. On y reçoit plutôt des chanteurs country que les gens applaudissent distraitement en buvant du « p'tit blanc », en faisant des blagues parmi les dames de petite vertu et en coupant la fumée au couteau. Même le curé, du haut de sa chaire le dimanche, parle à mots à peine couverts de cet hôtel comme d'un lieu de perdition. Pour redorer la réputation de l'établissement, le propriétaire mise sur Pauline Julien. C'est une petite fille de Trois-Rivières, son frère a été maire du Cap-de-la-Madeleine, elle passe à *Rendez-vous avec Michèle.* Sa famille est là, Rita, Alice, Marthe, Marcel et des nièces, des journalistes, Clément Marchand, Alphonse Piché et une belle tête qu'elle ne connaît pas. Dans la salle plutôt froide, il y a plus d'hommes que de femmes, le public en général n'est pas rassuré, pas habitué. Pauline plonge et peu à peu le silence se propage, la foule s'emballe et applaudit, en redemande. Pauline est épuisée. On frappe à la porte de sa loge, un jeune journaliste du *Nouvelliste* qui assistait au spectacle vient la voir pour solliciter une entrevue qu'elle ne peut lui refuser.

Le lendemain, 8 février 1961, Gérald Godin publiera son article qui trahit déjà une sorte de vénération pour la chanteuse. Plutôt qu'un compte rendu classique du spectacle, le journaliste en fera une critique audacieuse, à mi-chemin entre une lettre d'amour enflammée et une brillante analyse littéraire. « Pauline Julien est un petit arbre dur, entêté tout à la fois noueux et fragile qui s'impose par sa volonté et cet entêtement qui sont ce que l'on appelle "la présence". Sur scène, dans un petite cercle de lumière où l'on ne peut mentir, elle récolte la moisson de son travail, de son entêtement à émonder, à épurer, à tout donner d'elle, mais qui soit beau. Pauline Julien qui chante, c'est la vie comme elle voudrait qu'elle soit, c'est la mise en place réfléchie et longuement méditée d'un geste, d'une émotion, d'un cri du cœur, et cette mécanique est si bien réglée qu'elle est plus vraie que la vie. [...] Pauline Julien, quand elle se glisse dans la peau d'une chanson, en connaît tellement les humeurs et les dimensions que ses chansons sont toujours telles qu'en elles-mêmes l'éternité les change. C'est le sacrifice de la spontanéité, tour à tour et sans raison belle et mièvre, à l'art de la chanson. Le hasard aboli[42]. »

L'entrevue est très riche et très longue, Pauline lui racontant ses débuts dans la chanson, sa façon de procéder pour faire ses choix, ses projets, dont celui de la Comédie-Canadienne la semaine suivante avec Gilbert Bécaud. Godin est subjugué : « Et l'on parle de choses et d'autres, je dois faire un tri, l'espace nous manque. Elle s'attarde longuement, elle ressemble à un oiseau qui aurait une crinière et dont la tête scande les mots qui lui semblent graves, elle s'attarde longuement à la nécessité des maîtres, des guides, en un mot au souci de perfectionnement, au souci du travail bien fait. Que sont les maîtres en effet, sinon ceux qui, lucides, discernent le bon du moins bon dans ce que l'on fait et nous incitent à choisir, aiguisent notre goût, notre sens critique, dans le sens du mieux ? [...] Et qui me parle ainsi ? Qui tient ces propos toniques où il est question de courage, en somme ? Une jeune femme qui chante la nuit dans les cabarets et dans les music-halls. Une chanteuse qui a le culte de faire le mieux possible ce à quoi elle s'adonne. Il y a du Camus dans cette attitude. *Paris-Match* dirait : Pauline Julien, l'Albert Camus de la chanson française[43]. » Gérald Godin devine chez Pauline la fragilité sous sa force et son perfectionnisme poussé à l'extrême. C'est encore ce qui le touchera le plus, beaucoup plus tard, en 1988, dans le moyen métrage *Québec... Un peu... beaucoup... passionnément...*, de la cinéaste

Dorothy Todd Hénaut. Il verse une larme en voyant Pauline qui répète avec son pianiste François Cousineau, encore ému, après vingt-cinq ans de vie commune, par ce sens de la perfection. Pauline essuiera délicatement cette larme du revers de la main et dira, caressant la joue de Gérald Godin : « J'aime la goutte d'eau comme une perle dans tes yeux[44]. » Mais en février 1961, le coup de foudre n'est pas aussi éclatant pour Pauline que pour Gérald Godin. De février 1961 à mars 1962, elle ne mentionne même pas son nom dans son journal. En février 1961, même si sa liaison avec Dietrich bat de l'aile, elle compte retourner à Paris pour le rejoindre et continuer sa carrière. Son cœur est très pris : tout en tenant à Dietrich, elle a un autre amant au Québec, un jeune Français établi depuis peu à Montréal. En tentant d'écrire son autobiographie, trente-cinq ans plus tard, elle racontera l'histoire de sa première rencontre avec Gérald en mêlant les événements, les télescopant, les nouant, leur donnant un halo, ne faisant ressortir que le résultat, le grand amour qui s'ensuivra : « On frappe à la porte, j'ouvre. Un jeune garçon de 22 ans, très beau, les yeux verts coulissants et quel attrait à n'en plus finir[45]. » Elle ne sait pas encore que ces yeux verts reviendront la charmer pendant trente-deux ans.

En février 1961, Pauline se préoccupe plutôt de sa performance prévue à la Comédie-Canadienne. À cette époque, un music-hall strictement canadien n'aurait pas pu tenir l'affiche de cette salle importante toute une semaine, car à Montréal, il fallait toujours un Français pour donner une crédibilité à un spectacle. Cette fois, c'est Gilbert Bécaud qui fera la locomotive. La carrière de monsieur 100 000 volts est au zénith et Pauline n'est pas encore une tête d'affiche, mais elle commence à se faire une réputation : « Pauline Julien tentera, au cours de ces soirées (avec Bécaud), de briser la légende qui l'entoure. Elle ne tient plus à ce qu'on l'identifie uniquement à Léo Ferré. À son avis, elle a agi ainsi trop longtemps. Maintenant elle doit prouver qu'elle peut monter un tour de chant différent et conserver la même qualité artistique. Elle a donc cherché de nouvelles chansons qui, tout en conservant une certaine beauté, seraient plus populaires et plus proches du public[46]. »

Le défi est de taille. Pour sa première grande entrée dans le showbiz canadien, elle doit se frayer un chemin entre une idole du public, de faux ballets d'Espagne, des monologues grivois et des ventriloques. Elle doit émerger, passer du dernier paragraphe aux grands titres et c'est ce qu'elle réussit dès le premier soir. Dans son édition du samedi 15 février, *Le Devoir* titre : « Gilbert Bécaud et Pauline Julien donnent un spectacle emballant », mettant la chanteuse et le chanteur presque sur un pied d'égalité, houspillant la formule du music-hall à la parisienne. Le succès est éclatant : « Pauline Julien est certainement une vedette. Sa voix et sa présence légèrement irréelle font d'elle une interprète magnifique qui supporterait aisément la comparaison avec les meilleures chanteuses de Paris. Mais sa voix, si riche soit-elle, ne serait rien sans sa présence. Elle a le visage pathétique et lumineux, la démarche gauche et attendrissante, le geste facile et naturel[47]. »

Ce spectacle en entraîne un autre, au Chat noir cette fois, où Patrick Straram l'engage avant même qu'elle ait quitté l'affiche de la Comédie-Canadienne. Dès le vendredi 17 février, elle passe un soir au Chat noir, seule, après son spectacle avec Bécaud, à 23 heures 30. Elle y reviendra les 24 et 25 février, se faisant chaque fois de plus en plus remarquer par une nouvelle génération de spectateurs intellectuels qui commencent à fréquenter les boîtes à chansons. Après cette semaine de spectacle à la Comédie-Canadienne, Pauline reçoit une lettre de sa mère. Marie-Louise s'intéresse à sa fille au point de connaître ses allées et venues : « Après les journaux, je viens t'offrir mes félicitations pour le succès que tu viens de remporter à la Comédie-Canadienne, et puis succès qui se continuait au Cabaret le Chat noir. J'ai entendu à la radio que tu dois aussi aller chanter à Québec – encore avec Bécaud la semaine prochaine[48] ? »

En effet, du 27 février au 5 mars 1961, Pauline refait la Boîte aux chansons pendant que Bécaud chante du 21 février au 3 mars à la Porte Saint-Jean, l'autre boîte de Gérard Thibault ; le 2 mars, elle partage la vedette avec Alain Denys à la salle Marquette à Québec où le public est moins réceptif. Son répertoire se modifie. Elle garde toujours du Léo Ferré, du Anne Sylvestre, mais elle ajoute du Charles Aznavour et surtout des Canadiens : Gilles Vigneault, Jean-Pierre Ferland et Claude Léveillée. À son retour de Québec, elle fait une apparition dans la prestigieuse émission de music-hall animée par Yoland Guérard, *GM présente*, où elle interprète *John Débardeur* de Gilles Vigneault et *Je ne veux pas rentrer chez moi* d'Aznavour, titre évocateur s'il en est, parce que Pauline, en rentrant à Paris cette fois, prend le risque de laisser derrière elle une amorce de carrière. Elle se prépare à rejoindre Dietrich, mais son journal révèle une femme déchirée qui se remet en question, qui commence à imaginer un retour définitif à Montréal sans en être encore convaincue tout à fait : « Ceux qui m'entourent, pas tous, ceux à qui j'épargne mes débats les plus profonds, donc les autres croient me voir comme une fille énergique, décidée, prête à jouir, et à l'instant. Et moi seule peux savoir les tonnes d'inertie qu'il me faut remuer, soulever avant le moindre geste, et la moindre décision. Je ne changerai jamais complètement mais j'active le mouvement. Ce matin, deux questions, la question travail s'étant relâchée, une attente question départ, et des films à faire ou non. Je constate combien mon esprit n'a pas de vivacité, que les larmes sont prêtes à couler, et que je ne sais plus rien. Deux questions à l'extérieur de moi, mais quand trouverai-je celle, l'unique, que je dois résoudre, moi. Ces deux questions : Vivre pour soi, le travail, le plaisir, la jouissance ou vivre pour rendre les autres heureux. La première façon m'apporte beaucoup, mais elle n'est pas congénitale, donc je dois toujours courir après, ce ne serait pas la mienne ? La deuxième en tout cas semble pleine de promesses, mais demande un oubli de soi dont je n'ai pas l'habitude. Trouver ma place enfin dans un monde[49] ! »

Dans la semaine du 13 mars 1961, Raymond Devos, que Pauline a bien connu à Paris lors de ses passages au Cheval d'or et aux Trois-Baudets, vient à Montréal pour la première fois. Devos se rappelle que Pauline s'était déplacée : « En américaine, il y avait Brel et moi, j'étais en vedette, je faisais la deuxième partie. Brel fait un triomphe en première partie ! Moi, je suis seul dans ma loge. Toute la presse est là pour Brel. Tout à coup, on frappe à ma porte, et Brel dit : "Essaie de faire mieux." Et il s'en va. Il m'a blessé et je n'oublierai jamais. J'avais le trac. Je me prépare à sortir de ma loge. On frappe de nouveau. C'était Pauline Julien. Elle avait très bien compris ce qui se passait. Elle s'est assise à côté de moi. Elle a dit : "Je voulais que tu saches, Raymond, que moi, je suis venue pour toi." C'était un appui. Je n'oublierai jamais Pauline Julien. Dans mon cœur, elle restera une des plus grandes joies de ma vie. Puis, j'entends alors la sonnerie de la reprise et elle me dit : "Tu vas voir. Ça va marcher." Elle m'embrasse et me dit le mot de Cambronne. Puis elle s'en va. J'ai été bien accueilli par les gens et je casse la baraque, comme

Brel[50] ! » Cette anecdote, Devos la racontera également à Radio-France, en novembre 1998, lors d'une émission spéciale en hommage à Pauline Julien.

À la fin du mois de mars 1961, avant de repartir pour Paris, Pauline donne un spectacle d'adieu au Chat noir. Elle a fait une étonnante saison et sa carrière a maintenant des assises plus solides au Canada. Elle a connu les Bozos, Vigneault. Elle a travaillé à la télévision. On a remarqué son passage à la Boîte aux chansons et Chez Gérard à Québec. Elle a été ovationnée à la Comédie-Canadienne avec Gilbert Bécaud, qui lui a promis mer et monde. Dietrich lui manque, Paris lui manque. Tous les espoirs sont encore permis pour faire carrière là-bas, mais de ce côté-ci de l'Atlantique, la vie reprend, la clarté revient, l'air est plus grand. Pauline a goûté à la potion magique en ébullition. Et comme elle cherche l'exaltation et la passion, il faudra que Paris soit encore plus fort pour la retenir encore longtemps.

NOTES

1. Couplet de la première chanson écrite par Pauline Julien, ayant pour titre *Bonjour bonsoir.* (*Fragile,* avril 1981).
2. Paul-André Linteau, et coll., *Histoire du Québec contemporain,* Tome II, Boréal, 1989, p. 406.
3. M. Pierre, « Un spectacle "Saint-Germain-des-Prés" sensationnel », *Le Devoir,* 2 novembre 1957.
4. Idem.
5. *Le Nouvelliste,* Trois-Rivières, 2 décembre 1957.
6. Gérard Thibault et Chantal Hébert, *La Petite Scène des grandes vedettes,* Sainte-Foy, Les Éditions spectaculaires, 1988, p. 281.
7. Henri Deyglun, *La Semaine,* 16 au 22 septembre 1968.
8. Mimi Parent, entrevue du 21 mars 1998.
9. Françoise Staar, entrevue du 10 mars 1998.
10. Anne Sylvestre, entrevue du 18 mars 1998.
11. Idid., texte inédit, droits réservés.
12. Ibid., entrevue du 18 mars 1998.
13. Mimi Parent, entrevue du 21 mars 1998.
14. Louise Côté, « Pauline Julien: La grande aventure de la chanson », *Le Magazine Maclean,* janvier 1963.
15. Lettre à Gérard Thibault, non datée.
16. Jacques Létourneau, entrevue du 2 septembre 1997.
17. Gérard Richard, *Le Devoir,* 14 juin 1958.
18. Hélène Loiselle, entrevue du 21 mai 1997.
19. Michel Tremblay, entrevue du 9 septembre 1997.
20. Marie-Louise Pronovost, lettre du 21 septembre 1958.
21. Mimi Parent, entrevue du 21 mars 1998.
22. Anne Sylvestre, entrevue du 18 mars 1998.
23. Mimi Parent, entrevue du 21 mars 1998.
24. Henri Deyglun, *La Semaine,* 16 au 22 septembre 1968.
25. Jacques Cossette-Trudel, *Jeune Québec,* semaine du 14 au 20 février 1967.
26. Denise Marsan, entrevue du 19 mai 1997.
27. Alan Glass, entrevue du 10 décembre 1997.
28. Louis-Jean Calvet, *Pauline Julien,* Paris, Seghers, Coll. « Poésie et chansons », 1974, p. 10.
29. *La Semaine à Radio-Canada,* 10 août 1959.
30. *Journal des vedettes,* 6 septembre 1959.
31. Françoise Côté, *Photo-Journal,* 2 au 9 avril 1960.
32. Michel Valette, entrevue téléphonique du 18 mars 1998.
33. Pauline Julien, journal intime, mai 1960.
34. Idem.
35. Pauline Julien, journal intime, juin 1960.
36. Idem.
37. Idem.
38. Idem.
39. Idem.
40. Nicole Charest, *Radiomonde,* 12 novembre 1960.
41. Pauline Julien, journal intime, 20 février 1961.
42. Gérald Godin, « Pauline Julien a le souci du travail bien fait », *Le Nouvelliste,* 8 février 1961.
43. Idem.
44. Dorothy Todd Hénaut, *Québec... Un peu... beaucoup... passionnément...,* ONF, 1988.
45. Pauline Julien, texte inédit, 1997.
46. Jean Laurac, *Le Petit Journal,* semaine du 12 février 1961.
47. Jean Tainturier, « Gilbert Bécaud et Pauline Julien donnent un spectacle emballant », *Le Devoir,* 15 février 1961.
48. Marie-Louise Pronovost, lettre du 22 février 1961.
49. Pauline Julien, journal intime, 25 mars 1961.
50. Raymond Devos, entrevue du 21 mars 1998.

famille Julien à Trois-Rivières, en 1929. La petite en blanc : Pauline ; 1re rangée, de gauche à droite : Alice, Alberte, rie-Louise, Fabienne, Émile, Marcel ; 2e rangée : Rita, Bernard, Alphonse, André, Émilienne ; en médaillon : Roland.

mon coeur est toujours trop présent

- trop

Au Cap-de-la-Madeleine, en 1936, avec sa grande sœur Fabienne.

Avec Nicolas et Pascale, en France, en 1955.

Mariage avec Jacques Galipeau, le 17 juin 1950.

Dans le rôle de Jenny de *L'Opéra de quat'sous* présenté à l'Orphéum de Montréal, en 1961. De gauche à droite : Monique Chentrier, Nicole Kerjean, Pauline Julien, Gisèle Dufour, Nicole Filion. photo : Henri Paul.

Sur sa Vespa à Paris, en 1962.

Avec ses enfants à Montréal, en 1962.

Je suis multiple

Au Cheval d'or à Paris, en 1958.
Photo : Michel Moch.

Avec Gérald Godin
à Paris, en 1964.

Le ciel ce matin ressemble à un dessin d'Henri Michaux
les petites touches fusains noires sur un fond paille
blanche. Barré de rose tendre.

Dans sa loge avec Barbara, à Paris, en 1965. Photo : archives personnelles.

En 1964, au Festival de la chanson de Sopot, en Pologne.
Photo : archives de Radio-Canada.

À Cuba, en 1967. Photo : Korda.

Avec Gérald Godin
à Majorque, vers 1967

Brecht à volonté

Août 1964

Moi j'veux l'extase, l'extase partout
J'en veux pour toi, j'en veux pour moi, j'en veux pour nous
L'extase, l'extase un point c'est tout.

J'veux tomber en amour ce soir demain
La nuit le jour éblouie charmée
Dans le délire éperdu jusqu'à la fin des paradis

J'te griffe, j'te mords, j'te mange, je désire tout
Du bout des dents à la pointe des ch'veux
J'me glisse, j'm'enroule, j'défaille
J'm'enfouis heureuse, renouvelée[1]

Ce dernier séjour de Pauline à Paris en tant que Parisienne d'adoption se déroulera principalement sous le signe de la défaite, et plusieurs événements d'ordre professionnel et émotif joueront un rôle dans sa décision de revenir vivre au Québec en août 1961. Mais, après une période de tergiversations, sa carrière reprendra de l'envol. Pauline Julien commence à se révéler comme une diva classique, celle qui rime avec les hauts et les bas. Sa vie, désormais, elle la vivra en dents de scie, et, comme dans un roman d'aventures, elle passera à travers d'insurmontables difficultés, comptant sur son énergie extraordinaire, misant sur son flair, son instinct et des rebondissements imprévisibles, qu'on appelle parfois « la chance ».

En arrivant à Paris au début d'avril 1961, Pauline Julien pense qu'elle va enregistrer *Jack Monoloy* de Vigneault et *Natashquan* dont Bécaud vient d'écrire la musique sur des paroles de Vigneault. Sur la recommandation de Lou Barrier, l'imprésario de Piaf, elle s'adresse à Raoul Breton, l'éditeur des chansons de Trenet, pour mener son projet à terme. Elle compte sur Gilbert Bécaud pour rencontrer des représentants de compagnie de disques et monter un spectacle.

Mais Gilbert Bécaud enregistrera lui-même *Natashquan* à la fin d'avril 1961 et, sans raison apparente, il laissera tomber celle qu'il a découverte à Montréal. Alors tout se met à déraper : les beaux projets de disque et de spectacles ne se réalisent pas et la vie dans la loggia de la rue Falguière devient de plus en plus intenable. Elle voudrait que Dietrich s'installe avec elle dans un appartement plus grand, que le studio de la rue Falguière lui serve d'atelier seulement. Pauline est toujours amoureuse, mais elle ne reçoit pas la réponse attendue. Elle part vivre chez Jacqueline quelque temps, puis revient. Elle entretient une correspondance avec son jeune « ange » français de Montréal et un jour, elle montre une de ses lettres à Dietrich, pour le provoquer, espérant le rendre jaloux. Mais ce stratagème a peu d'effet et elle commence à annoncer dans les journaux son retour à Montréal : « Elle vit même, aussi, pauvrement, entre quelques disques, de la musique en feuilles, quelques photographies. [...] Mais il y a un bout à cet état de choses et c'est à Montréal qu'elle doit trouver la bonne route. C'est à Montréal qu'elle doit enregistrer et gagner sa vie[2]. »

Pauline reçoit coup sur coup deux lettres de sa mère. Dans la première, Marie-Louise s'inquiète de ses affaires qui « ne sont pas très brillantes là-bas ma chère enfant[3] », et dans la deuxième, à l'occasion du trente-troisième anniversaire de naissance de Pauline, elle lui demande si elle a décidé de revenir au Canada. De plus en plus, Pauline est rongée par la culpabilité. Depuis 1958, elle ne voit presque plus sa famille. Ses enfants lui écrivent, Fabienne lui donne régulièrement des nouvelles, mais la pression pour les reprendre devient de plus en plus forte : « Les enfants m'ont toujours manqué, et avec eux, je n'ai jamais pu arrêter, stabiliser ma vie pour la leur consacrer et les rendre heureux et me rendre heureuse. [...] Cet état de sécurité me manque à un tel point que même les instants heureux, les moments de plénitude, n'existent que dans leur instant et une fois que c'est terminé, je m'effondre, je doute de tout, et je tends les mains vers ce que je ne sais prendre et garder. En fait, je veux les enfants, je les veux intensément depuis un an, deux ans, sinon depuis la séparation. J'ai cru que Dietrich était une nécessité plus grande. Nous nous séparons. Qu'est-ce que vraiment j'espère à Paris seule ? Le succès, la réussite, après tant d'années ? J'en doute, je doute de mon savoir-faire et de mon apport dans ce domaine. [...] Pourquoi est-ce que je reste ? Pour Paris, dont je ne peux plus jouir dans cet état, pour éventuellement réussir. J'ai tellement peur de tout, comment pourrais-je[4] ? »

À mesure que la rupture avec Dietrich devient imminente, son rêve parisien s'effondre. Pour calmer son angoisse et apaiser son chagrin, elle va quelque temps à la campagne chez André et Lise Payette. Elle fait une excursion dans la nature avec Alan Glass afin de se détendre, mais dès qu'elle revient à Paris, l'angoisse et le doute la reprennent. Le 24 mai 1961, le lendemain de son anniversaire, elle reçoit *in absentia* à Montréal le trophée de la meilleure diseuse de l'année pour son apparition au Chat noir et c'est le docteur Ostiguy, codirecteur du Chat noir, qui va chercher le trophée à sa place. Dès le 1er juin, elle prend une chambre d'hôtel minable et se cherche un appartement, espérant ainsi convaincre Dietrich de venir habiter avec elle. Elle se sent très mal, elle est traumatisée par sa séparation, mais elle se rend chaque soir faire son tour de chant au Port-du-Salut. Heureusement, Alan Glass est là pour la réconforter.

Le 6 juin 1961, Patrick Straram lui envoie une carte postale : « Ces deux lignes pour deux choses : Gascon va monter *L'Opéra de quat'sous* ; je t'embrasse et attends de tes nouvelles. » La perspective de jouer dans un spectacle de Brecht lui redonne une certaine énergie, elle qui aime tant cet auteur et qui l'a fait connaître aux Montréalais en 1958. Elle a vraiment besoin de bonnes nouvelles en ce début de juin 1961 où les astres se conjuguent pour éprouver Pauline : « Ma mère est malade, inconsciente, morte peut-être. Si je centre ma pensée, j'en souffre terriblement, mais j'ai vécu trop loin d'elle. Ma mère est une pensée réconfortante, je souffre pour elle. La connaissant, je soupèse cette solitude affreuse qu'elle traverse et qu'elle a traversée vis-à-vis de la mort. Être n'est plus. Moi qui pense au suicide, ne trouvant plus de lien avec la vie, avec les autres humains, c'est très faible (et c'est pourquoi je n'agis pas) en comparaison du non-pouvoir sur ce qui se fait lentement, les forces, la vieillesse, l'épouvante de l'impuissance. Être et ne plus être. Envie de toujours me cacher, de rejeter le jour, de dormir – Alan est parti – Il m'a laissé des roses jaunes, des oiseaux chinois. Alan est parti[5]. »

Le malheur pressenti arrive le 17 juin 1961. Fabienne lui envoie un télégramme : « Maman gravement paralysée, inconsciente, pas d'espoir, lettre suit. » Deux jours plus tard, c'est le télégramme fatidique adressé rue Falguière où elle n'habite plus : « Maman décédée à midi sans reprendre conscience. Funérailles jeudi. » Le télégramme lui parvient plus tard, trop tard. Pauline ne peut assister aux obsèques de sa mère, elle reste à Paris pour remplir quelques engagements. Avec ses maigres moyens, elle achète un petit appartement pas cher qu'elle a déniché à Montmartre, rue Houdon. Elle est sur le point de repartir, mais elle fait une dernière fois l'effort de s'y installer pour tenter encore sa chance auprès des maisons de disques. En vain.

Elle annonce à Fabienne son retour pour le 16 août 1961 : « Il n'y a qu'un court arrêt à Québec de 3 h à 4 h de l'après-midi », ce qui veut dire un arrêt trop court pour voir ses enfants. Pendant cette traversée de six jours, comme pendant tous les voyages qu'elle fera dans sa vie en avion, en bateau, en train ou en autobus, Pauline écrit méthodiquement son journal. Ces transits lui permettent de faire le point, de réfléchir sur elle-même, sur sa façon d'être et d'aimer. Elle repense à Dietrich qui est venu la conduire au Havre : « Je fais une crise avant le départ, puis par le hublot, je vois le départ, je me calme, les vagues dans le soir ressemblant à un troupeau de mammouths. Je vais dormir[6]. » Elle fait des efforts quasi surhumains pour oublier sa peine, elle désire ardemment reprendre ses enfants avec elle, mais elle a peur de ne pas être à la hauteur : « Il fait beau, bains, jeux, soleil. On oublie, puis tout à coup, réveil brusque. Pourquoi cette terrible envie de penser, et puis plus rien. Nicolas, Pascale, que je veux retrouver. Il faut du calme, de la maîtrise. Chasser cette sensation, fixer un but, s'y accrocher, ne pas regarder en arrière, ne pas désirer toutes les sensations en même temps. Le but : Pascale, Nicolas, Nicolas, Pascale, m'y attacher et refuser de me laisser distraire, fuir le vide, la peur. Je n'y arrive pas et mon cœur se gonfle[7]. » Sur le pont, elle lit Homère, Virginia Woolf, elle regarde la mer, elle parle à des gens et le gouffre s'élargit ; elle se laisse ballotter entre deux extrêmes insaisissables, voulant à la fois se détacher de Dietrich et garder en elle bien vivant le souvenir d'un amour très fort : « Dietrich est encore tout brûlant dans mes narines, mon corps, mes yeux, mes pensées, et le bateau s'éloigne. Les gens passent et je me demande encore une fois comment ils font, à quoi ils pensent. Ni Homère, ni Virginia Woolf ne m'atteignent[8]. »

Lors de cette traversée, elle rencontre deux êtres qui deviendront pour elle de très grands amis, André et Louise Escojido. Étonnés de sa vitalité, de son enthousiasme, de son esprit critique, ils ne soupçonnent pas quelles difficultés la tourmentent. Sur le bateau, elle se fait même un petit ami, un « ange » : « Elle se rendait toujours sur le pont de la première classe alors qu'elle avait un billet de deuxième classe. Il y avait plusieurs soldats sur le bateau et ils étaient en première classe. Pauline protestait : "Ce sont des soldats, nous les payons avec nos impôts !" et trouvait injuste de ne pas être en première classe elle aussi[9]. » Pauline danse tous les soirs, se montre pleine d'humour, passionnée dans les discussions, se prête volontiers à des jeux de groupe. Sous des dehors exubérants, elle apprend de plus en plus à cacher sa nature pessimiste, son manque de confiance en elle, sa peur maladive de la solitude, son incapacité à prendre des décisions. Pourtant, dès qu'elle arrive au Canada, en août 1961, elle trouve l'énergie de mettre les choses en branle. Elle habite quelque temps chez Claire Richard, rue Dorchester, avant de louer un premier appartement loin du centre-ville. Elle résilie son bail un mois à peine après s'y être installée, car entre-temps elle en a trouvé un plus grand rue Saint-Marc, tout près de chez Jean Gascon, alors directeur général du Théâtre du Nouveau Monde et directeur de l'École nationale de théâtre. Jean Gascon tient à ce qu'elle fasse partie de la distribution de *L'Opéra de quat'sous* ; il était même allé à sa recherche à Paris : « Je cherchais à la joindre pour lui offrir le rôle de Jenny de *L'Opéra de quat'sous*. Au même moment, elle essayait de me joindre pour se proposer pour le même rôle. Le résultat fut extrêmement heureux. Elle fut une Jenny dont tous se souviendront[10]. »

Encore une fois, les circonstances jouent en sa faveur. Elle commence à se discipliner, à tenir une comptabilité serrée, à inscrire minutieusement tous ses engagements dans un agenda. Elle prend un agent, l'avocat Daniel Lazare, elle va chercher ses enfants à Québec et trouve une étudiante au pair pour les garder. Elle espère encore reprendre avec Dietrich, elle lui écrit des lettres passionnées auxquelles il ne répond pas. Elle doit se rendre à l'évidence : la rupture est complète et sans appel. Elle ne peut supporter d'être seule, sans homme à ses côtés. Elle choisit des amants de passage qui ne la comblent pas. Blessée et meurtrie, il n'est pas question pour l'instant de construire une relation solide. Ces amours à la petite semaine lui permettent de se sentir libre tout en répondant de façon ponctuelle à sa nature débordante, affectueuse, séductrice.

Un jour qu'elle habite encore chez Claire Richard, alors comédienne, elle annonce que Nicole Germain vient l'interviewer. L'appartement n'est presque pas meublé, il y a à peine un divan, une table et deux chaises, mais Pauline est tout à fait d'accord pour qu'on vienne « filmer son intérieur ». Claire Richard est ahurie : « J'ai dit : "T'es folle ! Il n'y a rien dans l'appartement." Mais le lendemain, la caméra est entrée dans ma maison et l'émission s'est faite. Quand

Pauline a décidé quelque chose[11]... » Pauline déménagera quelques jours plus tard, mais Claire lui conservera toujours une très grande affection : « Quand j'avais des moments très durs, la seule personne qui pouvait m'aider, c'était Pauline, parce que je savais qu'elle était là. Elle me parlait avec énergie comme personne d'autre n'aurait pu le faire. Elle était très présente à ses amis, c'est une grande qualité chez elle. Quand elle voyage, elle rapporte toujours des cadeaux. C'est une femme d'une fidélité extraordinaire. Elle ne dit jamais de mal des autres[12]. »

À peine installée dans son premier appartement, elle s'apprête à retourner passer huit jours en France. Comme il ne lui sera pas facile de garder les enfants et d'accepter des engagements à l'étranger, en province, le soir, elle cherche une école privée et les inscrit à l'académie Michèle-Prévost. Elle a perdu l'habitude de s'occuper de ses enfants à plein temps, quotidiennement, et elle a l'impression que ces démarches l'obligent à se disperser et l'épuisent : « Depuis cinq jours, insidieusement des idées de suicide (même collectif avec les enfants) se sont glissées en moi. Refus total en moi de vivre pour vivre, c'est-à-dire sans aimer et être aimée. Je constate ma solitude complète. Les enfants, bien sûr, mais sans paix intérieure, comment les aimer et leur apporter quelque chose ? Les enfants semblent bien vivants, mais où les guider dans ce monde où je ne me sens aucune place[13] ? »

En septembre 1961, après la rentrée scolaire, elle s'envole pour la France, cette fois en qualité de déléguée au Festival international de la chanson. Quand l'avion est sur le point d'atterrir, on dirait les retrouvailles d'une artiste-peintre avec son amoureux : « Ce lever de soleil dans le ciel aux toutes nuances de gris, et cet enthousiasme profond qui me soulève à la seule vue des terres de France, du délire, une immense joie, la tendresse innommable du ciel bleu, de la lumière douce de Paris, sur les pierres, les terrasses. Comme c'est beau et comme ce pays est le mien. Le travail est difficile. Il faut trouver le joint et faire partie de cette nonchalance et de cette paix qui traînent dans les rues le long de la Seine[14]. »

Ce voyage lui permettra de faire une pause, de reprendre son souffle et de se détacher davantage de Dietrich qui séjourne à Nice et qu'elle ne réussit pas à revoir. Elle reviendra à Montréal dix jours plus tard après avoir rempli son seul engagement, chantant à la télévision *La Chanson de Prévert, On n'oublie rien, Le Blues*, accompagnée de Jacqueline Abraham. Elle en a profité pour aller dans le Midi, près d'Aix-en-Provence, auprès de ses amis Bernard Vanier et Christiane Zahm, qui lui permettent de faire le plein d'énergie et d'entrevoir son avenir avec moins d'angoisse.

Quelques jours après son retour à Montréal, elle reprend son train d'enfer et déménage de nouveau, cette fois pour prendre possession du bel appartement de la rue Saint-Marc qu'elle gardera jusqu'en 1964. Tout semble se remettre en place, mais elle se sent en attente de quelque chose qu'elle n'arrive pas à définir. Seuls ses enfants, malgré les difficultés d'adaptation, lui apportent un peu de sérénité : « Je ne construis plus rien, j'attends. Quelle chance d'avoir cet appartement, un peu chez soi, les enfants. Trouver ma propre lumière[15]. » Elle a maintenant deux appartements, l'un à Paris qu'elle loue dans l'espoir de pouvoir l'habiter un jour, l'autre à Montréal où elle tente de s'enraciner et de se créer une vie de famille. Elle essaie de se fixer du mieux qu'elle peut entre ses deux ports d'attache, entre ses tournées perpétuelles, entre sa carrière et sa vie familiale.

Les répétitions de *L'Opéra de quat'sous* ont commencé, et Pauline en Jenny s'entiche de Powys Thomas, qui joue le rôle du pasteur. C'est Monique Leyrac qui a le rôle plus important, celui de Polly, et Jean Gascon, le metteur en scène et directeur du TNM, joue MacHeath, le vilain Mackie. Entre les répétitions, Pauline fait quelques spectacles, dont l'un à la fin d'octobre, au Bistro, rue Gatineau, puis un autre, du 2 au 4 novembre, qu'elle partage avec Jacques Blanchet au théâtre Anjou, dans une salle nouvellement ouverte sous le nom de la Boîte des chansonniers. Elle y retournera seule le 15 novembre, après une représentation de *L'Opéra de quat'sous*, revivant ainsi les promenades d'un cabaret à l'autre dans Paris. Cet automne-là, Pauline est également engagée pour jouer le rôle d'une bohémienne, Solidad, dans *La Boîte à surprise*, une émission pour enfants très populaire, dans laquelle Kim Yaroshevskaya incarne l'ineffable Fanfreluche.

Les représentations de *L'Opéra de quat'sous* vont permettre la deuxième rencontre décisive avec le jeune journaliste aux yeux verts rencontré à Trois-Rivières. Gérald Godin a obtenu un emploi au *Nouveau Journal*, où il fait partie d'une équipe d'artistes et de poètes dont Paul-Marie Lapointe, Denise Boucher, Gilles Carle. *L'Opéra de quat'sous* est « le » spectacle de l'année, c'est la première fois que Brecht est monté à Montréal. Tous les journaux en parlent. Le journaliste du *Devoir* assiste même aux répétitions et y consacre des pages complètes quelque peu didactiques. L'atmosphère est fébrile et les attentes sont grandes. Le public se déplace nombreux pour aller voir la pièce et le succès est immédiat. C'est le dixième anniversaire du TNM, dont beaucoup de membres viennent des Compagnons de Saint-Laurent. Sur les affiches, on ne mentionne aucun nom d'acteur ni de metteur en scène, ce qui montre bien la filiation du TNM avec les troupes de la fin des années quarante, où l'anonymat était de rigueur. Les premières fins de semaine, la pièce est jouée à guichets fermés.

La parole de Brecht, irrévérencieuse envers la classe bourgeoise, plaît aux jeunes intellectuels du début des années soixante qui commencent à remettre fortement en question la société dans laquelle ils ont été formés. On est en pleine guerre froide, la menace nucléaire pèse sur les États-Unis de Kennedy, Fidel Castro confesse son communisme en embrassant Khrouchtchev, un vent de socialisme souffle sur le Québec en ce début du grand chambardement qu'on appellera la Révolution tranquille, cette « période de réformes politiques, institutionnelles et sociales réalisées entre 1961 et 1966 par le gouvernement libéral de Jean Lesage[16]. » René Lévesque, alors ministre des Richesses naturelles dans le gouvernement libéral, déclare que le séparatisme est une idée « respectable » et Marcel Chaput, employé au Conseil de la recherche pour la défense nationale, vient de fonder le Rassemblement pour l'indépendance nationale, mieux connu sous le nom de RIN. Brecht arrive à point nommé avec son antimilitarisme, sa volonté d'une plus juste distribution des richesses, son engagement social, sa liberté audacieuse. Michel Tremblay, qui a dix-neuf ans, est parmi les spectateurs : « Ça m'a sûrement influencé. Toutes ces femmes fortes. À *L'Opéra de quat'sous*, les madames en fourrure sortaient scandalisées et heurtées. Les critiques rapportaient qu'on représentait une affaire de crottés[17]. » Les grands journaux montréalais se montrent enthousiastes devant cette pièce, photos à l'appui. *Le Devoir* titre dès le surlendemain de la première : « À l'Orpheum, *L'Opéra de quat'sous* : un triomphe pour le TNM » et Pauline Julien retient l'attention du journaliste : « Pauline

Julien, de qui on attendait évidemment beaucoup, satisfait à toutes nos espérances. Sa Jenny est rocailleuse, sinueuse, disant avec une voix rêche, tranchante, comme un couteau, la *Ballade de la vie agréable*, celle du *Souteneur*, la *Chanson du pirate*[18]. »

Gérald Godin voit la pièce, il fait deux articles sur Brecht le 11 et le 18 novembre dans le *Nouveau Journal*. Il ne parle pas de la pièce ; c'est son collègue, le poète Gilles Hénault, qui en fera une critique élogieuse. Gérald Godin se contente d'exposer la méthode brechtienne et est happé par cet univers de combat, où le politique et le privé ne font qu'un, où le dérisoire a force de loi. Si l'on voit déjà se profiler le politicien qu'il deviendra, pour l'instant il se réserve.

Après une quarantaine de représentations, le spectacle fait relâche pour reprendre du 9 janvier à la fin de février. Pauline Julien profite du fait que l'Orpheum est inoccupé pour organiser Le Noël des chansonniers le 25 décembre avec Jacques Blanchet, Clémence DesRochers, Germaine Dugas, Jean-Pierre Ferland, Claude Gauthier, Marc Gélinas et Claude Léveillée. Jacqueline Vézina réalise l'événement qui sera animé par nulle autre que Michelle Tisseyre, la grande dame de la télévision. Mais cent personnes seulement se déplacent en ce soir de Noël 1961. Quelques jours après les Fêtes, Pauline se remet à la tâche. Elle participe au concours de la chanson canadienne, obtient un rôle aux côtés de Clémence DesRochers dans le téléroman *Filles d'Ève* : « On n'a pas oublié la façon extraordinaire dont elle joua une narcomane privée de sa drogue. À la fin, elle en avait des tics[19]. » Elle reprend les enregistrements de *La Boîte à surprise* et les représentations de *L'Opéra de quat'sous*. Puis elle reçoit le trophée de la meilleure diseuse de l'année à l'Orpheum. À cette occasion, elle donne des entrevues, dont l'une au *Journal des vedettes*, dans laquelle elle déclare qu'elle a reçu le même trophée l'année précédente, qu'elle est comédienne avant tout, qu'elle rêve de chanter au « chic » cabaret Casa Loma. Ses projets sont sérieux et décidés : « Travailler de plus en plus. Garder mon genre. Accéder à tous les publics. Découvrir de très belles chansons. Travailler mieux[20]. »

Puis une bombe vient ralentir la fusée : Gérald Godin revient dans le décor. Il écrit un article très virulent contre l'École nationale de théâtre le 20 janvier 1962 dans le *Nouveau Journal*. Par cette attaque, il porte un double coup, puisqu'il vise son directeur général,

Jean Gascon, voisin de Pauline, et provoque Powys Thomas, collègue et amant de Pauline : « Un de ses élèves a-t-il demandé à Powys Thomas pourquoi il avait cabotiné dans son rôle du pasteur Kimball de *L'Opéra de quat'sous* ? Qu'attendez-vous pour le faire[21] ? » Pauline est piquée au vif. Que vient faire ce freluquet dans ses plates-bandes ? Mais elle n'a pas oublié les yeux verts coulissants du journaliste qui l'a interviewée à Trois-Rivières un an plus tôt, en février 1961, et elle lui téléphone au *Nouveau Journal* pour l'inviter à manger chez elle afin de discuter de l'affaire avec les principaux intéressés. Dans la légende de leur amour, Gérald et Pauline feront remonter leur vie commune à cet hiver 1962. Mais il faudra en réalité attendre encore presque deux ans avant que Gérald Godin ne vienne cohabiter avec elle. Entre-temps, ils se font une cour digne des plus belles pièces de Marivaux.

Autour de la table, il y a Thomas, mais aussi James de B. Domville, administrateur de l'École, et probablement Gascon ; la rencontre est caustique, dans la veine de l'article qui dénonce le caractère bilingue de l'École nationale de théâtre. Pour Godin, il est impensable qu'une telle école ne soit pas unilingue puisque la langue est le reflet d'une nation, d'une culture. Par respect pour cet art qu'est le théâtre, on devrait instituer deux écoles, l'une francophone, l'autre anglophone : « Oui, l'école nationale de théâtre a tout pour être contre le théâtre. [...] On rêve presque d'un zoo, d'un étalage touristique des dix espèces provinciales de Canadiens. On veut que par le théâtre, deux "grandes nations" se rejoignent. Où va le théâtre dans tout ça[22] ? » Mais l'humour prend le dessus à un moment donné. Gérald Godin est beau et maigre comme un greyhound.

La vie reprend son rythme d'enfer. On parle toujours de *L'Opéra de quat'sous* et il est question que la production se déplace sur une scène parisienne. Encore une fois, Gérald Godin en profite pour lancer quelques dards au TNM, peut-être afin de se faire inviter chez Pauline à nouveau : « Brecht n'est pas de tout repos, messieurs du TNM. C'est de la dynamite. Vous n'avez pas amorcé la dynamite, c'est pourquoi on ne peut vous en vouloir. Ou plutôt, vous n'avez même pas désamorcé la dynamite, et ça frise l'inconscience. [...] Et j'ai bien peur qu'au bout du compte, ce pauvre Brecht, vous ne l'ayez émasculé[23]. » Pauline ne retient pas vraiment l'attention dans la plupart des autres critiques du spectacle, mais ce n'est pas le cas pour un article de *Liberté,* dans lequel Patrick Straram fait une concurrence féroce à Gérald Godin : « Elle chante. Fièvre et paix ne font plus qu'un. On est à la fois sur le "qui-vive" et détenu, confirmé. En état d'alerte et en état de grâce. Parce que ce qu'elle chante atteint en nous directement les points sensibles on est, à l'entendre, elle qui est si manifestement elle-même, on est plus totalement soi-même[24]. » Puis c'est au tour de Michelle Tisseyre de faire son éloge. Tout en annonçant la parution prochaine de son premier microsillon, elle dénonce le traitement injuste que lui réserve le milieu du disque et du cabaret : « Pauline franchira-t-elle le mur des cabarets locaux et provinciaux – des boîtes à prestige surtout. [...] Il m'a à plusieurs reprises été donné d'entendre Pauline à la scène, parfois même de la présenter. Son passage, chaque fois, déclenche des ovations et s'est toujours soldé par un triomphe. Pauline Julien est une très grande artiste et est appelée, croyez-moi, à aller très loin[25]. »

Au début de février, Pauline se rend à New York avec Claude Gauthier et Serge Garant pour participer à l'émission *Camera Three* : « Le réalisateur fasciné demanda à son accompagnateur Serge Garant, d'un ton qui n'attendait pas de réponse : "Y en a-t-il beaucoup comme elle, à Montréal ?" "On ne sait ce qui sort d'elle, dit Serge Garant, mais après trois minutes, elle a son public. Elle emporte toutes les résistances. Les objections n'ont plus d'importance, on est désarmé : elle se livre dans la chanson, tout son être y passe. Même en répétant, elle fait les chansons comme devant le public, elle donne toute sa voix, fait tous les gestes. Les gens pourraient entrer et s'asseoir comme au spectacle[26]". » L'enregistrement sera diffusé au Canada le 17 et le 22 février 1962, elle est de la prestigieuse émission *Rendez-vous avec Michelle,* ce qui lui vaut un commentaire élogieux dans le *Nouveau Journal* du lendemain.

Après la dernière représentation de *L'Opéra de quat'sous* qui a lieu le 25 février, Pauline s'apprête à lancer enfin son premier microsillon chez Columbia, là où Claude Gauthier avait enregistré en 1961. Son voyage à New York, son disque avec une prestigieuse compagnie internationale, ses apparitions de plus en plus fréquentes à la télévision, tout cela lui donne des ailes et l'amène à vouloir percer le marché anglophone. Elle fait plusieurs spectacles avec Claude Gauthier et les rumeurs circulent à propos d'un éventuel engagement à Las Vegas qui ne se concrétisera pas. Les journalistes anglophones commencent à s'occuper d'elle. Elle ira à Ottawa prochainement et elle les assure qu'elle aimerait chanter dans un cabaret de Toronto : « *I think we should be together*[27]. »

À la mi-mars 1962, Gérald Godin et Pauline se revoient à la librairie Fomac lors du lancement de *L'Aquarium*, le premier roman de Jacques Godbout. Gaston Miron, alors à l'emploi de cette librairie, avait organisé l'événement. Gérald Godin faisait remonter sa toute première rencontre avec Pauline à cette occasion et pour lui, c'est peut-être là qu'il l'a vraiment séduite, qu'il a fait sa conquête. Il avait déménagé non loin de chez elle, rue Mac Gregor, et Denise Boucher se rappelle les avoir vus ce printemps-là se promener dans les jardins de l'établissement avec les enfants de Pauline : « En 1962, Godin se cherche une chambre et la loue dans la même maison que moi. Il a une Volvo qu'il stationne dans la cour, puis il descend le dimanche et il sort Pauline et les enfants[28]. » Amoureux fou, Gérald accroche un grand poster de Pauline devant son bureau. Pauline l'appelle souvent au travail. Paul-Marie Lapointe et Gisèle Verreault revoient Gérald Godin, lors d'une soirée, agenouillé devant Pauline, disant aux invités : « Dites-lui qu'elle doit m'aimer. »

En mars et avril 1962, Pauline travaille beaucoup à l'extérieur de Montréal, elle fait des spectacles à la Butte à Mathieu, à Val-David, à Granby, à Ottawa, au Hibou « devant un auditoire délirant et enthousiaste au possible[29] », à Saint-Jean d'Iberville, en Gaspésie, puis elle continue à enregistrer régulièrement des émissions pour la *Boîte à surprise* tout en mettant la dernière touche à son microsillon. En avril s'amorce une correspondance entre Gérald Godin et Pauline, dans laquelle ils rivalisent d'astuce, de poésie et de brio.

Alors que la passion s'installe chez Pauline qui fait des petits pas vers celui qui l'attire de plus en plus, Gérald Godin, plein de finesse et d'humour, revendique un espace de liberté un peu surprenant chez un jeune homme de vingt-trois ans amoureux d'une femme de trente-trois ans. En témoigne la première lettre qu'il lui écrit, en la vouvoyant dans la meilleure tradition vieille France :

> Depuis le temps que je la prépare cette maudite lettre, elle devrait être profonde, lyrique, spirituelle, éblouissante, classique, racée, frelatée un brin (pour la galerie) en un mot tout le portrait de votre humble serviteur.

Or elle ne sera peut-être que prétentieuse, frelatée beaucoup, insupportable, pontifiante, bête, stupide, un peu conne, trifluvienne et provinciale par surcroît – en un mot tout le portrait de votre modeste serviteur.

Et pendant que je dis que la lettre sera ou ne sera pas (*Hamlet*, acte I, scène VII), je la pousse du pied devant moi, je m'empêche de la commettre, je retarde l'échéance de la rencontre entre elle et moi (il s'agit toujours de la lettre), je reste éloigné du vif du sujet, je ne plonge pas dans la réalité.

Je pourrais vous dire ce que vous savez déjà – mais je préfère flotter « same place » au-dessus de la terre – jouer dans les mots, ces nuages, ces matelas.

La « furia francese » c'est vous.

Un jour, je verrai clair dans tout cela. Je ferai la part des choses et je comprendrai même peut-être toutes choses si clairement que je pourrai relier tout cela à quelque mythologie gréco-latine dans laquelle vous seriez Cerbère et moi la barque sur le Styx ou vice-versa, tour à tour l'un à l'autre, nautonier d'une chaloupe verte et sans rames sur le fleuve noir de ces jours où à la suite, nous serons et nous ne serons pas ensemble.

Pour le moment, le Styx coule entre les falaises de cette structure rationnelle que je veux donner à ma vie ou plutôt que j'ai donnée à ma vie.

Attendez-moi. Sur un signe de moi, j'agirai au jour et au moment qui me semblera propice – pour l'instant, je suis un marin, un circumnavigateur explorant ceci et cela et vous revenant comme Ulysse quand les vents sont favorables à nos amours.

Et voilà. Jugez vous-même dans quelle catégorie, des deux mentionnées au début, vous placerez ces cartons dans les rayons de votre littéracothèque.

Saluts et embrassements,

Gérald[30]. »

Ce sont deux feux roulants qui se croisent et cette lettre de Gérald Godin est un échantillon de leurs trente années de vie commune, qui ressemblera davantage au Styx qu'à un long fleuve tranquille. Pauline n'est pas en reste, mais elle choisit (mais a-t-elle le choix) de répondre sur un mode dramatique, profitant d'une tournée de quelques jours en Gaspésie pour écrire son amour à la limite de l'épuisement et de la détresse. Elle est dans sa loge, seule, un peu avant son spectacle, et tente de dominer son trac, de se rassurer, en pensant à son amoureux : « Des images qui défilent, une langueur totale et des bras qui s'allongent ainsi des algues et ce mouvement unique de la cadence de deux corps, un papier gris où tu parles des amours choisies et renouvelées. J'approuve et malgré tout la peau qui éclate. Il faut être fort. La vie se vit au présent, le bel idéal de la raison raisonnable, et pourtant au fil des heures, des jours, la nostalgie, l'ennui, le vide me tirent si loin en arrière que mon corps, mon sang ont mal à exister, je ne suis plus là, vidée, vidée, incapable d'être raisonnable. Le temps va passer inexorable[31]. »

Gérald Godin part pour Paris, au début du mois de mai, comme stagiaire à l'Université du Théâtre des Nations. Il habite l'île de la Cité. En un mois, il assistera à une quarantaine de pièces de théâtre, à plusieurs conférences sur le théâtre, à partir desquelles il écrira quatre articles pour le *Nouveau Journal*. Très occupé, il prend le temps d'envoyer quelques cartes postales que Pauline conservera soigneusement malgré leur laconisme. Puis Pauline lui annonce qu'elle ira le rejoindre le 20 mai, mais Gérald attend vainement sa venue. C'est qu'elle est encore plus occupée que Gérald de ce côté-ci de l'Atlantique. Au début du mois de mai 1962, son premier microsillon, très attendu, sort enfin ; il a pour titre justement *Enfin..., Pauline Julien*. Serge Garant en a assumé la direction musicale, le graveur et poète Roland Giguère en a dessiné la maquette, et on y retrouve les chansons françaises de son ancien répertoire (*Alors*, *La rue s'allume*, *Et c'est pour ça qu'on s'aime*, *Quand l'amour est mort*, *La Chanson de Prévert*, *On n'oublie rien* et *La Fille des bois*) et quelques-unes des chansons canadiennes qu'elle vient de découvrir (*La Marquise Coton*, *La Complainte du marin*, *La Piouke*, *Jack Monoloy* et *Ton nom*). Le lancement a lieu au centre d'art de l'Élysée et, le 5 mai, Pauline se rend au Congrès du spectacle recevoir en mains propres son trophée de la meilleure diseuse.

Quand Gérald Godin revient au début de juin, le *Nouveau Journal* en est à son dernier mois de parution. Il décide de retourner vivre à Trois-Rivières, où il retrouve au *Nouvelliste* le poste qu'il avait quitté un an plus tôt. Dans la correspondance qu'ils entretiennent de nouveau, Pauline s'attache de plus en plus à Gérald, qui cherche pour sa part à prendre ses distances. Elle se sent très seule, travaille sans arrêt et s'occupe de ses enfants comme elle peut. Même si elle a de l'aide, sa vie de chanteuse demande toute une logistique qu'elle n'arrive pas toujours à maîtriser. Elle n'arrête pas : radio, émissions de télévision, cabarets, galas, dont un à La Malbaie.

Depuis le mois de février, elle travaille souvent de concert avec Claude Gauthier. Ils sont toujours ensemble, ils sont beaux, ils ont le même impresario, Daniel Lazare, ils enregistrent tous les deux chez Columbia, ils font des récitals à travers la province, ils se produisent au Théâtre-Club du 7 au 9 juin. Des rumeurs de flirt à peine voilées commencent à circuler que colportent les journaux : « J'étais à la fois très jeune dans ce métier-là et très réservé, dira Claude Gauthier. Les journaux exagéraient, mais on s'aimait bien, et je lui promettais toujours de lui écrire une chanson. Je n'ai à peu près jamais écrit pour les autres, mais pour Pauline, c'est arrivé quelquefois. Daniel Lazare nous a réunis, un avocat qui revenait d'études en Europe. C'était un juif anglophone et pour lui, la chanson qu'on faisait ici, c'était l'égal de ce qu'il avait entendu à Paris. C'est lui qui a fait entrer Pauline chez Columbia[32]. »

Comme elle a plusieurs engagements prévus pour l'été, dont certains à l'extérieur de Montréal, Pauline décide d'envoyer ses enfants passer leurs vacances à Saint-Fabien, dans le Bas-Saint-Laurent, chez une dame Gagnon. À la fin du mois de juin, elle-même se rend à Gaspé faire quelques spectacles, puis elle revient chanter chez Temporel au centre d'Art de l'Estérel, dans les Laurentides. Certains journaux laissent entendre que Pauline est controversée, on la juge inabordable, difficile de caractère, et puis on l'accuse de jouer à la vedette et de fausser, tout en se moquant de ses toilettes, « de son air croque-mitaine et de ses allures insolites[33]. » Ces critiques affectent Pauline. Elle sait que ses connaissances en musique sont limitées, mais elle a le génie de s'entourer de musiciens hors pair qui peuvent la suivre dans ses écarts, s'adapter à elle, lui permettant alors de laisser libre cours à sa fougue et à sa passion. C'est à cette époque qu'elle va chercher François Cousineau, un jeune pianiste prometteur de vingt-deux ans qu'elle a vu travailler avec Jacques Blanchet et Jean-Pierre Ferland. Il se fait remplacer par Pierre Brabant lorsque ses études en droit le nécessitent. Mais à la fin de ses études, il deviendra son accompagnateur attitré.

Pauline peut mettre six mois et même un an à apprendre une chanson. Il n'est pas facile pour elle de trouver la tonalité, le tempo, le style. Elle est d'abord une diseuse et elle doit trouver sa place dans la chanson : « Souvent on dit que le succès apparaît à ceux qui travaillent plus : Pauline, c'en est la preuve, dira Cousineau. Musicalement, elle n'était pas tellement douée, mais à force de travailler, elle se trouvait des particularités que d'autres, plus rapides, qui chantent d'une façon plus standard, ne trouvent pas. À force de chercher et de chercher, Pauline relevait des mots qui la frappaient, me les soulignait, on faisait des rallentendos, j'adaptais la musique à ce qu'elle voulait. Bref, elle s'occupait des textes, je m'occupais de la musique, et ça faisait une bonne chimie qui a bien fonctionné pendant les sept ans que je l'ai accompagnée[34]. »

Pendant cet été 1962, Pauline et Gérald échangent une correspondance qui prend des allures de lutte de pouvoir. Gérald est jaloux de son espace de liberté, Pauline exige l'exclusivité. À la mi-juillet, après l'Estérel, où ils ont passé en amoureux quelques jours tumultueux, des mots extrêmes arrivent de Trois-Rivières : « Vous vivez sur des coups de tête comme une cavale affolée prise au piège. C'est pourquoi je crois que vous vous suiciderez un jour si ce n'est fait quand cette lettre vous parviendra. » La réponse de Pauline arrive, prémonitoire, troublante : « Je ne me suiciderai pas, pas encore, par respect encore que j'ai, pas encore pour moi ; cela viendra, peut venir, mais pour les autres, ou la vie elle-même. » Mais Gérald Godin persiste et résiste en citant cet extrait de Pierre Cardinal, un troubadour du Xe siècle :

> *Je ne gagnai jamais si grand gain que lorsque je perdis mon amie : car en la perdant, je me gagnai, puisqu'elle m'avait gagné moi-même. Il gagne peu celui qui se perd, mais si quelqu'un perd ce qui lui nuit, je crois que c'est là un gain ! Car je m'étais donné, par ma foi, à telle qui me détruisait je ne sais pourquoi.*

En août, Pauline retourne en Gaspésie, à Percé, à Saint-Fabien, où sont ses enfants. Marilyn Monroe vient de se suicider ; Pauline garde près d'elle la pochette d'un de ses disques, pense à elle, en parle souvent. Elle y reviendra explicitement quand elle passera à l'émission *Jeunesse oblige*. Coqueluche des adolescents, elle dira sans broncher à son auditoire, avec un accent très parisien : « Marilyn a vécu une vie très spéciale, elle était d'une extrême sensibilité, elle a beaucoup lutté, elle était très touchante avec beaucoup de sincérité, d'attente. Sa mort m'a touchée, je comprends ceux qui se suicident, sans les approuver[35]. » Pendant ce temps, la correspondance entre Gérald et Pauline se poursuit sur un ton plus calme. Gérald se promène en voilier de Trois-Rivières à Québec, parle de son ami trifluvien Robert Goulet, qui habite à Majorque dans les Baléares et qui est sur le point de publier son roman *Charivari* chez Albin Michel. Pauline et Gérald commencent à se lier d'amitié avec leurs amis respectifs.

À la fin du mois d'août, chargé par *Le Nouvelliste* de couvrir le Festival international de films de Montréal, Gérald offre à Pauline de partager ses billets de faveur pour toutes les séances. Semaine bénéfique, puisque les amours reprendront ensuite sur un mode plus harmonieux. Pauline continue de travailler, participe à une émission télévisée, *L'Été des Bozos*, où elle chante *Et l'amour* de Ferrat, *Vingt ans* de Ferré et *Bozo* de Félix Leclerc, retourne à Granby, va voir les enfants à Saint-Fabien, repasse à l'Estérel. Pauline veut élargir son auditoire, toucher chez les spectateurs ce qu'elle cherche désespérément à toucher dans sa vie : l'inconciliable, les contraires. « *It is my ambition to be able to reach any audience. [...] What I want to achieve is the sort of dynamism that can make me reach both the intellectual and the man on the street, English and French*[36]. » Mais l'automne se passe sans que sa carrière fasse de percée réelle ; elle se promène dans le même circuit (l'Anjou, la Butte à Mathieu, Sherbrooke, quelques émissions de télévision), un peu comme à Paris, sauf qu'elle gagne assez d'argent pour ne pas avoir à se produire dans plusieurs boîtes la même soirée. En octobre, elle enregistre son deuxième microsillon chez Columbia, puis le 9 novembre, elle donne son premier véritable grand récital à Trois-Rivières, au séminaire Saint-Joseph, là où Gérald Godin a fait ses études classiques. Pierre Brabant accompagne Pauline lors de ce concert donné sous les auspices du Club Amitiés et rencontres.

Quelques jours plus tard, le 13 novembre 1962, le jour de son vingt-quatrième anniversaire, Gérald Godin fait paraître sa critique du récital de son « amie » dans *Le Nouvelliste.* Il écrit un texte dithyrambique : « Toute maîtrise dans ses chansons, elle me semble trop indécise dans les intermèdes. Mais cela n'est que mon opinion bien entendu et ces gaucheries sont peut-être voulues et conscientes, comme pour toucher davantage, car le public aime ce genre d'abandons, car c'est par les failles que l'humain, trop humain surgit.

[...] Il reste tout de même une émotion qui balaie tout, une voix constamment frémissante qui nous envahit et quelquefois l'humour comme une grâce parmi ces complaintes qui nous concernent tous. [...] Cette femme seule dans un aquarium de lumière, qui incarne avec insolence les sentiments d'une époque révolue, remet en question par sa seule présence tout le rationalisme d'aujourd'hui et nous allons à elle comme un havre. Nous avons cru que la raison connaissait toutes les raisons du cœur. Pauline Julien nous en fait douter, qui se consacre à dire la complainte de cœurs[37]. »

Ce deuxième récital à Trois-Rivières occupe lui aussi une place de choix dans l'histoire d'amour de Pauline et Gérald. Dans le film *Québec... Un peu... beaucoup... passionnément...* tourné en 1988, quand Marcel Rioux demande à Gérald comment il a pris Pauline dans ses filets, Gérald fait remonter leur première rencontre au retour en voiture à Montréal après ce récital : « Elle chantait à Trois-Rivières, elle avait un engagement à Montréal. Elle me dit : "Je dois aller à Montréal demain et je suis *without a car.*" Je dis : "Je vais aller vous déposer, je vais aller vous conduire." Et là, je l'ai déposée chez elle et moi j'ai vu dans sa bibliothèque qu'il manquait mes œuvres, madame Julien. » Sur ces mots, il se tourne vers Pauline qui reprend : « On a attendu pas mal de temps, on s'est vouvoyés, on est allés en ski, j'avais peur un peu qu'il soit un être frivole[38]. »

Télescopant leurs souvenirs, Gérald et Pauline confondront souvent le récital de février 1961 au chic Fleurdelysé de l'hôtel Saint-Maurice avec celui du séminaire Saint-Joseph. Peu de gens savent qu'ils ont une liaison et Pauline et Gérald ne tiennent pas à ébruiter la nouvelle. Pour Gérald, c'est même un jeu que de la cacher. Lors du deuxième récital à Trois-Rivières, celui du séminaire, il se promène dans la salle, exubérant, disant à ses amis les plus intimes : « Elle est bonne, hein ? » Comme s'il n'était qu'un fan de Pauline, il applaudit, il siffle. Il s'écoulera beaucoup de temps avant que même ses amis les plus proches apprennent qu'il est déjà amoureux de Pauline. D'ailleurs, selon un scénario semblable, Pauline a demandé à André et Louise Escojido, lors d'un récital avec Claude Gauthier au Palais Montcalm en mai 1962, de lui dire ce qu'ils pensent de ce jeune homme de Trois-Rivières. Pauline est réservée, Gérald est secret et il faudra un événement percutant comme la crise d'octobre en 1970 pour que leur union soit de notoriété publique.

Entre-temps, beaucoup d'eau a coulé dans le Saint-Laurent : en novembre 1962, le gouvernement libéral de Jean Lesage est reporté au pouvoir sous le thème de la nationalisation de l'électricité et René Lévesque s'impose sur la scène publique. Les hôpitaux et les maisons d'enseignement dirigés jusque-là par les communautés religieuses sont graduellement étatisés, et l'idée d'indépendance fait son chemin à travers la province de Québec. Des chansonniers comme Pierre Létourneau et Pierre Calvé se joignent aux Gauthier, Vigneault, Lévesque, Blanchet, Leclerc pour exalter la terre du Québec et ses habitants. Les termes « province de Québec » et « Canadien français » sont peu à peu supplantés par « Québec » et « Québécois ». Pauline Julien et Gérald Godin seront aux premières loges de ce pays en devenir, mêlant leurs voix à celles des gens qui voudront faire du Québec leur terre d'appartenance.

L'année 1962 s'achève par quelques petits récitals qui laissent Pauline insatisfaite : « N'ai-je plus écrit depuis avril ? Ailleurs peut-être. Ces réveils la nuit, avec cette certitude de mal penser et mal faire. De m'ennuyer terriblement. De n'avoir réellement aucune vie sociale. De ne pouvoir rencontrer que des individus, ce qui veut dire que je ne peux avoir que des échanges directs individuels encore et toujours. Suis-je donc si parfaitement égoïste, repliée, schizophrène[39] ? Ce matin, besoin d'analyser. Je me réveille la nuit, aucune envie de chanter. Depuis trois mois, je ne pratique plus de chansons nouvelles, ne reçois jamais. Je me sens pleine quand je suis avec Gérald, et à ce moment-là, je pourrais donner. Autrement je suis vide, j'ai peur toujours ; étrange animal qui ne goûte que les moments, vide après, sans fond ; désir de partir, l'amour en don, ne donne rien, ne suis plus rien, trop de désirs, rien d'accompli[40]. »

Discours défaitiste du journal intime qui contraste avec ses déclarations publiques. Elle ne vit que pour son auditoire : « Un samedi soir que je chantais dans un cabaret, c'était un peu difficile d'obtenir le silence dans la salle. En sortant, un type, qui était avec sa femme, qui titubait, me dit : "Vous, je sais pas comment vous faites pour mettre toutes les vertus et tous les vices dans vos chansons"[41]. » Elle raconte cette anecdote avec assurance et parle de sa carrière sur un ton fier, pour se donner une contenance et se prouver à elle-même qu'elle est importante. Mais au fond d'elle-même, elle n'est sûre de rien, même pas encore de l'amour de Gérald, et elle se meurt de vivre avec lui : « Je ne suis pas du tout dans sa vie permanente. C'est un homme isolé dans sa pensée, devant une feuille blanche. Il me comprend, mais il ne peut absolument rien faire d'autre. Je l'ai presque supplié de vivre avec lui... Je compte les heures, les jours ; pour lui le temps n'existe pas. Je ne suis pas du tout dans son univers de temps. De quoi les couples parlent-ils ? Je suis obsédée par son image, est-ce l'amour ? Du jour au lendemain, je m'attends à ce qu'il me dise : "Je pars poursuivre encore ma route", ou "J'ai fait une autre rencontre", ou "Vous essayez de trop prendre de place, c'est fini"[42]. »

Le début de l'année 1963 marque un grand coup dans la carrière de Pauline. Le prestigieux mensuel *Maclean*, aujourd'hui rebaptisé *Actualité*, lui consacre sa couverture et un reportage fouillé de huit pages sur sa vie et sa carrière. Sur sept grandes photos, on la voit dans son appartement de la rue Saint-Marc en train de réfléchir, de travailler avec Serge Garant. Sur la page couverture, deux titres prémonitoires : « Pauline Julien : la grande aventure de la chanson » et « Le drame de l'avortement : Faut-il modifier la loi ? ». Pour la première fois Pauline fait le bilan de ses six ans de carrière, parle de son enfance, de ses années de formation, de son séjour en Europe. Ses souvenirs sont encore frais, et cet article servira de référence aux nombreux recherchistes qui alimenteront les journalistes, donnant de Pauline une image binaire, tout à fait représentative de son écartèlement : « Il y a chez elle une profonde insatisfaction d'elle-même et de ce que la vie peut lui offrir qui détermine un besoin de se dépasser, de faire plus, mieux. Mais à cet aspect tourmenté correspondent une fantaisie et une gaieté de clown, un appétit de vivre qui sort en grands rires sincères. D'une grande curiosité, elle est très sensible à toute expérience artistique. "Si elle est déroutée, elle ne rejette pas l'œuvre, dit Serge Garant. Elle respecte l'expérience mais elle a des sursauts de colère quand elle ne comprend pas ! Elle a besoin de saisir le mécanisme des choses, d'en voir les ressorts." Parce que changeante, elle est fascinée par la force de caractère, la solidité qui ne se dément pas. "C'est beau, les gens calmes" », soupire-t-elle. Vite cabrée, elle masque ses sentiments cachant sous des dehors exaltés une grande réserve, une solitude profonde[43]. »

C'est dans la semaine du 20 janvier 1963 que Columbia lance son deuxième microsillon intitulé sobrement *Pauline Julien*, sous la direction musicale de Serge Garant. Dans une longue entrevue qu'elle accorde au critique Claude Gingras de *La Presse*, elle sent le besoin de justifier et d'expliquer ses choix de chansons, dont les québécoises et les françaises sont en proportions égales à celles de son premier microsillon : cinq québécoises et sept françaises. Après avoir insisté sur la nouveauté de l'entreprise, elle éprouve quelque difficulté à motiver ses choix. Elle a une préférence pour *L'Amour* et *T'en as* de Ferré, parce que ce sont de « très vieilles chansons ». *Vingt ans*, par ailleurs, est « tout nouveau » et elle a choisi Ferrat, Manouchka et Anne Sylvestre, parce que ces jeunes auteurs sont « très, très » intéressants. *Ma jeunesse*, une création de Gilles Vigneault, est une « très » belle chanson... Et le reste est à l'avenant. À la fin, le journaliste lui demande de se définir en quelques mots et la réponse vient, naturelle et inattendue : « Pauline Julien, deux points, une femme qui AIME[44] !... »

Le week-end où paraît l'entrevue de *La Presse*, Pauline Julien donne à la Comédie-Canadienne un tour de chant en compagnie de Claude Gauthier et Claude Léveillée dans le cadre de Festiv-Arts, un festival étudiant. Elle doit se contenter de petites salles à Montréal et en province pendant les mois de février et mars. Cet hiver 1963 est marqué lui aussi par la solitude. Gérald est toujours à Trois-Rivières et il vient parfois passer quelques jours à Montréal : « Le cœur me fait mal, c'est vrai je ne me tiens pas du tout ; je vois le soleil se lever, cela me fait terriblement peur, je ne veux plus être seule je ne sais plus bouger seule ; je n'ai envie de rien. Alan s'en va au Mexique, je le pleurerai demain[45]. » Pour Pauline, l'amitié est tout, elle aime d'amour ses amis. Elle a besoin de leur présence, elle est attentive à leurs moindres désirs et elle les choisit fidèles et généreux comme elle. Alan est de ceux-là. Et Jacqueline Abraham, Claire Richard, Hélène Loiselle.

À la fin du mois de mars 1963, elle donnera un important spectacle au Palais Montcalm à Québec, où elle prend l'affiche avec Clémence DesRochers. Ce double tour de chant, commencé à huit heures trente, en donne pour leur argent aux spectateurs qui devront rentrer tard, très tard même, après quarante-huit chansons, dont vingt-huit de Pauline Julien et vingt de Clémence DesRochers. Pauline y chante toutes les chansons de son dernier disque, auxquelles elle en ajoute huit de son premier microsillon et huit non encore enregistrées : *Contre vous* de Bécaud, *Je voyage bien peu* de Jean Cocteau et Hélène Martin, *La Chanson de Barbara* de Brecht-Weill, *La Joueuse* et *Sans toi* d'Agnès Varda et Michel Legrand, *La Noce* d'Anne Sylvestre, *Le Gros Lulu* de Manouchka, *Pauvre Rutebeuf* de Rutebeuf-Ferré. Clémence DesRochers n'interprète que ses compositions, dont *La Complainte du marin,* que Pauline a souvent reprise.

C'est pendant cette période que paraît chez Harmony (Columbia) le microsillon pour enfants *Solidad et Barbarie racontent le yen magique et Chasatonga.* Ce sont des contes pour enfants illustrés musicalement par Herbert Ruff et interprétés par André Cailloux dans le rôle de Barbarie et par Pauline Julien, dans celui de Solidad. Denise Marsan, toujours à Paris, écrit des textes qui seront enregistrés par la suite à Montréal dans le sillage de l'émission télévisée *La Boîte à surprise,* où Pauline chante, conte et intervient avec Barbarie, un personnage qu'on ne voit pas dans cette émission. Denise, sous le pseudonyme d'Andrée Douaire, envoie de Paris des contes dans lesquels Pauline pourra intégrer ses chansons.

Le 1er avril 1963, Pauline Julien participe officiellement et pour la première fois à une manifestation politique lors du grand ralliement du Nouveau Parti démocratique au centre Paul-Sauvé. T. C. Douglas, le chef du NPD, est entouré de cinq candidats, dont Robert Cliche, et de cinq artistes qui seront associés aux mouvements de gauche et indépendantistes pendant la décennie qui suivra : le comédien Jean Duceppe et les chanteurs Raymond Lévesque, Claude Léveillée, Gilles Vigneault et Pauline Julien. Un peu plus tard en avril, on assistera aux premières flambées de violence du FLQ (Front de libération du Québec), groupe révolutionnaire dont les principaux animateurs sont d'abord des marxistes qui veulent donner au peuple québécois une vie meilleure, une plus grande place, une plus grande liberté. De 1963 à 1970, le FLQ continuera son action clandestine tandis que naîtront des regroupements d'allégeance indépendantiste tels que le RIN, le MSA (Mouvement souveraineté-association), qui verra le jour en 1967, et le PQ (Parti québécois) dont le congrès de fondation aura lieu en 1968. Pauline Julien participera à des degrés divers à ces différents mouvements, soit en apparaissant à des spectacles bénéfices, soit en apportant une aide financière à ceux qui le demanderont. En 1963, son journal fait peu mention de ces regroupements politiques. Plus tard, lorsque les manifestations prendront plus d'ampleur, elle en parlera en faisant cependant des déclarations publiques plutôt qu'en écrivant ses réflexions dans son journal intime. Elle se soucie davantage du politique dans la vie courante, d'une façon universelle, que de la politique politicienne. D'où, probablement, son acharnement à répéter qu'elle ne fait pas de politique bien qu'elle en parle constamment. Sa carrière, sa vie, la vie, ses amours resteront au premier plan de toutes ses pensées.

En raison d'une mésentente, Pauline remplace son agent Daniel Lazare par Élyse Pouliot à cette époque. Du 22 au 28 avril 1963, elle réalise son vieux rêve de chanter au Casa Loma, un club dont la clientèle a très peu à voir avec celle des boîtes à chansons où elle se produit d'habitude. Elle veut élargir son public, atteindre toutes les couches de la population et ne pas se restreindre à des salles gagnées d'avance.

Gérald lui manque. Elle le voudrait auprès d'elle, mais il se plaît à Trois-Rivières. Leur correspondance épique se poursuit. Elle le vouvoie toujours et menace de le quitter, mais il ne se laisse pas impressionner : « Est-ce que j'aimerais qu'on me perde de vue ? Oui, pour mieux me et te retrouver. Je sais que ce peut être inhumain, mais c'est ainsi que je suis destiné à survivre[46]. » Cette réponse ravivera l'amour de Pauline : « Comme je t'aime mon ami Gérald. Comme tout cela est profond et comme, malgré les remous, les contradictions intérieures, les accrochages superficiels, tu me fais du bien et il me semble que nous sommes parfaits et dans un engrenage intime. Il y a toujours mon tempérament, les peurs, la jalousie, les désirs effrénés, mais il y a cette entente, cette confiance, cette certitude, et comment dire, la vie, la compréhension, une certaine sagesse qui se fait jour, exigence, humour, paix. Tu es trop souvent trop loin. Mais ce qui est, est vraiment du plus large, *surrounding all*, cela devient extraordinaire que tu existes. Tu me disais ce soir et comme cela est très beau, merci d'être, tu m'enveloppes toute, à moi il me semble que cela ne sera jamais assez puisque j'ai tant de difficultés à être la moindre des choses, mais tu le dis, et tu apportes tant de dimensions à mon être, que je peux pour la première fois dire, penser[47]. »

Elle fait quelques apparitions à la télévision en juin, puis recommence le circuit de l'été entre la Butte à Mathieu, l'Estérel, Québec, Saint-Fabien-sur-Mer, Percé, interrompu par le tournage en juillet de son premier film, *Fabienne sans son Jules*, réalisé par Jacques Godbout de l'Office national du film du Canada. Ce film à l'accent autobiographique raconte l'histoire d'une jeune chanteuse qui cherche à se faire connaître. L'action se déroule dans son appartement de la rue Saint-Marc et dans son quartier, au Drug Store qui faisait l'angle de la rue Sherbrooke et de la rue Guy. Pauline travaille au scénario avec Jacques Godbout et Patrick Straram, qui y joue un rôle lui aussi : « Journées infernales et sublimes en même temps du tournage d'un film qu'au départ nous ne voyions pas de la même façon, Pauline, Guy Borremans, moi et Jacques Godbout, metteur en scène qui ne put finir – heureusement Gilles Groulx, le lynx inquiet, accepta de tourner quelques scènes supplémentaires et surtout de faire le montage, et ce fut *Fabienne sans son Jules*[48]. » Godbout n'a pas terminé le film, il a dû tout simplement s'absenter du pays pour travailler. Par ailleurs, il garde un souvenir amusé du tournage : « Joyeusement bordélique, avec Patrick Straram aux alentours... Mais Pauline faisait ça d'une manière très professionnelle[49]. »

Quand Gérald Godin revient à Montréal pour s'y installer, le 20 novembre 1963, il n'emménage pas tout de suite chez Pauline, il prend plutôt un appartement rue Baile. Il travaille à Radio-Canada et il sera pigiste pour la revue *Maclean*. Pauline est très heureuse de pouvoir être avec lui plus souvent : « J'ai l'impression que c'est un peu parmi les plus beaux jours de mon existence et qui s'étirent. À minuit Gérald arrivait, une douceur imminente, enveloppante, mais pour le moment, non encore assimilée, et me laisse quand même tendue dans le reste de mes actes, mon travail par exemple. De se retrouver seuls est vraiment extraordinaire. Comment cela se fait-il ? Pourquoi m'aime-t-il ? Je suis comme une enfant de 17 ans. Je l'adore, tout en ayant une peur folle de trop l'accaparer, de lui nuire dans sa liberté fondamentale. Il me semble que de vie propre, je n'en ai pas. Et je voudrais participer à tout ce qui le regarde. Mais en même temps je sais que c'est impossible et qu'on s'y fatiguerait vite. Il faut absolument trouver la balance de mon être, ce que je dois faire comment le faire. C'est terrible, une paresse naturelle, un certain goût que j'ai, me porteraient à ne plus exister beaucoup. Essayer de le rendre heureux. Je viens d'écrire ces lignes, je n'arrive pas à détacher cet amour de moi et à le regarder objectivement, mais de toute façon, il faut trouver la mesure et la manière d'être en soi[50]. »

Ils vont voir Ferré le vendredi 21 novembre et tombent d'accord sur les excès de lyrisme qui emportent tout. Le lendemain, samedi, Pauline chante à Valleyfield. Il y a peu de monde, elle fait de son mieux, mais immédiatement après son récital, les doutes la reprennent, elle se demande si sa manière douce de chanter lui convient encore. Le dimanche ils vont au cinéma avec Straram voir *L'Immortelle* d'Alain Robbe-Grillet. Pauline est aux anges de pouvoir discuter littérature, musique et cinéma avec Gérald tous les jours. Elle se sent revivre.

Le 29 novembre 1963, Pauline donne un spectacle à Trois-Rivières, en route pour la Gaspésie avec Gérald, qui amorce une recherche sur Wilbert Coffin, exécuté pour un meurtre qu'il n'a pas commis. La lune de miel commence plutôt mal, elle arrive en retard à son spectacle, les musiciens sont de mauvaise humeur, le public est lent à gagner. Pauline ne retrouve pas le plaisir qu'elle avait à chanter. Aussitôt après le tour de chant, ils prennent la route pour la Gaspésie : « Tout de suite me voilà calmée et, malgré la fatigue, je me fie à lui complètement. J'ai tellement confiance en lui. J'ai peur en bagnole quand il fait de la vitesse et il en fait toujours. Nous discutons une fois assez violemment, comme nous sommes fatigués et un peu irrités par le voyage de nuit, nous nous taisons tous les deux, longtemps, très longtemps. Mais je sais qu'il ne m'en veut pas vraiment. À l'hôtel nous éclaircissons cette discussion ; elle est sotte, il vaut mieux aussi faire attention. Pourquoi pourquoi suis-je si peu sûre de moi ? Pourtant, de ma vie, jamais un amour n'a été plus tendre, plus complet, plus sûr que celui de Gérald[51]. » Pauline admet qu'elle s'emporte trop facilement, mais parfois elle s'étonne de sa patience, de sa docilité à attendre Gérald pendant qu'il fait son travail, de sa discrétion et de son effacement. La Gaspésie exerce toujours le même attrait sur elle avec sa mer, ses plaines de collines, ses vastes étendues, son calme, ses parfums subtils. Quand ils reviennent de Gaspésie, Gérald commence à s'installer chez Pauline, qui se sent réconfortée par sa présence : « Je me réveille la nuit, sans nulle angoisse puisque Gérald est là, les enfants, et cet amour qui continue. Mais j'ai la tête pleine de contradictions et il faut me lever ou écrire, lire. Contradictions toujours en pensant. Qu'est-ce que je ferai maintenant ? Finalement, en apparence tout se déroule un peu sans choc[52]. »

Les fêtes passent, les enfants sont autour, Gérald aussi, ses vœux sont exaucés et tout concourt au bonheur de Pauline. Elle envoie ses enfants à Frelighsburg pour qu'ils prennent l'air de la campagne, et aussi parce qu'elle veut être seule avec Gérald qui revient auprès d'elle. Elle voudrait bouger, faire un voyage, aller à New York, mais elle est déçue car Gérald doit terminer un article important. Sans engagement, elle ne sait pas à quoi s'occuper, elle est en état d'attente et les idées bourdonnent dans sa tête, pas toujours très positives. Elle lit, elle écrit elle aussi. « Jours un peu moroses soi-disant de vacances ; de légères contradictions s'établissent, bien que je prenne mes impatiences et mon indiscipline à mon compte. Ce n'est pas une distance en profondeur ni chez l'un ni chez l'autre, mais une non-assimilation, qui fait qu'on se regarde un peu face à face, avec un léger besoin d'indépendance, il semble. Pourtant depuis qu'il est là... un peu en permanence, cet appartement m'est chaud et je m'y retrouve avec plaisir. Cette nuit, comme toujours réveil et lucidité, j'ai vu clairement le mur de Berlin et sa terrible défense, l'esclavage auquel il soumet toute une population. Et je me suis révoltée toujours de façon si platonique. Tant de désirs m'envahissent que je reste inerte, empêtrée dans mes contradictions. Fin de lecture de Marguerite Duras. *Dix heures et demie du soir en été.* Moments fragiles, imperceptibles fixés par l'écriture, essai à capter, dans les gestes quotidiens, simples, les grands courants qui bouleversent la façon d'être, établie depuis longtemps. D'une seule seconde, l'état d'être est changé[53]. » Être, être, être. Ce mot revient comme un leitmotiv dans ses écrits, comme si elle n'avait pas de prise sur elle-même. Elle envie Gérald d'avoir la capacité de s'occuper, d'être bien avec lui-même. Elle se met à écrire elle aussi, dès qu'elle est oisive, dès qu'elle ne dort pas, pour meubler l'espace, meubler le temps dont elle ne peut supporter la vacuité. Elle attend les événements : « Envie d'être débordée, de voir des tas de choses, de me déplacer les fesses, et pourtant G. a besoin de rester ici. Comment cela va-t-il se résoudre[54] ? »

Le lendemain, Pauline part à l'improviste à Trois-Rivières avec un ami, Maurice Ferron, et elle en profite pour rendre visite à sa sœur Rita. Gérald vient les rejoindre et les trois amis vont au restaurant, ce qui donne lieu à une scène typique de Pauline au restaurant, comme plusieurs de ceux qui l'ont accompagnée en tournée m'ont racontées : « Dîner épique. Devant le retard évident des plats à venir, j'annonce que j'en passerai la remarque à la serveuse. Gérald me l'interdit presque. Il a son tempérament, j'ai le mien que je lui demande de respecter. Il ne s'agit pas d'insulter, d'engueuler, mais je ne peux pas passer sous silence comme si de rien n'était. Maurice Ferron se moque de moi et ma colère monte si vite que je me sens rougir. J'empoigne les pommes de terre devant moi, prête à les lui lancer au visage. Un regard tellement étonné et amusé chez Gérald, l'espace d'une seconde, me séduit et m'arrête. Combiné à l'idée des pommes de terre blanches sur le visage et le chandail de Maurice, le geste tellement spontané, et ridicule et drôle en même temps me fera rire longtemps[55]. » Pauline aime manger au restaurant tout en n'arrêtant pas de rouspéter chaque fois qu'elle y va. En tournée avec ses musiciens, dès qu'elle entre dans un restaurant, elle court vers le maître d'hôtel, lui enjoignant de préparer des additions distinctes. Et comme une telle pratique n'est pas dans les us et coutumes des Européens, cela crée parfois des esclandres. Par ailleurs, le lendemain, elle peut inviter tout son monde sans regarder à la dépense. Elle se montre à la fois pingre et généreuse, elle a sa façon bien à elle de voir les choses. Jamais elle ne dépense un sou pour rien, elle ne veut pas s'endetter, mais elle peut se ruiner pour apporter de jolis cadeaux à tous ceux qu'elle aime ou pour leur prêter de grosses sommes d'argent.

Ce mois de janvier 1964 semble interminable. Pauline échafaude des plans, elle voudrait écrire avec Gérald, qu'ils aient un projet en commun, mais elle a peur de brimer la liberté à laquelle il tient tant. Elle ose et elle n'ose pas, se montrant impitoyable envers elle-même. Elle veut être avec Gérald et en même temps elle désire prendre ses distances. Elle voudrait que leurs conversations soient toujours riches et de haut niveau, mais elle a peur de l'ennuyer avec ses remises en question. Elle attend la perfection de Gérald mais elle est consciente que cela risque de tuer leur amour, cet amour qui la prend tout entière, qui la paralyse parfois : « Nous nous aimons, qu'est-ce à dire, un subtil lien, qui pendant des jours, des semaines, presque deux ans, a grandi, s'est transformé, nous a unis tendrement et avec force. Nos corps, notre humour-humeur s'entendent, et cette réciprocité engendre des douceurs, des compréhensions des rapidités d'unions qui nous font terriblement un. Nos vies. Celle de Gérald, comblée, il semble, débordante d'activités, accessible à un travail multiple, ouverte sur le monde, n'en finissant plus de chercher à s'exprimer par les moyens les plus divers, désireuse de connaître tout de son monde proche, approfondissant, consolidant ses forces, son être tout entier dans le travail, l'amour. Moi, heureuse, plus unifiée que jamais dans cet amour le plus unique et complet que femme peut espérer et pourtant par un hasard (en est-ce un ?) devant le moment le plus suspendu, arrêté au point de vue de mon accomplissement personnel, de ma réalisation. Que dois-je faire[56] ? » L'angoisse la reprend, inexorable et terrible, au moment où s'amorce enfin cette vie commune avec Gérald qu'elle a appelée de toute son âme depuis presque deux ans. Elle se rend compte qu'elle doit réorienter sa carrière, peaufiner son image à Montréal, quitte à perdre de l'argent. Elle sent qu'elle doit faire un pas en avant, elle en discute avec son agente Élyse Pouliot, prend des cours d'anglais en attendant, rencontre Gilles Lefebvre, le directeur des Jeunesses musicales du Canada, pour lui proposer un projet avec Raoul Roy. Elle a le sentiment que sa carrière s'enlise : « Rien ne m'intéresse ou presque dans ce domaine. Les autres travaillent beaucoup, constamment. Cette année à ce point de vue a été nulle complètement[57]. »

Pourtant, plusieurs projets s'annoncent à l'horizon. Est-ce qu'elle crâne en public, ou est-ce que ce sont de véritables propositions ? « Pauline Julien fait de la radio (*Toute la gamme* à CBF) deux fois la semaine et de la télé (elle revient à *La Boîte à surprise*, CBFT) et une des faces de son troisième 33 tours est enregistrée depuis "déjà un bon bout de temps", l'autre attendant qu'elle ait "rencontré les auteurs qu'il lui faut" ; Pauline Julien a par ailleurs des "projets" de textes. C'est pourquoi elle vient de se procurer une machine à écrire portative qui devrait la suivre dans tous ses voyages[58]. » À partir du moment où Gérald Godin, qui écrit régulièrement, vient vivre avec elle, elle projette de devenir écrivain. Elle commencera plusieurs fois son autobiographie, mais la chanson la happant, elle abandonnera temporairement son projet quitte à le reprendre dès que sa carrière de chanteuse se met à battre de l'aile. C'est le cas, semble-t-il, cet hiver-là. Dès que la déprime revient, elle écrit : « Crise cette nuit. J'ai même dit à Gérald que peut-être nous devrions nous séparer parce que j'avais honte qu'il fût témoin de cette crise. Désir violent d'aller consulter le docteur. Je décide de refuser la Place des Arts avec Michel Louvain. D'ailleurs on ne me rappelle pas[59]. »

Tout cet hiver 1964 est donc une longue remise en question d'elle-même et de son amour pour Gérald. Elle ne se sent pas à la hauteur, jalousant presque Gérald de se suffire à lui-même dans son travail. Elle se dévalorise parce qu'elle ne reçoit pas de propositions, parce qu'elle ne voit rien venir. Elle n'a que trente-cinq ans, mais elle se sent déjà vieillir : « Avant je ne pensais pas du tout à vieillir, maintenant oui, mais au fond, très probablement qu'occupée dans quelque chose auquel je croirais, je ne m'en préoccuperais plus, malgré cette nature dépressive, gourmande, excessive et probablement idéaliste. J'ennuie Gérald avec ces questions. Tiendra-t-il longtemps[60] ? » Dans une entrevue accordée durant l'été 1964, quand les activités auront repris, elle jettera pourtant un regard positif sur cette période de grande dépression. Elle dira alors que ses activités se sont résumées à une participation régulière à *La Boîte à surprise* à la télévision et à *Toute la gamme* à la radio. Elle ajoutera qu'elle a refusé plusieurs engagements, voulant se garder disponible pour faire autre chose, trouver des chansons plus poétiques, plus recherchées. « La saison qui s'achève lui a donc été, sur le plan prestige, assez peu profitable. Mais encore une fois, ce recul volontaire, voire salutaire, lui permettra de repartir à zéro. Pour elle, recommencer signifie faire un pas de plus vers la perfection[61]. »

L'écriture constitue pour elle un de ses seuls exutoires, un moyen de surmonter la dépression qui l'assaille continuellement quand elle ne chante pas, quand aucun projet ne la mobilise. Grâce aux carnets qu'elle noircit jour après jour, elle arrive à dompter ses peurs, ses angoisses. Elle va au bout de sa souffrance, elle se rend jusqu'à la mort, elle l'apprivoise, elle se suicide par écrit. Mais elle ne le fait pas encore. Elle le fera en temps et lieu, en toute connaissance de cause, elle en parlera souvent, elle sera maître à vie, maître à mort : « Il faudrait écrire, écrire, sans arrêt, essayer de me sortir ces pensées qui me poussent de partout, surtout la nuit[62]. » Écrire l'aide à analyser plus objectivement la situation, à se donner un peu d'élan, à dominer son indécision : « Que faire ? Chaque difficulté à l'horizon me jette dans un grand désarroi. Qui connaît mon nom et mon vrai visage ? Je suis la petite triste et je me demande quelle est ma place, où vivre et comment vivre. L'essentiel : découvrir ce qui est ma valeur, ce que je dois faire, dans quel milieu et dans quel site me situer. Si je savais écrire, ou me décidais, pour sortir de cette ronde où je me trouve enchaînée. Impuissance, oblitérée dans ces mille questions, travail, enfants, que devenir, vieille, pourrissement, manque d'idéal, de but, d'énergie. Pleine de désir, jamais d'acquisition. Le moment est-il dépassé où on peut apprendre et accumuler ? Toujours des millions de questions, des tampons, des garanties. Jamais d'issue réelle[63]. »

Cette période d'inactivité relative lui permet de se rapprocher et de se préoccuper de ses enfants. Depuis février 1962, elle a très peu écrit à leur sujet, tout absorbée par son amour naissant pour Gérald et par la relance de sa carrière au Canada. Elle se rend compte qu'elle n'agit pas toujours adéquatement avec eux et, comme toutes les mères, elle est assaillie de remords : « Pascale. Si je pouvais au moins lui témoigner mon affection, montrer que je la comprends, pour qu'elle essaie de se fortifier, de ne pas avoir peur. Mais c'est tout le contraire. Je rejette ma peur en étant dure avec elle et avec Nicolas[64]. » Elle est partagée entre ses aspirations professionnelles et sa volonté de réussir sa vie familiale. Cette mère-artiste-amoureuse veut tout concilier : ses enfants, sa carrière, son désir, toujours vif, de partir en Europe, son amour pour Gérald. Elle n'y arrive pas, elle se torture dans l'indécision, ce qui ne l'empêche pas d'être très lucide : « Mon manque de discipline, mon manque d'organisation fait que j'ai peur de ce que je ne fais pas et, consciemment ou non, j'en rends les autres responsables. Pascale, Nicolas, je les aime, je voudrais prendre des résolutions de douceur, être plus entièrement avec eux[65]. »

Le 15 mai 1964, Pauline emménage avec ses enfants et Gérald au 1627, rue Selkirk. Elle est très heureuse de cet appartement, heureuse surtout que Gérald ait abandonné le sien pour partager sa vie avec elle, complètement. À la fin du mois de juin, ils partent en Gaspésie, emmenant Nicolas seulement, puisque Pascale passera l'été en France et en Grèce avec son père. Pauline y fera sa tournée habituelle de l'été, Percé, Saint-Fabien-sur-Mer, Gaspé. À la fin de juillet, une crise d'angoisse la reprend : « Rien ne se dessine, rien ne se décide, ce désarroi est vide et inutile. Occuper mes mains, mon temps. Vide. Si je pouvais écrire, écrire des poèmes. Qui êtes-vous oiseaux de ma démence ? Qui me dira qui vous êtes et comment je puis me conformer à vous ? Tout cela est image, me faudra-t-il chercher à comprendre toute ma vie[66] ? »

L'invitation officielle qu'elle reçoit de participer à un événement d'envergure internationale semble lui remonter le moral : elle sera déléguée de Radio-Canada au Festival de la chanson de Sopot en Pologne du 4 au 6 août 1964. Ce sera pour elle une chance inouïe de redémarrer. Elle y chantera *Jack Monoloy* de Vigneault et *La Chanson de Barbara* de Brecht. Parlant de ses choix de chansons, elle se montre un peu déçue des compositeurs québécois et, à la journaliste qui lui demande si elle n'a pas assez de Vigneault, Ferland, Léveillée, elle répond : « Ils font leurs petites affaires, chantent leurs propres œuvres. Certes je suis ravie de contribuer à les faire connaître, mais je suis quand même décidée à aller plus loin et à stimuler, à ma manière, la poésie canadienne-française[67]. » Pauline cherche des compositeurs poètes pour faire un disque vraiment « personnel ». Elle accuse les poètes d'ici d'être en état de « semi-léthargie » et elle devra expliquer à plusieurs reprises qu'elle a été mal interprétée, qu'elle trouvait la chanson québécoise valable, mais que très peu d'auteurs pouvaient être intégrés à son répertoire parce qu'elle devait rester fidèle à ce que le public attendait d'elle.

Elle s'éloigne des boîtes à chansons des environs de Montréal pour faire le tour du Québec et elle découvre de nouvelles boîtes à chansons. En Abitibi, dans la région du Bas-du-fleuve, à Saint-Jean-Port-Joli où les gens souhaitent sa venue, Pauline a le vent dans les voiles. Juste avant de partir pour la Pologne, elle apprend une autre bonne nouvelle : à Évian, à l'occasion de la seconde Semaine internationale des films de 16 mm organisée par l'Union française des œuvres laïques d'éducation par l'image et le son (UFOLEIS), le grand prix a été attribué à *Fabienne sans son Jules*. Et juste avant son départ pour Sopot, Pauline tourne dans un autre film *La Terre à boire*, de Jean-Paul Bernier, dont la sortie est prévue pour l'automne 1964.

Pauline part avec Gérald Godin, un membre du jury, Laurier Hébert, et son pianiste, François Cousineau, qui a fait les arrangements de ses trois chansons pour grand orchestre. Elle remporte le deuxième prix pour son interprétation de *Jack Monoloy*, le premier prix allant à la chanteuse polonaise Eva Demarczyk. Elle obtient également un prix spécial des journalistes : « Elle a chanté une chanson polonaise pour laquelle elle a eu beaucoup de succès et un prix, témoigne François Cousineau. Elle l'avait bien faite. Elle avait bien appris le texte qu'elle a fait redécouvrir aux Polonais. Elle avait sa fougue, sa façon de faire, qui faisaient que personne n'était indifférent. Elle avait choisi une chanson drôle, qui s'appelait *Marie-toi, Johnny*[68] ». Le troisième prix est attribué à Anne Sylvestre, que Pauline retrouve avec plaisir. Après le festival, elles font ensemble une tournée dans huit villes de Pologne, et Anne Sylvestre a gardé des souvenirs rocambolesques de ce voyage : « Avec Gérald qui était là, et mon contrebassiste et mari, Henri Droux, on s'est retrouvées là-bas. Dès notre arrivée, il y a eu un deuil de quelqu'un d'important du gouvernement. On est restés trois jours dans un hôtel absolument énorme, à boire de la vodka, à manger et à passer notre temps[69]. » Ensuite, les gais lurons partent en tournée avec tous les chanteurs du festival pour chanter devant un public qui ne comprend pas un mot, mais le plaisir du voyage l'emporte sur les ennuis professionnels. Pauline exaspère ses compagnons de voyage en demandant son chemin à toutes les entrées de village. Elle s'entête à ne pas consulter la carte routière, préférant tester le livre de polonais quotidien qu'elle s'est procuré : « On a quelques fois atterri en plein champ, dira Anne Sylvestre, parce que la route s'arrêtait. Il n'y avait plus rien. C'était très drôle[70]. »

En racontant son voyage aux journalistes, Pauline met l'accent sur le prix des journalistes qu'elle a obtenu, un livre d'art et une broche qu'elle a reçue des mains de Zbigniew Cybulski lui-même, le comédien vedette du film *Cendres et diamants*. Elle fait une déclaration à connotation politique lorsque la journaliste lui demande si elle a observé une tension chez les Polonais : « Il ne semble pas. Et s'il en existe une, c'est plutôt dû à des conditions matérielles qu'intellectuelles. Les Polonais ont accompli un immense effort de reconstruction. D'autre part, la mort de Staline a suscité la détente[71]. »

La politique prend de plus en plus d'importance dans la vie et la carrière de Pauline, à force de fréquenter Gérald Godin, sûrement, mais aussi parce que de plus en plus de Canadiens français s'apprêtent à avaliser les thèses indépendantistes que des politiciens comme René Lévesque sèment dans les journaux : « Il serait préférable de se séparer plutôt que de continuer à nous battre comme nous le faisons actuellement[72]. » L'automne 1964 sera chaud, haut en couleurs « royales », et pour la première fois, Pauline fera les manchettes en dehors des pages réservées au spectacle et à la chanson.

NOTES

1. Extrait d'une chanson écrite par Pauline Julien, ayant pour titre *L'Extase* (*Allez voir si vous avez des ailes*, 1973).
2. Claude-Lyse Gagnon, « Laisserons-nous lancer Pauline Julien par d'autres ? », *La Patrie. Perspective*, 14 mai 1961.
3. Marie-Louise Pronovost, lettre du 12 mai 1961.
4. Pauline Julien, journal intime du 20 mai 1961.
5. Ibid., 11 juin 1961.
6. Ibid., 9 août 1961.
7. Idem.
8. Idem.
9. André Escojido, entrevue du 14 octobre 1997.
10. Programme du spectacle de Pauline Julien au Palais Montcalm de Québec, mars 1963.
11. Claire Richard, entrevue du 9 septembre 1997.
12. Idem.
13. Pauline Julien, journal intime, 10 septembre 1961.
14. Ibid., 16 septembre 1961.
15. Ibid., 12 octobre 1961.
16. Linteau, Durocher, Robert et coll., *Histoire du Québec contemporain*, Tome II, *Le Québec depuis 1930*, Boréal, 1989, p. 421.
17. Michel Tremblay, entrevue du 9 septembre 1997.
18. Jean Hamelin, *Le Devoir*, 13 novembre 1961.
19. Louise Côté, « Pauline Julien : La grande aventure de la chanson », *Le Magazine Maclean*, janvier 1963.
20. Francine Lusignan, *Journal des vedettes*, 14 janvier 1962.
21. Gérald Godin, « L'École nationale de Théâtre », *Nouveau Journal*, 20 janvier 1962.
22. Idem.
23. Gérald Godin, « Réflexions sur un Brecht », *Nouveau Journal*, 10 février 1962.
24. Patrick Straram, « Les quatre points cardinaux d'une camaraderie », *Liberté*, janvier 1962.
25. Michelle Tisseyre, *Photo-Journal*, 3 février 1962.
26. Louise Côté, « Pauline Julien : La grande aventure de la chanson », *Le Magazine Maclean*, janvier 1963.
27. Don Newham, « Quebec Singer Winning Acclaim », *Montreal Star*, 3 mars 1962.
28. Denise Boucher, entrevue du 4 juin 1998.
29. Edgard Demers, *Le Droit*, avril 1962.
30. Gérald Godin, lettre du 2 avril 1962.
31. Pauline Julien, lettre du 4 avril 1962.
32. Claude Gauthier, entrevue du 6 octobre 1997.

33. *Nouvelles illustrées*, 7 juillet 1962.
34. François Cousineau, entrevue du 11 septembre 1997.
35. *Jeunesse oblige*, SRC, 16 décembre 1962.
36. *The Montrealer*, septembre 1962.
37. Gérald Godin, *Le Nouvelliste*, 13 novembre 1962.
38. Dorothy Todd Hénaut, *Québec... Un peu... beaucoup... passionnément...*, ONF, 1988.
39. Ce dernier mot est biffé. (Note de l'auteure.)
40. Pauline Julien, journal intime, décembre 1962.
41. *Jeunesse oblige*, SRC, 16 décembre 1962.
42. Pauline Julien, journal intime, 30 décembre 1962.
43. Louise Côté, « Pauline Julien : La grande aventure de la chanson », *Le Magazine Maclean*, janvier 1963.
44. Claude Gingras, « Un 2e microsillon de Pauline Julien : « Bon il faut aller plus loin maintenant », *La Presse*, 26 janvier 1963.
45. Pauline Julien, journal intime, 9 mars 1963.
46. Gérald Godin, lettre du 29 mai 1963.
47. Pauline Julien, journal intime, 1er juin 1963.
48. Patrick Straram, *Télé-cinéma*, 20 septembre 1971.
49. Jacques Godbout, entrevue téléphonique, 20 février 1999.
50. Pauline Julien, journal intime, 26 novembre 1963.
51. Ibid., 1er décembre 1963.
52. Ibid., 30 décembre 1963.
53. Ibid., 3 janvier 1964.
54. Ibid., 4 janvier 1964.
55. Idem.
56. Ibid., 7 janvier 1964.
57. Ibid., 12 avril 1964.
58. Pierre Luc, *Télé-Radiomonde*, 9 février 1964.
59. Pauline Julien, journal intime, 17 janvier 1964.
60. Ibid., 26 janvier 1964.
61. Francine Montpetit, *La Patrie*, 2 juillet 1964.
62. Pauline Julien, journal intime, 21 avril 1964.
63. Ibid., 30 mars 1964.
64. Ibid., 8 avril 1964.
65. Ibid., 21 avril 1964.
66. Ibid., 29 juillet 1964.
67. Francine Montpetit, *La Patrie*, 2 juillet 1964.
68. François Cousineau, entrevue du 11 septembre 1997.
69. Anne Sylvestre, entrevue du 18 mars 1998.
70. Idem.
71. Brigitte Morissette, *Photo-Journal*, 3 septembre 1964.
72. « Lévesque : mieux vaut la séparation que la querelle continuelle », *Le Devoir*, 3 mai 1964.

La lionne

Novembre 1966

Comme si je n'avais plus de consistance
Comme si j'avais perdu toute apparence
Comme si j'étais en papier mâché
Comme si mon cœur s'était refermé

Comme si comme si comme si

Je tenterai de rire pour vous voir sourire
Je parlerai pour retrouver les mots
Je vous regarderai afin que vos yeux me fassent revivre

Je vous écrirai des lettres enchantées
Je vous raconterai des voyages au long cours
Je vous écouterai pour réveiller mon cœur[1]

Les retombées de Sopot sur la carrière de Pauline Julien seront nombreuses. C'est la première fois qu'elle retourne en Europe depuis son voyage éclair de septembre 1961. Elle en profite pour passer quelques jours à Paris, revoir ses amis et reprendre contact avec des producteurs de disques et des imprésarios parisiens. Pendant son séjour en Pologne, on lui offre d'interpréter quatre chansons, deux de *L'Opéra de quat'sous* et deux de *Happy End* dans *Brecht on Brecht*, un récital rétrospectif de Brecht au Crest Theatre de Toronto. Elle annonce dans les journaux qu'elle fera un disque et qu'elle aura des engagements à Paris, sans plus de précisions. Ce voyage en Pologne lui donne de l'élan : « J'ai un souvenir adorable de la Pologne. Pendant le Festival de la chanson, alors que je chantais à Sopot, j'ai reçu une gerbe de fleurs d'un Polonais qui s'appelait Casimir Julien. Il disait sur la carte, nous sommes peut-être un peu parents, vu que nous avons le même nom, soyez la bienvenue... Naturellement je l'ai appelé au téléphone pour le remercier. Nous ne nous comprenions pas. Il parlait seulement polonais[2]. » Pourtant, dans son journal du 2 septembre 1964, au moment même où elle fait ces déclarations amusantes à la presse, le moral n'y est pas : « Je me sens peu à peu désagréger malgré le plaisir à travailler. Me voilà peu à peu m'enlisant. Égoïsme, petitesse de vue. J'ai terriblement besoin de Gérald pour me retrouver, me reconstruire, me cerner. Une envie terrible de pleurer, un abandon[3]. » Au cours de l'année 1965 et surtout de l'année 1966, pendant laquelle Pauline fera trois longs séjours à Paris, séparée de Gérald et de ses enfants, elle tiendra un abondant journal. L'écriture sera la présence, l'amie, la confidente. Son journal fera partie d'une thérapie dont elle sent de plus en plus la nécessité à mesure qu'elle devient une image publique. Les échos dans les journaux et les magazines de l'époque, remplis de détermination et d'énergie, montrant une chanteuse en pleine possession de ses moyens, contrastent avec les propos hésitants et dépressifs de son journal intime.

En revenant de Pologne, elle fait ses premières déclarations à caractère politique. De plus en plus conscientisée, elle appuie tout ce qui est gauchisant, socialiste, comme de nombreux intellectuels d'alors. Elle devient une figure politique et pourtant, avant de connaître Gérald Godin, elle n'était pas du tout versée dans la politique. On pourrait croire que c'est à son contact seulement qu'elle s'est politisée, mais la réalité est plus complexe. Gérald est journaliste, il analyse rapidement les situations, il est radical et il a la plume facile. Mais il n'est pas encore le politicien de gauche que l'on connaîtra plus tard et, pour certains indépendantistes de la première heure, il est même un peu suspect : il travaille pour Radio-Canada, il vient de Trois-Rivières, le fief de Duplessis et de son Union nationale, il sera pigiste pour la revue *Maclean*. Il s'exercera plutôt une chimie entre lui et Pauline, car ils ont en commun le désir de changer des choses et ils s'influencent mutuellement en prenant conscience des inégalités sociales et de la misère que ces inégalités engendrent. Pauline chante les chansons marxisantes de Brecht depuis 1957, et elle est revenue vivre à Montréal au moment où la société canadienne-française sort de sa torpeur, au moment où s'amorce une prise de conscience collective qui va tout chambarder. Pauline Julien a ce don de détecter les grands courants et les vagues de fond. Elle a l'instinct du bon moment, le sens du timing. D'où son impatience à réaliser sur-le-champ des projets qui lui semblent opportuns.

Lorsqu'on lui demande de chanter devant la reine d'Angleterre lors de l'ouverture officielle, le 6 octobre 1964, du Centre des Pères de la Confédération à Charlottetown dans l'Île-du-Prince-Édouard, elle a l'occasion, en refusant, de manifester publiquement ses orientations politiques. C'est la première fois qu'une diseuse canadienne d'expression française est invitée à chanter devant Élisabeth II. Le climat est très tendu dans la province de Québec où la reine, symbole de sujétion à l'Angleterre, est devenue la cible des séparatistes. Le gouvernement fédéral de Lester B. Pearson cherche désespérément à conclure une entente pour que la constitution canadienne puisse désormais être amendée avec l'accord unanime ou majoritaire des dix provinces sans passer par Londres. Le premier ministre du Québec, le libéral Jean Lesage, serait prêt à signer, mais les pressions exercées par les milieux nationalistes qui tiennent mordicus à ce que le Québec ait un droit de veto formel l'amènent à refuser de signer l'entente fédérale-provinciale. Ce refus ne fait qu'exacerber la tension déjà grande entre les nationalistes du Québec et les fédéralistes du reste du Québec et du Canada. C'est dans un climat déjà survolté que Pauline Julien met le feu aux poudres dans une déclaration officielle : « Par respect pour les patriotes de maintenant et de 1837 – date de la rébellion de Louis-Joseph Papineau – je ne puis accepter de participer à un spectacle commandé pour la reine d'Angleterre, ni à aucune cérémonie commémorative d'une Confédération qui perpétue la conquête de 1760. Je n'ai rien contre la personne de la reine Élisabeth II, mais bien contre ce qu'elle représente et je ne peux dissocier mon activité artistique de mes convictions indépendantistes[4]. » Le premier ministre lancera par la suite un appel à la paix sociale, et les groupes nationalistes, dont la Société Saint-Jean-Baptiste, répliqueront de leur côté en donnant le mot d'ordre aux gens de ne participer à aucune cérémonie entourant le passage de la souveraine d'Angleterre et du Canada. Élisabeth II, n'acceptant aucune entrave à l'exercice de son devoir de chef du Commonwealth britannique, persiste à ne rien changer à son itinéraire et débarque à Québec le 10 octobre 1964 en dépit du climat tendu, donnant lieu à une manifestation des plus violentes. *Le Devoir* du 9 octobre titre : « À 24 h de la visite de la reine Québec prend l'allure d'une forteresse. » Le lendemain, les quelque mille deux cents manifestants qui s'étaient regroupés dans la ville de Québec pour protester seront brutalement refoulés par les forces policières. Ce samedi passera à l'histoire comme le « samedi de la matraque ». Le mouvement est lancé, il deviendra de plus en plus fort et irréversible. Le Québec ne sera plus le même désormais et Pauline sera, comme plusieurs autres artistes, une roue dans l'engrenage. Une dizaine d'entre eux d'ailleurs appuieront Pauline Julien dans son refus de chanter devant la reine, dont Jean-Pierre Ferland, François Dompierre, Normand Hudon et Renée Claude.

À partir de ce moment et pendant plusieurs années, les journalistes n'auront de cesse de traquer Pauline au sujet de son « engagement politique ». Elle devra s'expliquer à maintes reprises sur la distinction qu'il faut faire entre l'artiste et la citoyenne, celle qui n'est pas indifférente vis-à-vis des injustices, celle qui est consciente des enjeux politiques, celle qui se sert de sa notoriété pour monter sur toutes les barricades et dénoncer publiquement les injustices. Distinction pas toujours facile à faire malgré les démentis de toutes sortes, et Pauline aura du mal à se débarrasser de son étiquette de chanteuse engagée. Pour l'instant, cette déclaration, loin de nuire à sa carrière, lui donne un nouvel essor, même à l'étranger. À la une de *France-Soir*, accompagnant une photo de Pauline Julien : « Cette Canadienne française refuse de chanter devant la reine d'Angleterre. » Un hebdomadaire belge reprend la nouvelle : « Mlle Julien [...] a décliné l'honneur de se produire devant la reine d'Angleterre au cours du séjour de la souveraine au Canada. Motif : Mlle Julien ne "dissocie pas ses activités artistiques de ses convictions politiques" et se déclare solidaire du Front de Libération du Québec qui réclame l'autonomie du Canada français[5]. »

C'est pendant ce mois d'octobre, ou au début de novembre, après l'esclandre de Pauline, que Gérald Godin et Pauline Julien invitent René Lévesque, alors ministre des Ressources naturelles, dans leur appartement de la rue Selkirk. C'est la première fois qu'ils se rencontrent. C'est la journaliste Judith Jasmin qui a eu l'idée de présenter le futur premier ministre du Québec à un de ses futurs ministres : « René Lévesque a peur des gens de gauche. Il faudrait lui faire rencontrer Gérald sur un terrain neutre[6]. » Pauline continue de faire des déclarations politiques dans les entrevues qu'elle accorde en prévision de son spectacle à la Comédie-Canadienne, tout en apportant quelques nuances au sujet de son engagement personnel : « Nous sommes un peuple congénitalement complexé, marqué, parce que pas complètement chez soi. [...] Elle [l'indépendance] m'apparaît comme une solution au point de vue humain, encore que, je le répète, je ne fasse pas de politique. Mais il y a chez nous ces inhibitions, cette absence d'exercice de l'initiative. L'autonomie entraînerait des difficultés matérielles inévitables mais nous redonnerait ce qui nous manque, la dignité, le sens de la fierté humaine. C'est difficile d'avoir des comptes à rendre à un autre peuple pour sa propre gouverne. [...] En somme, c'est être ou ne pas être[7]. »

Sa sortie contre la reine, symbole du colonialisme anglais au Canada, n'empêche pas Pauline Julien de vouloir aller à Toronto, chez les anglophones, participer au spectacle *Brecht on Brecht* au côté de Sylvia Lennick. Le spectacle prévu pour le 16 septembre sera reporté à cause d'une grève et, en novembre, Pauline ne sait pas encore si le projet tient toujours. Le spectacle aura bel et bien lieu au début de 1965 et ses déclarations politiques, loin de lui nuire, lui ouvriront des portes : « Depuis qu'elle a refusé de chanter devant la reine, Pauline Julien reçoit tellement d'offres qu'elle est obligée de refuser certains engagements, particulièrement à l'extérieur[8]. »

La première du film *La Terre à boire* est prévue pour le 1er octobre 1964. Les invités ont rempli la salle du cinéma Le Parisien ce soir-là, mais ils ne peuvent voir le film, le visa du Bureau de censure n'ayant pas été accordé, non pas parce qu'il contenait des scènes trop brûlantes, mais parce que le producteur a négligé de soumettre le film au Bureau de censure dans les délais prescrits. Le film reprendra l'affiche en toute légalité le 9 octobre. Pauline y joue le rôle de Diane, une chanteuse parvenue. Le tournage l'a enthousiasmée car, pour la première fois, elle a l'impression de jouer un personnage bien défini, d'être dirigée et de faire partie d'une équipe : « Elle conserve donc de ses jours de tournage un souvenir très agréable mais ne cache pas sa peur devant l'inévitable : ce prochain soir de première où le public sera appelé à juger cette nouvelle tentative du cinéma canadien[9]. » Les appréhensions de Pauline sont plutôt justifiées étant donné le cafouillage de la première et la réception plutôt mitigée de certains critiques : « *La Terre à boire*, ce n'est pas révolutionnaire, c'est tristement, lamentablement petit-bourgeois. Ce n'est pas intellectuel, c'est suffisant, exhibitionniste et débile[10]. » Cette expérience ne l'empêchera pas toutefois de continuer à rêver au cinéma et de faire plusieurs tentatives dont certaines avorteront. Quand il lui arrivera de vouloir quitter la chanson, surtout dans des périodes de grande fatigue et de remise en question, elle songera à un autre métier qui lui permettrait de gagner sa vie moins péniblement. Le cinéma fait partie des possibilités envisagées, tout comme l'écriture ou l'aide humanitaire. Mais elle ne s'épanouira que dans la chanson au bout du compte, un domaine difficile dans lequel elle ne se sentira jamais assez solide, assez compétente et qui lui vaudra des angoisses intolérables. En pleine action, elle réussit à foncer, à dominer ses peurs, à faire preuve d'une grande énergie.

Pauline prépare fébrilement son spectacle à la Comédie-Canadienne. Ce sera la troisième fois qu'elle se produira dans cette salle importante de Montréal, mais ce sera encore dans le cadre de la formule hybride du music-hall. Cependant, elle devient la vedette principale du spectacle dont la première partie sera assumée par les Cailloux, un groupe folklorique, et l'imitateur Jean-Guy Moreau. Dans le battage publicitaire du spectacle, les journalistes en profitent pour revenir sur son refus encore tout chaud de chanter devant la reine, faisant même circuler la rumeur que Pauline regrette son geste, rumeur qu'elle nie avec la dernière énergie. Certains y vont même de petites blagues amicales : « Arthur Prévost affirme que, depuis, la chanteuse ne se nourrit plus que de bouchées à la reine[11]. » Ce spectacle à la Comédie-Canadienne, elle le prépare avec acharnement, ne se laissant même pas arrêter par la maladie. À la fin du mois d'octobre, quelques jours avant le premier des trois spectacles qui auront lieu les 6, 7 et 8 novembre, elle est hospitalisée pour de douloureux calculs aux reins. Comme elle est devenue une vedette populaire, elle défraie les manchettes des journaux à potins. On la considère comme une amie, telle cette journaliste qui s'adresse à elle personnellement dans les colonnes de son journal, faisant écho au populaire monologue de l'humoriste Yvon Deschamps : « Ah ! Pauline, vaut mieux être riche et en santé que pauvre et malade. Il n'y a pas à en démordre. Je te souhaite la première part[12] ! »

Par bonheur, Pauline peut compter sur mademoiselle Lucienne Guay qu'elle a engagée peu de temps auparavant. Sans elle, elle ne pourrait mener sa carrière tambour battant, tout en gardant ses enfants, en s'entourant d'amis, de musiciens qui peuvent aller chez elle comme s'ils faisaient partie de la famille. Lucienne a fait son entrée chez Pauline et Gérald de façon insolite : « Je m'adresse au journal *La Presse*, raconte Pauline, j'écris que je cherche une étudiante ou une dame pour recevoir deux enfants de dix et douze ans de l'école. Les appels se multiplient et, selon le ton de la voix et les réponses que je reçois, je leur demande de se présenter pour en parler. Dès le premier jour, il s'en présente plusieurs, mais tombe sur elles la phrase fatidique : "Je vous rappellerai." Vers 16 heures, on sonne. J'ouvre la porte, une femme alerte, mais d'un certain âge.

Tout de suite je me dis : “Je ne veux pas d’une personne âgée.” Avenante, elle demande une chaise, faisant des commentaires sur la maison, puis elle demande de la visiter. Je suis polie et, comme aux autres, je lui dis de quoi il s’agit : recevoir Nicolas et Pascale de l’école, leur donner la collation, cuisiner le repas du soir et “Je vous téléphonerai”. Elle ne répond pas, entre dans la cuisine et me dit à brûle-pourpoint : “Le souper n’est pas sur le feu ?” Elle avait apporté son tablier qu’elle met aussitôt, elle ouvre le réfrigérateur et dit : “J’ai ce qu’il vous faut, à quelle heure voulez-vous manger ?” Gérald ouvre la porte de l’escalier du dehors et je lui raconte ce qui se passe et il me dit : “Bon, attendons après souper, puis tu décideras.” C’est tout décidé, je n’aime pas avoir une personne plus âgée que moi dans la maison. Les enfants font leurs devoirs, Gérald rentre dans son bureau et moi je fais des appels téléphoniques. “À table, à table !” Déjà depuis quelques minutes, nos narines sont aiguisées. Qu’est-ce qu’elle nous a cuisiné ? Un rôti de porc bien assaisonné, des patates brunes, une tarte à la rhubarbe délicieuse. Elle est fière de son coup[13]. » La suite de l’histoire ? Mademoiselle Guay restera avec Pauline et Gérald jusqu’en 1986. Vingt-deux ans de loyaux et bons services. Lucienne Guay, patronne de l’intendance chez Pauline et Gérald, a son franc-parler et un cœur d’or. Tous en ont gardé un souvenir impérissable, du chanteur Julos Beaucarne au pianiste Jacques Marchand, en passant par Anne Sylvestre qui l’a connue en septembre 1966, lors de son premier séjour au Québec, et qui comprenait à peine ce qu’elle disait. Elle se mêle de toutes les conversations, connaît tous les amis de Pauline et Gérald, devient même la confidente de certains. C’est l’âme de la maison.

Grâce aux bons soins de mademoiselle Guay, Pauline récupère assez rapidement de son opération, et à peine a-t-elle achevé sa convalescence que le jour J de son spectacle à la Comédie-Canadienne arrive. Elle meurt de trac, comme avant chaque spectacle, mais elle plonge et elle oublie tout. Transformée, elle avance sur la scène vêtue de sa petite robe de maille ajourée qu’elle portera souvent encore et que la critique anglophone remarquera : « *Miss Julien, for those who have not seen her in films or on TV, looks like a cross between Sophia Loren and an adolescent wildcat. Wearing a street length brown wool dress, unexpectedly cut out at the shoulders, she throws back her head and sings in a voice that is like a rallying cry. Her voice is strong and clear, her style almost over-intense with passionate conviction. [...] She sings these with the wide, free-swinging gestures of Delacroix's "Spirit of Liberty" painting*[14]. » La critique francophone est unanime, ce spectacle extraordinaire étonne par sa passion, sa justesse, son professionnalisme. Pauline est perçue comme une bête de scène au sens propre, un lynx, un renard, une lionne selon les journalistes. Son répertoire sans concessions séduit le public et tous s'accordent pour dire que l'artiste Pauline Julien est en passe de devenir l'une des grandes de la chanson : « On ne chante pas dans une même soirée Pierre Mac Orlan, Ferré, Bertolt Brecht, Vigneault, Pier Paolo Pasolini, Moravia, Giraudoux, Boris Vian et plusieurs autres sans être pourvu d'une grande audace et d'un pourcentage considérable de détermination. [...] Nouvelle Pauline Julien ? Non, mais une Pauline Julien plus consciente de ses moyens et de ses possibilités, une Pauline Julien plus consciente de l'importance de la mise en place, une très grande interprète qui devrait conquérir tous les publics[15]. » Seule note discordante dans ce concert d'éloges, tributaire sans doute de la vague nationaliste qui déferle sur le Québec de cette période, cette réserve d'une journaliste qui aurait préféré que Pauline chante davantage les compositions des chansonniers à la mode, Vigneault, Léveillée, Ferland, Gauthier.

Dans le programme du spectacle, une entrevue de Pauline avec Gérald Godin, intitulée simplement « Pauline Julien répond aux questions de Gérald Godin ». Sa relation avec Gérald n'est pas encore connue du grand public et elle joue la star qui se fait interviewer par un journaliste qu'elle ne connaît pas. Ils se vouvoient comme au temps de leurs premières lettres d'amour. Elle lui chuchote les questions, ce qui lui permet de faire une comparaison entre les auteurs-compositeurs du Canada et ceux de France : « Le langage est différent, il y a une richesse dans le langage qui pallie le manque de maturité. » Puis elle compare sa vie de chanteuse à Paris avec sa vie à Montréal : « À Paris, je n'arrivais pas à gagner ma vie aussi bien qu'ici. Avec le temps, j'aurais pu faire une carrière, comme Barbara, ou Caroline Cler, par exemple. Ici, on travaille mieux, on travaille davantage. J'ai pu faire des expériences que je n'aurais pu faire à Paris, comme par exemple donner aussi souvent des récitals. Mais il faut aussi savoir partir. Si on reste ici trop longtemps, c'est monotone. Je veux aller à Paris et un peu partout d'ailleurs, pour rencontrer d'autres publics, pour surmonter d'autres difficultés. » Cette entrevue, en plus d'annoncer son retour éventuel à Paris, permet également à Pauline de poser les jalons d'un de ses futurs combats, celui du féminisme qu'elle entreprendra au tournant des années soixante-dix. À la question de Gérald Godin : « Est-ce plus difficile pour une femme que pour un homme, d'après vous ? », elle répond que cela ne l'a jamais gênée personnellement d'être une femme dans ce métier. Il y a certains désavantages, comme l'obligation d'aller chez le coiffeur, la couturière, de s'occuper des enfants. « C'est probablement pour cette raison qu'il y a une femme sur quinze qui fait carrière et qu'il n'y a presque pas de femmes-auteurs qui réussissent à faire carrière dans la chanson. » C'est à cette époque d'ailleurs que Pauline songe à écrire, qu'elle commence à en parler dans les entrevues et l'évoque dans son journal. Mais il y a loin de la coupe aux lèvres, et il se passera encore quelques années, non pas avant qu'elle écrive des chansons, mais avant qu'elle se décide à les publier et à les chanter.

Ce récital est télédiffusé le 25 février 1965 dans le cadre de l'émission *Pleins Feux*. Pauline a conservé treize des dix-huit chansons de son spectacle, dont cinq de compositeurs québécois : *Les Corbeaux*, *Jean du Sud* et *Jack Monoloy* de Vigneault, *Les Rendez-vous* de Léveillée et *Quand les bateaux s'en vont* de Vigneault et Calvé qui termine son spectacle dans une version légèrement jazzée, ce qui déclenche une ovation dans la salle déjà chauffée à bloc. Pauline habite toute la scène, projette son corps tout entier comme si elle chantait avec tous les pores de sa peau. Elle passe d'un registre à l'autre, de la douceur à la violence, de la retenue à l'extravagance, elle tient son public en haleine du début à la fin. « Je l'ai toujours trouvée beaucoup plus lionne, dira Pierre Calvé, plus énergique, dans le bon sens du terme. Je ne l'ai jamais considérée comme quelqu'un de doux ; quand venait le temps de donner un spectacle, elle avait du chien. Surtout qu'elle était convaincue de ce qu'elle chantait, elle le faisait très bien, et elle prenait d'énormes risques, parce qu'elle a choisi des chansons ou des auteurs dont il n'était pas certain qu'ils fonctionneraient. Elle a plongé et y est allée jusqu'au bout. Comme un bulldozer qui nous a ouvert la voie[16]. »

Réalisé sous la direction musicale de François Cousineau, le disque *live* de ce récital sortira à la fin de 1964. Il ne comprend que deux chansons canadiennes dont *Toi le printemps* de Larsen et Calvé sur douze. Ce disque aura la faveur de Claude Gingras, qui a la réputation d'être à la fois connaisseur et intraitable : « Le dernier Pauline Julien également a été fait "en direct" et la présence de l'auditoire, loin de nuire, inspire la chanteuse et crée de l'ambiance. Pauline a choisi ici l'un de ses programmes les plus audacieux. Écoutez-moi ces titres : *La Parade du suicide*, *J'ai mangé un agent*, *Les Progrès d'une garce*. Il y a là également la célèbre *Chanson de Barbara*, de Brecht-Weill, le sautillant *Cinématographe* de Vian et Walter, une très jolie chanson de Pierre Calvé, *Quand les bateaux s'en vont*. Elle hume chaque mot, chaque note comme une fleur, afin d'en tirer tout le suc. Rien de ce qu'elle fait n'est indifférent. Un brin d'hystérie en passant, mais Pauline Julien a tant de métier, elle en a de plus en plus[17]. »

La fin de l'année 1964 et le début de 1965 sont consacrés à l'enregistrement de quelques-unes des treize émissions de *Mon pays mes chansons* diffusées à partir de juin 1965. On attend beaucoup de cette émission produite non pas en studio, comme c'était le cas pour la majorité des émissions de variétés, mais sur le terrain, en dehors des sentiers battus. Ce concept nouveau prévoit que, dans un décor naturel, Pauline Julien fasse des entrevues avec ses invités, chante quelques-unes de leurs chansons et qu'eux-mêmes chantent leurs propres chansons ou celles de leur propre répertoire. Elle se déplace dans une cabane à sucre, avec Raymond Lévesque et Clémence DesRochers, dans une galerie d'art avec Monique Leyrac et Jean-Paul Filion, dans les Laurentides avec Suzanne Valérie et Robert Charlebois, en Abitibi avec Stéphane Venne et Isabelle Pierre. Tous les artistes en vogue passent à l'émission, Jacques Blanchet, Raoul Roy, Gilles Vigneault, Monique Miville-Deschênes, Félix Leclerc. Pauline collaborera aux textes et aux scénarios avec Christian Larsen, et les émissions, réalisées par Anton Van de Water, seront rediffusées à l'automne 1968. Ces émissions qui se voulaient un panorama des arts en parallèle avec la chanson étaient peut-être trop ambitieuses. Selon les critiques, la mise en scène manque de cohésion, les présentations de Pauline sont guindées, les entrevues trop rares et les références absentes. Mais Pauline est rayonnante de beauté.

Au début de février, Pauline réalise une sorte d'exploit en faisant une tournée dans le nord du Québec, à la Manicouagan, là où des hommes construisent le plus grand complexe hydroélectrique au monde : « Elle a réussi l'une des plus difficiles expériences de sa carrière : conquérir trois soirs de suite un auditoire composé presque entièrement d'hommes : contremaîtres, ingénieurs, ouvriers[18]. » Pauline est sidérée par l'ampleur des travaux, charmée par le fait que les ouvriers parlent exclusivement français : « René Lévesque et sa suite ont imposé l'usage du terme juste ; chacun s'y prête de bonne grâce et non sans une certaine fierté[19]. » Elle est là où le Québec se fait, s'intégrant de plus en plus dans le processus d'autodétermination et de renouvellement de la société québécoise, participant aux grands rassemblements qui ont marqué la promotion de l'idée d'indépendance. Le 3 mars 1965, elle sera au Forum pour participer au gala du RIN en compagnie d'une brochette d'artistes qui apparaissent très tôt comme des porte-étendard de l'option indépendantiste, tels Pierre Létourneau, Pierre Calvé, Jean-Guy Moreau, Claude Gauthier, Jacques Blanchet, Renée Claude, Hervé Brousseau, Claude Léveillée et Monique Leyrac. L'orchestre est dirigé par André Gagnon, les présentations sont faites par la comédienne Louise Marleau et par Pierre Chouinard, frère de Jacques Normand. Pauline Julien se détache du peloton, et la critique, cette fois, sera plus élogieuse pour elle que pour la chanteuse Monique Leyrac qui avait été, à l'automne 1961, la star de *L'Opéra de quat'sous.* « Pauline Julien a fait, non seulement au point de vue de la voix et du style, mais également au point de vue de la mise en scène, des progrès étonnants. Cette artiste a maintenant une présence (le mot veut tout dire) qui lui permet de figurer sur n'importe quelle scène internationale[20]. »

Lors du Gala des artistes, qui se tient le 12 juin à la Place des Arts, elle est consacrée diseuse de l'année pour la quatrième fois. Sur les photos, on la voit très élégante, en robe longue, parmi les « charmantes hôtesses », les comédiennes Louise Marleau et Andrée Champagne vêtues elles aussi comme pour un bal de débutantes. Les entrevues entourant ce gala donneront lieu à des commentaires concernant les manifestations du 24 mai 1964, lors de la fête de la reine Victoria, au cours desquelles des vitrines furent brisées rue Sainte-Catherine. « J'étais en Abitibi ce jour-là, mais d'après les comptes rendus des journaux, je trouve que ces manifestations sont un excellent signe de santé et que le gouvernement finira par comprendre que la reine Victoria n'a rien à faire au Québec. Je trouve également curieux que les journalistes aient parlé de vandalisme. [...]

Ce sont évidemment des excès de jeunes, mais il faudrait néanmoins que les adultes se rendent compte qu'il y a un problème et qu'il ne se réglera pas en mettant des jeunes en prison. Je suis contre les excès et contre les bombes, car on peut tuer par accident, mais la manifestation pacifique et en bon ordre, comme le sitting dans la rue, est un signe de bonne santé pour un peuple qui a des revendications à faire[21]. » Puis, d'un même souffle, elle fait état de sa conception de l'amour, où se mêlent raison et passion, où l'on reconnaît tout à fait, même s'ils sont exprimés avec une certaine réserve, les dilemmes de ses écrits personnels : « L'amour est une oasis, un support, mais chaque être doit régler sa propre vie en assumant ses angoisses très personnelles. [...] L'amour ne règle pas tout, chaque être est seul pour faire face à certains problèmes comme la mort et la vieillesse par exemple, des problèmes qui vous touchent plus à 30 ans qu'à 15. Personnellement je peux vous dire que je me sens incapable de vivre sans amour et que je suis très fidèle lorsque j'aime[22]. » Dans cette Pauline Julien pour qui l'amour prend la plus grande place, qui ne peut s'empêcher de voir dans chaque instant de bonheur une parcelle de solitude et de mort, celle qui vit dans l'angoisse perpétuelle de ne pouvoir se réaliser comme être humain, on reconnaît bien la Pauline Julien qui essaie sans relâche d'unifier ses vies, ses personnages, ses univers.

Comme tous les étés depuis 1962, elle se rend en Gaspésie, surtout pour y donner des spectacles, soit à la Piouke de Bonaventure, soit au Pirate de Saint-Fabien, mais aussi pour rendre visite à ses amis chers qui gravitent autour du centre d'art de Percé. Le vendredi 13 août 1965, elle part avec Gérald passer une dizaine de jours à l'île Bonaventure, au large de Percé. À la gare, comme convenu, les attendent Gaston Miron et une amie. Pauline est un peu déçue, non pas qu'elle n'aime pas Gaston Miron, mais elle est épuisée et elle éprouve le besoin d'être seule avec Gérald : « J'ai l'impression que Gaston occupera toute la place, toute la conversation et que les millions de choses qu'il faut que nous nous disions Gérald et moi jamais n'auront ni le temps et ni l'espace pour s'épanouir[23]. » Tout le long du voyage, Pauline est tendue et cherche à s'accaparer Gérald qui semble ravi, quant à lui, d'être en aussi agréable compagnie. Ils arrivent à Percé où elle rejoint sa petite colonie d'artistes qu'elle aime tant, Kim Yaroshevskaya, le sculpteur Roussil, les peintres Kittie Bruneau et Suzanne Guité.

Gérald et Pauline disposent d'une belle chambre tranquille sur l'île Bonaventure et passent leur temps sur la plage. Pauline se baigne nue, heureuse comme une gamine qui brave la compagnie. Ils pêchent la morue, font des promenades, observent les oiseaux. Beaucoup de discussions sur la politique, sur les poèmes de Gérald, sur *Parti pris*, la revue indépendantiste à laquelle il collabore depuis janvier 1965 et la maison d'édition du même nom dont il vient de prendre la direction. C'est une période où l'on discute beaucoup de la langue populaire et du joual. Gérald Godin en fait l'éloge dans ses articles et dans *Les Cantouques*, poèmes qu'il émaille de mots typiques de sa région. Parti pris fut la première maison d'édition à publier, en 1964, un roman entièrement écrit en joual par Jacques Renaud, *Le Cassé*, ouvrant ainsi une voie parmi d'autres aux célèbres *Belles-sœurs* de Michel Tremblay, en 1968. Pauline tient toujours à son accent parisien et, à l'entendre dans ses entrevues à la radio et à la télévision jusqu'au début des années soixante-dix, on peut penser qu'elle est native d'une région de France. En 1966, quand Raymond Lévesque lui donnera la chanson *Bozo-les-culottes* dans laquelle elle devrait prononcer « toé » pour que se fasse la rime, elle s'avoue incapable de dire un tel mot qu'elle trouve disgracieux. Elle finira par sortir spontanément ce « toé »après plusieurs années.

Pauline ne se sent pas très à l'aise parmi ces intellectuels de gauche qui débattent du sort du monde. Elle se sent impuissante, trop émotive, pas assez structurée : « Je pense à notre révolution, je me sens comme une pie jacassante loin du danger. Devant les faits, le travail à faire, la mort, les séparations extrêmes, celles de Gérald, des enfants, les sacrifices, je ne me sens aucune force, aucune volonté. Alors, qui suis-je pour parler contre les Américains pour les noirs, les Viets qui eux meurent et sont blessés tous les jours[24]. » Si elle ne se sent pas à la hauteur dans les discussions, elle n'hésite pas à agir. À un moment donné, ils rencontrent un anglophone à qui Gérald s'adresse en anglais et Pauline s'en offusque : « Je reproche à Gérald d'accepter de leur parler en anglais dans ce pays qui est le nôtre, français. »

Elle voit Suzanne Guité tous les jours et les deux amies font de longues promenades en aparté pendant lesquelles elles discutent fort : « Nous parlons aussi de la mort, je lui dis ma révolte. Il me semble que je veux savoir comment je mourrai, pourquoi. Gérald me dit que c'est de l'orgueil et que de vouloir soi-même décider de l'heure de sa mort, c'est s'enlever des secondes, un temps qui est infini de découvertes merveilleuses peut-être ! Peut-être a-t-il raison[25]. » Pauline prend aussi le temps de lire beaucoup, comme chaque fois qu'elle part en vacances. Les livres sont commentés minutieusement, savourés comme des fruits rares : « Je termine *La Bâtarde*, inquiétante de tant de vérisme profond de l'âme, l'âme égoïste, égocentrique, névrotique, amoureuse, malheureuse ; nous plongeons avec elle presque pour la première fois dans les plis et replis infinis de l'âme féminine, celle-ci qui est aussi la nôtre. Écrire si franchement, sans pudeur et pourtant avec beaucoup de délicatesse, voilà le style dru et écorché de Violette Leduc[26]. » Puis elle passe de longues heures à décrire le paysage majestueux comme elle sait si bien le faire dans chacun de ses récits de voyage : « Nous partons par les champs vers la plage, vers les parfums, les odeurs. Il y a des fleurs, des framboises, des maisons presque toutes délabrées, cette île inachevée, dit Gérald, et les falaises rouges abruptes, des champs de mousse où nos pieds bercent, cherchant cette *Lazy Beach* qui nous apparaît comme demeure de dieux, tellement elle semble inaccessible, grandiose, encaissée, sertie dans des parois vertigineuses, taillées par le vent, la mer, l'épée de quels dieux[27] ! »

Quel contraste avec les lignes qu'elle écrit au retour des vacances. Tout n'est alors que désarroi, déchirement, angoisse : « Mon cœur bat à me déchirer la peau. J'ai comme de l'eau dans les veines. Et je ne peux presque plus parler à Gérald. Il est en bas maintenant et je le laisse seul à écouter ce disque de Monique Morelli. Mon cœur bat très fort. Je l'entends rire en bas. Mon cœur bat, bat très fort, je sais qu'il n'y peut rien, que cela se passe quelque part dans ma tête, mon ventre, mon cœur qui bat, qui bat. Je recommence à regarder les gens vivre et à me demander comment ils font. Il semble que ça a l'air simple. Quel est ce phénomène de désintégration, de peur absolue et de rétention absolue de la société, du monde des êtres, de toi, de vous, mes enfants[28]. »

Puis le lendemain, comme par enchantement, la vie, tranquillement, reprend son cours. Elle a du mal à relire ce qu'elle a écrit la veille tant elle éprouve de honte. Son humeur passe ainsi d'un extrême à l'autre sans qu'elle sache pourquoi, sans qu'elle puisse contrôler quoi que ce soit. L'angoisse arrive sournoisement, la prend tout entière, la chavire. Puis, sans avertir, elle repart au large, laissant Pauline fragile, mais rieuse et légère. Puis l'entrain revient à mesure que la vie active reprend. Tant qu'elle est dans l'action et que tout baigne dans l'huile, l'humeur est bonne. Les projets la tuent : quand ils ne sont pas assez nombreux, elle ne peut supporter de ne rien faire ; quand ils se profilent à l'horizon, la peur la rend malade. « Sortir de cet état de culpabilité, de peur, de crainte. Tous les problèmes sont comme concentrés dans mon cerveau, un fourmillement, une pelote de fer inextricable, dont les pointes surgissent à tour de rôle sans s'arrêter[29]. »

En ce début d'automne 1965, elle est emballée par l'enregistrement des chansons de Raymond Lévesque dont elle veut faire un disque, mais elle est angoissée par sa rentrée à Paris. Elle veut percer là-bas, mais elle pense à ses enfants de dix et douze ans qu'elle a repris depuis quatre ans et dont elle devra à nouveau se séparer. Financièrement, ce sera difficile, mais elle a amassé un peu d'argent. Elle commence à respirer et se désespère de voir que tout sera dépensé en un an. Elle hésite à quitter Gérald si longtemps, mais Gérald l'encourage à tenter sa chance. Si elle travaille, tout sera sauvé, mais rien n'est certain. Elle n'arpente plus Saint-Germain-des-Prés depuis presque quatre ans et ce retour l'effraie. Elle veut habiter dans son appartement de la rue Houdon qu'elle loue à des amis depuis son achat en 1961. Elle hésite tant et tant qu'elle rend la vie impossible à tous ses proches. Elle crie, elle hurle. Elle transmet ses angoisses à tout le monde. Elle veut l'impossible, se consacrer uniquement à la chanson, uniquement à Gérald, uniquement aux enfants. Épuisée à force de tergiversations, elle songe à la mort, évoquant l'écrivain Drieu La Rochelle, qui s'est suicidé en 1945 : « J'y pense comme le sommeil, le renoncement, la fin de ces dilemmes. Havre qui soulage, qui permet d'attendre[30]. »

Gérald fait tout ce qu'il peut, et pour l'encourager à plonger, il lui rappelle qu'elle serait la première véritable interprète de la chanson canadienne à Paris, qu'il ne faut pas qu'elle laisse passer sa chance, qu'elle doit vaincre sa peur. Une tournée de quatre jours dans l'Ouest canadien, à Winnipeg, à Saint-Boniface, à la fin du mois de septembre, lui permet de prendre du recul et au retour, elle voit déjà les choses différemment : « Nicolas est posé, beau, affectueux, bien. Pascale aussi. Moi, dès la descente de l'avion, je me sens déjà nerveuse, mais j'essaie de l'oublier. Puis je vais revoir Vigneault. C'est vraiment le don, et la beauté, l'art, à un état très pur sur scène. Cela me calme. J'obtiens la musique des *Gens de mon pays.* J'ai plus d'assurance, tous me semblent plus gentils avec moi. Un verre avec Fabienne chez elle[31]. » Puis à mesure que les jours passent et que le départ pour Paris se précise, l'angoisse revient de plus belle et elle fait des crises. Elle a beau organiser, compiler, faire des listes, tout lui échappe et elle terrorise à nouveau son entourage : « J'écris pour me débarrasser de cette peur terrible. Tout à coup être seule, avoir des décisions à prendre. Ne pas oser sortir. Seule, seule[32]. » Puis, vers la fin octobre, elle est en voie de terminer son disque sur Raymond Lévesque. Elle a beaucoup travaillé, elle est contente du résultat et de son équipe. Pendant ce temps Gérald a pu respirer. Leur amour reprend une teinte plus joyeuse. C'est l'accalmie.

À la mi-novembre 1965, un peu avant de partir pour Paris, Pauline fait une *cameo appearance* dans le film *Entre la mer et l'eau douce* de Michel Brault. Le tournage de ce film dans lequel Claude Gauthier et Geneviève Bujold ont les rôles principaux et où Gérald Godin tient un rôle secondaire s'échelonnera sur plus d'un an. Pauline ne verra pas toujours d'un bon œil, selon quelques témoins, le « compagnonnage » entre son amoureux et la comédienne Geneviève Bujold. Mais elle a d'autres soucis pour l'instant et, à la fin du mois de novembre, elle se prépare à affronter le public du Théâtre de l'Est parisien, du 26 au 28 novembre, dans le cadre de l'événement appelé *Les Chants du monde.* Elle ne fera qu'un aller-retour à Paris, mais elle aura un aperçu de ses possibilités d'y reprendre sa carrière dans des salles plus importantes. Elle partagera la scène avec des chanteurs venus d'un peu partout dans le monde : Mara d'Espagne, Georges Châtelain de France et des États-Unis, Valérie Lagrange et los Incas d'Amérique du Sud et le chanteur Paul Simon des États-Unis. Ce récital est très important pour elle. Plus tard, en novembre 1966, quand elle se produira seule à la Comédie-Canadienne, elle inscrira dans son programme qu'il s'agissait de son premier « vrai ou grand » récital à Paris. Pauline avait songé à chanter plus de chansons françaises que de chansons québécoises, mais ses amis français lui ont conseillé de faire une plus grande place aux compositions québécoises. Pauline, avec ses dix chansons, dont huit canadiennes, est une véritable révélation, en particulier pour le critique de *L'Humanité*, d'allégeance communiste : « Connaissez-vous Pauline Julien ? Moi, si. Mais à ma courte honte, depuis quelques heures seulement. Et c'est au T.E.P. que je le dois. Pourtant ce premier contact avec Pauline Julien, qui vécut à Paris cependant dans les années cinquante, m'a convaincu qu'elle comptait parmi les plus remarquables artistes de music-hall de langue française. Et ce n'est pas parce qu'elle est canadienne que les responsables du music-hall français sont excusables d'ignorer une chanteuse de cette envergure : une présence en scène, un tempérament et une personnalité exceptionnels, un répertoire d'une grande richesse poétique (celle des jeunes poètes québécois) et pourtant accessible à tous les publics. Autant de qualités qui font du tour de chant de Pauline Julien quelque chose qui ne s'oublie pas[33]. » Chaque soir Pauline remporte la partie, elle étonne, elle séduit en faisant un remarquable tour d'horizon des plus grands chansonniers du Québec. À la dernière représentation, on l'applaudit dès qu'elle apparaît et quand elle chante *Les Gens de mon pays*, quelques-uns des spectateurs canadiens essuient une larme. Francine Laurendeau, de *La Presse*, assiste au spectacle : « PJ, c'est-à-dire une inconnue, entre en scène. Et tout de suite, elle attaque *Toi le printemps* de Christian Larsen et Pierre Calvé. Stupeur dans la salle. "Quel tempérament !" s'exclame ma voisine, qui hésite encore à se prononcer. Deuxième chanson : *La Marquise coton* de J.-P. Ferland. Murmure flatteur autour de moi. "Tiens, elle est aussi comédienne !" Troisième chanson : *J'en ai marre* de Raymond Lévesque. Ça y est, je respire, le public est gagné, il rit de bon cœur et rit aux bons endroits. Lorsque Pauline Julien lance ensuite *Les Gens de mon pays*, de Gilles Vigneault (une création), les applaudissements crépitent et, jusqu'à la fin du tour de chant, l'enthousiasme ne se démentira pas[34]. »

Pauline reçoit dans sa loge remplie de fleurs des directeurs de music-halls, de maisons de disques, des réalisateurs de télévision. Barbara, Serge Reggiani, Danièle Delorme viennent la féliciter. Elle trouve un imprésario à Paris en la personne de Françoise Lô, qui s'occupe également de la carrière de Barbara et d'Anne Sylvestre. Elle revient pleine d'espoir, mais épuisée de tant d'émotions et de rencontres.

Le jour même de son retour au Canada, le 7 décembre 1965, elle participe à Québec à l'émission télévisée *Du côté de Québec.* Pauline a renoué avec le stress, elle est en plein décalage horaire et, chose inhabituelle chez elle, elle n'est pas des plus affable avec les journalistes. Elle joue les divas, considère qu'on ne lui donne pas toute la place qu'elle mérite dans l'émission, leur répond par oui et par non, tout en chuchotant les paroles de ses chansons et en retouchant son maquillage, sa coiffure. Quelques jours plus tard, elle est plus reposée et s'ouvre sur cette première grande expérience parisienne sur un ton aimable. Elle a revu Barbara et Anne Sylvestre, camarades de ses débuts à Paris. Elle a bouquiné sur les quais de la Seine en compagnie de Claude Léveillée, un Claude qui passait à Bobino. Elle veut se renouveler, se mesurer à des étrangers, et elle repartira en janvier 1966 pour conquérir les Français.

L'année 1965 se termine par un événement heureux, le lancement, le 11 décembre, de son disque *Pauline Julien chante Raymond Lévesque.* On y retrouve onze compositions de Lévesque, dont *J'en ai marre* et *Reine du strip-tease,* de même que *Le Suicide,* dont les paroles sont de Lévesque et la musique de François Cousineau. Ce disque sera bien reçu par la critique : « Pour ceux qui ont le mauvais goût de ne pas trouver de génie à Raymond Lévesque, c'est le disque confondant, le disque-preuve irréfutable. Quelques-unes des plus belles ou des plus drôles chansons de Raymond Lévesque, interprétées juste comme il faut par Pauline Julien. Enfin de la fraîcheur, une certaine naïveté, une satire superbe. Des chansons gaies, qui changent de notre tristesse congénitale. Et des chansons jolies, tout simplement (on avait oublié que ça existait : tout le monde veut faire de "grandes chansons"). Raymond Lévesque, c'est un grand poète. On le savait. Et Pauline Julien une grande interprète. On le savait aussi. L'une qui chante l'autre, c'est assez extraordinaire[35]. »

L'année 1966 sera une année d'allers et de retours où Pauline plongera dans une carrière internationale. Elle repart à Paris le 13 janvier 1966, pour une période indéfinie, afin d'entreprendre une tournée des pays francophones, remplir des engagements pris après son apparition au Théâtre de l'Est parisien, enregistrer des disques et faire des apparitions à la télévision. Elle reprend son appartement de Montmartre avec l'intention de consulter l'épouse de Vian, Ursula Kubler, qui habite non loin de chez elle, afin de choisir des chansons.

Pauline ne parlera pourtant presque pas de Vian pendant ce séjour à Paris, ce séjour d'abord « indéterminé », qui sera ramené à trois mois, interrompu à la fin de février pour une tournée à travers le Québec grâce à une bourse du ministère des Affaires culturelles, puis prolongé jusqu'en juin 1966.

Elle est déçue de son premier mois à Paris : elle doit faire effectuer des travaux de plomberie dans son appartement, acheter des rideaux, des menus articles pour la cuisine, tout ce qu'il faut lorsqu'on s'installe. Quand on connaît ses talents de « ménagère », on comprend facilement que ces tâches lui pèsent, mais ce qui l'exaspère le plus, cependant, c'est attendre : « Attente de Lô. Seule. Pleurs quelquefois, coups de téléphone, Scrive, Bellefleur, je dors[36]. » Le lendemain de son arrivée, elle demande à Françoise Staar de l'accompagner au théâtre voir *Du vent dans les branches de sassafras*, un « western comique » de René de Obaldia, dans lequel joue Michel Simon pour qui Pauline a une grande admiration. Après le spectacle, elles se rendent dans sa loge. Son habilleuse est là, mais Pauline, qui en a vu d'autres, insiste et Simon accepte de bon gré, le temps de finir sa tisane. Puis ils se rendent tous les trois dans un café, passent une agréable soirée avec lui et sa guenon. Il leur parle de sa vie, de ses singes qui partagent sa petite chambre de bonne. Tout à coup il leur dit : « Excusez-moi. Je dois prendre un métro. » Et il exhibe un billet en disant : « À moins que vous vouliez me payer le taxi, vous savez, je n'ai pas d'argent, moi. » Pauline et Françoise n'en croient pas leurs yeux que cette grande vedette prenne le métro avec elles !

Pauline écrit son journal tous les jours, notant son emploi du temps en style télégraphique, mais avec précision, exprimant les frustrations, les angoisses, la souffrance qui sont le lot quotidien de cette période de transition. Le 15 janvier 1966, elle se rend à Caen, dans le Calvados, voir un spectacle de Barbara et Reggiani qui sont en tournée dans toute la France, et dans l'espoir de rencontrer Ursula Kubler. Le 17 janvier, en compagnie de Françoise Staar, elle passe la matinée chez Jean Ferrat : « Très sympathique, chansons mi-bonnes, mi-très mauvaises[37]. » Le lendemain, elle rencontre Souplet de la compagnie CBS, avec Françoise Lô : « Ça ira bien, je dois chercher des chansons, attendre Lazare. Travaux de plomberie. 17 h, chez Lô, attente, discussions. Barbara téléphone. Attente, j'en pleure. Que faire ? Seule à mourir. Taxi pour rentrer. Dîner seule. Philippe et

Françoise sont venus vers 21 h 30. Lazare m'appelle, il viendra[38]. » Pour ne rien arranger, elle tombe malade, une vilaine indigestion qui la cloue chez elle ; puis, le 20 janvier, après avoir répété chez Jacqueline Abraham, elle se promène comme une âme en peine, allant chez les Bellefleur, puis chez les Benoît qui l'amènent voir une exposition surréaliste rue Ségnier où elle retrouve Philippe Scrive. Elle rentre seule, triste. Elle écrit. Le 21 janvier, elle signe son contrat avec la maison de disques CBS, qui a décidé de la faire démarrer même si elle ne sait pas encore quelles chansons elle enregistrera. Françoise Lô est en train de rompre avec Barbara et elle en parle constamment à Pauline. Le lendemain, elle répète avec le pianiste de la Tête de l'art pour passer une audition le jour même et signe un contrat en première partie du spectacle de Serreault et Poiret qui aura lieu du 28 mars au 13 avril 1966 : « Trouille. Éclairage, régie, je fonce. Trouille, cinq chansons : *Toi le printemps*, *J'en ai marre*, *Les Gens de mon pays*, *Jack Monoloy*, *Bilbao*. Succès, on m'engage[39]. » Le 25 janvier, elle rencontre Michel Legrand pour lui montrer des chansons auxquelles il ne semble nullement s'intéresser. Le 26 janvier, elle déjeune avec Jean-Pierre Leloir, un photographe très coté, spécialiste des grands du jazz et qui prendra plus de trois cents photos de Pauline dans les quartiers de Paris. Le 28 janvier, elle reçoit la maquette de sa pochette de disque. Ce soir-là, à dix-huit heures, elle assiste avec Jacqueline Abraham à une séance d'enregistrement du chanteur Charles Estienne. Le 31 janvier, Élyse Pouliot lui confirme la tournée au Québec pour le mois de mars et Pauline décide de rentrer le 18 février. Le lendemain, elle fait un spectacle avec Jean Ferrat à Nancy où elle est huée, ce qui ne semble pas l'affecter outre mesure : « Ce sont de mauvais spectateurs, je chante très bien, je m'en fous. Mais, question : Mes chansons ne seraient-elles pas usées[40] ? »

Puis ce sera la Belgique où elle ne connaît encore personne. Le 2 février 1966, elle se rend à Bruxelles en vue d'un tour de chant à la Cantilène du 3 au 5 février. Là encore, les choses ne se passent pas très bien le premier soir. Le pianiste est si mauvais que Pauline songe à annuler, mais elle reste tout de même. Ça ne s'arrange pas le deuxième soir. Elle a un tel mal d'oreille et de gorge qu'elle doit consulter un spécialiste. Elle pleure en se rendant à pied à la Cantilène, elle a peur que ses cordes vocales ne suivent pas. Elle s'est donné toute cette peine pour dix spectateurs. Après sept chansons, elle les abandonne. Le 5 février, pour se consoler malgré le temps maussade, elle visite le musée d'art ancien à Bruxelles, se délecte des Bosch, Rubens, Delacroix, Memling, Bruegel, fait une excursion à Anvers : « Les rues, la gare. La campagne ressemble aux tableaux. Les Belges sont très serviables, lourds, gentils. Le port, la triste rue des "cloches", vieilles putes dans les cafés, la mer, les grues, les bateaux, longue marche pour revenir à la gare[41]. » Le spectacle de ce troisième soir à la Cantilène lui laisse également un goût amer, mais c'est la dernière et le supplice du pianiste est enfin terminé. Salut, la Belgique ! Pauline est loin de se douter qu'elle y reviendra quelques années plus tard, qu'elle y obtiendra un immense succès, que les Belges lui voueront une très grande affection qu'elle leur rendra au centuple au début des années soixante-dix.

Elle rentre à Paris faire son choix de chansons pour un disque avec Françoise Lô et Bernard Girard. Elle revoit Alfred Abondance, le professeur de chant dont elle avait « suivi les cours » en qualité d'auditrice libre au début de sa carrière rive gauche ; il accepte de lui donner de vrais cours privés et le 10 février, elle fait une première séance d'enregistrement d'un 45 tours chez CBS : *Jack Monoloy, Le Rendez-vous, C'est pour ça qu'on s'aime, John Débardeur*. Pour se distraire, elle voit ses amis presque tous les jours, toujours les mêmes, Bernard, Christiane, Mimi et Jean Benoît, Rita et Léon Bellefleur, Jacqueline Abraham. Le reste du temps, elle s'ennuie, Gérald lui manque, ses enfants aussi. Elle attend le 17 février et pour mieux supporter les derniers kilomètres de ce long voyage, elle téléphone souvent à Gérald, écrit son journal, boit du whisky. Elle se sent desséchée, vide, dépendante : « Mon Dieu que j'en ai assez. Quand je pense aussi à toutes les séparations à venir ça me tue. Gérald, j'espère que tu m'aimeras comme je t'aimerai jusqu'à la fin. Cette fin me fait peur, quand ? Oh la séparation éternelle ! Gérald, je t'aime[42]. »

Pauline revient à Montréal le 18 février. Le temps de défaire ses valises et elle repart en tournée pour deux semaines. Cette tournée la mènera d'est en ouest, de Gagnonville et Shefferville sur la Côte-Nord, à Val-d'Or, Matagami, La Sarre, Amos, Rouyn et Ville-Marie en Abitibi-Témiscamingue. Elle tient un journal méticuleux qui tranche par sa légèreté avec celui de son récent séjour à Paris. Elle n'a pas l'air de se languir ni pour Gérald ni pour ses enfants, et pourtant elle se déplace dans des endroits perdus et elle vit dans des hôtels modestes. La différence, c'est qu'elle n'est pas seule. Son pianiste Paul Baillargeon, son imprésario Élyse Pouliot et Jacques Kanto, un comédien ami, l'accompagnent. Pauline est réconfortée, et en groupe elle sait être drôle, fantaisiste et présente. Elle a des fous rires, taquine les autres, fait le bouffon. Cette faculté à être de joyeuse compagnie lui vient de ses séjours chez les guides, dans les collectifs, et peut-être aussi de son appartenance à une famille de onze enfants. Ses musiciens font partie de sa maisonnée, ils partagent les repas que Lucienne Guay leur prépare avec amour et parfois même elle les héberge. Ambivalente, elle aime et recherche une forme de solitude, mais seule, elle devient extrêmement angoissée. Son besoin quasi maladif d'être constamment rassurée, aimée, valorisée semble moins douloureux entourée de collègues et d'amis. Pendant cette tournée, elle revit, elle se reprend là où elle s'est laissée, retrouvant sa place dans le débat politique, retrouvant son espace. Elle s'accommode de tout ce qui l'exaspérait en Europe, les musiciens moins bons, les salles moins pleines que prévu. Son sens de l'humour refait surface dès son départ dans l'avion : « Dans les lavabos, je lis, myope et distraite : "Regagnez votre siècle" au lieu de "Regagnez votre siège". Cela devient très beau, comme un appel des Dieux, dans ce ciel lumineux. Je reviens à mon siège. Est-ce la tension ou je ne sais, je veux raconter cette histoire à Kanto et à Élise et j'en pleure, j'en ris un quart d'heure[43]. »

À Gagnonville, la salle de la cafétéria ne se remplit pas comme les organisateurs l'auraient voulu, mais tant pis, elle chante de tout cœur ses vingt-huit chansons devant les cent cinquante personnes. Les réactions sont lentes, mais elles viennent. Lors d'un petit cocktail organisé en son honneur, elle discute âprement indépendantisme et elle s'adresse en français à un patron qui ne parle que l'anglais. Une jeune dame reconduit Pauline à sa chambre et la remercie : « Dans ce comité de Jeunesses musicales ici, nous sommes tous des Canadiens français à l'exception de ce patron, et tout se fait toujours en anglais[44]. » Le lendemain, 4 mars, elle part pour Shefferville à mille cinq cents kilomètres de Sept-Îles dans un avion privé. Pauline est émerveillée devant le paysage très vaste, à perte de vue. On amène le petit groupe en bordure du Labrador assister à un dynamitage près de la mine. Le soir, on lui reconstruit presque une scène pour les besoins du spectacle. Pauline bafouille un peu au début dans une nouvelle chanson, *On dégringole* de Ferland, mais *Le Jour où ça craquera* et *Les Gens de mon pays* emportent la faveur du public. Pauline n'est pas convaincue du résultat : « Qu'est-ce que cela a remué vraiment. Est-ce assez pour apporter un petit changement dans la pensée ou la vie ? J'essaie de travailler très fort pour les gagner, leur donner le plus possible, mais souvent, impression de mal m'y prendre[45]. » À la réception qui suit le spectacle, Pauline force tout le monde à parler français. Kanto et Élyse sont étonnés de tant de persévérance, mais pour Pauline il s'agit d'en donner l'habitude à tous les Québécois.

En route vers l'Abitibi, elle fait une courte escale d'un soir à Montréal qui lui permet de revoir Gérald et les enfants. Elle en est très heureuse, mais c'est plus fort qu'elle, elle anticipe déjà avec angoisse son prochain séjour à Paris. La perspective de se séparer de Gérald et de ses enfants la chagrine d'avance. Elle songe même à emmener Nicolas en France avec elle. Pauline invite la maisonnée au restaurant, chez Ubaldo. Pascale vient d'avoir quatorze ans, et Pauline la trouve de plus en plus élégante et belle. Son petit Nicolas est sain. Tout se passe bien, mais à la fin, la fatigue aidant, Pauline s'énerve. Elle se couche épuisée : « Cette peur d'être entraînée loin de lui, par le métier, le travail. Si cela nous arrivait aussi, quel malheur, le plus terrible. Il faut se méfier de tout[46]. »

À Val-d'Or, elle se calme et reprend de l'énergie, comme il lui arrivera souvent de le faire quand elle se trouve dans des endroits isolés. Elle loge dans un petit hôtel désert. Jamais difficile en tournée, elle s'accommode des pires conditions de vie et apprécie même la simplicité des lieux, des gens : « Tout est blanc, immensément blanc après le sale de Montréal. Je mange avec le paysage enneigé en face de moi, les sapins, les pentes, la neige qui tombe, douce. Je lis *L'Express* et je vais me coucher. Il y a peu de monde au récital. Ça va mal, c'est là où je me dis qu'il faut être Piaf ou rien du tout. Engueulade avec les musiciens. Deux petits gars de Val-d'Or me disent que ça ne leur tentait pas du tout de me voir, qu'ils ont été conquis. L'un est boucher et l'autre s'occupe du centre récréatif. Je les fais parler. Je fais toujours beaucoup parler les gens. Ils me parlent du succès de Lautrec, des groupes, peut-être que si j'avais un groupe avec moi, j'aurais plus de monde. Ils parlent joual en or, c'est touchant surtout qu'ils ont été touchés et qu'ils reviendront[47]. »

Le lendemain, elle part en voiture vers Matagami, à deux cents kilomètres au nord de Val-d'Or. Cette ville fondée quatre ans plus tôt, peuplée d'une majorité d'hommes qui travaillent pour ouvrir la route vers la baie James, est au bout du chemin. Après, c'est la forêt boréale. Le petit groupe revient ensuite à La Sarre, et le 8 mars, les artistes sont à Amos avant de se diriger vers Ville-Marie, petit village du Témiscamingue situé à deux cent cinquante kilomètres au sud. C'est le village natal de Philippe Scrive, et elle en profite pour rendre visite aux parents de son grand ami sculpteur. La voix haut perchée du père lui rappelle celle de Simon, le fils de Philippe. Il est très sympathique et lui montre des peintures de Philippe à douze ans, quinze ans, des photos de famille. Au menu du copieux petit déjeuner, les confitures de fraises de monsieur Scrive et le gâteau de madame Scrive, ravis de rencontrer l'amie de leur fils exilé.

La tournée se poursuit à Rouyn-Noranda. Ce sera le meilleur spectacle. « Public très vif, rapide, rieur, enthousiaste, ça fait du bien. Un peu de télé l'après-midi. Bon vin avec monsieur Gourd, et le lendemain promenade en skidoo. C'est un bien énorme de glisser sur la neige au grand soleil pendant une heure. Ressentons cet effet de bon bol d'air[48]. » Le lendemain, la tournée de l'Abitibi s'achève à La Sarre dans une sorte d'euphorie par un spectacle qui tenait davantage du guignol que du tour de chant. Le téléphone a sonné, le micro a sifflé. Devant un auditoire impassible, Pauline fait des blagues qui tombent à plat. Le piano est mauvais, mais après *Quand les bateaux s'en vont* et plusieurs rappels, le public est chauffé à bloc. Pauline se change en vitesse et le présentateur la rappelle sur scène. Elle apparaît en jupe et chandail noir et, dans la rigolade générale, le pianiste court derrière elle avec sa robe de scène.

En route vers Montréal, Pauline fait un crochet par Maniwaki, une petite ville de la Gatineau près de laquelle des Algonquins vivent dans des réserves. Elle achète de nombreux cadeaux à ses proches ; cette fois ce sera des pantoufles indiennes ; à Gagnon c'était des mocassins. Elle donne un spectacle à Mont-Laurier, dans les Hautes-Laurentides, avant de retourner à Montréal. Il lui tarde de revoir Gérald, son Gérald, qui devient de plus en plus le centre de sa vie. Sa voix commence à l'inquiéter : « C'est un dur métier. Sans Gérald, je me demande si je reste humaine ; la voix tient plus ou moins le coup, la foi dans la chanson aussi. Pourtant il y a ce public qui peu à peu se détend, est gagné. Mais il est trop peu nombreux. Dans deux trois ans, je reviendrai peut-être, pas avant, et que serai-je devenue ? Gérald, à tout de suite[49]. »

Dès le 25 mars, elle est de retour à Paris, dans la situation exacte où elle était un mois plus tôt au moment où elle a quitté cette ville. Elle attend des appels qui ne viennent pas, elle a l'impression de perdre le contrôle de sa vie, et son immense tristesse attise ses pulsions suicidaires : « Beaucoup de gens misérables dans la rue, à l'affût d'un mégot, de se protéger d'un coup de vent, de fuir, et ce n'est rien encore avec ce qui doit être ailleurs. Ne serait-ce pas moi qui suis parfaitement et foncièrement égoïste ? Qui suis-je pour réclamer des autres[50] ? » C'est ce jour-là, ce 27 mars 1966, dans la plus profonde détresse, qu'elle tente pour la première fois d'écrire ses propres chansons. C'est la première fois du moins qu'elle se laisse aller et aligne des vers dans son journal. Elle ne retiendra pas ce qu'elle écrit à sa fenêtre de la rue Houdon, près de la rue des Abbesses ; les mots sont un peu maladroits, mais elle y met toute son âme :

Être. Jouir et ne pas retomber
au niveau constant de la peur
de l'inquiétude
Être. Lâcher tout

Le lendemain, elle commence sa série de spectacles à la Tête de l'art où elle tiendra l'affiche plus d'un mois avec les fantaisistes Serreault et Poiret qui font la deuxième partie. Pauline termine la première partie du music-hall, après sept autres artistes. Elle rentre chez elle, chaque soir, confrontée à sa solitude : « Je ne pense qu'à dormir, oublier. Coiffeur pour réduire un peu ma peur de vieillir, d'enlaidir ; même ici en plein jour, je marche sur la pointe des pieds[51]. » Elle se rend compte de plus en plus de l'intérêt qu'elle aurait à composer ses propres chansons : ses amis lui conseillent de le faire ; elle aime écrire, elle aime la poésie, les poètes, les écrivains, elle s'approprie les textes qu'elle chante au point d'en changer les mots pour les adapter à sa personnalité. Elle a le sens du texte, sans compter qu'elle pourrait ainsi obtenir des droits d'auteur sans avoir toujours à tout recommencer. Elle tente de nouveau d'écrire une chanson, mais elle ne réussit qu'à diviser en vers ses longues phrases habituelles sur son ennui, son désarroi, sa révolte. Elle se languit de

Gérald à qui elle téléphone et écrit constamment, attendant une lettre de lui tous les jours, lui reprochant sans cesse de la négliger.

Elle est dans un tel état de désespoir qu'elle regrette d'être venue à Paris : « Un appartement à Paris, il nous a semblé que c'était une chance, c'est peut-être un grand malheur. C'est un trou où on s'enterre. Gérald m'aimera-t-il si je ne suis plus rien, si je ne travaille plus ? M'aimera-t-il si je deviens muette ? Resterai-je aimable ? Je ne veux plus travailler, la réalité c'est que je veux qu'on vienne me tendre la main, me chercher parce qu'on m'aime. Si Alan était là, pour quelques heures, il m'entraînerait, on oublierait. Je me rappelle, près de la rue Soufflot, cette chambre d'hôtel quand Dietrich m'avait laissée toute seule, les valises. Alan m'a sauvée, et maintenant... Je pleure, j'ai la larme à *l'œuf*[52]. » Ce jeu de mots la conduit à faire un autre poème, plus libre, et cette première chanson contient les germes d'au moins deux des chansons qu'elle composera par la suite, *Bonjour bonsoir* et *Vivre, qui es-tu ?*

> *Je chante allez donc savoir pourquoi*
> *C'est même difficile de savoir comment*
> *Je chante*
> *C'est comme ça*
> *Je chante*
> *Quelle terrible chose que ce trou au milieu du ventre*
> *Bonjour. Bonsoir.*
> *Oui tout va bien.*
> *Bien sûr, oui je mange je dors je sors*
> *Mais mon trou au milieu du ventre*
> *Personne ne le voit simplement je mets mon bras autour*
> *Afin qu'il ne s'ouvre pas trop grand*
> *Qu'il ne jaillisse pas en plein jour*
> *Qu'il ne devienne pas torrent pour me vider*
> *Me noyer disparaître*
> *Et on raccroche le téléphone*
> *Pour ne plus se raccrocher à rien.*
> *Qu'est-ce que je fais ici, là-bas*
> *Vivre qu'est-ce que c'est ?*

Paradoxalement, quelques jours plus tard, à un journaliste québécois qui lui demande si elle a songé à composer elle-même ses chansons, Pauline répond qu'elle ne pense pas devenir auteur-compositeur. Le temps lui manque, elle a peur de ne pas avoir de souffle. Elle répète qu'on peut être bon poète et mauvais auteur de chansons et vice-versa puis, sans sourciller, elle cite l'exemple de son ami Gaston Miron. Il est vrai que Gaston Miron a surtout écrit des poèmes, mais il a quand même laissé *La Rose et l'œillet,* qu'elle reprendra à son compte. Pauline en profite pour dire qu'elle accorde toujours une grande importance à son métier d'interprète, qu'elle ne chante que des chansons qu'elle a l'impression d'avoir écrites et qui lui collent au corps. Dans cette même entrevue, elle explique avec une distance assez étonnante comment elle arrive à dominer ses sentiments de découragement : « Quand j'ai des moments de cafard, je sais qu'au fond ce n'est pas vrai, j'essaie alors de ne rien brusquer, d'attendre. Vous savez, moi je crois qu'au fond de tout Québécois, il y a une sorte de souffle intérieur de violence qui lui permet toujours de rebondir. Sinon je n'aurais jamais fait ce que j'ai fait, à cause de la peur[53]... »

La vraie vie ne semble pas aussi solide qu'elle le dit et la visite de Fabienne, arrivée le 6 avril, agit comme un baume sur sa solitude et sa souffrance. Les deux sœurs voient à l'Olympia un spectacle de Hugues Aufray et Marianne Faithful, visitent des musées, vont au théâtre, au cinéma, au restaurant. Elles assistent ensemble aux ballets de Roland Petit, elles se promènent sur les Champs-Élysées et se rendent le dimanche de Pâques au zoo de Vincennes. Pauline fait avec Fabienne le pèlerinage de ses années des boîtes à chansons rive gauche, l'amène à Chartres où elle aime tant retourner chaque fois qu'elle en a l'occasion : « La verte et fleurie campagne, les vitraux, l'ange à l'Horloge, la Vierge bleue à l'enfant, le retable. Il fait beau. Dîner au Buisson ardent. La gare à toute vitesse[54]. »

Après le départ de Fabienne, elle reprend ses démarches pour que se fasse enfin le disque de Vian. Puis elle donne un spectacle au Savoy à Paris le 19 avril, et un autre à Hambourg, en Allemagne, le 27 avril, avec Georges Brassens. Elle n'en parle pas dans son journal, laissant toute la place à l'expression de sa souffrance d'être seule : « Cet affreux Paris. Ce Paris que je déteste seule. Je craque, je réclame Gérald, Gérald m'appelle. Je viens de pleurer beaucoup, cet appartement, cette solitude, ce temps à venir qui me tue, me pèse, je pleure. Mais cette révolte me fait du bien[55]. » Le 5 mai, elle déjeune avec

Alain Resnais, mais elle sort très déçue de cette rencontre. Elle se sent idiote devant lui, elle a l'impression que tout ce qu'elle dit l'ennuie. Puis Gérald vient passer quelque temps avec elle à partir du 16 mai pendant les répétitions de son microsillon sur Vian qu'elle enregistrera à la mi-juin. Elle donne un spectacle à l'Expo de Mulhouse, en Alsace, où elle chante Vigneault, Raymond Lévesque, Bertolt Brecht et Boris Vian. Pauline réussit à enflammer un public assez indifférent au départ et qui ne la connaissait pas, déchaînant des applaudissements nourris.

Quand Pauline revient à Montréal vers la fin de juin 1966, la partie est encore loin d'être gagnée. À Paris, elle n'est connue que de quelques initiés et les Français accueillent encore avec condescendance leurs cousins d'outre-mer. Certains journalistes d'ici s'insurgent contre le fait que les artistes du Québec sont portés à chercher une sorte de consécration dans la terre de leurs aïeux : « Qu'avons-nous besoin que Paris consacre Pauline Julien, Gilles Vigneault ou Claude Léveillée ? Ne les avons-nous pas consacrés nous-mêmes ? Ne nous suffit-il pas qu'ils soient à nos yeux les plus grands ? Leur succès international nous réjouirait, certes, mais n'ajouterait rien à leur stature[56]. » Cela n'est pas sans ébranler Pauline, déjà moins ardente dans sa conviction de percer à Paris. Tout l'hiver, elle s'est butée à une sorte d'indifférence qui contraste avec un Québec en pleine effervescence dans le domaine artistique. Elle reprend le fil des contacts à Montréal, cherche de nouveaux contrats, constatant que la vie a continué pendant son absence. Elle retrouve ses enfants qu'elle n'a presque pas vus depuis six mois et la transition se fait assez péniblement. Elle est torturée par la peur de les perdre, de n'être rien pour eux, de ne pouvoir leur donner rien d'autre que leur statut d'enfants de chanteuse connue. Cet été-là, il ne se passe pas grand-chose dans sa carrière et tout semble lui échapper. En vain, elle essaie d'écrire pour rendre les extases de chaque instant, ses problèmes, ceux des autres hommes, des Vietnamiens, des Indiens. Sur le toit de son appartement de la rue Selkirk, elle lit au soleil *L'Insoumise* de Marie-Claire Blais, dont le style simple et la recherche de vérité la rendent heureuse et la confirment dans son désir d'écrire. Elle se souvient d'avoir rencontré Marie-Claire Blais une seule fois au Port-du-Salut, amenée par Lise et André Payette : « Moi étonnée de cette recherche constante, inquiétude de son regard, de son corps aussi. Je ne me souviens plus de ses paroles. J'aurais le goût de lui demander comment elle fait pour vivre[57]. »

À la fin de juillet, le 26, elle refait son pèlerinage estival à Percé après un petit séjour à Québec où elle revoit ses amis Louise et André Escojido, Robert Cliche et Madeleine Ferron. Sans arriver à dominer son sentiment de solitude, elle profite de la proximité de la mer pour refaire le plein d'énergie, rire d'elle un peu, comme lorsqu'elle s'aperçoit qu'elle a confondu deux mots : « Ma solitude je la sens immense, immense. Deux journées splendides de parfait sommeil. Je veux dire de parfait soleil[58]. » Au retour, elle participe à un spectacle contre la guerre du Vietnam avec d'autres chansonniers, volant la vedette encore une fois. Elle est la star de la soirée. Ce spectacle n'est que le premier d'une série qu'elle fera les semaines suivantes dans les provinces anglophones du Canada, d'un océan à l'autre, de Saint-Jean, Terre-Neuve, à Vancouver en passant par Sudbury. Partout on l'applaudira. Les anglophones aiment sa voix passionnée, gutturale, ses yeux foncés, ses cheveux auburn, son interprétation subtile des chansons de Vigneault.

Elle sera partie presque un mois et à Terre-Neuve, dans une luxueuse chambre d'hôtel, elle reprendra son journal avec, en filigrane, une nouvelle fois l'intention d'écrire, de s'en faire un métier pour remplacer celui qu'elle exerce avec de moins en moins de conviction, semble-t-il. Mais elle ne se trouve pas assez disciplinée pour répondre aux exigences du métier d'écrivain. Elle songe à se spécialiser dans un domaine, à étudier pour pouvoir être utile. Elle pense aux prisonniers du FLQ, Bachand et Legault, elle s'en veut un peu de travailler chez les anglophones dans des conditions avantageuses. Tout le long de ce voyage, elle poursuit sa réflexion, implacable envers elle-même : « Ce journal n'a aucune continuité, il doit me ressembler. Une chose se dessine au fond de moi, mais rien de sûr encore. Il semble que j'abandonnerai la chanson. Gérald en sera peut-être content au fond. Abandonnerai-je ? Continuerai-je ? Quoi faire ? Ma manière c'est de laisser l'évidence se faire, quelques sursauts, abandonner la lutte puis tout est fini. Il se produit ou non quelque chose d'autre[59]. »

Au retour des Maritimes, elle fait escale quelques jours à Montréal pour constater que les propositions se multiplient : l'exposition de Toronto, Bobino en première partie de Brassens, Carrousel,

Paris, Comédie-Canadienne. Souvent elle est angoissée de ne pas avoir de projets à l'horizon, mais cette fois elle en a trop ! Elle appréhende de se séparer de nouveau de Gérald, des enfants, essayant malgré tout de jouir du présent. Le voyage en avion vers Vancouver lui donne un peu de répit : « Entre deux terres, entre ciel et mer, rien à penser, rien à attendre. Se laisser porter dans le destin, l'Univers, l'Inévitable. Me voilà tout entière. Désirant être prise, possédée, enchaînée, soumise[60]. » Deux jours plus tard, elle apparaît à la télévision de Vancouver en play-back, ce qu'elle déteste au plus haut point, mais à la fin elle se rallie non sans avoir protesté. Quand elle fait du play-back, Pauline a l'impression d'exercer son métier en robot, sans voix, sans liberté. La vie est ailleurs. Elle sera à Paris deux semaines plus tard, à Bobino, en première partie de Gilles Vigneault.

Elle arrive à Orly le 30 septembre et fera en tout douze spectacles, du 4 au 13 octobre, dans le cadre de *Visages neufs de la chanson*. Pauline chante Vigneault depuis plus de cinq ans, elle a remporté un deuxième prix d'interprétation à Sopot avec son *Jack Monoloy*, elle l'a chanté à Paris, à Montréal, partout au Québec et au Canada. Ironie du sort, elle fait la première partie d'un chanteur québécois inconnu à Paris alors qu'elle est déjà une pro des cabarets rive gauche, qu'elle a chanté au Théâtre populaire de l'Est parisien, qu'elle y a vécu plusieurs années.

Pauline a hésité avant d'accepter, à cause des circonstances difficiles entourant cette première apparition à Bobino. Elle devait se produire à Bobino avec Brassens, mais c'est avec Vigneault qu'elle le fera, lui qui, pour la première fois, se produit sur une scène parisienne et non la moindre. Pauline adore Vigneault, mais elle trouve la situation un peu injuste. De plus, leur spectacle est intercalé dans les jours de relâche des Compagnons de la chanson, à l'affiche pendant cette période. Il revient à Pauline de réchauffer la salle à la fin de la première partie, après le passage pas tellement convaincant des chanteurs commerciaux, des mimes et d'un « théâtricule ». La critique française se déploie dans *Combat*, *L'Humanité*, *Le Figaro*, *Le Monde* et *Le Nouvel Observateur*, et presque chaque fois, le nom de Pauline Julien ressort dans les titres. Pourtant elle ne fait qu'une demi-heure à la fin de la première partie et elle épate les critiques par sa fougue, sa passion. Michel Perez de *Combat* est tombé sous le charme, comparant Pauline à la chanteuse Damia dans un premier article, récidivant quelques jours plus tard pour dire qu'elle interprète Vian comme si ses chansons étaient faites spécialement pour elle, ne tarissant pas d'éloges pour cette « jeune chanteuse pour qui l'on devrait écrire cinq cents chansons dans les quinze jours qui vont suivre. » Le chroniqueur de *L'Humanité* considère carrément qu'une chanteuse d'une telle envergure, non plus que Vigneault d'ailleurs, n'a pas sa place dans ce qu'il appelle un programme d'essai, car elle est de la trempe de ceux qui doivent tenir l'affiche des grands soirs. Pour *Le Nouvel Observateur*, personne mieux qu'elle ne peut chanter *Bilbao Song* et il est temps que Paris la reconnaisse. *Le Monde* ne parle que de Vigneault dans un entrefilet et *Le Figaro* est plus ou moins tendre pour Pauline : « Vibrante et effervescente, parfois chat écorché, elle se dépersonnalise dans la romance abstraite mais éclate dans le concret de *Jack Monoloy* et de *Bilbao Song*. »

La critique au Québec sera tout aussi ambivalente. Sylviane Cahay, la correspondante d'*Échos Vedettes* à Paris, décrit avec précision le programme de Pauline : cinq chansons de Vian parmi les treize qu'elle a choisies pour son disque à paraître, *La Chasse à l'homme, Sans lui, Le temps passe, La Java martienne, Bilbao* ; une composition de Gérald Godin sur une musique de Diéval, *Je sais, je sais* ; *La Manic* de Georges Dor et *Jack Monoloy* de Gilles Vigneault. Selon elle, le public a marché et en redemandait, mais « Pauline a été sage, très sage. Elle a salué simplement comme elle seule sait le faire. Elle n'a pas voulu tout donner le même soir. Quelle discipline[61] ! » Pour Vigneault, qui a eu lui aussi beaucoup de succès ce soir de première, on avait paraît-il annexé au programme un feuillet intitulé : « Quelques mots du vocabulaire canadien-français pour mieux entendre Gilles Vigneault ». Sur les photos du reportage, on voit Guy Béart, Raymond Devos et Catherine Sauvage, dont il est dit qu'elle est sur le point d'interpréter plusieurs œuvres de Vigneault. Un correspondant du *Devoir* à Paris, le poète Jean-Guy Pilon, vient jeter un pavé dans la mare avec un compte rendu à refroidir toutes les ardeurs. Il était seul au premier rang du balcon et on l'a relogé à l'orchestre où il y avait deux cents personnes dans une salle qui peut en contenir mille. « Le spectacle, il faut le dire, est lamentable dans sa première partie. Pas de chaleur, pas de rythme, aucune imagination. Cela tient du patronage. [...] Et puis il y a Pauline Julien. Je l'écoute chanter ces chansons de Boris Vian qui ne sont pas toutes intéressantes. Elle les donne bien, elle lutte, se défend, est tendue. Elle n'a pas toujours une bonne tenue en scène, surtout entre ses chansons. Ses petits textes de liaison pseudo-poétiques sont un peu ridicules. Elle crie trop souvent. Mais soudain, il y a comme un miracle. Elle chante posément, et en grande interprète, cette très belle chanson de Georges Dor : *À la Manicouagan*. C'est émouvant. Un grand style. Dommage qu'elle n'ait pas dit – à la place de son bla-bla-bla – ce qu'était la Manicouagan. Sa meilleure chanson sans doute, ce soir-là. Je voudrais ne garder d'elle que le souvenir de cette chanson[62]. » Dans le reste de son article, Jean-Guy Pilon écorche Vigneault et il termine sur une note plutôt pessimiste en se demandant si ce spectacle contribuera à promouvoir vraiment la chanson canadienne en France. Piquée, Pauline lui rétorquera : « Le critique est libre d'aimer ou de ne pas aimer un spectacle, c'est son droit le plus absolu ; mais ce qui est grave chez Pilon c'est qu'il écrit que je fais du bla-bla-bla entre les chansons. Ça m'étonne qu'un gars de sa culture n'ait pas reconnu que mon bla-bla-bla comme il l'appelle est constitué de poèmes de Paul Éluard, Louis Aragon et Robert Desnos[63]... »

Dès son retour à Montréal, le 18 octobre 1966, Pauline se lance à corps perdu dans la préparation de son premier spectacle solo dans une grande salle à Montréal. Elle fera la Comédie-Canadienne du 17 au 20 novembre, sans Bécaud, sans Vigneault, sans les Cailloux, sans qui que ce soit. Elle tient à ce que ce spectacle, dans lequel elle est seule maître à bord pour une fois, soit à son image. Elle ne néglige rien pour qu'il soit d'un très grand professionnalisme et elle choisit avec le plus grand soin son équipe. François Cousineau fera les arrangements musicaux et dirigera les musiciens, Louis-Georges Carrier collaborera à la réalisation et Hugo Wuetrich à la présentation scénique ; elle « accordera » à Gérald Godin, encore une fois, une entrevue qu'elle publiera dans le programme ; elle sera habillée par Serge et Réal et elle se servira des photos de Jean-Pierre Leloir pour faire sa publicité. Elle structure minutieusement son spectacle en six tableaux regroupés autour des auteurs-compositeurs choisis afin de « situer un auteur et aussi de situer le public dans un état d'âme précis[64] ». Comme elle veut porter un grand coup, elle travaille d'arrache-pied à la préparation du spectacle. Cela ne l'empêche pas d'être active sur la scène politique, donnant son appui, avec le président de la Ligue des droits de l'homme, Jacques Hébert, deux professeurs à l'Université de Montréal, Guy Rocher et Marcel Rioux, les avocats Bernard Mergler et Robert Lemieux ainsi que Gérald Godin, au Comité mis sur pied pour venir en aide aux felquistes Pierre Vallières et Charles Gagnon alors recherchés pour répondre à des accusations de meurtre et d'actes de terrorisme.

La société québécoise traverse une période d'intense fébrilité. L'Union nationale de Daniel Johnson a repris le pouvoir contre les libéraux de Jean Lesage en juin 1966, coupant ainsi les ailes des forces progressistes et ravivant les mouvements d'opposition. La démocratisation amorcée par le gouvernement de Jean Lesage continue malgré tout, notamment avec l'assurance-hospitalisation, mais à un rythme ralenti. Les Québécois doivent concentrer leur énergie sur un événement qui marquera l'histoire du Québec de façon irréversible : ils recevront le monde entier chez eux et lors de l'Exposition universelle, les préparatifs prendront une place importante dans l'économie sociale. Même si l'ouverture officielle n'est prévue que pour avril 1967, l'on commence déjà à produire des spectacles sur les sites fraîchement aménagés. Le 19 octobre, Pauline y enregistre deux chansons pour la télévision : *Les Gens de mon pays* et *La Manic*.

Georges Dor est son nouveau « fournisseur » de chansons. Elle l'a découvert un peu avant son spectacle à Bobino grâce à son pianiste François Cousineau qui préparait alors un disque avec lui. Le public se reconnaît dans *La Manic*, une chanson en hommage aux travailleurs partis au loin, dans le nord du Québec, à la construction des grands barrages hydroélectriques de la rivière Manicouagan.

> *Si tu savais comme on s'ennuie*
> *À la Manic*
> *Tu m'écrirais bien plus souvent*
> *À la Manicouagan*
> *Si t'as pas grand-chose à me dire*
> *Écris cent fois les mots « Je t'aime »*
> *Ça fera le plus beau des poèmes*

C'est une chanson d'homme écrite par un homme. Quand Pauline la chante, c'est la solitude amoureuse qui ressort, mais c'est aussi l'avenir des Québécois, l'appropriation de leurs richesses naturelles, la réponse au slogan des libéraux de Jean Lesage, « Maîtres chez nous », leur fierté. Georges Dor n'a même pas encore lui-même interprété ses chansons que Pauline lui en réclame quelques autres pour son spectacle de la Comédie-Canadienne. Il accepte sur-le-champ, flatté, lui qui en était à ses premières armes : « Je les découvrais, en même temps. En dehors de moi. Pauline Julien, en grande interprète, avait une manière très personnelle de la chanter. C'était révélateur de l'entendre chanter ce que moi, j'avais écrit, ce que moi, j'étais en train d'enregistrer en plus[65] ! » Son spectacle à la Comédie-Canadienne révélera Georges Dor au grand public et Pauline s'en servira pour mousser son engagement politique : « Les chansons de Georges Dor me permettront de m'engager davantage, d'exprimer, de crier mes sentiments sur la guerre du Vietnam, l'indépendance du Québec, la soif de liberté des Africains[66]. »

Le 14 novembre, un peu avant son spectacle à la Comédie-Canadienne, a lieu le lancement du microsillon sous étiquette Gamma, intitulé simplement *Pauline Julien chante Boris Vian.* Dans cette édition québécoise du disque enregistré conjointement avec CBS à Paris au printemps 1966, elle a ajouté une treizième chanson, *Fais-moi mal, Johnny* (orchestration de François Cousineau). Trois autres musiciens français, Jean-Claude Petit, Bernard Gérard et Jimmy Walter, se partagent la direction d'orchestre pour le reste des chansons, dont *Suicide-valse, La Fugue, La Java des bombes atomiques* et *Le temps passe.* L'ordre des chansons diffère un peu sur les deux éditions du disque et les pochettes sont légèrement différentes.

Dans les entrevues qui précèdent son récital à la Comédie-Canadienne, elle en profite évidemment pour faire la promotion de son dernier disque. Elle en vante la maquette, les deux photos, celle de Pauline et celle de Boris Vian qui mêlent leurs traits, se superposent « avec noblesse et intelligence ». Elle se sert également de cette tribune publique pour faire le point sur sa carrière et, de plus en plus, une congruence s'établit entre ce qu'elle a vécu réellement à Paris et ce qu'elle révèle au journaliste : « Je suis très instable. Rien d'étonnant à tout cela. D'abord je suis sous le signe des Gémeaux, et puis il faut croire que cette instabilité est propre à mon tempérament de femme. Je change souvent, continuellement, et ça m'énerve beaucoup. Ma vie personnelle importe énormément. J'aime être chez moi, au sein de mon univers, bien que je ne sois pas une "femme de maison". Je suis dans un dilemme entre deux bornes : une carrière et une vie personnelle. J'adore le monde du spectacle et je ne pourrais m'en séparer mais la balance n'est pas en équilibre. Elle penche plus d'un bord que de l'autre. [...] Il est plus facile pour un homme de tout oublier lorsqu'il est à son travail. Moi je trouve difficile de concilier ces valeurs qui s'affrontent[67]. »

Toujours aussi impressionnée par la poésie avec laquelle elle entretient des rapports privilégiés depuis les tout débuts de sa carrière de chanteuse, elle place en exergue du programme un poème d'Aragon, *Liberté*.

Il y a des mots
qui font vivre et ce sont
des mots innocents

Le mot enfant
Et le mot gentillesse

Et certains noms de fleurs
et certains noms de fruits...

À l'intérieur du programme, dans une autre entrevue avec Gérald Godin, elle explique son choix de chansons en rapport avec son engagement politique : « Je ne peux pas dissocier mes options personnelles d'avec le métier que je fais. De toute façon, quand quelqu'un me demande si je suis fière d'être québécoise, à la réflexion je réponds : j'aimerais l'être. Mais dans l'état actuel des choses un changement est nécessaire. Être fière signifierait qu'on ne le croit pas. Si on obtient ce changement, nous pourrons parler de fierté[68]. » Elle recherche toujours des textes comme ceux de Brecht qui décrivent la misère des déshérités. Elle aime les chansons fantaisistes de Vian, mais elle veut des chansons qui lui permettraient d'aller plus loin, d'exprimer ses sentiments sur la guerre du Vietnam, l'indépendance du Québec, la libération des peuples du tiers monde. Après Vigneault et Lévesque, c'est Georges Dor maintenant qui lui fournit les textes les plus proches de ses attentes. Sans Georges Dor, elle aurait peut-être même arrêté de chanter.

Bien que le spectacle ait soulevé l'enthousiasme inconditionnel du public, la critique est partagée. Autant celle de *La Presse* est réservée, autant celle du *Devoir*, dithyrambique, rejoint le ton tout à fait emporté et romantique de Gérald Godin lors des premiers tours de chant de Pauline à Trois-Rivières. Claude Gingras de *La Presse*, jusqu'ici favorable à Pauline, se fait les dents sur la première partie du spectacle qu'il juge décevante, trop forcée et il tombe à bras raccourcis sur une chanson de Raymond Lévesque, *La Reine du strip-tease*, dont il trouve les rimes « d'une indigence » lamentable et sur la chanson *Stanislas* de Ricet Barrier, qu'il juge insignifiante, sans compter qu'il considère du même souffle les chansons de Brecht et Weill, sauf *Bilbao*, « inutilement ésotériques et hermétiques ». À la fin, il loue les mérites de l'ensemble instrumental de François Cousineau et revient sur les chansons de Georges Dor, qui constituent pour lui une heureuse découverte.

Le ton du *Devoir* est aux antipodes de celui de *La Presse*. Jacques Thériault se laisse aller à une description de l'atmosphère quasi mystique, pour ne pas dire mythique, qui prévalait le soir de la première. Pour lui, la chanteuse vêtue d'une longue robe noire n'est que magie, abandon et « vénusté ». Il a tout aimé, *Bozo-les-culottes*, *La Reine du strip-tease*, *Bilbao Song*, appréciant particulièrement de Georges Dor, *Le Chinois*, *La Manic* et *Le Jeu de nos amours*. Puis le critique pardonne quelques vétilles, la faiblesse des textes de présentation entre ses chansons, la quasi-obscurité dans laquelle elle chante, avant de louer sa performance qui mise sur la pureté de l'interprétation, la qualité de la voix, la fidélité au texte.

Du côté de la presse anglophone, le délire est aussi intense. *The Gazette* titre son article : *« Pauline – I Love You, I Love You, I Love You »*, et le journaliste Don Winkler, qui se déclare désarmé par tant de talent et de passion, termine son concert d'éloges par une phrase tout à fait surprenante eu égard au climat d'extrême tension d'alors entre francophones et anglophones : « *Pauline Julien has come home again. Quebec may be proud to claim her*[69]. » Joan Irwin du *Montreal Star*, elle aussi sous le charme, constate les énormes progrès que Pauline a faits depuis son dernier spectacle à Montréal : « *No one has ever sang* Bilbao Song *better than Pauline Julien sings it, and the four other Brecht songs on the programme were almost as dazzling. Her voice and personality are perfect for these hard, throbbing, sad commentaries on the human lot*[70]. »

Cette affection que vouent les anglophones de Montréal et du reste du Canada à la chanteuse québécoise, indépendantiste, passionnée, francophile à l'extrême, témoigne de l'ambivalence de

Pauline Julien. Elle a toujours su distinguer individus et institutions, se montrer ouverte et accueillante pour les personnes, quelle que soit leur origine et par ailleurs sans pitié pour l'establishment, ce qui la mettra parfois dans des situations embarrassantes. Mais elle a le vent dans les voiles et l'année 1966, commencée dans les tâtonnements à Paris, s'achève sur une note plutôt encourageante. Cette année-là, elle a fait son nid et elle est devenue une vedette incontournable de la chanson québécoise. Mais qu'on n'aille pas croire qu'elle pourrait dormir sur ses lauriers !

NOTES

1. Extrait d'une chanson écrite par Pauline Julien, ayant pour titre *Comme si* (*Allez voir si vous avez les ailes...*, 1973).
2. *Télé-Radiomonde*, 19 septembre 1964.
3. Pauline Julien, journal intime, 2 septembre 1964.
4. *Le Devoir*, 21 septembre 1964.
5. *Échos Vedettes*, 24 octobre 1964.
6. Colette Beauchamp, *Judith Jasmin 1916-1972. De feu et de flamme*, Boréal, 1992.
7. Alain Pontaut, *Le Devoir*, 31 octobre 1964.
8. *Photo-vedettes*, 31 octobre 1964.
9. Francine Montpetit, *La Patrie*, 2 juillet 1964.
10. Alain Pontaut, *Le Devoir*, 10 octobre 1964.
11. *Photo-Journal*, semaine du 23 au 30 septembre 1964.
12. Claude-Lyse Gagnon, *Télé-Radiomonde*, 24 octobre 1964.
13. Pauline Julien, texte inédit, 6 février 1997.
14. Zelda Heller, *The Gazette*, 9 novembre 1964.
15. Gil Courtemanche, *La Presse libre*, 10 novembre 1964.
16. Pierre Calvé, entrevue du 20 novembre 1997.
17. Claude Gingras, *La Presse*, février 1965.
18. Brigitte Morissette, *La Patrie*, 4 mars 1965.
19. Idem.
20. Claude Gingras, « Julien, Léveillée et les autres. Gala du RIN », *La Presse*, mars 1965.
21. Guy Lessard, *Journal des vedettes*, 12 juin 1964.
22. Idem.
23. Pauline Julien, journal intime, 21 août 1965.
24. Idem.
25. Idem.
26. Idem.
27. Idem.
28. Ibid., 26 août 1965.
29. Ibid., 17 septembre 1965.
30. Idem.
31. Ibid., 27 septembre 1965.
32. Ibid., 9 septembre 1965.
33. *L'Humanité*, 30 novembre 1965.
34. Francine Laurendeau, *La Presse*, 4 décembre 1965.
35. René Homier-Roy, *Photo-Journal*, 12 janvier 1965.
36. Pauline Julien, journal intime, 13 janvier 1966.
37. Ibid., 17 janvier 1966.
38. Ibid., 18 janvier 1966.
39. Ibid., 22 janvier 1966.
40. Ibid., 1er février 1966.
41. Ibid., 5 février 1966.
42. Ibid., du 7 au 14 février 1966.
43. Ibid., 3 mars 1966.
44. Idem.
45. Ibid., 4 mars 1966.
46. Ibid., 5 mars 1966.
47. Idem.
48. Ibid., 10 mars 1966.
49. Ibid., 12 mars 1966.
50. Ibid., 27 mars 1966.
51. Ibid., 1er avril 1966.
52. Ibid., 2 avril 1966.
53. Dominique Bourgeois, *Le Petit Journal*, 17 avril 1966.
54. Pauline Julien, journal intime, 11 avril 1966.
55. Ibid., 27 avril 1966.
56. Jean Bouthillet, *Perspectives*, 18 juin 1966.
57. Pauline Julien, journal intime, 12 juillet 1966.
58. Ibid., 22 juillet 1966.
59. Ibid., 17 août 1966.
60. Ibid., 11 septembre 1966.
61. *Échos Vedettes*, 15 octobre 1966.
62. Jean-Guy Pilon, *Le Devoir*, 19 octobre 1966.
63. Guy Lessonini, *Nouvelles illustrées*, 5 novembre 1966.
64. Christiane Brunelle-Garon, *Le Soleil*, 26 novembre 1966.
65. Georges Dor, entrevue du 10 mai 1997.
66. *Dimanche-matin*, 20 novembre 1966.
67. Jacques Thériault, *Le Devoir*, 12 novembre 1966.
68. Programme du spectacle de Pauline Julien à la Comédie-Canadienne, 17 au 20 novembre 1966.
69. Donald Winkler, *The Gazette*, 18 novembre 1966.
70. Joan Irwin, *The Montreal Star*, 18 novembre 1966.

La chanteuse « consciente »

Octobre 1970

Eille les pacifistes
Eille les silencieux
Eille la majorité où êtes-vous donc ?

Du fond des prisons
Du fond de l'injustice
Ils crient vers vous

Eille seriez-vous si aveugles
Eille seriez-vous à plat ventre
Eille seriez-vous si peureux

Que vous ne verriez pas
Votre frère emmuré
Votre sœur emprisonnée[1]

Les quatre années qui vont suivre, Pauline les vivra au rythme de la société québécoise, de plus en plus contestataire, grouillante et ouverte sur le monde. L'année 1967 est l'année de l'Exposition universelle de Montréal, l'année du « Vive le Québec libre ! » échappé par le général de Gaulle du haut du balcon de l'Hôtel de ville. L'année 1968 sera ponctuée de nombreuses manifestations entourant les lois sur la langue, les revendications des étudiants, des syndiqués, par la montée des groupes marxisants. En somme, le Québec n'échappe pas aux remous sociaux qui secouent l'Occident cette année-là. En 1969, les affaires se corsent, les manifestations prennent encore plus d'ampleur, des perquisitions ont lieu plus fréquemment chez les intellectuels. La menace du FLQ, groupe clandestin qui ne s'était jusque-là manifesté que sporadiquement, devient de plus en plus concrète et en octobre 1970, c'est le coup d'éclat : James Richard Cross, diplomate britannique, est enlevé et séquestré, et Pierre Laporte, ministre libéral, est assassiné. Ces actions violentes sont revendiquées par des cellules du FLQ et le Québec est sous arrêt.

Pauline sera de toutes les causes, et elle appuiera en particulier celle de Pierre Vallières et Charles Gagnon, deux intellectuels québécois associés au Front de libération du Québec, arrêtés à New York en septembre 1966 et qui ont passé presque quatre ans à naviguer entre la prison et les procès. Pauline Julien adhère l'une des premières au Comité d'aide au groupe Vallières-Gagnon et devient l'une des organisatrices les plus actives des spectacles présentés au profit des deux felquistes. Elle ira très loin dans son engagement politique, si loin que la rumeur de sa candidature comme députée courra, qu'elle s'empressera de démentir. Chanteuse engagée, oui, mais une femme comme les autres, une citoyenne qui pense, une femme « consciente ». Elle reprend à son compte la réplique de Melina Mercouri : « Ce n'est pas parce que je chante que je dois m'arrêter de penser[2]. » Cette dernière, on le sait, sera élue au parlement d'Athènes et deviendra ministre de la Culture. Pauline ne franchira pas ce pas, elle commencera même à tempérer ses paroles à partir de la fin de l'année 1969, au moment où le militantisme politique deviendra plus ardent. Les ardeurs de la belle époque des chansonniers commencent à tiédir à mesure que la population prend son destin en main. Peut-être Pauline est-elle fatiguée de courir tant de lièvres à la fois, peut-être faiblit-elle à l'intérieur d'elle-même, rongée par la peur, le manque de confiance, la culpabilité de ne pas être parfaite. Dans les entrevues, elle répète souvent qu'elle tient à sa vie familiale, qu'elle n'est pas carriériste, qu'elle ne fait que dire ce qu'elle pense.

En mars 1967, elle reprend son journal, toujours aussi désespérée, insatisfaite d'elle-même et de sa vie professionnelle. Elle commence à utiliser une machine à écrire, pour donner un peu d'autorité à son entreprise d'écriture, pour noter tout ce qu'elle pense, ce qu'elle ressent, jour après jour : « Avec la machine peut-être que j'aboutirai à établir un petit tas, pour marcher dessus, ou m'en éloigner, ou m'en servir pour m'élancer plus loin. Obsession que je ne suis pas assez forte pour subir l'assaut de ce mille-pattes, de cette pieuvre qu'est la vie et qui m'assaille de toutes parts. Je m'exprime sûrement mal, mais ce matin, sans bouger, dans la détente la plus parfaite de quelques secondes, un bouquet de fleurs jaillit en moi, un bouquet qu'on lance et qui s'épanouit dans l'instant, coloré, rieur, multiple, joyeux[3]. »

Puis, au mois d'avril, d'une façon tout à fait inattendue, Pauline est invitée à faire une tournée en Union soviétique, de la mi-mai à la mi-juin. Elle a donné quelques-uns de ses disques à Nicolas Koudriavtzeff, un imprésario de Canadian Concert & Artists, qui à son tour les a envoyés en Russie avec ceux d'autres chansonniers, et c'est Pauline Julien qui retient l'attention cette année-là. L'année précédente, Monique Leyrac a fait sensiblement la même tournée, et l'année suivante ce sera le tour de Jacques Blanchet. Pauline est à la fois morte de peur et ravie de faire ce voyage auquel elle ne peut résister, à cause de sa grande curiosité, de son désir de bouger et de ses idées politiques : « J'aime beaucoup la Russie, les auteurs russes, enfin ce que je connais de la Russie par ce que j'en ai lu quoi ! Tchekhov, Dostoïevski, Tolstoï, Gorki. Et puis il y a la Révolution, c'est très important le socialisme, beaucoup plus que le communisme[4]. » Gérald Godin sera du voyage, intéressé de voir comment se vit ce socialisme dont il épouse la cause.

Ayant déjà plusieurs chansons à son répertoire et tenant à adhérer corps et âme à tous les mots qu'elle chante, elle devient de plus en plus sélective. Sans compter que plusieurs de ses auteurs-compositeurs sont devenus eux-mêmes des vedettes : Gilles Vigneault, Georges Dor, Pierre Calvé... Par ailleurs, Pauline ne s'est jamais privée de triturer les textes des autres comme s'ils étaient les siens propres, dont ceux de Raymond Lévesque qu'une telle pratique vexe au plus haut point : « Je lui avais donné un poème qui s'appelle *Trois Milliards d'hommes* et elle a fait faire une musique dessus. Mais les mots ne marchaient pas toujours avec... alors, elle a changé les mots, comme ça. Je n'étais pas du tout d'accord. Ils sont encore sur le disque, ces mots-là[5]. » Anne Sylvestre, qui fournira à Pauline plusieurs chansons devenues célèbres dans les années soixante-dix, dont *Tu n'as pas de nom* et *Une sorcière comme les autres*, plaide en vain le respect intégral de ses textes : « Je me suis battue avec ça. Alors, je disais et je suppose que les autres lui disaient ça aussi : "Pauline, je mets des jours et des semaines pour savoir quel mot je vais mettre là, et toi, tu n'as aucune raison de le changer." Évidemment, elle les changeait quand même[6]. » Se permettant des substitutions, des rajouts ou des suppressions, elle éprouve un besoin irrésistible d'apposer sa marque aux chansons qu'elle choisit, peu importe si c'est Boris Vian, Léo Ferré, Gilles Vigneault ou Claude Gauthier qui les ont composées. Elle se préoccupe constamment d'adapter les mots aux circonstances dans lesquelles elle chante, elle va par exemple remplacer « bitume » par « asphalte » dans *Une sorcière comme les autres* d'Anne Sylvestre. Mais le plus étonnant, c'est qu'elle change parfois les mots pour minimiser l'impact politique de certaines chansons engagées. En 1969, quand l'étiquette de chanteuse engagée qu'on lui accole commencera à l'agacer, elle supprimera le mot « indépendance » au profit du mot « existence » dans *Le Temps des vivants* de Gilbert Langevin. Ce phénomène de retouche perpétuelle des textes ne s'arrêtera pas quand Pauline deviendra l'auteure de ses chansons. Au contraire, il s'accentuera, et ce même quand il y aura collaboration avec Gérald Godin ou Denise Boucher. Pour elle, rien n'est jamais fixé, tout est en devenir, tout doit se plier à sa personnalité changeante, indécise et instinctive : « Je suis incapable d'interpréter des chansons auxquelles je ne crois pas totalement. Parfois, il suffit d'un seul petit détail qui ne concorde pas, va à l'encontre de ma personnalité, pour que j'arrête de la chanter[7]. »

La veille de son départ en Russie, Pauline Julien donne un spectacle à l'Expo-théâtre dans le cadre de la Semaine de la chanson. Les anglophones sont les plus enthousiastes à la perspective de ce spectacle. De l'indépendance elle devient la messagère qu'ils ne rejettent pas, qu'ils respectent même, parce que Pauline parle avec détermination et conviction, sans pour autant les mépriser : « *In real sense, Pauline Julien represents the soul of the new Quebec – the Quebec which has made international headlines as it evolves and talks of seceding from the other provinces. [...] Through her interpretation of songs composed by French-Canadian writers, she reveals more of the striving of her people than half-dozen Quebec politicos*[8]. » Le journaliste continue son apologie en soulignant les contradictions dont, pour l'instant, il semble s'amuser en les associant aux contradictions inhérentes au mouvement indépendantiste : « *She refuses to speak English in this province, yet performs in other parts of Canada, including Toronto. She refused to sing for Queen Elizabeth during her last Canadian tour but would do so if invited in England. [...] No matter how strongly you may feel about separatism, no matter how puzzled you may be about Quebec, Pauline Julien will move, if not enlighten you*[9]. » Le phénomène des chansonniers fascine de plus en plus les anglophones. La quintessence de l'esprit du Québec, son caractère unique, se manifeste dans ce mélange de passion et de frustration. « *Their Gallic blood [...] their English dominated past*[10]. »

Le 15 mai, Pauline s'envole pour la Russie, et même si elle est toute préoccupée par ses spectacles, son journal de bord reflète ses inquiétudes : « Trois heures du matin, aucun sommeil ne vient. Je lis Ducharme, Saint-Denys Garneau, *L'Humanité*, rien ne me passionne. Y aura-t-il de vrais contacts avec les Russes ? Que puis-je être pour eux et eux pour moi ? Nous nous regardons avec sympathie. Deux animaux curieux chacun dans sa sphère, nous mangerons ensemble, nous jouerons ensemble. Les hommes ici ont fait la Révolution, les hommes se sont tiré dessus, les hommes se sont piétinés, puis il y a eu Lénine et Staline, encore beaucoup de morts. Puis maintenant l'ère de la prospérité. Ces fortes femmes. Ces non-femmes, que pensent-elles de moi ? Que pourrais-je leur être. Elles qui ont tant souffert, lutté, travaillé ! Quelle voix, quelle voix leur apporterai-je[11] ? »

Pauline, en plus de participer à une émission de télévision, fait cinq spectacles à Moscou, puis sept à Leningrad avant d'aller en donner cinq à Riga, en Lettonie, et trois à Tallinn, capitale de l'Estonie. Succès partout, les salles débordent. À Riga, sur une population de six cent mille habitants, vingt-cinq mille personnes assistent aux spectacles. À cinq ou six reprises pendant le récital, une interprète s'avance sur scène pour donner des explications en russe et le public, chaque fois, lance des fleurs à Pauline. C'est la première fois qu'elle chante devant un auditoire tout à fait étranger et, à l'aide de son pianiste, elle a décidé de se constituer un répertoire sur mesure. Après ses inséparables Brecht, *Le Tango des matelots, La Chanson de Barbara* et *Bilbao Song,* elle enchaîne sur quelques chansons de folklore, comme *Au bois du rossignolet* et le *Marchand de velours. La Danse à Saint-Dilon* de Vigneault, avec son rythme amusant, endiablé et typiquement québécois réchauffe à tout coup son public. Pour l'occasion, elle apprend aussi un classique, *Kalinka,* qu'elle chante en russe avec quelques mots pour que le contact soit encore plus chaleureux. Elle émeut son auditoire à la fin de son spectacle avec *Les Gens de mon pays* qu'elle interprète d'une façon majestueuse. À défaut de comprendre tous les mots, les Russes sont intéressés par sa passion et sa générosité : « Tout ce que je souhaite, c'est de leur laisser quelque chose, les intéresser sans artifices[12]. »

Elle travaille fort, dans des conditions parfois difficiles, les musiciens soviétiques ne pouvant assurer un accompagnement de qualité. Après le départ de Gérald le 26 mai, elle prolonge sa présence en décrivant dans son journal les lieux visités ensemble : « Leningrad. Ici sept récitals, trois salles différentes, des problèmes d'éclairage à chaque fois, la voix fatiguée, c'est ardu, mais on a tout de même beaucoup de succès. Visite du musée de la Révolution. Émouvant, impressionnant. Il fait très beau, mais j'écris et je préfère rester dans l'immense chambre. Ce travail me tue un peu, j'ai trop de responsabilités. Je n'aime pas être loin des miens. Je lis *Ulysse,* c'est très complet, l'humour, l'intelligence, l'âme, et je pleure un peu ; je pense à Pascale, Nicolas, je m'ennuie. La justice, l'amour, la guerre et la vérité. Pourquoi est-ce que je chante[13] ? »

Dès son retour, la presse montréalaise fait grand cas, et dans les moindres détails, de cette tournée en Union soviétique. Pauline donne de son voyage un compte rendu plus que favorable : « On m'avait raconté un tas d'histoires avant de partir. Il faut croire que c'est bien changé maintenant. J'ai bien mangé et je n'ai pas attendu dans les restaurants. J'ai adoré les grandes baignoires dans les hôtels. À Leningrad, il y avait un bar américain dans l'hôtel où j'étais[14]... » Claude Gingras, devant son enthousiasme débordant, lui demande si elle aimerait y vivre, ce à quoi elle répond de façon plutôt évasive. Dans un journal à potins, Pauline raconte que les femmes de là-bas n'osent pas encore porter la minijupe, que les gens se promènent en rangs de dix ou quinze personnes sur les trottoirs. Elle a été frappée par les fleurs omniprésentes, par le fait qu'il y a des orchestres dans les restaurants, que les hommes lui demandaient spontanément de danser avec eux. Elle ne peut résister à une analyse sociologique de cette ambiance fraternelle : « Je crois que cette chaleur vient surtout d'une absence totale de classes qui est remarquable puisque cette même chaleur humaine existe dans tous les milieux : étudiant, paysan, ouvrier, artistique et professionnel[15]. » Puis elle montre aux journalistes les cadeaux qu'elle a rapportés, des tabliers, des chemises, des coiffes, des casquettes, des poupées, des châles, un magnifique tapis, un samovar ancien, tout en leur racontant les nuits blanches de Leningrad auxquelles son tempérament d'insomniaque s'est facilement adapté. À une heure du matin, le jour se lève et les enfants jouent dans la rue...

Ce ton ravi tranche sur les pages qu'elle écrit dans son journal au retour de son voyage. Elle a du mal à renouer avec ses enfants après ces semaines d'absence et elle éprouve du chagrin, se sent coupable. Elle se dit impuissante à les nourrir intellectuellement, spirituellement. Épuisée, elle éprouve un besoin irrésistible de sommeil. Elle est tentée par la drogue, le L.S.D., qui pourrait selon elle la sortir de cet engluement, qui lui permettrait de découvrir la pureté et l'absolu enfouis en elle. Mais elle a peur de s'éloigner ainsi davantage de Gérald, de ses amis, de sa conscience aiguë du monde : « J'ai peur de tout. Dans ces moments, j'ai simplement envie de me cacher, et même chez nous, c'est impossible, parce que, en même temps, je suis sociable et jamais je ne me dissocie de tous les autres, même de Françoise Dorléac que j'apprends brûlée vive (elle est morte, mais je pense à la prise de conscience possible et l'attente impuissante de la mort, et ça me tue), je pense aux milliers d'Arabes mourant de faim et de soif, sans compter les bombardements journaliers et les souffrances des Vietnamiens[16]. »

À l'occasion de la fête de la Saint-Jean, fête nationale des Québécois qui, avec la montée de la vague indépendantiste prend de plus en plus d'envergure et de signification, elle donne cette année-là un spectacle... au Pavillon du Canada de l'Expo 67. Ironiquement, ce sont les anglophones qui en parleront le plus, faisant l'éloge de la passion et de la sensibilité « vibrante » de Pauline Julien. Ce spectacle, enregistré par le service international de Radio-Canada et distribué à l'étranger vers 1969, est constitué de chansons de plus en plus engagées, comme *Le Chinois* de Georges Dor. Depuis le printemps, d'ailleurs, Pauline parle de faire un disque constitué de douze chansons de ce compositeur, mais le projet avortera, Georges Dor ayant décidé de mener sa propre carrière d'interprète.

Au cours de l'été 1967, Pauline fait quelques spectacles sur le site de l'exposition universelle, notamment au pavillon de la jeunesse. Elle participe à une émission de télévision avec les Cailloux, animée par le poète Michel Garneau. Elle y interprétera à nouveau des chansons de folklore, *Au bois du rossignolet* et *Ma mie que j'aime tant.* Cet été-là sort le film de Michel Brault, *Entre la mer et l'eau douce,* dans lequel elle a fait de la figuration seulement, aux côtés de Geneviève Bujold et Claude Gauthier dans les rôles principaux et Gérald Godin et Denise Bombardier dans des rôles secondaires. Ce film obtient un certain succès que n'a pas connu *La Terre à boire,* ni même *Fabienne sans son Jules.* Pauline rêve toujours de faire du cinéma et, à la fin de l'été 1967, on la retrouve démunie, comme toujours à cette époque de l'année, quand les projets ne sont pas encore bien définis. C'est plus fort qu'elle, elle a l'impression qu'on l'oublie, qu'elle ne gagnera plus d'argent, qu'elle sera supplantée par une autre chanteuse, plus à la mode, plus douée : « Écrire, écrire, pour se débarrasser de ces fantômes inutiles, fantômes aussi de la jalousie de tout, jalousie de ne pas posséder un peu plus de rationnel, de ne pas posséder plus l'amour des autres, parce que mon cœur est un peu sec, un peu beaucoup faudrait dire[17]. »

Pour réaliser son vieux rêve d'être instruite, de faire des études avancées, et surtout parce qu'elle ne se sent pas toujours à la hauteur dans les discours et les analyses politico-sociologiques, à l'automne 1967, elle suit des cours de mathématiques. Elle continuera l'hiver suivant en philosophie, n'abandonnant pas, malgré les nombreux voyages et engagements, pendant quelques années encore, en suivant des cours d'administration publique, d'histoire et de sciences politiques à l'Université du Québec. Comme elle se déplace continuellement, elle manque des cours, mais elle se rattrape dans les travaux. Elle dira par la suite que ce sont les événements d'octobre 1970 qui l'ont empêchée de terminer ses études. Elle parle très peu de ses études dans ses écrits, sauf pour rager contre de difficiles travaux d'algèbre ou pour remettre en question sa décision d'étudier. La plupart des ses proches ignorent également qu'elle est à l'université et elle n'en parle pas non plus dans ses entrevues aux journalistes, sauf à Patrick Straram pour un long article qu'il lui consacrera dans *Télécinéma* de septembre 1971.

Le célèbre « Vive le Québec libre ! » du général de Gaulle lancé le 24 juillet 1967 a eu, cet automne-là, des répercussions heureuses pour les chanteurs et auteurs-compositeurs du Québec. L'invitation est lancée par Bruno Coquatrix, le directeur de l'Olympia, pour que les 18, 19 et 20 septembre, Gilles Vigneault, Clémence DesRochers, Claude Gauthier, Pauline Julien, Ginette Reno, de même que les Cailloux montrent leur savoir-faire sur la prestigieuse scène de Paris. Pauline passe en fin de première partie du spectacle dont Vigneault est la vedette, reproduisant le scénario de Bobino à l'automne précédent. Pourtant, à lire les critiques, Pauline Julien domine cette soirée. Certains disent qu'on aurait dû lui confier la deuxième partie, ajoutant que Vigneault aurait « exigé » de passer en vedette. *La Semaine illustrée* titrera même : « Heureusement qu'elle était là... Pauline Julien sauve le prestige du Québec ». Quand elle interprète *La Manic, Bozo-les-culottes,* beaucoup de Québécois dans la salle sortent leur mouchoir, tant ils se retrouvent en elle. Et c'est le délire. Pierre Saint-Germain, envoyé spécial de *La Presse,* rencontre Pauline dans sa loge remplie de fleurs après le spectacle et lui rappelle que certaines personnes ont peu apprécié *Le Chinois* de Georges Dor, une chanson un peu trop à gauche pour le public de l'Olympia. La réponse ne tarde pas, lapidaire : « Dites-leur à ces gens que je n'ai pas fini de chanter des chansons engagées. Je chante les chansons que j'aime et ici plus encore que je n'avais fait lors de mes précédents engagements à Paris[18]. »

La critique française parlera en général de façon positive de chacun des chanteurs, mais les noms qui ressortent sont ceux de Pauline Julien et Gilles Vigneault. On reconnaît en Pauline une véritable chanteuse formée en France ! « Pauline est une nature. Elle vient de la meilleure école – celle des cabarets de la Rive gauche – à leur meilleure époque. Elle est une cousine germaine de Pia Colombo. Mais en plus enjouée, malicieuse, avec – oh ! juste un soupçon – l'air gavroche[19]. » Dans *Combat*, Michel Perez considère Pauline comme l'une des leurs : « Elle a l'air de vouloir chanter aussi fort que le vent, elle est prête à se battre, elle crie son amour de la vie, des êtres et des choses sans cesser d'être sereine, d'être sûre d'elle. Elle est de la classe des Catherine Sauvage et des Francesca Solleville, de ces jeunes femmes dont le tempérament généreux s'impose avec violence sans que jamais le cabotinage ni l'affectation ne les menacent[20]. »

Pauline rentre donc à Montréal avec un triomphe de plus à son crédit, mais elle sent le besoin de se justifier d'un incident à caractère politique survenu avant son départ pour Paris et qui a suscité des commentaires. Dans la boutique hors-taxe, elle s'est entêtée à exiger d'une vendeuse unilingue anglaise qu'elle la serve en français. Une autre vendeuse vient à la rescousse de la première : *« We will not speak french, this is Canada, not Quebec. »* Cet incident sera repris par Gordon Sheppard dans un article qu'il écrira sur elle en novembre 1968 : *« This woman who sings so warmly, so movingly of love, and the tolerance it implies, can be, in her own life, brutally intolerant. Not long ago, when a shopgirl at Montreal airport spoke English to her French request, Pauline abruptly slapped her. She feels she has waited long enough for French to become a universal fact in public Montreal*[21]. »

En octobre 1967, au moment où René Lévesque claque la porte du Parti libéral pour prendre la tête du Mouvement pour la souveraineté association (MSA), une équipe de la télévision belge arrive à Montréal en vue de préparer une émission. Dans un bar près de Radio-Canada, le journaliste liégeois Pierre André rencontre par hasard Pauline Julien, qui l'invite chez elle. Pauline commence ainsi à établir des contacts avec la Belgique, qui traverse elle aussi des crises d'autodétermination. Les Wallons inviteront souvent Pauline chez eux, à Bruxelles et à Liège, et se développera autour d'elle une véritable filière belge : Julos Beaucarne, André Romus et sa famille, la famille de Lucien et Yetta Outers, Jean-Maurice Dehousse. Les Wallons « emprunteront » en quelque sorte Pauline Julien pour défendre leurs propres aspirations à l'indépendance. Des liens de plus en plus étroits se tissent avec la Belgique lors de cette rencontre.

Le mois d'octobre 1967 est également pour Pauline l'occasion de dresser un nouveau bilan de sa carrière. *Jeunesse oblige* lui consacre toute l'émission du 13 octobre. Le ton de l'émission est à la confidence et Pauline, malgré son petit accent parigot, parle d'abondance de son parcours en s'adaptant à son auditoire d'adolescents. Elle raconte qu'à leur âge elle faisait partie d'un groupe de jeunes filles qui se réunissaient pour danser, pique-niquer, faire du ski et que pour certaines Pauline avait réalisé un exploit en partant seule faire sa vie à Québec. Elle fait à ses jeunes auditeurs des confidences : « J'ai peur de m'ennuyer. La chanson est un moyen de m'exprimer, d'exprimer des choses valables. Je voudrais avoir un moyen plus efficace, non pas par rapport à la chanson, mais par rapport à moi. Je n'ai pas assez de choses à dire, à faire. [...] Auteur et interprète, c'est la même chose pour moi. [...] J'aime la chanson de tempérament, je la chante comme si je l'avais écrite. Je suis une femme jeune, je pense socialement. Rien ne me laisse indifférente, Québec ne me laisse pas indifférente, Cuba ne me laisse pas indifférente. Tout ça me fait choisir mes chansons, la politique. » À une étudiante qui lui demande si elle songe à écrire ses propres chansons, elle hésite avant d'avouer qu'elle y a pensé mais ne s'en trouve pas le talent. Suivent des explications concrètes sur sa façon de travailler ses chansons : avec son pianiste, elle répète et répète avant de décider de choisir une chanson, puis retravaille le texte des heures et des heures, parce que pour elle le texte est beaucoup plus important que la musique. Elle veut être plus humaine, plus près des gens. Jeune, elle était trop « snob » pour comprendre la Bolduc, mais maintenant elle voit mieux les choses essentielles : « Je veux vivre ma vie à moi. Je ne veux pas partir six mois en tournée. J'ai mes enfants, un homme que j'aime. Je ne laisserais pas mon métier empiéter sur ma vie. » Pauline qui, jusque-là, a plutôt fait passer sa carrière avant sa vie prend ses désirs pour des réalités. Elle pense peut-être qu'elle changera le cours des choses en les disant et en les écrivant. Elle a l'art de s'adapter à son jeune public et sait comment projeter une image positive en affirmant qu'elle est elle-même mère de deux adolescents.

Elle commence à remettre en question les études qu'elle a entreprises en septembre, en proie à une phase aiguë de dépression, même si la vie bouge autour d'elle tant sur le plan politique que sur le plan professionnel. À force d'écrire, elle finit par se convaincre de persister alors que tout en elle l'incite à abandonner : « M'instruire un peu plus, et pour aller dans quelle voie ? Le problème qu'il faut extirper comme une pierre par une solution radicale, le cajoler, l'éclairer, le détailler à quoi cela sert-il ? Éclairé ou dans l'ombre, ou oublié, il n'en reste pas moins là, à cette table, cette série de toits, l'hiver, l'automne, l'été. Le tout est d'être vivant et de participer[22]. » À la fin de l'automne, elle essaie de parer à l'immense sentiment de vide et de solitude qu'elle ressent. « Désintéressement, pertes quasi complètes de relation avec ce qui se passe dans ce monde-là... de contacts avec les auteurs-compositeurs d'ici. Après Paris, qui fut un grand succès, un silence de plus en plus vaste. Puis cette réalisation concrète à très petite échelle. C'est ma manière de procéder et elle va son chemin[23]. »

Sa relation avec Gérald dure depuis plus de cinq ans et son amour pour cet homme gagne en profondeur malgré des hauts et des bas. Il peut difficilement en être autrement lorsque deux personnes aux caractères si forts et si différents unissent leurs vies. Pauline compte sur Lucienne Guay pour assurer l'intendance de la maison, mais Gérald Godin, le plus souvent, s'occupe des enfants lorsque Pauline part en tournée. S'accommodant de la situation d'assez bon gré, il demeure tout de même un homme de moins de trente ans responsable de deux adolescents. L'amour qui unit Gérald à Pauline brûle si fort qu'il finit toujours par reprendre le dessus. Gérald Godin s'exaspère parfois des angoisses à répétition de Pauline, et Pauline à son tour s'offusque de voir son compagnon dormir si profondément, elle qui passe des nuits blanches à s'inquiéter du lendemain. Ces tempéraments si contraires trouvent un terrain d'entente dans les préoccupations sociales, dans les désirs amoureux, dans les goûts artistiques. Souvent de violentes discussions éclatent dans lesquelles les coups volent bas. Tous les amis proches de Pauline et Gérald le constatent, et certains ont même vu Pauline furieuse et jalouse lancer un couteau en direction de Gérald lors d'une fête. Gérald tourne à la blague les fureurs de Pauline, il s'en amuse, s'en délecte presque. Pour l'écrivaine Madeleine Ferron, le couple Julien-Godin évoque Marcel Jouhandeau, qui alimentait ses *Chroniques maritales* et son amour pour sa femme Élise à même ses trahisons, ses jalousies et ses perpétuelles remises en question.

Pauline et Gérald unissent de plus en plus leurs voix dans leur lutte pour l'indépendance. Tous les deux suivent de très près le procès de Pierre Vallières et amassent des fonds pour sa défense. Le sort du felquiste amène Pauline à réfléchir sur son destin à elle qui lui échappe constamment, sur sa vie dans laquelle elle se sent emprisonnée : « J'arrive d'une séance du procès de Vallières, cela m'angoisse terriblement de voir toute cette machine mise en œuvre pour condamner un type qui au fond a les mêmes idées que nous, et qui s'est battu plus activement peut-être mais aussi un peu avec les mêmes moyens. J'ai peur de moi. Est-ce que je vieillis, est-ce que ça paraît ? J'ai peur tout à coup de devenir limitée, très limitée, parce que j'ai choisi de chanter des résonances profondes. Que faire ? Changer de métier ? Il y a tellement de mots inutiles qui flottent, mon âme est au bout de mes lèvres, et ma peur la refoule. Il semble toujours se présenter une porte de sortie qu'on ouvrira pour moi, qui fait que je me rattache à des fissures imaginaires sur un autre monde. Elles sont peut-être là, mais je sais bien que ces fissures ne peuvent venir que de moi et jamais du monde extérieur, de l'autre, des autres[24]. » Écrire lui devient de plus en plus nécessaire pour se ressaisir, pour se comprendre et pour garder un peu d'espoir. Elle se raccroche à l'écriture comme à une bouée de sauvetage. Lucide à l'extrême, elle n'arrête pas de penser aux autres, au monde entier, mais elle porte difficilement toute la misère du monde.

La vie se charge de redonner à Pauline son énergie, et la perspective d'un voyage à l'étranger lui permettra de terminer l'année sur une note heureuse. Elle se rend à Cuba pour participer au Festival de la Canción popular, invitée par le gouvernement cubain qui la reçoit magnifiquement en mettant à sa disposition un interprète, une voiture et un chauffeur. Partie à la fin du mois de novembre, elle fait escale à Mexico afin de revoir son grand ami et confident Alan Glass. Ce court séjour à Mexico n'est pas sans lui en rappeler un autre, effectué six ans plus tôt, en compagnie de

Jacqueline Abraham et de Dietrich Mohr. Elle retrouve Alan avec joie et les deux amis parlent avec chaleur du passé, du temps qui n'altère pas leur amitié. Pauline aimerait aller plus au fond des choses, mais elle préfère se confier à lui dans des lettres pleines de fantaisie auxquelles il répond fidèlement. Pauline ne peut jouir des orangers en fleur du magnifique monastère qu'ils visitent tant elle se sent vide, inquiète de son spectacle à Cuba, peu sûre de ses moyens.

À son arrivée à Varadero, Pauline est impressionnée par l'ampleur de ce festival non compétitif où dix-neuf pays sont représentés. Elle est parmi les grandes vedettes d'alors, Isabelle Aubray, Francesca Solleville et José Barlet. Puis ce sont les retrouvailles avec un ami, grand violoniste polonais, et la chanteuse Eva Demarczyk, qu'elle avait rencontrés à Sopot. Mais Pauline n'a pas tellement l'esprit à la fête, Gérald tarde à arriver, et la voilà constamment préoccupée par son spectacle qui n'aura lieu que dans six jours. Pour apaiser son trac, elle se terre dans sa chambre et fait des travaux de mathématiques. Le lendemain, elle répète avec l'orchestre et trouve les musiciens très gentils. Elle repense à l'histoire de Cybulski, ce comédien extraordinaire rencontré à Sopot et qui s'est jeté sous un train par peur de vieillir. Les idées noires reprennent le dessus : « C'est vraiment le moment du vide comme le suicide. Je me sens idiote, inutile, incapable de rien, loin, loin. Cela me confirme bien dans ce que je croyais. Impossible de vivre sans Gérald[25]. » Le cher Gérald arrive enfin, et des milliers de Cubains applaudissent Pauline chacun des huit soirs où elle chante. Elle visite La Havane et ensuite elle se promène fièrement dans des fermes où on la reçoit en véritable star de la Révolution. Ravie, prenant son rôle très au sérieux, elle se fait photographier aux commandes d'une machine agricole.

À la fin de l'année 1967, Pauline et Gérald font l'acquisition d'une fermette à North Hatley dans les Cantons de l'Est. Cette maison sera pour Pauline un véritable havre où elle ira le plus souvent possible, et où ses amis viendront de partout en grand nombre. Pourquoi North Hatley ? Roland Giguère et Denise Marsan y ont acheté une maison et souvent, Pauline, Gérald et les enfants vont chez eux y faire du ski. Denise a repéré une maison à vendre et Pauline, immédiatement séduite par l'endroit, s'empresse de l'acheter. Elle déborde d'énergie, travaille d'arrache-pied sur son terrain, fait de la voile avec Gérald sur le lac Massawipi. En plein air, elle est absolument infatigable, enjoignant à tout son monde de la suivre en ski l'hiver ou dans ses travaux de déboisement et de jardinage l'été.

Aux alentours de ce village d'allure anglo-saxonne s'est formée une véritable petite société d'artistes, dont font partie Paul et Monique Ferron, Sheila Fischman et le poète D. G. Jones, Denise Hébert, Denise Marsan et Roland Giguère. Ces amis se fréquentent beaucoup, jouent à la pétanque, se reçoivent mutuellement. La traductrice Sheila Fischman invite un soir des poètes francophones et anglophones chez elle après un récital de poésie bilingue. Lors de cette réception, le concept des deux solitudes devient plutôt flou : « *I remember Pauline Julien, gorgeous in a pink mini-skirt, dancing on the dining table and egging on Frank Scott* – François l'Écossais, *she taunted him – as his long, long arm moved delicately along her leg and under the pink cloth*[26]. »

À l'hiver 1968, Pauline est moins active sur la scène artistique. Elle a besoin d'un temps de réflexion et se contente de participer à quelques spectacles collectifs et à quelques émissions de télévision. Le 17 janvier, elle se joint aux Cailloux pour rendre hommage à Raymond Lévesque et le 31 mars 1968, elle participe à l'émission *En passant* qui présente des artistes de toutes les régions de la chaîne française de Radio-Canada. Pauline y représente le Centre du Québec, aux côtés des Jérolas et de Constance Lambert de l'Abitibi ; de Clémence DesRochers, Michel Louvain et Ti-Blanc Richard des Cantons de l'Est ; d'Olivier Guimond et Monique Miville-Deschênes de la Gaspésie et de trois chanteurs de l'Ouest du Canada. Dans ce curieux mélange de genres qui va de la chanson engagée au country, de la musique classique à la chansonnette, les chansonniers sont quand même plus nombreux et plus importants. En commentant les disques récents de Pauline Julien, Georges Dor et Tex Lecor, l'écrivain André Major établit un lien entre l'évolution de la chanson et celle des Québécois qui sortent graduellement de leur aliénation pour prendre en main leur destin : « La chanson a dit ce que nous voulions, ce que nous étions, et nous nous y sommes mirés. Son message n'est pas banal : c'est celui de la jeunesse[27]. »

Au mois d'avril, Jean Ferrat donne un spectacle à la Comédie-Canadienne et Pauline, qui l'a connu pendant ses années rive gauche à Paris, partageant ses scènes avec lui, le reçoit à bras ouverts. Le 15 avril, avant son spectacle, elle se fait intervieweuse de Ferrat le temps d'une entrevue à l'émission *Jeunesse oblige*, dont elle est devenue une habituée. Elle invite Ferrat chez elle et lui présente le poète Gilbert Langevin, avec qui elle commence un nouveau disque qui s'intitulera *Comme je crie comme je chante*, lancé au cours de l'année 1969.

Pauline est émerveillée par les textes de Langevin, notamment par son grand poème *Le Temps des vivants* qu'elle l'a sans doute entendu réciter le 4 mars 1968 lors d'une soirée de poésie et de chansons animée par Gaston Miron. Mis en musique par Cousineau, ce texte sera interprété la première fois par Pauline le 21 avril à l'aréna Maurice-Richard, dans le cadre du gala Option-Québec, à l'issue du premier congrès d'orientation du MSA : « Il y avait bien longtemps qu'on n'avait vu une Pauline Julien aussi radieuse, aussi chaleureuse, en aussi belle forme. Membre du MSA, elle avait participé au congrès toute la fin de semaine et elle était intervenue dans le débat sur les affaires culturelles. Vice-présidente du comité d'aide au groupe Vallières-Gagnon, elle a interprété une chanson de Gilbert Langevin en hommage à Charles Gagnon, Pierre Vallières et leurs compagnons. (Libérez-les ! a-t-on crié dans la salle)[28]. » Plus de huit mille personnes assistent à ce spectacle donné bénévolement où les Vigneault, Dor, Lévesque s'associent à de nouvelles figures comme Louise Forestier et Robert Charlebois. Lors de ce congrès, il est résolu de fonder un nouveau parti politique qui, six mois plus tard, en octobre 1968, deviendra le Parti québécois. Pauline fera du *Temps des vivants* une sorte d'hymne à la liberté et à l'indépendance du Québec qu'elle chantera désormais dans presque toutes les manifestations. Peu après ce spectacle, Gérald Godin perd son poste de chef de l'information à Radio-Canada et devient simple recherchiste. Tout comme Pauline, il s'engage de plus en plus dans les manifestations du MSA et du groupe d'aide pour la défense des felquistes, ce qui indispose certains dirigeants du réseau d'État.

En mai 1968, le pianiste Frank Dervieux remplace François Cousineau pour quelques mois. Les deux pianistes travailleront parfois en alternance, ce qui conduira à certaines ambiguïtés. La musique de la chanson *Les Chasseurs de pucelles* sera attribuée à François Cousineau sur la pochette du disque consacré à Gilbert Langevin alors que c'est le nom de Frank Dervieux qui apparaîtra sur le disque ! Pour Pauline et peut-être également pour l'ensemble des compositeurs de l'époque, les droits d'auteur ne sont pas compilés et respectés. Les organismes de perception des droits en sont à leurs balbutiements au Québec et tout se fait à la bonne franquette sans que des contrats systématiques n'interviennent entre auteurs et interprètes. Et comme Pauline ne peut s'empêcher de triturer les textes qu'elle interprète, il lui arrivera parfois, quand elle aura commencé à chanter ses propres chansons, de se croire l'auteur d'un texte qu'elle n'a pas composé toute seule. Denise Boucher, qui collaborera avec Pauline et Gérald Godin à la composition de chansons comme *Cool* et *J'pensais jamais que j'pourrais faire ça*, dira son étonnement en voyant qu'elle était « co-auteure » de textes dont elle se croyait la seule auteure, à savoir *Ce soir je couche chez mon amie de fille*, *Chanson pour Margaret* et *D'un soir*. Le pianiste Gaston Brisson, auteur notamment de la musique de *Ce soir je couche chez mon amie de fille*, se rappelle que Pauline avait l'habitude de collaborer aux idées premières des chansons. Les paroles des chansons de Réjean Ducharme sont si près de la vie et de l'univers de Pauline Julien qu'il est facile d'imaginer que Ducharme soit parti de certaines confidences de Pauline. Il a composé *Déménager ou rester là* au moment où Pauline hésitait, se demandant si elle allait rester dans son appartement de la rue Selkirk ou s'acheter une maison plus grande :

le voisin faisait des colèr's
quand mes deux chats à l'occasion
creusaient des trous dans son parterre
i leur donnait des coups d'bâtons
i prennent pus l'air à cause de d'ça

j'sais pas si j'vas déménager ou rester là...

Pauline est toujours en période d'hésitation et de réflexion. Elle ne semble pas encore avoir composé de chansons, mais on peut penser qu'au contact de Gilbert Langevin et de Réjean Ducharme, le désir de créer deviendra de plus en plus pressant. Pauline, l'une des rares personnes que Réjean Ducharme admet dans son intimité, éprouve pour le grand écrivain une admiration et une affection qui semblent réciproques. Elle a précieusement gardé dans ses archives des mots de chansons inédites et des lettres généreuses encourageant Pauline à écrire ses propres textes, sa propre poésie.

Au moment où la France est secouée par les événements historiques de mai 1968, Pauline atteint l'âge respectable de quarante ans. Nouveau choc. Le jour même de son anniversaire, en l'absence de Gérald parti à Moncton pour quelques jours, elle s'arrête et fait le point, comme il lui arrive de le faire si souvent : « Dans ma maudite nature tout se mêle, s'enchevêtre, que ce soit l'amour, la peur de n'avoir pas réussi à inculquer aux enfants un peu de générosité, de cœur, que ce soit le moi psychologique qui se débat à l'intérieur du problème d'être, de s'exprimer, et de continuer, que ce soit la vie internationale, que ce soit les millions de problèmes au Québec, du plus petit au plus grand, que j'absorbe bêtement et dont je me sens responsable sans jamais carrément opter, choisir pour l'un ou pour l'autre, que ce soit le côté factice où me laisse l'immense distance qui existe entre le mythe et la réalité, d'où le vide où je glisse sans retour dans ce qui était mon expression, ma manière d'être, de m'exprimer, une chanteuse. Ne devrais-je plus jouer le jeu, et faire ce métier en le poussant, en acceptant les règles du jeu[29] ? »

Le 27 mai 1968 a lieu le premier d'une série de spectacles, *Poèmes et chansons de la résistance*, présentés au profit du Comité d'aide au groupe Vallières-Gagnon. Pauline réussit à obtenir gratuitement la salle du Gesù et à regrouper la vingtaine d'artistes qui y participent, dont Georges Dor, Robert Charlebois, Jean Duceppe, Hélène Loiselle, Lionel Villeneuve, les poètes Claude Gauvreau, Gaston Miron et Michèle Lalonde, qui créera ce soir-là son *Speak white*, un manifeste incontournable de la condition aliénante des Québécois. Pauline aura beaucoup de succès avec *Le Temps des vivants* de Gilbert Langevin lors de cette soirée et pendant la tournée subséquente à Québec, Trois-Rivières, Sherbrooke et Hull.

L'univers de Pauline et Gérald gravite de plus en plus autour de la lutte pour l'indépendance, pour le socialisme et la révolution. Même leur appartement reflète cet engagement. Les trois pièces du bas, qu'elle appelle son caravansérail, sont encombrées de nombreuses plantes. Partout, des livres, des bibelots et des souvenirs de voyage cohabitent avec le portrait d'Ho Chi Minh, des posters du Che et de Mao et une affiche d'un appel au peuple de la Commune de Paris du 4 avril 1871. À un journaliste qui la questionne sur sa vie privée, elle répond de façon évasive, se contentant de dire qu'elle est « très heureuse sur le plan sentimental », que son bonheur

« tranquille », elle le partage avec ses deux grands enfants. Elle ne mentionne pas le nom de Gérald Godin, ce qui veut dire qu'en 1968, sa relation avec Gérald Godin n'était pas connue du grand public. Le journaliste l'entraîne sur le terrain politique et elle clame bien haut sa solidarité envers les prisonniers politiques :« Mes chansons sont le reflet de mes convictions. Il n'y a pas de différence entre mes gestes et mes chansons. Je ne peux et ne veux dissocier mes options personnelles avec le métier que je fais[30]. »

Le 18 juin 1968, peu de temps après cette déclaration on ne peut plus engagée et claire, mais qui se termine tout de même sur une ouverture aux « autres peuples », Pauline fait un spectacle au Saint-Lawrence Hall à Toronto dans le cadre du CBC Toronto Festival. Pierre Calvé fait la première partie du spectacle, mais les critiques n'en ont que pour Pauline. Pour les anglophones, Pauline Julien « est » le Québec, elle forme un tout représentatif et inaliénable du Québec, on ne peut pas davantage la séparer du Québec qu'on ne peut séparer le Québec du Canada ! Pauline sert à peu près toujours le même discours, mais elle l'adapte à l'auditoire de façon à le gagner davantage. Et ça marche ! : *« Miss Julien is a passionate Quebec separatist — she says that her province must become a French country, with the English-speaking minority forced to speak French as French minority must speak English in the other provinces — but after this concert she must be told that Canada cannot afford to have her separate. There is no other singer in the country to match her*[31]. »

Pauline fait quelques spectacles à Sainte-Agathe, à la Butte à Mathieu, à l'île d'Orléans en compagnie de Gilbert Langevin qui en assume la première partie. Tranquillement elle rode les chansons de Langevin, elle les assimile et se prépare à les enregistrer. Ce sera à peu près sa seule activité professionnelle de l'automne, à l'exception de quelques apparitions à la télévision. On reprend, trois ans après, la série *Mon pays mes chansons* dont elle était l'animatrice et dont certains journalistes dénoncent le caractère démodé. À la fin du mois d'août, alors que Gérald Godin part en Autriche et à Paris, Pauline traverse une autre période dépressive. Elle continue de se chercher, poursuit des études et reste en retrait de la scène professionnelle. Henri Deyglun entreprend la publication dans *La Semaine* et pendant près de deux mois, d'un véritable feuilleton sur la vie de Pauline depuis sa naissance. Pour la première fois, elle parle publiquement de son père d'une façon à la fois sincère et déconcertante : « Je vouais à mon père cette affection naïve, propre à l'âge que j'avais. Il n'y avait pas cependant entre nous de contacts réels. Tout cela était soumis aux caprices des humeurs et aux accès de sensibilité de mon père. Le climat à la maison était pour l'enfant que j'étais tout plein d'insécurité[32]. » Pauline rappelle ensuite les moments importants de sa carrière, depuis l'île de Ré jusqu'à l'Olympia, mais souvent les dates s'emmêlent, ce qui ne facilite pas la tâche du journaliste : « Son passé que je veux évoquer dans cette chronique, elle s'en est détachée au point qu'elle ne sait absolument plus les dates, pourtant importantes, où elle a obtenu des succès d'envergure internationale[33]. » Les documents de Pauline sont ainsi, pêle-mêle et non datés, elle a autre chose à faire que de s'employer à tout classer. D'abord et avant tout, Pauline vit. Mettre une date et un lieu, cela fige un peu la vie, cette vie qui pour Pauline s'inscrit dans la mouvance, la retouche et la tension vers l'avenir.

Au cours de ces entrevues avec Deyglun, Pauline explique comment elle apprend une chanson : « J'ai toujours eu des pianistes exceptionnels. Si j'en ai changé, parfois, cela ne dépendait pas de moi, mais des circonstances qui les entraînaient vers d'autres obligations. Chaque fois que l'on change d'accompagnateur, il faut absolument reprendre avec lui tout son répertoire. Il est indispensable, entre l'interprète et le pianiste, que s'établisse au plus vite un climat de confiance. Les pianistes doués d'une forte personnalité et qui sont aussi des créateurs, éclairent un répertoire sous un nouveau jour, le leur. Il est bien évident que c'est l'interprète qui décide en dernier ressort, comment elle conçoit ce qu'elle a choisi de chanter, selon sa personnalité et ses possibilités ; mais l'accompagnateur peut soumettre des idées le plus souvent enrichissantes[34]. »

C'est cet automne-là, le 14 octobre 1968, qu'est fondé le Parti québécois. Les rumeurs commencent à circuler concernant une candidature éventuelle de Pauline Julien. Moins d'un mois plus tard, un journal annonce à la une : « Pauline Julien se lance dans la politique à 100 milles à l'heure ». Pour étayer sa déclaration, la journaliste revient d'abord sur l'engagement de Pauline à défendre Pierre Vallières et Charles Gagnon, puis elle parle de sa présence au congrès de fondation du Parti québécois tout en rappelant qu'elle avait offert une rose au présumé terroriste Charles Gagnon durant son procès.

On voit Pauline partout qui proteste, manifeste, crie des slogans séparatistes et, au congrès de fondation du PQ, elle aurait confié à des amis qu'elle songeait sérieusement à faire de la politique active en briguant les suffrages dans un comté. Sur la coupure de journal conservée dans ses archives, Pauline a rayé les gros titres de l'article au crayon feutre, inscrivant « Faux à 300 milles à l'heure ». Outrée, elle dément vigoureusement la nouvelle dans une lettre ouverte. Elle n'était même pas inscrite au congrès, elle n'a jamais dit qu'elle allait se présenter dans un comté.

Entre-temps, au cours du mois de novembre, Pauline se prépare à chanter de nouveau à Toronto. Fidèle au principe selon lequel elle doit s'adresser dans la langue de leur pays aux gens qui l'invitent, Pauline demande à Gordon Sheppard, qui avait traduit *La Manic*, de lui traduire d'autres chansons, dont quelques-unes de Gilbert Langevin. Au début du mois de février 1969, alors qu'elle s'apprête à partir pour Niamey, elle enregistre une entrevue avec Patrick Watson dans le cadre de *The Way it is* à la CBC de Toronto. Elle a préparé *Le Temps des vivants* pour cette émission, de même que la version anglaise de *La Manic* et il est entendu que les deux chansons seront diffusées. Mais seule la version anglaise de *La Manic* est conservée, si bien que Pauline, dans cette émission, ne prononce pas un seul mot de français. Indignée, elle ne se prive pas de publier une lettre de protestation à Eugene Hallman, directeur de la radio et de la télévision à la CBC : « À la veille de la Conférence fédérale-provinciale où sont à l'ordre du jour, entre autres, le respect des droits linguistiques et la *Charte des droits de l'Homme*, on peut trouver curieux qu'on me rende unilingue anglaise en excluant la chanson française et ce, contre mon gré et en violation de la parole donnée. D'autre part, on semble avoir été effrayé par une chanson où il n'est question que du droit fondamental de l'homme à la liberté. [...] Votre Confédération serait-elle si menacée qu'une seule chanson pour la justice et l'égalité suffise à l'ébranler sur vos bases[35] ? »

À la fin de 1968, Gordon Sheppard écrit un long article dans lequel il cerne de façon très intéressante la dynamique contradictoire qui anime Pauline : « *There's more than a little inconsistancy in her position, and you sense her embarrassment as she talks about it. For to make Quebec Independence a reality would involve hardship for a lot of people, both before and after independence. And if very public figures like*

Pauline, who push Independence, are not willing to assume those hardships (especially the financial ones), they can hardly hope to convince others to do so. The priests must suffer too[36]. »

L'année 1969 commence de façon aussi ambiguë que l'année 1968 s'est terminée. Pauline Julien participe de plus en plus à des manifestations politiques, multiplie les déclarations, mais en même temps, de façon apparemment contradictoire, elle se refuse à être considérée comme une chanteuse engagée. Elle explique que ce n'est pas d'une façon volontaire et réfléchie qu'elle se prononce publiquement, mais qu'elle réagit à une situation politique intenable comme le ferait n'importe quel citoyen. Elle répète qu'elle est une femme comme les autres qui a une tribune privilégiée pour dire tout haut ce que la majorité des gens pensent. Elle ne convainc pas grand monde et elle a de plus en plus de mal à gérer les forces contradictoires qui l'animent. Un autre événement en février 1969 viendra souligner davantage le côté Marianne de Pauline. Elle est invitée à l'ouverture de la conférence internationale de la francophonie qui réunit les représentants d'une trentaine de pays à Niamey au Niger. Pauline insiste pour amener avec elle son nouveau pianiste Gaston Brisson. Elle se croit invitée comme chanteuse, mais en arrivant au Niger, un intendant lui fait gentiment comprendre pourquoi son accompagnateur lui sera inutile : « Il n'y a aucun piano dans cette partie de l'Afrique. Les termites le réduiraient en poussière en vingt-quatre heures[37]. » Parmi les conférenciers invités, il y a Gérard Pelletier, alors secrétaire d'État dans le gouvernement libéral fédéral de Pierre Elliott Trudeau. Gaston Brisson est assis près de Pauline, il ressent lui aussi un malaise en entendant les propos de Pelletier quand Pauline crie dans la salle : « Vive le Québec libre ! » Il n'a rien vu venir : « La conférence venait à peine de commencer. Il faisait chaud dans l'auditoire, environ quarante degrés. J'entendais Pelletier dire que le français était parlé partout au Canada. Un peu comme s'il disait qu'en Alberta, tout le monde parle français. Le cri de Pauline a rempli la salle, très fort. J'ai été aussi surpris que tout le monde. Il y a eu un silence indescriptible, un silence lourd qui a continué, qui m'a paru une éternité. Mais tout ça s'est vite arrangé. Elle a parlé avec Marcel Masse, de la délégation du Québec, elle connaissait bien Philippe Rossillon de la France et quelques représentants belges. Elle a pris rendez-vous avec le président du Niger avec qui elle s'est expliquée et tout est rentré dans l'ordre[38]. »

Les journaux s'emparent de l'affaire et la remarque cinglante que Pelletier a servie à Pauline après la conférence fait le tour de la francophonie : « Vous chantez bien mieux que vous ne criez et vous devriez vous en tenir à votre première activité. » Pauline lui a répliqué, mais elle regrette de ne pas l'avoir fait avec plus d'assurance : « C'est de la folie, a-t-elle ajouté, que de laisser M. Pelletier parler au nom des francophones du Québec alors que son gouvernement ne cherche rien d'autre qu'à les assimiler[39]. » Gérard Pelletier se vantera par la suite de connaître la « demoiselle en question » depuis trente ans. Pauline n'en a alors que quarante !

À son retour, Pauline accordera une entrevue à *La Presse* et les lecteurs auront droit à des commentaires plus élaborés de sa part. D'entrée de jeu, elle tient à préciser qu'elle ne peut faire autrement que de crier son indignation devant ce qui la choque, comme n'importe qui de « conscientisé » le ferait à sa place. Elle fera diversion en mettant l'accent sur son voyage en avion militaire à Agadès et sur sa semaine de vacances au Mali avec Gaston Brisson. C'était son premier contact avec le désert, cet endroit grandiose qu'elle affectionnera toute sa vie, comme s'il lui fallait un espace d'immense solitude pour s'unifier, se réconcilier avec elle-même dans une extase voisine de la mort : « Les pieds dans le sable, une grande paix m'envahit, comme si mon parcours était terminé, comme si, moi aussi, j'étais enfant du désert, comme si, de tout temps, j'avais su que je fréquenterais les déserts et que, chaque fois, je m'inclinerais devant eux. J'adhère à ce paysage corps et âme, comme si j'y étais née depuis des milliers d'années. J'en suis inconditionnellement amoureuse[40]. »

En revenant du Mali, Pauline fait une tournée de promotion en France, en Belgique et en Suisse pour son disque *Suite québécoise* qui vient de sortir en Europe. Ce microsillon rassemble quatre chansons de Georges Dor, auxquelles elle ajoute des chansons de Vigneault, de Raymond Lévesque, de Clémence DesRochers et de Jean-Pierre Ferland. À Montréal, la critique ne sera pas tendre : un journaliste trouve que les interprétations de Pauline frisent « l'hystérie », qu'il y a trop de chansons à caractère engagé, qu'on la souhaiterait moins politique. Pourtant le microsillon sera bien reçu en Europe, justement en raison de son caractère engagé, déterminé : « Tout le disque est d'ailleurs dans la note de l'engagement. L'interprète y fait entendre la grande voix rebelle qui, sur la terre du Québec, refuse soudain les humiliations et va jusqu'à prêcher la révolte. En dix chansons, le problème québécois est posé. Rudement. Une terre immense. Ses forêts. Ses lacs. Ses fleuves. Ses hivers. Ses hommes et ses femmes. Certaines de ces œuvres révèlent l'existence d'un courant romantico-révolutionnaire dont il est d'ici impossible de mesurer l'importance mais qui pourrait bien n'être pas négligeable[41]. »

Pendant cette tournée de promotion de mars 1969, elle donne un seul récital, à Liège, parce qu'on l'y réclame depuis près de deux ans et qu'elle n'a pas encore pu s'y rendre. Pauline est l'invitée de Jacques Levaux, un avocat bien connu de Liège qui préside le mouvement Rénovation wallonne. Dans la petite salle Émulation, ce soir de mars 1969, il y a à peine 60 personnes, la plupart des connaissances de Jacques Levaux. Jean-Maurice Dehousse, le bourgmestre de Liège et ami de Pauline, se rappelle l'avoir rencontrée chez Jacques Levaux, qui avait organisé une réception en l'honneur de Pauline après son spectacle. Ce premier spectacle « politique » à Liège, même s'il n'attire pas un public très nombreux, est une réussite sur le plan diplomatique.

La tournée de promotion achevée, Pauline revient au Québec pour constater que la chasse aux terroristes indépendantistes s'est intensifiée. Un autre felquiste, Pierre-Paul Geoffroy, vient d'être arrêté. Pauline et Gérald reprennent du collier pour tenter de sortir du pétrin Pierre Vallières et Charles Gagnon, qui se battent toujours pour faire reconnaître leurs droits. Et puis Pauline part à Toronto donner un grand récital au Massey Hall. Salle à moitié vide, mais critique délirante : « *In* Bilbao *by Kurt Weill she was reminiscent of Marlene Dietrich : the same quality of the sultry, wordly vamp*[42]. » Au cours de ce spectacle, Pauline fait quelques présentations de ses chansons en anglais et interprète *La Manic* dans cette langue. L'auditoire est constitué d'une majorité de Franco-Ontariens dont quelques-uns, indignés, se mettent à crier à la façon de Pauline Julien : « En français, en français ! » Elle rétorque immédiatement que dans un pays étranger, il est normal de dire quelques mots dans la langue de ce pays, ce qui ne calme en rien les esprits. Les francophones sont vexés que Pauline Julien ne reconnaisse pas leur existence au-delà des frontières du Québec et les anglophones sont très vexés de voir qu'elle se considère en pays étranger à Toronto ! Une spectatrice écrit une lettre de protestation qui se termine sur une note acidulée : « Ses chansons pourront encore nous émouvoir, mais ses cris de liberté nous laisseront froids[43]. »

Dans un article de *La Presse*, intitulé « Who's afraid of Pauline Julien ? », Pauline dénonce la mauvaise foi des journalistes qui ont monté l'incident en épingle. Par ailleurs, enchantée du spectacle, elle en profite pour révéler tous ses projets : elle prépare un microsillon des chansons de Gilbert Langevin, elle vient d'obtenir une subvention du ministère des Affaires culturelles pour monter une revue et de plus, on lui a fait une proposition à Toronto, juste avant son spectacle, pour jouer le rôle principal dans un film qui se tournera en Italie. Elle vient d'enregistrer un 45 tours avec une chanson de Gilbert Langevin, *Urba*, que le journaliste trouve bizarre : « Ce que va donner tout un microsillon de chansons de Langevin, ce n'est pas facile à prévoir. Chose sûre, ça sortira de l'ordinaire[44] ! » Pourtant, au moment où personne ne se préoccupe encore d'écologie, ce texte visionnaire fait une critique virulente de la pollution urbaine sous toutes ses formes.

Même si la fumée
Qui coule dans le vent
À la gorge nous prend
Même si des vagues de smog
Obscurcissent le temps
Un peu plus d'un quart d'heure
Ne fera mourir personne
Urba, urba, urbanisons-nous
Urba, urba, urbanisons-la

Les affaires vont vite car, à peine trois semaines plus tard, le contrat est signé pour la revue *Moi, ma maman m'aime* que Pauline écrira en collaboration avec Yvon Deschamps, Louise Forestier et Gilbert Chénier. À l'aide de sketches, de monologues, de chansons, le spectacle montre l'importance de la mère dans la vie des Canadiens français, l'importance de la femme vis-à-vis de l'homme, et il apparaît de plus en plus que le discours féministe se superpose au discours politique. La première partie de la revue est réaliste et plutôt humoristique, la seconde est surréaliste et plutôt étrange. Dans ce spectacle,

Yvon Deschamps et Gilbert Chénier présentent des monologues, Louise Forestier chante ses propres compositions et Pauline Julien interprète des chansons de Gilbert Langevin. La mise en scène est confiée à Jean-Pierre Ronfard, anciennement du Théâtre national populaire.

Pauline travaille sans arrêt pendant cette période où elle répète la revue : elle enregistre des émissions de télévision dont l'une à Vancouver, part en tournée en Abitibi au mois de mai et chante dans des petites boîtes aux environs de Montréal, à Longueuil, à Val-David. Elle assiste, avec Gérald, aux réunions du comité Vallières-Gagnon, et tout ce temps de grande activité, elle écrit peu. Mais quelques jours avant la première de *Moi, ma maman m'aime*, la voilà aux prises avec un trac fou : « Une lassitude immense. Je n'ai pas à être fatiguée. Je travaille avec les camarades à la revue *Moi, ma maman m'aime*, et j'ai cette envie de pleurer au fond de la gorge, cette idée que je ne suis plus aimée, pas de Gérald, mais des autres. Cette chanson que je veux quitter et le "quoi faire" de l'avenir. Pas du tout d'idée créatrice, envie de boulonner, bien faire un travail qui se joindrait à un autre[45]. » Par ailleurs dès que démarre la série de spectacles au théâtre du Canada, de Terre des hommes, du 24 juillet au 10 août 1969, l'angoisse tombe et le moral revient : « Moi, des hauts, des bas, finalement, des hauts[46]. »

La revue obtient un tel succès qu'elle sera reprise au mois d'octobre suivant au théâtre de Quat'sous. Quelques extraits seront diffusés par la suite dans le cadre de *Zoom*, à la télévision de Radio-Canada, le 1er février 1970. Ce spectacle coloré et plein de fantaisie plaît en général et Pauline se fait remarquer par sa façon inhabituelle de se présenter : « C'est un peu une cassure d'avec la Pauline Julien des Boîtes à chansons. Même avec des textes plus "wild", elle a conservé cette spontanéité qui l'a toujours caractérisée. Pour elle, ce spectacle constitue peut-être une remise en question de toute sa carrière[47]. »

Le 1er août, Patrick Watson réalise une autre émission de télévision avec Pauline à Toronto, *Face to Face*, et il l'invite de nouveau à participer à l'automne à *The Way it is*. Quelques semaines plus tard *La Presse* revient à la charge sur son engagement politique en titrant de façon ironique : « Le séparatisme ne paie pas sauf pour Pauline

Julien à Toronto ». Pauline se défend bien de faire intentionnellement la une des journaux et nie catégoriquement que la publicité suscitée par ses déclarations favorise sa carrière. Mais elle ne parvient pas à convaincre le journaliste : « Si ses déclarations politiques lui ferment la porte des postes privés de télévision et des stations radiophoniques du Québec, et l'écartent de certaines choses qu'elle pourrait faire à la télévision d'État, ces mêmes idées politiques la servent quand même assez bien à Toronto[48] ! » Le journaliste laisse entendre que Pauline fait de moins en moins de soirées au profit du mouvement séparatiste. Pauline répond que c'est tout simplement qu'il y en a de moins en moins de ces « soirées-marathons » qui ne donnaient plus les mêmes résultats. Avouant également qu'elle est un peu fatiguée du récital, du même souffle, elle annonce un projet de spectacle. Le titre de son nouveau disque, *Comme je crie... comme je chante,* son huitième microsillon solo en huit ans, est inspiré, ironise-t-elle, de la phrase nigérienne du ministre Gérard Pelletier : « Vous chantez bien mieux que vous ne criez... » Ce disque enregistré lui aussi sous étiquette Gamma sortira en septembre 1969. Pauline a rappelé François Cousineau en tant que compositeur cette fois, et non pas comme simple pianiste, pour faire la musique de sept chansons de Gilbert Langevin. Pauline enregistre un autre texte de Gilbert Langevin, *La vie continue,* et une chanson de Leonard Cohen, *Suzanne,* adaptée en français par Langevin. Pauline suit de très près cette production en « collaborant » à l'écriture des textes, dont certains semblent écrits sur mesure. De là à faire ses propres chansons, il n'y a qu'un pas.

Prenez-moi comme je suis
Sans médaille et sans diplôme
Une femme parmi d'autres
L'œil hagard, l'œil inquiet.

En septembre 1969, Pauline s'inscrit à l'Université du Québec à Montréal, cette fois en espagnol, en analyse politique et en administration publique, tout en sachant qu'elle aura un tournage en Italie. Le directeur de Saint-Paul's Films, M. Amendola, qui lui avait rendu visite dans sa loge à Toronto après son concert au Massey Hall, lui propose de lui payer le voyage et le séjour en Italie afin de tourner les premières scènes du film. De plus, il lui garantit des apparitions à la télévision à Rome, à Reggio de Calabria et en Sicile. Il lui promet d'organiser par la suite une tournée de récitals en Italie. Gérald Godin, sur le point de quitter son emploi de recherchiste-documentaliste à Radio-Canada, obtient à la fin de l'été une bourse de courte durée du Conseil des arts du Canada, de sorte qu'il pourra accompagner Pauline en Italie pour le tournage de rêve de ce film intitulé *The Trial of the Swordfish*.

Elle tient son journal au jour le jour dès son arrivée à Rome le 16 septembre, cette ville qu'elle a visitée en moto près d'une quinzaine d'années plus tôt avec Jacques Galipeau : « Si heureuse et en paix quand Gérald est avec moi. La Russie, la Pologne, Paris, quelques fois et maintenant Roma via Milano. La Rome des banlieues sales, puis la Rome antique, on a toujours l'impression qu'il y a eu un tremblement de terre récent qu'on a dégagé sans plus et qu'on continue à vivre[49] ! » Pauline continue de tout noter, jour après jour, heure après heure. Elle attend des nouvelles du réalisateur Amendola, qu'elle finit par rencontrer le 19 septembre. Évasif, il laissera entendre que le tournage est retardé et il lui donne rendez-vous le 23 septembre pour lui donner plus de précisions. Qu'à cela ne tienne, Pauline en profite pour aller à Florence et à Venise. Quand elle revient à Rome après trois jours de vacances romantiques à souhait avec Gérald, Pauline revoit Amendola qui lui fait comprendre que le film ne se fera pas. Elle est furieuse, mais elle décide de rester tout de même quelque temps en Italie tout en s'assurant qu'Amendola lui paiera son voyage de retour. Dès le lendemain, Pauline et Gérald repartent vers Naples. Ils séjournent à Positano dans une pension trop luxueuse pour Pauline, qui entraîne Gérald à Praiano, moins cher, plus isolé. Malgré les baignades et les fruits de mer, l'angoisse de Pauline revient, insurmontable, à cause du film qui ne se fait pas, de sa carrière au ralenti, de ses études. Le couple se déplace vers Pompéi et le moral revient : « Nous sommes joyeux, il y a du soleil, je choisis de marcher presque pieds nus avec les chaussons d'Al Italia et je me sens légère. Pompéi, c'est impressionnant, l'humain au loin, si présent et si passé. Une vie que l'on peut toucher presque et qui nous échappe toujours[50]. »

Ils rentrent à Rome à toute vapeur, prennent l'avion pour Paris. Philippe Scrive et Françoise Staar les attendent à l'aéroport. Pendant son bref séjour, Pauline revoit Jacqueline Abraham et fait le ménage dans son appartement de la rue Houdon. Elle commence à s'ennuyer des siens et il lui tarde de quitter Paris. Le 2 octobre 1969, dans l'avion du retour, elle prête son journal de voyage à Gérald. Ils notent à quatre mains des anecdotes italiennes :

> Gérald : « À San Maria Maggiore, le Moïse de Michel-Ange en montant de la via Cavour par un escalier. Violemment éclairé. Tout à coup, tout s'éteint, il faut insérer des pièces dans un compteur pour que l'éclairage revienne. Des prêtres surveillent tout ça, debout près de troncs pour "l'entretien" ».
>
> Pauline : « La chapelle Sixtine où ça coûtait cinq cents lires et où on y tolérait "les jupes courtes". Gérald suppose "parce que ça rapporte davantage qu'à Saint-Pierre de Rome où l'entrée est gratuite". Les curés qui regardent les femmes avec insolence ».
>
> Gérald : « À la porte de St-Pierre, un jeune gardien passe ses journées entières à surveiller une seule chose : la longueur des jupes des femmes et d'un geste de prêtre, comme les gestes de quiconque travaille au Vatican, semble-t-il, gestes huilés et félins, il refuse ou tolère. De sorte qu'à San Pietro, à la porte sont massées un tas de femmes en jupes mini attendant leurs amis qui eux ou elles ont été admis[51]. »

Gérald revient à son métier de journaliste, cette fois-ci à *Québec-Presse*, dont il est l'un des fondateurs avec quelques autres camarades indépendantistes. À partir du 7 octobre, Pauline est happée par les reprises de *Moi, ma maman m'aime* au théâtre de Quat'sous. Aux journalistes qui l'interrogent sur son film italien, elle se garde bien de dire que tout est perdu : « Nous n'avons pas travaillé beaucoup à vrai dire. Pourtant c'est sans doute sérieux puisque non seulement ils ont payé mon voyage, mais ils ont commencé à me payer pour ma participation au film[52]. » Elle confie à *La Presse* qu'elle a décidé de laisser tomber la chanson un certain temps, sans donner plus d'explications, sinon qu'elle désire s'accorder un moment de réflexion.

Puis les rumeurs repartent concernant son engagement politique et le *Photo-Journal* titre : « Pauline Julien : Non, je ne serai pas candidate pour le Parti québécois ». À la journaliste qui l'amène sur le terrain politique en lui rappelant qu'on lui reproche de jouer dans un film en anglais tout en faisant des déclarations en faveur de l'indépendance, elle explique encore une fois qu'elle ne voit aucune contradiction : « C'est absolument ridicule de me reprocher de jouer en anglais, car mes convictions personnelles sur la nécessité d'un

Québec indépendant n'ont pas changé. Mais en dehors de ça, je fais mon métier ; je travaille selon les exigences de la langue du pays. À la télévision torontoise, on m'a demandé à plusieurs reprises de venir parler du Québec. Je l'ai fait, en qualité de citoyenne, pour donner mon humble avis, et je l'ai fait en anglais puisque j'étais là. Comme je l'aurais fait éventuellement en Italie ou ailleurs. Il n'existe aucune ambiguïté sur mes opinions[53]. » Puis Pauline ramène la journaliste à la chanson en répétant qu'elle fait une pause dans sa carrière de chanteuse : « Aujourd'hui, je me demande si ce moyen d'expression est encore valable pour moi. Est-ce moi qui ai changé ? Est-ce le public ? Pour moi, aujourd'hui il faut dire les choses autrement. Mais comment[54] ? »

Pourtant ce sera un automne chaud sur le plan politique. Pauline n'a pas aussitôt terminé sa participation aux reprises de *Moi, ma maman m'aime* qu'elle revient sur la sellette avec les manifestations entourant le projet de loi 63 que le gouvernement de l'Union nationale s'apprête à adopter. Pauline dénonce cette loi qui veut donner à tous les Québécois, immigrants ou non, le libre accès à l'école anglaise. Une grande manifestation est organisée à Québec le 31 octobre pour signifier l'opposition massive des Québécois à cette loi qui risque d'accentuer le danger d'assimilation de la majorité francophone à la minorité anglophone. Le jour même de la manifestation, au moment où Pauline et Gérald s'apprêtent à partir pour Québec, a lieu une perquisition chez Pauline Julien et Gérald Godin. Les Éditions Parti pris, que Gérald Godin dirige, sont en fait l'objet réel du mandat de perquisition : « On m'a arrêtée tout simplement parce que j'étais sur les lieux d'une perquisition. Ce n'était pas moi qu'on venait chercher[55]. » Pendant que Pauline rage, le caporal Gilles Dieumegarde et ses acolytes saisissent « des exemplaires du livre *Nègres blancs d'Amérique* de Pierre Vallières, du recueil *Lettres et colères* de Pierre Vadeboncœur, des exemplaires du périodique *Parti Pris*, des dossiers, des documents divers[56]. » Lors de cette perquisition sont présents plusieurs des amis de Pauline et Gérald : Raymond Lévesque, Louise Forestier, Jean V. Dufresne, Michèle Juneau et François Piazza. Sur la photo qui accompagne un article de *La Presse*, Gérald Godin est en train de copier le texte du mandat sous le regard d'un officier de la Sûreté du Québec et de Pauline Julien qui, les mains sur les hanches, montre son exaspération. Dans la légende de la photo, l'adresse de Pauline est inscrite : 1627 Selkirk. Il n'en fallait pas davantage pour qu'au moins un malin renvoie par la poste cette photo à Pauline, la tête encerclée et barrée d'un x au crayon feutre, flanquée de menaces : « Nous en avons assez des maudites folles comme "toé". Prends donc tes bagages et débarrasse-nous donc. Ici on veut la paix. Tiens-toi-le pour dit. »

Le filet policier se resserre contre les dirigeants felquistes et le même après-midi, « par hasard », sont portées contre le duo Vallières et Gagnon de nouvelles accusations de conspiration et de sédition pour avoir « préconisé l'usage de la force et de la violence, soit oralement, soit en publiant ou en faisant circuler des écrits séditieux qui préconisent l'usage de la force et de la violence comme moyen, sans l'autorité des lois, d'opérer un changement de gouvernement au Canada[57]. » *Nègres blancs d'Amérique*, publié aux Éditions Parti pris, fait partie de ces « écrits séditieux ».

La perquisition dure environ une heure, après quoi Pauline et Gérald peuvent se mettre en route avec leurs amis et rejoindre à Québec les vingt-cinq mille personnes massées devant le Parlement pour entendre les discours enflammés de Michel Chartrand, Mathias Rioux, alors président de l'Alliance des professeurs de Montréal, Gaston Miron, Pierre Bourgault, Régis Chartrand et Louise Forestier. Tous ces orateurs sont ovationnés par la foule venue de partout, en particulier Gaston Miron qui parle d'auto-génocide : « Il est temps de se donner, au Québec, une langue officielle de travail et de vie : l'unilinguisme français. Une fois pour toutes, nous l'exigeons, il nous le faut ! Notre lutte ne prendra pas fin avec le retrait du projet de loi 63 mais seulement lorsque nous aurons obtenu l'unilinguisme français[58]. » La foule sollicite Pauline Julien pour qu'elle chante comme elle l'a fait lors d'autres manifestations de ce genre, par exemple à Saint-Léonard en septembre 1968. Elle commence plutôt par exhorter les participants à la propagande : « Il faut que chacun d'entre vous réussisse à convaincre vos amis et vos parents à notre cause. La prochaine fois, il nous faut plus que cinquante mille personnes, il en faut cinq millions[59]. » Ce n'est que plus tard dans la soirée, avant de rentrer à Montréal, qu'elle consentira à chanter à quelques reprises avec Raymond Lévesque.

Environ mille étudiants venus de Montréal et des environs n'ont pas réussi à rejoindre leurs autocars à temps pour rentrer chez eux.

Ils passent une partie de la nuit dehors à déambuler dans Québec et quelques-uns en profitent pour commettre des infractions. Soixante-douze personnes sont incarcérées sous diverses accusations de désordre, flânerie, ivresse, distribution de tracts et entrave au travail des policiers. On fait grand cas de cette « nuit d'agitation », mais le lendemain, Pauline minimise la gravité de ces incidents qu'elle attribue à « des jeunes qui avaient encore de l'énergie à dépenser » et elle met plutôt l'accent sur la portée politique de la manifestation elle-même. Elle fait également une déclaration publique en deux points qu'elle envoie aux journaux :

> Je suis radicalement écœurée
>
> 1- par l'attitude de la grande majorité des ministres et députés au Québec qui tentent de minimiser par tous les moyens l'ampleur de la manifestation à l'échelle du Québec contre le bill 63 ;
>
> 2- de voir que ces messieurs s'offusquent qu'on les accuse de trahison.
>
> Il s'agit objectivement de trahison, car ce bill consacre l'intégration rapide des immigrants aux Anglo-Saxons ; consacre l'assimilation des Canadiens français et, à plus ou moins longue échéance, la disparition du Québec.
>
> Sont-ils naïfs ou vendus ? Moi, j'ai mon idée là-dessus. Que mes compatriotes se fassent la leur[60].

En novembre 1969 paraît un long article dans la revue *Maclean* sur Pauline. Cet article signé par l'imprésario de Pauline, Élyse Pouliot, intitulé « Comme je crie comme je chante », résume la carrière de Pauline, parle de ses voyages et de son implication dans les manifestations politiques. Pauline a soufflé à l'oreille de son imprésario-journaliste qu'elle ne comprend pas pourquoi les gens lui jettent la pierre lorsqu'elle parle d'indépendance : « Elle rappelle souvent le passage de Melina Mercouri à l'émission *Le Sel de la semaine.* Au cours de cette heure d'interview, Melina Mercouri a surtout parlé contre la "junta" grecque et a prôné la révolution. Elle a ému son public, elle a même pleuré[61]. »

Le mois suivant, le 10 décembre 1969, Pauline proteste avec cent vingt-six autres personnalités (écrivains, journalistes, syndicalistes, cinéastes, avocats, artistes, universitaires) contre le règlement Drapeau-Saulnier qui interdit les rassemblements à Montréal, à l'encontre de la *Déclaration des droits de l'homme.* À cette occasion, les manifestants se rassemblent au Monument national en sachant pertinemment qu'ils seront arrêtés dès qu'ils en sortiront. L'avocat Robert Lemieux informe les participants de leurs droits en cas d'arrestation, et dès que la manifestation se met en branle, un policier muni d'un porte-voix lit le règlement 3926 interdisant les rassemblements. Aussitôt après, Gaston Miron entreprend la lecture de la *Déclaration des droits de l'homme.* Le policier se remet à lire le règlement. Les articles de la *Déclaration* sont enterrés par ceux du règlement, amplifiés par le porte-voix. Miron vocifère, mais il n'arrive pas à dominer les haut-parleurs. Les policiers lui ordonnent de circuler, et il sera le premier à monter dans le fourgon cellulaire. Les autres suivent, sans offrir de résistance, en scandant « Liberté, liberté, liberté ». La plupart sont relâchés quelques heures plus tard après avoir payé une caution de cinquante dollars. Pauline est de ceux-là et, le lendemain, sa photo figure dans le journal, avec celle de Gaston Miron et de Robert Lemieux. Sur cet incident hautement médiatisé, Pauline termine son année 1969, une année qui a été marquée surtout par ses sorties à caractère politique. Une année pendant laquelle elle a beaucoup crié et moins chanté...

En mars 1970, Pauline reçoit le prix Charles-Cros pour son interprétation de *Suite québécoise.* Ce prix, elle ne l'attendait pas, puisque le disque n'avait pas fait beaucoup de vagues. Sorti depuis plus de deux ans au Québec, il avait été lancé en France sous étiquette CBS un an plus tard. Évidemment ravie d'être la première Québécoise à obtenir ce prix, elle est cependant vexée que les journaux aient annoncé que Gilles Vigneault l'a obtenu avant même qu'elle n'apprenne qu'elle est du nombre des récipiendaires. L'explication, pourtant simple, ne semble pas satisfaire Pauline : « Jean Bissonnette, qui est un peu le gérant de Vigneault à Montréal, avait demandé qu'on lui câble de Paris si son poulain gagnait le prix. Ce qui fut fait. Et Bissonnette informa *La Presse* lundi soir. Mais il ignorait que Pauline Julien avait également gagné un prix Charles-Cros[62]. »

Quelques jours plus tard, Pauline Julien fait une analyse de la chanson au Québec qui vit une période de ralentissement causée selon elle par la vague Charlebois. Elle se sent menacée par cette musique plus américaine, plus éclatée, plus jeune, plus drôle, en voie de supplanter la chanson plus intimiste des boîtes à chansons. Elle éprouve le besoin de se justifier, de faire valoir son importance dans l'histoire de la chanson au Québec : « J'étais là avant Vigneault. J'ai même été la première ici à interpréter Ferré, Boris Vian[63]. » Puis elle admet encore une fois avoir pris un « long repos » pour chercher de « bonnes chansons québécoises ». Pauline a déjà commencé à écrire ses propres chansons, mais n'en dit pas un mot au journaliste. La radio et la télévision la boycottent, mais pourtant Pauline « a appris à se maîtriser, dira le journalise, à agir plus efficacement » parce qu'« on l'a si souvent mal interprétée[64] ». À l'occasion de cette même entrevue, elle annonce sa participation le 27 mars au Gesù à la Nuit de la poésie, dont Gérald Godin est l'un des organisateurs. Jean-Claude Labrecque et Jean-Pierre Masse feront un long métrage de l'événement : devant une foule émue, on peut voir Pauline entre autres chanter *Le Temps des vivants* de Gilbert Langevin et Gérald Godin réciter son poème *Énumération*. Les spectateurs ne se lassent pas d'entendre la voix des poètes porte-parole du pays en devenir, les Roland Giguère, Gaston Miron, Michèle Lalonde, Paul Chamberland, Yves Préfontaine, pour ne nommer que ceux-là. Un peu plus tard, le 11 mai 1970, à la Comédie-Canadienne, Pauline joindra de nouveau sa voix à celle des poètes lors du spectacle *Libération-Québec*, mis en scène par André Brassard, en compagnie de Paul Chamberland, Claude Gauvreau, Gilbert Langevin, Raymond Lévesque et Georges Dor. Entre-temps, l'idée de l'indépendance fait son chemin même au Parlement. Le 29 avril 1970, le Parti libéral de Robert Bourassa reprend le pouvoir, mais le Parti québécois, fondé depuis moins de deux ans, fait élire sept députés en recueillant vingt-trois pour cent des voix, davantage que l'opposition officielle, formée par l'Union nationale.

En avril 1970, Pauline annonce qu'elle prépare un tout nouveau répertoire : « Pour cette fois, ce ne seront pas des chansons engagées. Le thème général sera la femme. Les chansons lui seront dédiées[65]. » Quelques mois plus tard, en juin 1970, elle lancera un 45 tours sur le marché : *Bonjour, bonsoir*, sa première chanson. À Paris, en mai et juin 1966, on sait qu'elle avait jeté les jalons de cette chanson. Stéphane Venne l'encouragera par la suite à écrire ses propres textes, composant d'ailleurs la musique de *Bonjour, bonsoir*. Pendant cette période dite de « repos », Pauline n'écrit presque pas dans son journal à part quelques vers. Au mois de juin, elle avoue pour la première fois à une journaliste avoir écrit une chanson et en préparer d'autres, mais elle est loin de s'en vanter : « C'est sûr que je ne suis pas un écrivain et je ne sais pas si ce que j'écris est bon mais j'ai eu envie de traduire ce que je ressens. En ce moment, je ne suis pas assez sûre de moi pour dire que je m'engage dans cette voie ; en tout cas, ce que je fais est spontané et je n'ai pas la prétention d'imaginer une carrière d'écrivain[66]. » Elle poursuit en se défendant bien d'être féministe même si elle trouve que « la femme est un être colonisé » et qu'« elle continuera de soutenir les organismes tels que le Front de libération de la Femme ». Elle n'en est pas à une contradiction près, faisant des déclarations fracassantes dont elle minimise l'impact par la suite. Elle se déclare féministe militante, mais en même temps elle refuse qu'on lui accole cette étiquette. De même, elle se dévoue toujours à la cause indépendantiste tout en refusant qu'on la considère comme une chanteuse engagée. Quelques jours plus tard, le 30 juin 1970, elle participe avec Serge Mongeau, Gaston Miron, Jacques Larue-Langlois, Gérald Godin, Bernard Mergler et Robert Lemieux à la fondation d'un nouveau regroupement appelé « Mouvement pour la défense des prisonniers politiques » qui prend la relève du Comité d'aide au groupe Vallières-Gagnon.

Au cours de l'été 1970, Pauline Julien continue d'écrire des chansons et renoue avec le théâtre en jouant dans *Rodéo et Juliette*, à l'affiche au théâtre du Canada de Terre des hommes. Cette pièce, qui se présente comme « un western tranquille et typiquement québécois[67] », se veut une satire. Écrite et mise en scène par Jean-Claude Germain, elle est interprétée par Hélène Loiselle, Nicole Leblanc, Gilles Renaud, Yves-Gabriel Sauvageau et Pauline Julien, qui chante et danse en plus de jouer. Cette pièce laisse aux artistes, à Hélène Loiselle entre autres, des souvenirs amusés : « Il fallait jouer deux fois dans la journée et on ne pouvait retourner à la maison pour le repas du midi. Une fois, Pauline avait oublié des betteraves sur la cuisinière et, comme il y avait danger que le feu prenne, il fallait absolument qu'elle trouve quelqu'un pour aller chez elle. Elle n'a trouvé personne. Tant pis ! Elle a appelé les policiers et elle leur a dit de prendre la clé sous le paillasson. Il n'y avait vraiment rien à son épreuve[68]. »

En août, après *Rodéo et Juliette*, Pauline, fidèle à son rituel de vacances, retourne à Percé donner un spectacle : « Il y aura Pierre Vallières ce soir, Raymonde, des sensibilités toutes proches, mais les jeunes, les autres, je vois un mur qui s'élève, je suis d'un autre *bag*. Alors le tour de chant. J'attendrai la fin de cette tournée. Pour le moment je ne sens rien et décider si cela en vaut la peine, pourquoi et pour qui[69] ! » Avec son petit récital à textes, elle se sent doublée par la droite par de nouveaux chanteurs qui, comme Charlebois, font de leur spectacle un véritable « show » avec mise en scène, brillants, costumes, surprises et fracas. Charlebois a le meilleur des deux mondes : *Lindbergh* est au sommet du palmarès de l'Europe francophone et il participe aux côtés de Janis Joplin à la tournée du Festival Express dans tout le Canada. Diane Dufresne donne un avant-goût de ses excentricités dans la revue *Les Girls* de Clémence DesRochers, qui remporte les faveurs du public pendant plus d'un an. Pauline éprouve le besoin de se réorienter.

À son retour à Montréal, les choses démarrent, elle fait quelques enregistrements pour la télévision et prépare son retour sur scène. En septembre, elle fait *Cent mille chansons* à Québec, enregistre une émission pour la radio de Radio-Canada international et en octobre, elle est l'invitée de *Une journée avec* à Télé-Métropole. Le 12 octobre, le jeune comédien Yves-Gabriel Sauvageau avec qui elle avait joué pendant l'été dans *Rodéo et Juliette*, est trouvé mort. Pauline s'était prise d'affection pour lui : « Pourquoi Yves-Gabriel ! maintenant tu es comme une belle image très belle. Mais, et je sais que je suis très égoïste, il nous est impossible de te parler, de te regarder ou surtout de sentir ta grande pureté, ta sensibilité et ta compréhension extrêmement grande[70]. »

Puis, le 16 octobre, à la suite de l'enlèvement du diplomate britannique James Richard Cross par une cellule du Front de libération du Québec et de l'enlèvement du ministre Pierre Laporte, le gouvernement fédéral met en œuvre sa loi des mesures de guerre. La maison de Pauline est l'une des premières à être visitée par les policiers. Gérald Godin et Pauline Julien sont arrêtés à cinq heures du matin et conduits en prison sans autre forme de procès, tout comme le seront quelque quatre cent cinquante autres citoyens. Gérald sera détenu avec les hommes à Parthenais tandis que Pauline passera huit jours à la prison des femmes de Tanguay.

Quand les policiers entrent, Pauline et Gérald, entendant des voix, croient que la maison a pris feu. Gérald enfile ses pantalons et, en sortant de la chambre, il se bute à trois policiers de la Sûreté du Québec. Ils ont sonné, paraît-il. Godin veut voir le mandat de perquisition, mais peine perdue, l'un des policiers répond qu'une loi spéciale les autorise à perquisitionner sans mandat. Cette nuit-là, il y a six personnes dans la maison, que des policiers rassemblent dans un salon pendant que d'autres fouillent dans les livres et les papiers des Éditions Parti pris dont Gérald Godin est le directeur. Pauline refuse de rester dans le salon, elle tient à suivre les fouilles de près. « Vers 7 h, la perquisition terminée, la police emporta deux machines à écrire, un carnet d'adresses, une pile de papiers de la coopérative, mais pas le bottin téléphonique de Bell (dans certains cas la police saisit les bottins : des personnes ont la manie d'y souligner le nom de leurs connaissances). Puis les policiers intimèrent l'ordre au couple de s'habiller et de les suivre. Ils étaient bel et bien arrêtés[71]. »

En prison, Pauline consigne jour après jour, souvent heure après heure, le film des événements :

> 15 octobre 1970, 20 h à 24 h : centre Paul-Sauvé, l'encan du FRAP, quelques palabres, départ. Fatigués, les enfants arrivent. Coucher.
>
> 16 octobre 1970, 5 h. Du bruit, des pas, des voix, des flics, 4, 220. Sicotte, polis, à peu près, puis polis tout de même.
>
> Au salon, le jeu des couvertures, des oreillers, du chauffage de la camomille, la télé, la radio, la loi de guerre.
>
> 7 h 15 : On décide d'embarquer Gé, et moi par surcroît pour rien, parce que je suis là.
>
> Je n'irai pas voir Yves-Gabriel une dernière fois. Coup de fil à H., les enfants tendus, la voiture de police, l'aube, les blagues, rue Parthenais.
>
> On nous sépare, empreintes digitales, questionnaires, photo.
>
> Cellule, et on retrouve C., les L., M., C. et d'autres tout aussi surprises, innocentes, d'autres empreintes, questionnaires, cellule commune, matrones, gentilles, ouvertes, cellule individuelle pour dormir un peu, du silence.
>
> Clémence est avec moi, et la pensée.
>
> 13 h : sandwiches infects. Le cadavre exquis, M., M., toutes belles, *L'Internationale*, siffle, chante ! Le temps passe.

18 h : nous reprenons les sacs, les bijoux. Est-ce l'interrogatoire et la liberté ? Non, le fourgon. Et la prison Tanguay.

Nouvelles fouilles, questionnaire, petits achats indispensables. Il est question d'au moins deux jours. Les sourires, des grimaces, des questions !! Souper plus que sommaire. Personnel routinier efficace, sympathique !!! La salle commune propre, les tables, le papier à écrire, la douche, le luxe, quoi !

La télévision, aucune nouvelle réelle de ce qui se passe. On parle d'un discours de Trudeau, j'aime mieux ne rien entendre. Cellule, fenêtre, une demi-heure de solitude, les bruits des voix dans la cour. Penser tout de même au spectacle. Demeurer calme. Dormir.

17 octobre 1970, difficile, bruits d'avion, coup de fusil électrique pour ouvrir.

Déjeuner, tension légère, comment passer le temps ? Toujours la télé, mais insipide. Danger de devenir amorphe. Conversation suivie de l'agent, questions générales sur la détention.

Dîner, difficile à passer, lectures, une pièce de Jouhandeau ! de Pasternak !

J'attaque *La Cavale* et *Mémoires d'outre-tombe.*

Sieste, gymnastique. Le temps passe très lentement, quelquefois des courts bulletins de nouvelles qui nous réjouissent. La FTQ, la CSN et l'autre s'unissent pour condamner l'aplatissement de Bourassa. Les journaux, il paraît, aucune nouvelle de nous. Arrestation de Miron, Straram. J'imagine la rencontre avec Godin ! Ils doivent s'ennuyer de leurs femmes comme nous de nos hommes. Ils ont peut-être plus de ressources.

16 h 45 : Souper, ça passe difficilement. C. à la télé, on peut difficilement juger. Une heure au gymnase, ballon, patins à roulettes, ping-pong, badminton. C'est bien. Télé, lecture, douche, promenade.

Dans le corridor, nouvelles d'autres arrestations.

Peut-être François-Albert Angers, des médecins, des avocats, une merveille.

11 h : coucher, nuit au fond très bonne, on s'y fait.

18 octobre 1970. Les caractères des gardiennes sont assez différents. L'appétit revient peu à peu. Les levers sont un peu lourds, tristes. Il faut inventer des chansons. Réveiller, lecture, discussion, le temps passe vite, déjeuner valable, interrogation, ridicule ! Six ou sept dans la petite pièce pour attendre ! La Norvégienne acadienne très sympa,

la maoïste. On apprend par cœur deux couplets de *L'Internationale*, les noms des 35 filles.

Souper très bon, jambon purée, lecture, les discours des hommes en place grandiloquents et pathétiques, le choc de la mort de P. Laporte. Discussions. Le jeu de la forêt, arbre, tasse, couteau, bois, cabane. Finalement le jeu de l'Histoire, où d'après mes réponses et leurs affirmations et négations je bâtis moi-même le conte, très bon en fait pour rire beaucoup, les filles sont plus détendues. Douche.

10 h : coucher, lecture.

19 octobre 1970, 6 h 15 : Lever ! ! La nuit encore, le moral n'est pas mauvais. Petit déjeuner. On approfondit la connaissance de l'autre, des autres. C. a été malade. Le ménage des cellules, de la cabane. Ça passe le temps. On découvre le tempérament de chacune aux petites choses.

Lecture, gymnastique, on repasse la chanson d'Aragon/Brassens *Il n'y a pas d'amour heureux*. L'absence de Gé se fait sentir. Les nouvelles sont dégueulasses. Complet pouvoir d'Ottawa. Le Québec s'aplatit de plus en plus. La tension monte.

10 h 45 : Déjeuner. La journée sera sans communications réelles sinon d'une à l'autre peu de temps. Sieste, gymnase, les arrestations continuent. Les média d'information sont bloqués à bloc. Seuls les Anglais, ironie du sort, semblent protester et les Québécois à Paris. Rien ne filtre, dégueulasse.

16 h 45 : Souper. Lessive personnelle. Les détenues permanentes sont gentilles à la cuisine, au service, à la buanderie. Les gardiennes en général, très simples. La pharmacie, trois fois par jour pour la promenade, les rencontres des camarades, leur sortie quoi, personne ne veut bouger ce soir. On joue aux cartes !! Lecture, douche, encore des nouvelles. Quatre jours déjà.

Le jeu du bandeau dans le cercle. J'essaierai demain, se perdre un peu.

22 h : Coucher. Le canal 10 a supprimé mon émission *Une journée avec* de l'horaire. Ottawa régente tout. Ils veulent tout casser, le FRAP et quoi que ce soit. On verra bien. Le jeu de l'homme de nos rêves.

20 octobre 1970. Très mal dormi. Enragée ou en criss. Déjeuner 7 h. M. C. nous tient sous le charme et nous détend en parlant d'elle comme femme, sa vie, ses sentiments. Une très belle voix et un langage imagé. La pharmacie, les discussions.

10 h 45 : Dîner. M., Trinidad, les filles sont toutes bien. Pour la première fois, quinze minutes de cour, des pissenlits, des jacinthes, des bleuets, une marguerite. Lecture, *La Vieillesse* de Simone de Beauvoir. Les journaux qui nous refont enrager, les messages sont faits, mais pour nous, toujours incommunicado.

16 h 45 : Souper. Quoi faire ! la question du jour, des heures dans *La Cavale*, des chansons, *Le Temps des vivants*, les vieilles et les nouvelles. Nous jouons au coiffeur, les shampoings pour toutes, *L'Internationale* à la fenêtre avec les filles d'en face, de concert avec M., les souvenirs de prison, cet après-midi, échanges de recettes, le jambon au brocoli, le saumon fumé olives noires et câpres, le medium auto-hypnose, D., les histoires à découvrir, 11 h.

21 octobre 1979. Une nuit blanche. C'est difficile, le cœur qui saute à cent à l'heure. Que font les camarades et amis au-dehors comme en dedans ? Les enfants ! Aucune envie d'écouter les nouvelles et de lire les journaux. Mots sympathiques de la gardienne de nuit. « Prenez ces deux aspirines pour dormir, elles ne sont pas comme ailleurs, ici c'est différent, ça va aider à dormir, vous verrez ! » Le cœur se calme un peu. Après le petit déjeuner, M. parle un peu. Gymnastique, petite sieste, histoire à plusieurs.

10 h 45 : Le dîner avec F., M., D. Marches, corridor, dominos, lecture. Révolte. Situation pénible et inqualifiable pour tous. Quelques départs. Un espoir, des journaux, des nouvelles toujours du même côté. On nous dit qu'on ne pourra rien sortir ! J'arrête.

22 octobre 1970. Je recommence. Hier soir gym avec professeur pour perfectionner le ping-pong, badminton. Ce matin nous avons appris la possibilité de 21 jours de détention. Mon spectacle semble foutu. Les vaches ! En tout 10 départs sur 37. Révolte, résignation, etc. Jeux de mémoire. J. est parti en voyage. Projet du parfait petit manuel du détenu. M., les deux, sont parties. Pour elles tant mieux, pour nous, elles nous manquent. De nouveaux visages chez les gardiennes !! Des requêtes qui circulent.

Dites-moi pourquoi, dites-moi comment
il faut faire. Libérer l'esprit libérer le cœur
pour le reste il faut bien laisser faire.

Pauline dira que pendant son séjour en prison, elle a écrit les mots de sa chanson *Eille*, mais le journal de prison se termine sur un long poème non daté. Le soir du 22 octobre à minuit, Pauline est déclarée libre. Le lendemain, elle rentre chez elle à onze heures et trouve la maison vide : Pascale, dix-sept ans, et Nicolas, quinze ans, n'y sont pas. Elle apprend par des voisins que la veille, vers vingt-deux heures, ils ont été emmenés en prison. Les policiers ont expulsé mademoiselle Guay et ont arrêté sa sœur Fabienne, venue porter un peu d'argent aux enfants. Ils ont même emprisonné Pierre et Anne Villeneuve, les enfants d'Hélène Loiselle et Lionel Villeneuve qui tenaient compagnie aux enfants de Pauline.

Le lendemain, Pauline est invitée à l'émission *Week-end.* Elle a l'air fatiguée et elle s'exprime péniblement en anglais. Elle ajoute que ce sera plus difficile pour sa carrière, mais qu'elle est plus déterminée que jamais à la poursuivre coûte que coûte : *« I want to sing what I want. They make a mistake, I am more resolute to do what I want. »* Portée par la foi qui déplace les montagnes, Pauline essuiera l'ingratitude de ses concitoyens sans broncher et servira d'émissaire pour expliquer aux anglophones ce qui se passe dans la société québécoise.

Rien ne sera plus pareil au pays du Québec. Les Québécois sont sous le choc et pendant les années qui vont suivre, ils ne se contenteront plus de monter aux barricades, mais prendront des moyens concrets pour réaliser leur rêve d'indépendance. Une page de leur histoire est tournée.

NOTES

1. Extrait d'une chanson écrite par Pauline Julien, ayant pour titre *Eille* (*Au milieu de ma vie, peut-être à la veille de...*, 1972).
2. Élyse Pouliot, *Actualité*, novembre 1969.
3. Pauline Julien, journal intime, 10 mars 1967.
4. *Sic !* Journal non identifié et non daté.
5. Raymond Lévesque, entrevue du 18 février 1998.
6. Anne Sylvestre, entrevue du 18 mars 1998.
7. Jacques Thériault, *Le Devoir*, 15 avril 1967.
8. Bill Bantey, *The Gazette*, 12 mai 1967.
9. Idem.
10. Joan Irwin, *The Montreal Star*, 15 mai 1967.
11. Pauline Julien, journal intime, 18 mai 1967.
12. Jacques Thériault, *Le Devoir*, 15 avril 1967.
13. Pauline Julien, journal intime, 28 mai 1967.
14. Claude Gingras, *La Presse*, 17 juin 1967.
15. Guy Lessard, *Journal des vedettes*, 8 juillet 1967.
16. Pauline Julien, journal intime, 29 juin 1967.
17. Ibid., 22 août 1967.
18. Pierre Saint-Germain, *La Presse*, 23 septembre 1967.
19. Idem.
20. Michel Perez, *Combat*, 21 septembre 1967.
21. Gordon Sheppard, journal non identifié, novembre 1968.
22. Pauline Julien, journal intime, 11 octobre 1967.
23. Ibid., 14 novembre 1967.
24. Ibid., octobre ou novembre 1967.
25. Ibid., 3 décembre 1967.
26. Sheila Fischman, *Matrix*, printemps 1986.
27. André Major, *Le Devoir*, 20 janvier 1968.
28. André Sirois, *Le Devoir*, 23 avril 1968.
29. Pauline Julien, journal intime, 23 mai 1968.
30. Marc Chatelle, *La Semaine*, 27 mai au 2 juin 1968.
31. Blair Kirby, journal non identifié, 19 juin 1968.
32. Henri Deyglun, *La Semaine*, 2 au 8 septembre 1968.
33. Ibid., 23 au 28 septembre 1968.
34. Idem.
35. Pauline Julien, *Le Devoir*, 12 février 1969.
36. Gordon Sheppard, journal non identifié, novembre 1968.
37. Pauline Julien, *Il fut un temps où l'on se voyait beaucoup*, Lanctôt éditeur, 1998, p. 94.
38. Gaston Brisson, entrevue du 3 mai 1998.
39. *Le Devoir*, 18 février 1969.
40. Pauline Julien, *Il fut un temps où l'on se voyait beaucoup*, Lanctôt éditeur, 1998, p. 94.
41. René Bourdier, *Lettres françaises*, 31 décembre 1969.
42. M. McC., *Globe and Mail*, 3 avril 1969.
43. Marie Laliberté, journal non identifié, 3 avril 1969.
44. Yves Leclerc, *La Presse*, 10 avril 1969.
45. Pauline Julien, journal intime, 16 juillet 1969.
46. Ibid., 12 août 1969.
47. Gaëtan Chabot, *Dimanche/Dernière heure*, juillet 1969.
48. Rénald Savoie, *La Presse*, 21 août 1969.
49. Pauline Julien, journal intime, 16 septembre 1969.
50. Ibid., 27 septembre 1969.
51. Pauline Julien et Gérald Godin, journal intime, 2 octobre 1969.
52. Yves Leclerc, *La Presse*, 9 octobre 1969.
53. Solange Gagnon, *Photo-Journal*, 15 octobre 1969.
54. Idem.
55. Serge Dussault, *La Presse*, 5 novembre 1970.
56. *La Presse*, 1er novembre 1969.
57. Léopold Lizotte, *La Presse*, 1er novembre 1969.
58. *Montréal-Matin*, 1er novembre 1969.
59. Idem.
60. *Dimanche Matin*, 2 novembre 1969.
61. Élyse Pouliot, *Maclean*, novembre 1969.
62. Serge Dussault, *La Presse*, 7 mars 1970.
63. Gaëtan Chabot, *Dimanche/Dernière heure*, 15 mars 1970.
64. Idem.
65. Jean Brat, *Nouvelles illustrées*, 4 avril 1970.
66. Micheline Handfield, *Québec-Presse*, 21 juin 1970.
67. Gaëtan Chabot, *Dimanche/Dernière heure*, 19 juillet 1970.
68. Hélène Loiselle, entrevue du 21 mai 1997.
69. Pauline Julien, journal intime, 4 août 1970.
70. Ibid., 12 octobre 1970.
71. Ron Haggart, *Maclean*, février 1971.

On the Road

Janvier 1974

Et j'en peux dire encore
Et j'en peux dire toujours
J'ai déjà trop parlé
Plus rien ne s'ra pareil
J'opte pour le silence
Pour la bataille sourde
Les coups bien camouflés
Pour la métamorphose
D'une seconde vie
Ou qui sait pour l'oubli
Au milieu de ma vie, peut-être à la veille de…
Dire et tenter de savoir
Comment vivre et mourir[1]

Au-delà de toutes les appréhensions de Pauline, les années qui vont suivre seront marquées par un essor incroyable qui l'amènera à se tailler une place en Europe, surtout en Belgique et en Suisse. Les Wallons et les Jurassiens découvriront en Pauline une porte-parole de leurs propres aspirations vers la libération et l'autonomie. En France, où les questions nationales des pays francophones sont regardées un peu de loin, la percée auprès du public ne sera pas aussi marquée, mais Pauline séduira les critiques français qui continueront de la comparer à leurs grandes chanteuses, Piaf et Gréco. Au Québec, elle se sent exclue, surtout dans les régions, ce qui ne l'empêche pas de renforcer son image de chanteuse indépendantiste, fougueuse et de plus en plus féministe.

Le Québec poursuit sa métamorphose, le mouvement de syndicalisation s'organise, prend de l'ampleur et s'unifie, d'où les affrontements si radicaux entre le gouvernement et le secteur public que des leaders syndicaux sont emprisonnés. Les libéraux de Robert Bourassa, élus en 1970 en promettant de créer cent mille emplois, entreprennent les gigantesques travaux d'aménagement du complexe hydroélectrique de la baie James, parlent de prospérité et adoptent en 1974 une autre loi linguistique, la loi 22, qui ne manquera pas elle aussi de faire des mécontents : les nationalistes la trouvent timide et lui reprochent d'accorder encore trop de privilèges aux anglophones qui, irrités par les tests imposés à ceux qui veulent fréquenter l'école anglaise, la trouvent pour leur part extrémiste. Cette période est aussi marquée par d'autres discussions constitutionnelles qui aboutiront en juin 1971 à l'échec de la Conférence de Victoria et à l'adoption, la même année, de la *Loi sur le multiculturalisme canadien*. Par cette loi, le libéral Pierre Elliott Trudeau, alors premier ministre du Canada, indispose au plus haut point les Québécois en les considérant comme « une ethnie parmi d'autres ». Dans la foulée des événements d'octobre, les Québécois sentent l'urgence de s'affirmer davantage en tant que peuple et les forces nationalistes se regroupent au sein du Parti québécois qui peu à peu gagne des membres. Les dramatiques événements d'octobre ont servi de catalyseur pour donner aux forces nationalistes et indépendantistes une nouvelle vigueur.

Après octobre 1970, la population québécoise se relève du grand coup orchestré par les libéraux fédéralistes pour couper les ailes à tous ceux qui espèrent obtenir l'indépendance. L'application de la *Loi des mesures de guerre* de même que l'arrestation des responsables d'enlèvements ont un impact sur bien des gens qui se retranchent dans une sorte de silence. Les artistes et les intellectuels ciblés dans la mésaventure sont les premiers touchés par le ressac. Pauline n'est pas la seule, mais elle est l'une des plus stigmatisées et elle s'évertue à dénoncer les répercussions négatives de son emprisonnement sur sa carrière : l'émission *Une journée avec* est retirée indéfiniment de l'horaire de Télé-Métropole, l'émission *À la seconde* annulée, de même qu'une reprise de *Cent mille chansons* ; des spectacles en province sont contremandés à la dernière minute, la promotion est refusée par des journaux, des postes de radio et de télévision, d'autres engagements sont reportés aux calendes grecques.

Mais ce séjour en prison n'aura pas que des effets négatifs. À Tanguay, les femmes ont beaucoup parlé entre elles de politique, mais aussi du mouvement de libération des femmes. Pauline considère même qu'elle a assisté à l'amorce d'une prise de parole des femmes. Elle se dit en grande forme physique, parle d'une « douce détention », d'une « expérience », comme si la routine et la solidarité l'avaient sécurisée, comme si ses angoisses personnelles l'avaient délaissée quelques jours : « Le temps passé à la prison Tanguay fut pour moi une période enrichissante. Je me suis aperçue que je n'étais pas seule[2]... » Si sa carrière n'était pas affectée, elle serait tout à fait grisée de son « exploit ».

Des journaux anglophones prennent sa défense : aucune accusation n'ayant été retenue contre elle, c'est seulement en raison de sa notoriété qu'elle est victime d'ostracisme auprès d'un certain public et de la presse. La population est en effet divisée sur les événements d'octobre. D'une part, les fédéralistes se braquent davantage sur leurs positions et souhaitent ne plus entendre parler des méchants fauteurs de trouble du Parti québécois, et d'autre part, les souverainistes sont de plus en plus convaincus de l'urgence de faire l'indépendance. Dans ce contexte, plusieurs des émissions consacrées à Pauline Julien sont effectivement annulées en raison des pressions du public fédéraliste. Alors que les journaux évoquaient son arrestation, la photo de la maison de Pauline a été publiée et son adresse personnelle de nouveau divulguée. Quelques jours plus tard, le journaliste René Homier-Roy pose timidement une question : « Que se passe-t-il ? Comment ose-t-on refuser à une artiste qui vient de traverser une aussi sérieuse épreuve le droit élémentaire d'être là où son travail exige qu'elle soit [3]? » Un lecteur lui répond : « Et dire que nous payons pour ça... Une copie de cette lettre est envoyée à pauline julien (en lettres minuscules, s.v.p.) et c'est tout ce qui lui convient, et j'espère qu'elle saura en tirer une bonne leçon, et surtout qu'elle ne tardera pas trop à organiser son voyage pour la Russie. En Sibérie, elle serait bien, ça lui refroidirait le sang un peu. » L'ardente militante a conservé cette lettre de menace dans ses archives, avec les autres, plus anonymes et parfois plus menaçantes encore.

Elle a songé un instant à annuler le spectacle du mois de novembre à la salle Maisonneuve de la Place des Arts, mais son nouvel imprésario, Guy Latraverse, lui conseille de n'en rien faire, de ne pas jouer le jeu des forces répressives. Pendant tout son séjour en prison, ses musiciens ont répété seuls, par esprit de solidarité, sans savoir si Pauline serait libérée pour le 20 novembre, date prévue pour le premier des trois spectacles. La première déclenchera, contre toute attente, un grand courant de sympathie d'une partie du public déjà acquise à l'idée d'indépendance. Sans remettre en question la qualité intrinsèque du spectacle *Fragile* qu'elle a préparé de longue haleine, on peut se demander s'il aurait obtenu le même succès quelques mois avant les événements d'octobre, au moment où sa carrière battait de l'aile. Les critiques arrivent mal à départager leur sympathie pour la personne et leur jugement esthétique sur la chanteuse : « Oui, bien sûr, on peut sourire. Se dire avec un air entendu que ces applaudissements et ces bravos n'ont avec le talent de l'artiste qu'un rapport lointain et purement accidentel. On peut même, un instant, le croire.

[...] Pauline Julien, on le sait – et elle le sait aussi – n'est pas vraiment une chanteuse. De là sa déconfiture sur disque. Mais elle possède par ailleurs des qualités qui font oublier ses fréquents désaccords avec les notes de ses chansons, chansons dont elle habite par ailleurs les textes, et dans lesquelles elle met toute l'intensité, toute la tendresse et toute la violence que nous-mêmes y projetons[4]. » Mais le critique sera gagné par Pauline, gagné par l'enthousiasme de la foule, gagné par la magie du moment.

Comme la promotion du spectacle semble compromise, Pauline a l'heureuse idée de convoquer une conférence de presse à la Casa Pedro de la rue Crescent, lieu de rassemblement de la faune artistique, le lundi 9 novembre 1970. Plusieurs journalistes, peintres, écrivains, comédiens répondent à l'invitation et les journaux montréalais reprennent en chœur les grandes lignes de son message : oui, depuis Woodstock, elle cherchait un « son » nouveau, plus international, qu'elle a trouvé ; oui, on l'a boudée depuis deux ans et elle-même se sentait vidée, mais elle déborde maintenant d'enthousiasme grâce aux amis qui l'aident à préparer le spectacle : Gaston Brisson et Jacques Perron pour la musique, Marcelle Ferron, pour les décors, André Brassard pour la mise en scène, François Barbeau pour les costumes ; oui, son répertoire est en grande partie renouvelé ; oui, elle chantera pour la première fois en public six de ses propres compositions. Pourquoi le spectacle s'appelle-t-il *Fragile* ? Pauline insiste sur la nouvelle image de « femme comme les autres » qu'elle veut projeter d'elle-même : « Je veux détruire le mythe qui tend à faire de moi un char d'assaut[5]. » Elle souhaite que les gens la voient d'abord comme une chanteuse et souligne le professionnalisme avec lequel elle a établi son répertoire et monté son spectacle.

L'animatrice de télévision Lise Payette est mise à contribution pour écrire le texte de présentation du spectacle. Après avoir livré l'essentiel de ce qu'elle connaît de Pauline comme femme, sa fragilité, ses contradictions, sa générosité, sa sincérité, sa soif de liberté, elle fait l'éloge de l'artiste : « C'est sur scène qu'elle livre ses grandes batailles. Et là, elle est comme un flambeau. » Le programme du spectacle, très soigné, comprend des photos de Kèro montrant une Pauline « nature », très *peace and love* parmi les arbres, les fruits, les fleurs et les animaux, et une photo de son équipe de production au travail. Pour la première fois, Pauline fait valoir ses collaborateurs dans sa campagne de promotion. Signe de ces temps d'égalitarisme, au verso de la pochette du disque *Fragile* qu'elle lancera au mois d'avril 1971, sa photo en médaillon ne prend pas plus de place que celles des musiciens (Michel Bordeleau, Jean-Guy Chapados, Red Mitchell, Louis-Philippe Pelletier et Gaston Brisson), de l'ingénieur du son (Michel Lachance) et de son producteur (Yvan Dufresne).

Le spectacle de Pauline n'est pas « politique », mais pour la première fois son contenu est exclusivement québécois. En plus de ses six chansons dont *Les Femmes*, *J'ai le goût du goût*, qui parlent de solitude, d'amour, du temps, de l'âge, elle présente une chanson inédite de Vigneault, *La Corriveau*, deux chansons de Jean-Claude Germain, une de Jacques Michel, *Un nouveau jour* et une autre de Stéphane Venne, *Je n'voyais pas*. Elle reprend des Langevin, deux Georges Dor, et, de Robert Charlebois, elle interprète *Ta chambre*. Entre les chansons, elle intercale des textes et des poèmes de Clémence DesRochers et d'Anne Hébert, puis elle ajoute un monologue de Michel Tremblay qui, sur le mode de l'auto-dérision, fait crouler les spectateurs de rire. C'est l'histoire de madame Gariépy du Plateau Mont-Royal, sosie parfait de Pauline Julien, qui signait même des « orthographes » dans la rue tant les gens la confondaient avec la chanteuse connue. Arrivent les événements que l'on sait :

> *Mais là je l'prends pus ! quand c'est rendu que tu vas répondre à'porte pis qu'y'a une demi-douzaine de soldats qui rentrent chez vous pis qui s'mettent à fouiller partout comme si t'étais une bandite, là, tu te tannes ! J'y en veux pas à elle... À l'a ben l'droit d'penser c'qu'a veut pis de s'faire arrêter si ça y tente, mais moé j'ai pas envie pantoute de retontir en prison juste parce que j'ai la même maudite face qu'elle*[6] *!*

Dans une robe vieux rose, ses cheveux roux éclairant le fond gris de la scène, elle renoue avec son public comme avec un amant longtemps attendu. Usant d'une douceur presque brutale, elle livre ses peurs, ses sentiments, sa fragilité avec feu, intensité et vérité. Dès la première chanson, les spectateurs fébriles l'ovationnent à tout rompre et à la fin du spectacle, ils applaudissent longtemps, émus et ravis, pour prolonger ce moment de grâce, ce contact extraordinaire, intime, amoureux avec leur idole.

Le spectacle fait salle comble les trois soirs et on annonce deux supplémentaires pour la semaine suivante. La critique est unanime : *The Gazette* titre « Pauline Julien signs ; the crowd goes wild » et *La Presse* n'est pas en reste : « Le public fait à Pauline Julien le sort qu'elle mérite ». Forte de cet immense succès à la Place des Arts, Pauline présentera le spectacle au Café Campus du 30 novembre au 2 décembre, ensuite au Palais Montcalm à Québec et au Patriote à Sainte-Agathe. Quelques émissions annulées en octobre, comme *À la seconde*, sont finalement diffusées et, au début de janvier 1971, tout rentre à peu près dans l'ordre. Elle reprend du service pour la cause de l'indépendance lors du deuxième spectacle collectif *Poèmes et chants de la résistance*, qui a lieu le 24 janvier 1971. Entourée de la plupart des artistes dits engagés, dont Jacques Michel, Yvon Deschamps, Gilles Vigneault, Louise Forestier, Michelle Rossignol, Raoul Duguay et Raymond Lévesque, elle interprète *Le Temps des vivants* (en rétablissant cette fois-ci le texte exact des paroles) et, pour la première fois, elle chante sa chanson *Eille* composée en prison, qu'elle enregistrera un an plus tard pour son microsillon *Au milieu de ma vie, peut-être à la veille de...* Ceux qui sont présents au Gesù ce soir-là se souviendront de la dernière chanson du spectacle, *Les Gens de mon pays*. Après un premier couplet chanté avec vigueur et détermination par Pauline, Gilles Vigneault « oublie » d'enchaîner. Les spectateurs rient de bon cœur et applaudissent. Vigneault dit : « Ce ne sera pas la première fois que je serai en retard » et continue jusqu'au duo final. C'est l'apothéose.

Au début de février, après avoir chanté trois de ses compositions à l'émission *Zoom*, elle se produit dans plusieurs petites salles, à l'école normale Cardinal-Léger, à la Butte à Mathieu, à l'auditorium de Sherbrooke puis au studio du Centre national des Arts à Ottawa, au cégep de Sainte-Thérèse et à Vaudreuil. Au début de mars, elle apprend qu'elle gagne le prix Orange, que les journalistes remettent à des artistes pour leur amabilité envers la presse. Pauline s'est attiré leur affection : les journalistes lui organisent une petite réception privée le 15 mars 1971, car elle sera absente lors de la remise officielle du prix à la fin d'avril.

Continuant de chanter dans la région de Montréal, Pauline s'occupe activement de l'organisation d'une tournée en Belgique prévue pour le début du mois de mai. En octobre et en novembre 1970, la

Belgique a dépêché à Montréal des équipes de télévision et de presse écrite. Pauline a rencontré entre autres Pierre Bary, journaliste du *Soir* de Bruxelles, à qui elle a donné quelques-uns de ses disques et de la documentation dans l'espoir de faire une tournée là-bas. Les Wallons reconnaîtront immédiatement en Pauline une voix capable de fouetter les ardeurs indépendantistes. Bary se met en contact avec le mouvement Rénovation wallonne, dont font partie Jacques Levaux à Liège et Lucien Outers à Bruxelles, avec lesquels Pauline a de son côté déjà établi des liens lors d'un récital à Liège en 1969.

Pauline se montre impatiente de venir en Belgique, souhaitant que tout s'organise avec rapidité, écrivant personnellement à Lucien Outers, faisant intervenir Guy Latraverse pour régler au plus vite dates et cachets. Il y est question notamment de l'impossibilité de compter sur la collaboration de l'ambassade du Canada à Bruxelles, celle-ci se montrant plus intéressée à subventionner un récital de Gilles Vigneault. Mais les choses finissent par s'arranger et le 17 mars, Lucien Outers propose à Pauline cinq spectacles : un au Palais des Beaux-Arts le 29 avril, deux au Chat écarlate, un cabaret bruxellois, un quatrième à Liège et un dernier à Louvain. Pauline aurait voulu amener tous ses musiciens, mais Outers lui annonce que, faute d'argent, il ne peut en payer qu'un.

À la fin de mars, le spectacle *Poèmes et chants de la résistance II* est repris au Centre sportif de l'Université de Montréal devant un auditoire de plus de deux mille personnes. Pauline rate un peu son entrée à cause d'un malentendu avec les musiciens à qui elle n'avait pas dit qu'elle commençait le spectacle. L'impact n'y est pas et elle a du mal à réchauffer la salle. Sa voix flanche un peu, mais elle réussit tout de même à faire passer *Eille*. Après le spectacle, Pauline part dans la nuit avec son pianiste Gaston Brisson en tournée dans l'est du Québec. L'accueil est mitigé de la part des stations de radio qui lui refusent toute publicité. Pauline insiste à Rivière-du-Loup et finit par obtenir les cinq dernières minutes d'une émission, ce qui ne suffit pas à remplir sa salle. Même manège à Rimouski, où elle obtient de force une entrevue à la télévision. À la polyvalente Paul-Hubert, le frère directeur refuse d'annoncer sa venue aux élèves, alléguant que cela équivaudrait à demander à ceux-ci de venir rencontrer un membre du FLQ. En apprenant la mort du felquiste Mario Bachand, ce soir-là, elle en est d'abord « frappée, dégoûtée » puis désabusée :

« Tant de morts, puis au fond, tout passe. Il est mort, je suis vivante, réaliste constatation[7]. » Pauline se rend ensuite à Matane et monte sur le traversier en direction de Baie-Comeau. Emmitouflée dans des manteaux, elle passe l'heure de la traversée au vent et au soleil sur la banquette du pont, discutant avec des étudiants en stage de géographie à Shefferville. Partout où elle va, elle engage des discussions pour se rendre compte que les jeunes s'essoufflent, que la contestation a presque disparu et que la majorité d'entre eux retournent sagement aux études. Le public est si peu nombreux au centre culturel de Baie-Comeau que Pauline se sent obligée d'accorder un rabais de cent dollars à l'organisateur du récital. Déçue, elle songe à réorienter sa carrière : pourquoi ne pas faire de véritables spectacles dans des grandes salles avec plusieurs musiciens ? Faire un « show », un vrai, à la manière de Charlebois ? Elle n'en démordra pas et finira par réaliser ce projet, consciente que la chanson traverse des temps difficiles, que le texte ne doit plus faire cavalier seul, mais qu'il doit vivre davantage en symbiose avec la musique, l'éclairage, la mise en scène, les décors. Mais pour l'instant, elle est préoccupée par deux engagements importants : elle doit faire le tournage de *Bulldozer*, un film de Pierre Harel, et sa tournée en Belgique.

Le 29 mars, Guy Latraverse envoie un télégramme à Lucien Outers : « Prière de reporter le gala du 29 à Bruxelles Stop Pauline arrivera le 29 au soir ou le 30 au matin. » Entre-temps, Pauline et Gérald ont décidé de prendre une semaine de vacances à Malaga à la fin du mois d'avril. Après *Bulldozer* et avant la Belgique ! Dans une lettre datée du 13 avril, Pauline avertit Lucien Outers qu'elle sera déjà en Europe. Elle n'a donc plus besoin du billet d'avion et elle lui demande d'accueillir un autre musicien, Michel Bordeleau, qui utilisera le billet d'avion à sa place. D'autres lettres se suivent, se croisent et les malentendus sur les dates et sur les cachets se multiplient.

Dès son retour de la Côte-Nord, Pauline revoit en vitesse Gérald et repart en Abitibi, où se fera le tournage de *Bulldozer* avec Pierre Harel, Donald Pilon, Mouffe et Raymond Lévesque. Il devait durer seulement huit jours, mais il s'éternise jusqu'au 20 avril, veille du départ de Pauline pour ses vacances à Malaga. Heureusement qu'une sorte de lenteur inhérente au cinéma permet à Pauline de souffler un peu. Des difficultés surgissent, le film qui devait se tourner en 35 millimètres le sera en 16, faute d'argent. Dans ce long métrage à peu près dépourvu d'intrigue, Pauline joue le rôle de la sœur aînée qui s'occupe du petit dernier et qui entretient une relation louche avec son père. On la voit en bigoudis, mal attifée, mal embouchée. Elle s'amuse beaucoup avec l'équipe qui vit à l'hôtel Albert et fraternise avec les gens de l'endroit. Pauline s'y sent comme dans une commune et renoue avec Théo Gagné, président local du Syndicat des métallos unis d'Amérique, qu'elle avait rencontré lors d'une tournée. Le personnage l'intéresse, il a la verve de conteur des cousins de son enfance et des yeux bleus magiques...

Le tournage fait souvent place à l'improvisation. Debout sur une table de bar, Pauline joue une scène où elle chante une chanson qu'elle vient de composer elle-même aidée d'un musicien de l'endroit. Comme le tournage s'étire, Pauline lit, écrit abondamment et trouve quelques flashes de chansons : « Dans le champ au soleil. *La Vie à mort* s'esquisse, ce sera bon, mauvais. Le soleil est trop fort. Je m'engourdis[8] ! » Mais à la longue ce surplus d'oisiveté finit par l'impatienter et elle ne pense qu'à son voyage en Espagne avec Gérald.

Pendant qu'elle se morfond en Abitibi, Lucien Outers prépare activement la venue de Pauline en Belgique. La revue *Rénovation* commence son battage publicitaire : « Elle est pour les Québécois victimes de tant de discriminations sociales comme la flamme vivante d'une espérance de renouveau[9]. » Dans le numéro suivant, la même revue profite de la venue de Pauline pour offrir à ses lecteurs un dossier sur le Québec dans lequel Claude Morin, alors sous-ministre des Affaires intergouvernementales, fait un bilan provisoire de la révision constitutionnelle. Dans ce même numéro est repris l'article de Ron Haggart publié dans la revue *Maclean* de février 1971 : « Un petit matin pas comme les autres : celui des détentions préventives », article dans lequel Pauline Julien et Gérald Godin témoignent longuement de leur emprisonnement en octobre 1970. La quatrième de couverture ne tarit pas d'éloges et pour la chanteuse et pour la chanson québécoise, symboles de la lutte pour l'indépendance : « Car cette chanson québécoise débouche sur l'engagement. Et cet engagement est aussi bien social que politique : il va de l'admirable évocation de Georges Dor, *Le Chinois*, aux couplets frondeurs de Raymond Lévesque créant avec le dynamiteur *Bozo-les-culottes* un type de chanson politique d'accent populaire que nous ne connaissons plus, hélas ! depuis la Commune. Résister, contester : la chanson doit servir à cela aussi, et Pauline Julien entend lier les convictions de la chanteuse qu'elle est à celles de la femme qui pense et qui agit. » Les Wallons voient en Pauline la Marianne qui leur a fait défaut jusque-là. *Le Soir* de Bruxelles livre une courte biographie de Pauline dans laquelle il est amusant de constater qu'à force d'être redite et récrite, l'éloignement aidant, la vie d'un artiste passe tranquillement à la légende : « Le talent qu'elle révèle dans une troupe montréalaise lui vaut une bourse pour venir se perfectionner à Paris. Elle s'installe au Studio des Champs-Élysées [...] Mais sa carrière parisienne tourne court, elle retourne au Canada, où elle est accueillie en triomphe, puis entreprend des voyages en URSS et à Cuba[10]. » Raccourcis faciles, mais efficaces pour vendre une image, surtout quand on veut que cette image serve une cause qui nous tient à cœur.

En avril 1971 également, pendant le tournage et les préparatifs de voyage et de tournée paraît le disque *Fragile*, chez Zodiaque, dont Yvan Dufresne est le producteur. Gaston Brisson a assuré la direction musicale de ce microsillon qui reprend les six compositions de Pauline et quelques nouvelles chansons du spectacle éponyme : *Un nouveau jour* de Jacques Michel, *L'Amour déconfituré*, de Jean-Claude Germain et Michel Garneau, *Je ne voyais pas que j'avais besoin de toi* de Stéphane Venne, *Le Rendez-vous*, de Gilles Vigneault et Claude Léveillée. Elle intègre dans cette chanson les strophes d'un poème de Clémence DesRochers, *Fin de saison*.

Dès les vacances terminées, Pauline arrive à Bruxelles où elle rejoint ses deux musiciens et elle reprend la rédaction de son journal : « Et on continue. Après le soleil, la mer, les taureaux, Tanger, la petite ville de Torremolinos, Malaga, l'amour, Olivier Guimond, Pauline et Marcel Brouillard, voici Bruxelles. Accueil de Lucien et un peu plus tard de Bordeleau, Brisson. Ça se passe déjà bien. L'hôtel des Arcades, les réparations dans la petite rue, le souper au Rabelais, avec tous[11]. » Le 30 avril, elle chante *La Manic* à la télévision de Bruxelles et le soir même, son spectacle reçoit un très bon accueil au Chat écarlate. Pleine d'énergie, elle remporte un éclatant succès et pour une fois, elle se trouve « bonne à mort ». Son répertoire est sensiblement différent de celui de son spectacle *Fragile* ; elle table davantage sur ses acquis et elle reprend ses chansons plus « engagées » dont *Le Chinois* de Georges Dor, *Bozo-les-culottes* de Raymond Lévesque,

Le Temps des vivants de Langevin et Cousineau, auxquelles elle ajoute un Boris Vian, *Les Lésions dangereuses*, et son fameux *Bilbao Song*, devenu avec le temps sa chanson fétiche. Elle chante pour la première fois trois de ses compositions en sol européen : *Chanson entre nous*, *J'ai l'goût du goût*, *Vivre qui es-tu ?*

Le public n'est pas très nombreux, à peine deux cent cinquante personnes dans la petite salle de musique de chambre du Palais des Beaux-Arts, mais le succès est immédiat, et le lendemain de son spectacle, la presse est enthousiaste. Les Wallons lui font un triomphe. On parle de sa voix comme du « feu qui allume la mèche de la chanson[12] ». L'engagement de Pauline attire la sympathie de l'auditoire qui sent chez elle « une blessure sincère et vécue, une véritable passion de liberté, de justice » et qui s'incline devant la féministe tendre et railleuse. Lucien Outers se réjouit de servir la cause politique, et les gens de son parti, le Front démocratique des francophones, sont ravis : « Tous ces chants ou ces poèmes dits par Pauline Julien, cela avait de l'âme et du corps, cela était le bien d'un peuple, d'une nation. Je ne pouvais m'empêcher de penser à la médiocrité intellectuelle de notre peuple qui lui n'a jamais constitué une nation. S'il en était autrement, il y a longtemps que la marmite se serait mise à bouillir et à déborder. Et pourtant peut-être y a-t-il là de ma part une certaine injustice. Peut-être, en effet, faut-il ne pas céder à de vaines impatiences. Hier la salle vibrait tout entière... Alors, espérons quand même[13]... »

Après le spectacle au Palais des Beaux-Arts, les Outers organisent une réception pendant laquelle Pauline étonne par l'audace de son comportement. Jean-Luc, un des enfants Outers devenu écrivain, en garde un souvenir impérissable. Pauline tranche complètement sur les invités habituels : « Des notables étaient venus, un peu dans le style bourgeois. Je me rappelle une conversation qui avait un peu choqué, sur la drogue et la marijuana. À l'époque, ce n'était pas du tout dans nos mœurs. C'était un autre style que nous, nous ne connaissions pas, un style plutôt direct. Au Québec, on se tutoie facilement. Alors, elle tutoyait tout le monde[14]. »

Le lendemain, Gérald repart à Paris alors que Pauline poursuit seule sa tournée au cercle des étudiants étrangers à Louvain, devenu Leuven en Flandres. Elle se sent un peu agressée, des gauchistes l'accusent de facilité, de vouloir réussir, mais tout rentre dans l'ordre après de longues discussions. Le jour suivant, elle se rend à Liège avec les Outers afin de donner son spectacle à la salle de l'Émulation. Les choses s'y passent un peu moins bien. Sa voix étant très fatiguée, elle recourt à une injection de cortisone ; la salle est trop petite et l'acoustique, affreuse. Pauline a du mal à s'en sortir, mais la sincérité de son engagement émeut les spectateurs recrutés parmi les membres du mouvement Rénovation. Avant le spectacle, Pauline a sûrement soufflé à Jacques Levaux sa présentation : « Pauline Julien n'est pas une chanteuse engagée : elle est une chanteuse consciente. Consciente des problèmes qui se posent à sa région. Et cette facette de sa personnalité présente un aspect particulier dans la mesure où les problèmes du Québec ont finalement quelque parenté avec les nôtres[15]. »

Jacques Levaux et sa femme Jeannine donnent une grande réception dans leur jardin en l'honneur de Pauline qu'ils vénèrent : « Elle était tout à fait à l'aise. Tout le monde aimait sa spontanéité et son dynamisme quand elle parlait de ses "activités". Elle était souple comme une liane[16]. » Pauline revient dans la nuit à Bruxelles avec Lucien Outers et sa femme Yetta qui l'hébergent. Le lendemain, elle donne un dernier spectacle à la maison communale d'Etterbeck qui séduit autant l'auditoire que la critique : « Le Québec est entré dans le monde. Avec Pauline Julien il donne à la chanson un nouveau souffle, et à la liberté de nouveaux villages, de nouvelles métropoles[17]. » Quelques jours plus tard, un journaliste de *La Cité* est encore plus explicite quant à l'objectif de l'entreprise : « L'un des buts de l'invitation Rénovation wallonne est d'essayer d'inciter les artistes : chanteurs, compositeurs, écrivains..., à avoir cette même conscience des difficultés régionales, aussi importantes pour l'avenir que la guerre au Vietnam[18]. »

Ces quelques jours en sol belge auront permis à Pauline de se créer un véritable réseau d'amis au sein des forces autonomistes de la Wallonie et peut-être même d'amorcer un rapprochement politique entre deux pays de la francophonie aux prises avec des conflits linguistiques. Lucien Outers demande à Pauline d'intervenir personnellement auprès de René Lévesque pour qu'il accepte de faire une série de conférences en Belgique. Pauline et Gérald accèdent à la demande de celui qui en quelques jours est devenu leur ami intime. René Lévesque, en juin 1972, acceptera l'invitation. De plus, ce séjour parmi les Wallons aura des répercussions dans une autre région en état d'ébullition, le Jura suisse, puisque les membres de Rénovation wallonne entretiennent des relations avec les jurassiens indépendantistes.

Pauline et ses musiciens reviennent à Paris le 10 mai 1971 dans l'espoir de faire une tournée en Finlande, en Suède, en Norvège et en Allemagne avec le chanteur basque Ramon. Mais le projet avorte, faute d'organisation et d'argent. Gérald est reparti à Montréal, Pauline reste seule. Son moral retombe au plus bas et elle fait appel à ses amis de toujours, Françoise et Philippe Scrive, Bernard Vanier, pour surnager. Elle voit Anouar Abdel-Malek, diplomate égyptien, rencontré par l'entremise de Gérald, dont elle apprécie les paroles de réconfort et les attentions.

Elle revient au Québec vers la fin de mai et comme toujours, au seuil des vacances d'été, elle se plaint de ne pas être suffisamment sollicitée. Pourtant, elle ne chôme pas : Nuit de la poésie à l'île d'Orléans le 23 juin, spectacle de la Saint-Jean le 24 juin où elle sera longuement ovationnée. Au Patriote de Sainte-Agathe, du 7 juillet au 1er août, elle donne un titre accrocheur et léger à son spectacle : *Une demi-douzaine d'hommes et une fille. Cha ba da ba da...* Il s'agit d'une sorte de long poème de Michel Garneau, dit par son auteur et Gilles Renaud, auquel sont intégrées des chansons. Pauline y chante *Mon folklore à moé*, dont la dernière phrase du refrain, « C'est faire l'amour qui est important », attire l'attention. Elle tente encore une fois de se démarquer de la formule du récital qui perd du terrain au profit de spectacles plus complets, de « shows » à la « West side story Québec style[19] », avec décors, costumes, musiciens.

Pauline se rend ensuite au Mariposa Festival où, bien qu'elle soit à peu près inconnue de ce public de jeunes Ontariens, elle est longuement ovationnée. Au Centre national des Arts d'Ottawa, elle reprend trois soirs *Fragile*, sans introduire encore de nouvelles chansons. En juillet, Pauline intente une action de cent vingt-cinq mille dollars en dommages et intérêts pour son arrestation et son emprisonnement aux termes de la *Loi des mesures de guerre*. Cette cause traînera longtemps.

Dans plusieurs villages s'ouvrent des boîtes à chansons qui, à l'instar d'un boîte très fréquentée à Montréal, ont pour nom le Patriote. Pauline chante le 7 août au Patriote de Sainte-Pierre-de-Wakefield.

Elle adore l'atmosphère décontractée de ces granges sympathiques aménagées pour les spectacles d'été où il se passe parfois des incidents cocasses : « Deux spectacles, le premier beaucoup de monde, son difficile. Je ne suis pas à mon meilleur, mais quand même je reçois un excellent accueil ; au second il y a de 100 à 150 personnes. Les gens sont chaleureux aussi mais fatigués. Les micros sifflent, Christopher, l'ingénieur du son, qu'on appelle Chriss, n'est pas loin. Je dis "Chriss, fais quelque chose"[20]. » La salle a entendu « Christ ». Elle a beau s'expliquer, personne ne l'a crue.

Le reste de l'été se passe surtout à North Hatley. Depuis sa percée remarquable en Belgique auprès des militants wallons, Pauline donne de plus en plus une dimension politique à sa carrière. Lors d'une soirée entre amis, elle discute avec le poète et syndicaliste Gilles Hénault : « Nous parlons de la Chine : oser, penser, agir, oser agir ! savoir le faire soi-même. Que faut-il faire ? Pour moi, depuis trois mois, c'est une question primordiale. Être dans le milieu, ne pas me sentir à part, loin, avec toujours la possibilité de m'en tirer au moment où je n'en pourrai plus, ce que le milieu ne peut pas faire[21]. » La question de la Chine hantera Pauline encore plusieurs années, comme tant d'intellectuels de gauche au Québec et dans le monde à l'époque de la Révolution culturelle de Mao. Le petit livre rouge se retrouvait sur la table de chevet de bien des gens.

Pauline reste seule quelques jours dans sa retraite de North Hatley, et c'est alors qu'elle s'attaque sérieusement à son projet d'autobiographie. Avant de plonger dans ses souvenirs d'enfance, elle esquisse un plan qu'elle décide de ne pas suivre pour plutôt écrire au fil du souvenir. Elle évoque sa mère avec beaucoup de tendresse et juge son père d'un œil plus objectif qu'avant, mais elle ne va pas au-delà du 24 juin 1944, jour de sa mort, comme si cet événement l'avait fait bondir abruptement, à quatorze ans, dans le monde adulte. Le projet d'écriture est exaltant, mais elle se rend compte qu'écrire tout un livre ne va pas de soi : « Difficultés à me mettre en état d'écrire, de travailler. Des tonnes de désirs à la fois : le soleil, le farniente, l'occupation manuelle, et lire et lire et écrire et écouter, comme mon ami Réjean Ducharme, l'herbe qui pousse, la cigale, le vent léger[22]. » Parallèlement elle fait la lecture de *Sens et non-sens* de Merleau-Ponty, lecture qui la bouleverse tant elle s'y retrouve entre l'effacement de soi pour la collectivité et « la disponibilité à l'instant, à la spontanéité, au hasard merveilleux[23] ». Contrairement aux fins d'été depuis quelques années, cette période est relativement calme et elle écrit beaucoup, exaltée par le pouvoir qu'ont les mots de dépasser la remise en question stérile, ce que Pauline appelle le « tournage en rond ». La démarche demande rigueur, ténacité, sobriété et ascétisme, mais elle se rend compte que l'écriture est « sœur de l'action » : « Écrire pour aboutir. Malgré tout, malgré une mélancolique nostalgie, une vague inquiétude du futur, jour faste, jour solitaire, nue sous le soleil chaud, la brise légère. Qu'arrivera-t-il demain ? Étudier, travailler, être au-dedans de l'action, partagée entre le désir d'être plante, végétale, réceptacle ou active[24]. »

Ce mois de solitude aura été productif. De nouvelles chansons naissent, dont l'une de ses plus belles, *L'Étranger* :

> *croyez-vous qu'il soit possible d'inventer un monde*
> *où il n'y aurait plus d'étrangers*

C'est sans doute cet été-là que Réjean Ducharme peaufine la chanson *Je vous aime*, qui fait resurgir la figure du père vendeur de *smallware*. Il écrira sa chanson *Déménager ou rester là*, représentative peut-être de l'indécision chronique de Pauline, mais aussi véritable caricature de l'habitude qu'ont beaucoup de Montréalais de changer d'appartement à date fixe. De façon plus symbolique, certains couplets font un clin d'œil à la situation politique des Québécois.

> *le plafond tombe en mille miettes*
> *sur les épaules et sur la tête*
> *le concierge m'a dit m'as y voère*
> *m'aller l'dire au propriétaire*
>
> *fâ trop longtemps j'me fie sur ça*
> *j'sais pas si j'vas déménager ou rester là.*

Pauline termine l'écriture de *La Vie à mort*, qu'elle chantera pour la première fois en novembre 1971, en même temps que *Au milieu de ma vie, peut-être à la veille de...* Elle prépare un nouveau disque qui comprendra, en plus de ses trois nouveaux textes, sa chanson destinée à secouer les troupes, *Eille*, les deux chansons de Réjean Ducharme, une autre de Raymond Lévesque, *Trois Milliards d'hommes* et une dernière, écrite par Michel Tremblay, intitulée *8 heures 10*, sur un air de musique que Pauline trouvera et qui récoltera un succès populaire si important que, pour la première fois, elle s'inscrira au palmarès.

Comme Pauline a aimé le monologue que Michel Tremblay lui a écrit pour son spectacle *Fragile*, elle lui téléphone un jour pour lui demander s'il lui arrive d'écrire aussi des chansons. Tremblay n'y a pas pensé, mais il y réfléchit un certain temps et un jour qu'il est à Paris, il s'exécute : « Je devais me lancer dans l'écriture d'une pièce de théâtre, mais ne me sentant pas prêt, je me dis : "Tiens pourquoi pas une chanson pour Pauline Julien ?" Ce fut *As-tu deux secondes, as-tu deux minutes ?* Son vrai titre : *8 heures 10*. Elle m'avait dit qu'elle aimerait incarner des femmes comme *Les Belles-Sœurs*. J'ai écrit ça sur le bord de la table, dans la maison de Ricet Barrier, chez qui je demeurais, en sachant que ce n'était pas une chanson[25]. »

À la fin de l'été, la saison démarre lentement, mais Pauline ne panique pas. Pourtant elle est très seule. Les enfants, devenus des adolescents de dix-neuf et seize ans, n'ont plus tellement envie d'aller à la campagne, Gérald travaille à Montréal et ne vient que les week-ends à North Hatley. Pauline trouve qu'il manque de romantisme et, après sept ans de vie commune, elle appréhende le danger de l'habitude. Elle ne veut que l'extase : « Dimanche midi, Gérald arrive, je suis contente, gros déjeuner de jardin, la sieste extraordinaire, et il repart immédiatement pour la pétanque. Je comprends, mais il manque d'attention, de poésie, de tendresse qui se continue. Est-ce le lot du couple ? Le manque de continuité, d'étonnement, d'émerveillement[26]. » Le fait de s'être sentie heureuse à écrire et à lire seule à la campagne lui a donné une certaine force qui l'empêche de sombrer cette fois dans la dépression.

La tentative d'autobiographie l'ayant obligée à retourner à son enfance, Pauline trouve là une source d'inspiration pour composer sa chanson *La Vie à mort*, chanson nostalgique dans laquelle elle voudrait se retrouver dans le lit de sa mère pour arriver à calmer son angoisse, son déchirement, son étourdissement. Elle tente de se réconcilier avec elle-même, d'unir en elle ce qui est double et contradictoire. Elle cesse pour un instant de retourner son angoisse contre elle en l'intégrant dans une chanson qu'elle pourra livrer sur une scène avec toute la fougue qu'on lui connaît. Elle pourra crier à pleins poumons :

J'me dis qu'la vie ç'a deux côtés
Qu'est-ce que je peux faire
J'vais m'occuper d'voir ça d'l'aut' bord
La vie à mort, la vie à mort
La vie à mort
La vie
À mort.

Pauline reparle de ses sœurs dont il n'avait pas été question depuis très longtemps dans son journal. Elle revoit Mimie, sa sœur aînée, qui habite à Sherbrooke, non loin de North Hatley. Alberte, qui est religieuse, lui rend visite. A-t-elle pressenti la terrible maladie qui l'emportera ? Malgré le bonheur de recevoir les siens qu'elle accueille avec chaleur, elle désire très vite retourner dans sa solitude et son silence, et pour la première fois, elle craint de trop s'enfermer : « Après, ni musique, ni radio ou télé, le silence et l'envie de soleil, de dormir quand je peux. Je n'aurai peut-être plus l'usage de la parole[27]. » Elle se confie longuement au téléphone la nuit à Réjean Ducharme. Ils se parlent de l'angoisse devant la mort, et Pauline parvient à trouver une sorte de calme dans la lucidité : « En gros : vivre avec son angoisse, ne pas se chercher ou se leurrer sur soi, sur elle[28]. »

Pauline cherche toujours des compositeurs, mais à la fin du mois d'août, n'ayant encore trouvé personne, elle rentre à Montréal. Elle s'inscrit à l'université pour une quatrième année et se confie à son ami Patrick Straram dans un article au titre étonnant : « La mère courage de la vie à mort. » Le texte de sa chanson *La Vie à mort* y est reproduit intégralement et on sent moins de distance entre ce qu'elle avoue à Straram et ce qu'elle vit quotidiennement : « Quand je suis chez moi, c'est une sorte de combat acharné. Je fais la lessive, je réponds à mon courrier, je réponds à 52 coups de téléphone, j'essaie de répondre à mon courrier, je réponds toujours, même si c'est avec des mois de retard, il y a les enfants, j'écris des chansons. Chez moi, j'ai toujours l'impression que je n'arrête pas et que je passe à côté de l'essentiel[29]. »

À l'occasion du premier anniversaire des événements d'octobre, Pauline écrit à Lucien Outers que le FLQ fait la manchette de tous les journaux : « La police a des soupçons mais pas de preuve, etc.

Tentative de *brain washing* sur la grande population, afin de les traumatiser et les apeurer, vis-à-vis de toute manifestation, en octobre ! Ça commence bien[30]. » Quelques semaines plus tard, elle reçoit le disque intitulé *La Liberté en marche, Bruxelles-Wallonie*. Pour accompagner les discours nationalistes de Lucien Outers, Pauline y chante quatre chansons parmi ses plus « engagées » : *Un nouveau jour* de Jacques Michel, *Bozo-les-culottes* de Raymond Lévesque, *Le Temps des vivants* de Gilbert Langevin et François Cousineau et sa chanson *Eille*, dont un extrait percutant apparaît au verso de la pochette :

> *Eille la majorité silencieuse*
> *Où êtes-vous donc, où sommes-nous donc*
> *C'est aujourd'hui qu'il faut chasser la peur*
> *Qu'il faut affronter l'ennemi*
> *C'est aujourd'hui qu'il faut vivre debout*

Impressionnée de se retrouver aux côtés de cet orateur chevronné, Pauline fait part à Lucien Outers de son bonheur d'avoir participé à ce disque qu'elle écoute en compagnie de Gérald, Nicolas, les poètes Michel Bujold et Gaston Miron : « Tu fais véritablement du théâtre, nous t'avons beaucoup aimé comme tes milliers de spectateurs[31]. » Pauline lui demande d'organiser des récitals en Suisse, notamment pour le jour de la fête du peuple jurassien, à Delémont, en septembre 1972. Cette tournée serait combinée à un circuit des maisons de la culture en Belgique. En raison de divers malentendus, retards, hésitations, le projet ne se réalisera pas avant l'automne 1973.

Délaissant temporairement la scène politique en cet automne anniversaire de 1971, Pauline travaillera plutôt dans l'ombre à préparer son nouveau microsillon, *Au milieu de ma vie, peut-être à la veille de...*, dont elle compose la chanson thème avec deux musiciens, Jacques Perron et Gaston Brisson. Jacques Perron, qui avait écrit la musique de *Eille*, acceptera finalement d'écrire celle de ses nouvelles chansons, *La Vie à mort* et *L'Étranger*, de même que celle de *Je vous aime*. Pour la musique de *Déménager ou rester là*, elle s'adressera à Robert Charlebois, dont la carrière, après l'*Ostidcho* et les chansons *Lindbergh* et *California*, connaît une ascension fulgurante. La chimie Ducharme-Charlebois opère pour donner, avec le *8 heures 10* de Tremblay, l'une des chansons les plus populaires de l'année 1972. Pauline rodera son disque et son nouveau spectacle à partir du mois de novembre près de Montréal, à Deux-Montagnes, et près de Québec, au cégep de Lévis-Lauzon. Pauline est ravie de l'impact qu'elle a sur son public. L'année se termine en beauté avec la sortie chez Zodiaque de son dixième microsillon, *Au milieu de ma vie, peut-être à la veille de...* et la perspective d'un spectacle au théâtre Maisonneuve de la Place des Arts fin janvier 1972.

Pauline passe le Jour de l'An seule. Elle n'a pas voulu accompagner Gérald à Champlain chez sa mère et semble se détacher de lui, car il n'est plus aussi présent dans son journal. Le leitmotiv de la mort réapparaît : « Je voudrais appeler Réjean seulement, je n'ai personne d'autre avec qui je peux communiquer vraiment. Le suicide vient peut-être un peu comme ça. Je ne suis sûrement pas la seule qui se sent infiniment seule[32]. » Pauline accorde à Micheline Lachance, journaliste comme Gérald à *Québec-Presse*, une longue entrevue. Son nouveau microsillon, son nom l'indique, fait le point dans sa vie, dans sa carrière. Même si elle est dans un tournant, elle n'a pas changé, c'est sa manière de dire les choses qui a changé. Elle parle maintenant d'une façon qui colle à la réalité quotidienne : « Avant, il y a une dizaine d'années, j'avais peur de dire les choses telles qu'elles sont. Je n'osais même pas dire moé. Aujourd'hui, la réalité québécoise se trouve partout. [...] On n'a pas besoin de dire "Vive la liberté" quand on rend compte d'une vérité, quand on parle du gars de la rue. Tout est politique[33]. »

Elle a pris le temps de préparer minutieusement son spectacle, de soigner la mise en scène, de faire appel à François Barbeau pour dessiner son costume de scène. Les photos du programme montrent une Pauline en veston et pantalon, collier de perles indiennes au cou, ceinture « fléchée » à la taille. Elle gardera longtemps ce look pratique, à la fois moderne et folklorique, qui tranche sur l'image de femme « habillée » à laquelle les spectateurs sont habitués. Un an à peine après *Fragile*, elle est en mesure de présenter à son public une douzaine de nouvelles chansons dont les trois siennes et celles de Réjean Ducharme, Michel Tremblay, Odette Gagnon, Clémence DesRochers et Michèle Lalonde. Sans bouder ses nouvelles chansons à saveur plus quotidienne, le public l'ovationne surtout lorsqu'elle reprend ses refrains politiques en rappel. Un critique anglophone attribue une partie de son succès à un courant de protestation contre la guerre au Vietnam qui se dessine à travers l'Amérique : *« [...] the essentials of what she feels and believes are undoubtedly shared by the vast majority of Quebec singers and artists – as they are shared increasingly by a growing number of American performers, people like Jane Fonda and Donald Sutherland as cases in point*[34]. »

Michel Roy, du *Devoir*, soutient que Pauline s'est fait convaincre par « ceux qui lui voulaient du bien » de dépolitiser son répertoire, ce qu'elle a fait en partie, mais sans pour autant renoncer à ses convictions. Il est heureux de découvrir la « vraie Pauline », celle qui tente de réunir les contraires, d'établir une équation entre les cris et la douceur, « une équation qui n'exclut pas ses adjurations à la trop silencieuse majorité, mais fait place aussi à cette très belle chanson qui a pour titre *L'Étranger* et qui célèbre la fraternité des hommes[35]. » Mais le critique regrette que l'auditoire soit resté davantage accroché à la Pauline revendicatrice, fonceuse, passionaria, la Pauline des événements d'octobre prisonnière de son personnage, condamnée à n'être qu'une partie d'elle-même. Il souhaite que la chanteuse continue d'ouvrir des voies, même si certaines de ses nouvelles chansons n'ont pas obtenu la faveur du public. Ce conseil va tout à fait dans le sens des intentions de Pauline qui cherche sans cesse à se renouveler et qui trouve parfois un malin plaisir à étonner son auditoire. Parfois elle ira trop loin, quand elle tentera par exemple de « populariser » Brecht, mais c'est plus fort qu'elle, il faut changer les choses.

Déjà ravie de l'accueil du public, elle l'est encore davantage des éloges de Gérald qui considère que ce spectacle est encore plus fort que *Fragile*. Mieux, ce spectacle au théâtre Maisonneuve sera le déclencheur d'une véritable percée parisienne. En effet, Jean-Louis Barrault fait alors répéter sa troupe en vue de présenter *Le Mariage de Figaro* de Beaumarchais dans une autre salle de la Place des Arts, au théâtre Port-Royal, aujourd'hui théâtre Jean-Duceppe. Le nouveau spectacle de Pauline emballe le célèbre acteur et metteur en scène. Ému, il lui propose une semaine avec tous ses musiciens dans son théâtre, le Théâtre des Nations, à Paris. Très vite, Barrault confirme que le spectacle aura lieu au théâtre Récamier du 23 au 30 mai 1972, immédiatement après *Les Belles-Sœurs* de Michel Tremblay.

Pour donner encore plus d'éclat, comme s'il en fallait davantage, à cette période faste, Pauline se rend à Québec au début de février chanter deux soirs avec les soixante-dix musiciens de l'Orchestre symphonique sous la direction de Neil Chotem. Les projets fourmillent tout à coup : elle tournera dans un autre film, ira en Ontario, à Terre-Neuve, en plus de la Suisse et de la Belgique. Pour reprendre un peu son souffle, faire une pause et se rapprocher de Gérald qui ne vient que rarement avec elle, ils partent le 9 février en vacances à la Martinique. Ils y rencontrent le peintre Léon Bellefleur et sa femme Rita, ainsi que Judith Jasmin. La célèbre journaliste souffre d'un cancer qui l'emportera quelques mois plus tard. Pauline la questionne sur sa maladie : « Judith lui répond avec une conviction qui ne laisse planer aucun doute sur sa détermination à lutter contre le cancer[36]. » C'est là un des traits de Pauline que d'aborder franchement des sujets délicats et intimes, comme la mort, l'amour, la maladie. Plus tard, elle se rendra au chevet d'amies comme Jacqueline, Heidi, Irena, les fera rire et rira avec elles. Judith Jasmin, de retour à Montréal, fera appel à Pauline pour trouver le réconfort. Pauline fréquentait la mort quotidiennement, jouait avec elle pour l'apprivoiser.

Elle déguste voluptueusement chaque minute, chaque seconde de son séjour dans les Antilles françaises : « Nous revenons à pied par la route et la plage. Le soleil descend. Nous revenons manger les tomates à la sauce très pimentée et le poisson frais. Chaque homme et chaque femme, les adolescents notamment et les enfants, sont d'une grande beauté : jambes longues nerveuses, torse bombé, fesses rebondies. Ce sont d'ultimes vacances. Soleil, mer, chaleur, ce que j'aime[37]. » Mais peut-être cette rencontre avec Judith Jasmin relance-t-elle sa peur de vieillir. Elle va avoir quarante-quatre ans, et comme dans sa chanson *La Vie à mort,* elle se « regarde dans cinquante-six miroirs » sans tellement apprécier l'image qui lui est renvoyée : « Je n'aime pas me voir dans le miroir, ça me déprime d'où un manque de nonchalance qui me serait bonne[38]. » Avant de repartir pour Montréal, pour se consoler et sans regarder à la dépense, elle s'achète huit paires de boucles d'oreilles !

À son retour, Pauline continue d'organiser son éventuelle tournée en Belgique et, à un imprésario qui lui proposait de faire un spectacle sous le haut patronage de l'ambassadeur du Canada, Pauline reprend du service pour refuser catégoriquement cette offre : « Nous, Québécois, qui luttons pour nous débarrasser à tout jamais de cette tutelle colonisatrice qu'est le Canada, nous n'accepterons jamais de cautionner tout ce qui de près ou de loin ressemble à une ingérence du Canada dans les affaires notamment culturelles du Québec, autant ici qu'à l'étranger[39]. » Pauline n'aura pas de nouvelles de cet imprésario avant longtemps.

Malgré de légers ennuis de santé qui réclament de courts séjours à l'hôpital, elle chante au Patriote de Montréal, à London en Ontario, à Saint-Jérôme, Sainte-Foy, Trois-Rivières. Pour appuyer la grève des enseignants, le comité Brésil-Québec et le Parti québécois, elle ressort de son répertoire ses chansons plus « politiques », *Comme je crie, comme je chante, Bozo-les-culottes, Un nouveau jour, Eille, Les Gens de mon pays.* Gérald Godin part pour l'Irak où il est invité à la fête de l'indépendance et du socialisme. La question politique ne quitte pas Pauline et lorsqu'elle reçoit le prix Orange pour la deuxième fois consécutive, elle en profite pour vendre des cartes de membre du Parti québécois aux gens qui assistent au gala. Dans une entrevue qu'elle accorde à *La Presse* à cette occasion, elle précise de nouveau comment elle conçoit son engagement politique : « Je ne suis pas un écrivain, ce que je fais, je le fais dans ma langue du quotidien[40]. » Elle annonce qu'elle sera de la distribution de *La Mort d'un bûcheron* de Gilles Carle et de *Pleure pas Germaine* dans une adaptation du roman éponyme de Claude Jasmin par Laurier Lapierre. Pauline jouera effectivement dans *La Mort d'un bûcheron*, mais du second film, tout comme du défunt *The Trial of the Swordfish*, on n'entendra plus parler. Pauline apprend également que, faute de subvention de la part du ministère des Affaires culturelles, la pièce *Les Belles-Sœurs* de Tremblay ne pourra être représentée à Paris. Heureusement que le Théâtre des Nations, dont le théâtre Récamier de Barrault est l'une des composantes, assume une partie des frais de voyage des musiciens et de Pauline, sans quoi le groupe n'aurait pu séjourner une semaine à Paris.

Le 20 mai 1972, Pauline s'envole vers la France avec ses quatre musiciens, André Angelini, Claude Arsenault, Michel Bordeleau et Gaston Brisson. Cette fois, elle est attendue par un représentant de chez Vogue et par Simone de Benussa de chez Barrault qui la déposent à l'hôtel Michelet. Dès son arrivée, elle est sollicitée pour son disque et pour son spectacle. À la télévision, elle précise qu'elle est une chanteuse québécoise et non une chanteuse canadienne. Elle fera cette distinction appellative pendant des années encore, le temps que les mentalités changent au Québec et à travers la France, la Belgique et la Suisse.

Le soir de la première, en plus de tous ses grands amis, de vieilles connaissances de ses débuts à Paris viennent l'entendre chanter : sa première logeuse, mademoiselle Baudrillart, Jacques Masbeuf, du Port-du-Salut, Léon Tcherniak, du Cheval d'or, Anne Sylvestre, l'homme de théâtre Jean-Marie Serreau. Jacques Levaux est venu de Liège avec sa femme Jeannine et Jean Ferrat lui envoie un mot de félicitations. Les fleurs et les télégrammes affluent. La première est un succès, Pauline est comblée.

Le jour même de son spectacle, à l'occasion d'une entrevue à la R.T.L. en compagnie de Jean-Louis Barrault, elle avoue « candidement » que c'est son anniversaire. Après le spectacle, tout le monde va souper à la Coupole. Barrault offre le champagne et Vogue s'occupe du gâteau. Pauline est préoccupée par son âge, mais elle aime bien qu'on souligne son anniversaire et cette fois, elle est servie royalement, et par ses amis et par ses pairs, comme si la distance entre la vie professionnelle et la vie privée tendait de plus en plus à s'amenuiser.

La critique française est séduite encore une fois par la fougue de Pauline et l'un d'entre eux, André Ransan de *L'Aurore*, y va de la métaphore filée du volcan : « Du feu et de la lave. Séisme et raz-de-marée conjugués [...] c'est à la fois une flamme et une voix, une flamme qui est passion, une voix qui est vibration, puissance, chaleur humaine. » François-Régis Bastide la qualifie dans son titre de « passionaria du Québec. [...] Or le problème politique, humain, viscéral des Québécois est un de ceux qui doivent être résolus dans un proche avenir. Il est probable que lorsque Pauline Julien chante pour les Québécois la liberté prochaine, elle chante la vérité de son peuple, de sa future petite nation[41]. » Par ailleurs, les chansons féministes comme *J'te dis c'que j'pense sans y penser* de Jean-Claude Germain et *Ah si jamais !* d'Odette Gagnon agacent le critique, mais pas autant que la sonorisation trop forte.

Certains comparent encore Pauline à Catherine Sauvage et à Melina Mercouri. D'autres, tel *Combat*, la comparent à une « louve dangereuse pour l'establishment », retenant surtout l'aspect politique du spectacle : « Elle a pâti : huit jours de prison l'année dernière, lors de l'enlèvement de Pierre Laporte. [...] Et pour ce public "d'élite" cultivé avec qui elle monologue, ce public qui vient pour prendre son message, tout passe. Et bien ! Même quand ses intonations de terroir ou ses jeux de scène excessifs respirent l'exhibitionnisme[42]. » Loin d'être séduite par l'apparence de Pauline, qu'elle trouve mal attifée, mal coiffée, une autre journaliste est bouleversée par son intensité, sa passion de lionne : « Belle parfois, quand elle rugit, se donne, se reprend. Muse en liberté. De beaux textes, de belles harmonies mais surtout, derrière les mots l'expression d'une créatrice plus que d'une interprète[43]. »

Le séjour se termine en beauté : après la dernière, Barrault reçoit Pauline chez Lipp avec quelques amis. Elle revient satisfaite à Montréal, car elle a enfin été reçue avec les égards qu'on accorde aux stars. En plus de profiter de son passage à Paris pour conclure des ententes avec Vogue pour la diffusion de ses deux derniers disques, elle a pu, grâce à l'intervention de Jean-Louis Barrault, rencontrer Jean Mercure du Théâtre de la Ville qui lui a proposé de se produire dans son théâtre. Le 28 mai, avant de s'assoupir dans l'avion qui la ramène à Montréal, elle écrit : « Ces huit jours ont été fantastiques, très fatigants. »

Les choses vont bien : son 45 tours de *La Croqueuse de 222*, qui vient à peine de sortir, monte au palmarès, elle veut profiter de l'été pour écrire de nouvelles chansons, préparer un autre microsillon et un autre spectacle à la Place des Arts au cours de l'hiver. Dès son retour, elle reprend le tournage de *La Mort d'un bûcheron* près de Québec, pendant lequel elle écrit les premières versions de sa chanson qui sera peut-être sa plus connue, la plus aimée de son public, *Ce soir j'ai l'âme à la tendresse*. Elle chante à Montréal contre la guerre au Vietnam, puis à Sherbrooke, au Lac-Saint-Jean et au Saguenay. Le 24 juin 1972, elle fête la Saint-Jean à Québec en partageant la scène avec Édith Butler, Réal V. Benoît, Jacques Michel et Clémence DesRochers. Quelques jours auparavant, elle a accepté de faire partie du comité d'aide du felquiste Jacques Rose, arrêté à la suite de l'assassinat de Pierre Laporte, parce que, dira-t-elle « la justice québécoise impose à Jacques Rose, depuis son arrestation le 28 décembre 1970, des conditions exceptionnellement dures et inhumaines, en dépit de l'article 5 de la *Déclaration universelle des droits de l'homme* qui stipule ceci : nul ne sera soumis à la torture, ni à des peines ou des traitements cruels, inhumains et dégradants[44]. »

Après un court passage à la Butte à Mathieu à la fin de juin, Pauline se repose à North Hatley. Elle jardine, monte à cheval, se baigne, lit beaucoup, écrit peu à cause du beau temps. La veille de son départ pour une série de spectacles au Patriote de Sainte-Agathe, elle se sent coupable de s'être abandonnée au farniente durant les vacances et les idées de destruction qui l'ont délaissée depuis un certain temps refont surface : « Mur devant tout ce que j'ai envie de faire ; mur devant ce monde, ce social auquel je voudrais aussi participer pour faire changer quelques faces de solitude, de pauvreté, de dureté ; mur de mon ambition démesurée, de ma volonté ou plutôt de mon désir de tout étreindre en même temps, de tout réaliser en même temps. Je voudrais être forte pour tous, pour moi[45]. » Même après ces dix-huit jours à North Hatley, elle ne se sent pas d'attaque pour ses spectacles au Patriote de Sainte-Agathe. Elle refait son choix de chansons presque chaque soir et discute ferme avec ses musiciens, cherche une nouvelle forme. Le doute et l'angoisse s'emparent d'elle à nouveau : « Je pense sérieusement au plaisir de mourir, de m'ouvrir les veines, mais là encore, deux impressions différentes qui viennent et je ne sais d'où : impression que personne ne viendrait à mon secours, et qu'au fond je le voudrais, donc, ce n'est pas encore sincère. Impression que ce serait du show pour me faire plaindre, pour attirer l'attention, pour avoir des témoignages[46]. »

Ces mots de découragement peuvent étonner puisque Pauline est au zénith de sa carrière québécoise : les 8 et 9 août 1972, à la salle Wilfrid-Pelletier de la Place des Arts, elle chante devant des salles combles qui lui manifestent un enthousiasme rarement vu aux concerts d'été de l'OSM. Ce soir-là, elle réalise un tour de force en mémorisant tous les prénoms des musiciens de l'Orchestre symphonique qu'elle décline de façon amusante entre deux chansons ! Les critiques sont encore une fois très élogieuses, en particulier celle de Jacques Thériault du *Devoir*. Pauline conservera un brouillon de lettre adressée au critique quelques mois plus tard, tant elle est émue et impressionnée par son analyse du spectacle : « J'ai voulu souvent vous le dire, d'autant plus que ce soir, je doute d'un doute immense de n'être pas habitée pour projeter, transmettre cet élan irréversible. La chanson est dans l'instant, toujours à recommencer de l'une à l'autre, d'un tour de chant à l'autre. Faire un présent d'une intensité totale à chaque fois et tout à coup, douter, avoir peur et il n'y a plus rien. Nous verrons bien. Après quinze ans de métier, j'en connais les hauts et les bas. (Excusez, c'est presque trop d'intimité, de toute façon, c'est pour vous remercier d'avoir su dire ce que par chance et par grâce vous avez ressenti, et qu'il a pu se produire)[47]. »

Ces réactions favorables lui donnent des ailes avant d'affronter seule l'Olympia pour la première fois. Bruno Coquatrix vient en effet de lui proposer de chanter deux soirs au mois de novembre sur la scène de cette célèbre salle parisienne et Jean Mercure réitère son invitation au Théâtre de la Ville pour mai 1973 ou début 1974. Pauline retourne à la campagne quelques jours au mois d'août, stressée à la perspective de bâtir un nouveau spectacle. Elle peaufine *L'Âme à la tendresse* et tente en vain d'écrire de nouvelles chansons. Elle essaie d'allonger des idées, de développer des flashes trouvés depuis longtemps. Mais elle ignore sur quel thème les approfondir. Pour se rapprocher davantage de son public, elle cherche des phrases quotidiennes, des gestes de tous les jours, des idées communes à tous. Pendant cette séance de travail, elle arrive quand même à constituer des versions à peu près définitives de *L'Extase*, de *Comme si* et d'une autre chanson, *Vous, Madame*, dans laquelle il est question d'âge. Elle demande à Richard Grégoire d'en composer la musique, mais changera d'idée et ne l'inclura ni dans son disque ni dans son spectacle.

C'est quoi votr'âge, vous Madame
Vous êtes de quelle année, vous, Madame
Ça vous fait dans les combien, vous, Madame ?

Cet acharnement à ne pas donner son âge donne lieu à de nombreuses anecdotes. Pauline a l'habitude de ne jamais montrer son passeport à qui que ce soit, sinon au douanier, en protégeant le document de tout regard indiscret. Un jour, elle doit le montrer à l'hôtel en présence de son agent Yvan Dufresne, mais l'employé n'arrive pas à déchiffrer l'année de sa naissance qu'elle a biffée : « Excusez-moi, madame, dit-il. C'est bien 1928 ? » Pauline refuse de répondre et Yvan Dufresne fait semblant de ne pas avoir entendu. L'année suivante, à un journaliste qui lui demande son âge, Pauline répond en souriant : « Pourquoi tu me demandes ça ? » Puis elle enchaîne brusquement : « J'ai l'âge que j'ai l'air d'avoir[48]. »

Peu après le spectacle au Patriote de Sainte-Agathe, Gaston Brisson quitte Pauline pour Yvon Deschamps et son batteur Michel

Bordeleau part en même temps. Elle remanie son équipe de musiciens : Jacques Masson, Jacques Perron, Claude Arseneault, André Angelini. Chaque fois qu'elle perd son pianiste principal, elle doit expliquer à nouveau sa façon de faire, ses exigences, faire réapprendre les chansons, ce qui représente pour elle un surcroît de travail, surtout qu'elle prépare son important spectacle à l'Olympia et un nouveau microsillon, sollicite des auteurs et des compositeurs, fait quelques récitals au Patriote, à Val-d'Or, à Hull, dont quelques-uns bénévoles, s'inscrit de nouveau à l'université, tout en répétant chaque jour avec l'un ou l'autre de ses pianistes.

À la mi-septembre, Pauline profite d'un récital à Sherbrooke pour rendre visite à sa sœur Mimie. La voilà plus sereine, plus déterminée, même si la perspective de faire l'Olympia la stresse beaucoup : « Décidée à communiquer à tout prix, à être pleinement moi-même sans me soucier du plus ou moins grand nombre de spectateurs, de la froideur de la salle en soi, éprise du désir de vivre pleinement chaque chanson, de transmettre, de les donner complètes, juteuses, fermes, pleines[49]. » Elle s'en veut de ne pas accorder plus de temps et d'attention aux siens, à ses sœurs et à ses frères, et elle se considère comme une mère maladroite. Elle prend des résolutions concernant Nicolas, maintenant un jeune homme de dix-sept ans : « Pour ma part, être plus attentive, lui offrir de l'aider dans ce qu'il lui faut, comprendre, aider, développer un climat de collaboration, d'affection, d'amitié[50]. » Plus habile pour rejoindre les gens qu'elle ne connaît pas, surtout quand elle discute de politique avec eux après ses spectacles, Pauline accepte l'invitation de deux jeunes filles de Val-d'Or qu'elle trouve très sympathiques et avec lesquelles elle parle des dispositions du pouvoir au fascisme, des arrestations et du harcèlement des jeunes aux cheveux longs. Elle aime discuter avec ces gens vrais et ordinaires qu'elle n'a pas souvent l'occasion de rencontrer dans les grandes villes. Elle a l'impression de changer quelque chose en eux en les écoutant, en les encourageant.

En revenant de Toronto à bord d'un avion d'Air Canada le 15 octobre 1972, Pauline suscite une nouvelle polémique linguistique. Il est tard et après une longue journée passée en entrevues suivies d'un spectacle devant mille personnes, elle a besoin de se reposer. Seule passagère au fond de la cabine, elle enlève ses souliers pour allonger ses jambes sur le triple siège. S'ensuit un défilé de membres de l'équipage qui viennent tous lui demander, en anglais, de remettre ses pieds par terre avant que l'avion ne décolle. Chaque fois Pauline leur demande s'ils parlent français en prenant soin de garder ses pieds sur le siège. Devant l'entêtement de Pauline, on appelle un membre de la Gendarmerie royale, mais comme il ne parle pas français lui non plus, Pauline refuse d'obtempérer. Il tourne les talons dare-dare pour chercher du renfort et revient accompagné d'un autre policier de la Gendarmerie royale qui la somme, en français cette fois, de sortir immédiatement de l'avion. Elle proteste, veut récupérer ses effets personnels qu'elle reçoit finalement par le hublot de la cabine du commandant. Elle demandera une compensation financière pour les ennuis causés par la mésaventure en écrivant une lettre à la compagnie d'aviation : « Malheureusement, pour nous Québécois, Air Canada détient pour le moment un monopole sur le transport aérien des passagers au Québec comme au Canada sur la plupart des lignes, heureusement il n'en est pas de même pour les voyages outre-mer et nous saurons choisir notre compagnie[51]. » Yves Jasmin, directeur des relations publiques, lui fait parvenir un chèque personnel qu'elle lui retournera accompagné d'une lettre qu'elle publiera dans les journaux pour exiger des excuses de la compagnie : elle tient à ce que le chèque soit émis par Air Canada.

À la suite de tous ces démêlés, Pauline s'attaque à la composition de la *Litanie des gens gentils* en s'inspirant d'un poème écrit par Gérald Godin. Selon son habitude, elle remanie considérablement les paroles de cette chanson, si bien que le texte, d'abord attribué à Gérald sur le premier manuscrit, deviendra plus tard celui de Pauline, lors de la parution en 1974 de son microsillon *Licence complète*. Par exemple, le premier couplet que Gérald a ainsi fignolé :

polis gentils ravis soumis endormis aplatis
vivons cachés vivons heureux
bougeons pas ça f'ra moins de bruit
parlons pas on veut pas d'cris
contentons-nous d'un brin sur rien
la vie c'est pas une partie d'plaisir

devient, après les « remaniements » de Pauline,

polis gentils ravis soumis endormis aplatis
vivons cachés vivons heureux

bougeons pas restons assis
parlons pas ça f'ra moins de'bruit
contentons-nous d'un brin sur rien
car on est né pour un p'tit pain

Au début de novembre, Pauline participe à un colloque à Trois-Rivières intitulé *Le Québec et son environnement culturel*. Elle y parlera de l'importance de la chanson comme mémoire d'un peuple : « La chanson, surtout depuis l'avènement de la télévision et de la large diffusion du disque, peut avoir et a un impact immédiat sur des milliers et quelquefois des millions de gens au même moment. C'est pourquoi son apport à la culture, à l'échange, à la prise du pouls d'une collectivité, lui donne une présence irréfutable dans la vie quotidienne actuelle[52]. » Sans parler de chanson engagée, elle regrette que les gens reprochent aux auteurs-compositeurs de manifester une conscience politique et sociale, comme si on pouvait cacher « une partie de son âme, de son esprit, de son cœur ».

Le 13 novembre 1972, après quelques jours de repos à North Hatley, le soir du trente-quatrième anniversaire de Gérald, Pauline part pour Paris en faisant un crochet par la Suisse. Elle est reçue avec tous les égards à Genève et à Lausanne, où la télévision tourne en vidéo *Déménager ou rester là*, *Mon folklore à moé*, *L'Étranger* et *Trois Milliards d'hommes*. Elle a alors le plaisir de mieux connaître Véra Florence rencontrée à Sopot huit ans plus tôt. Elle est ravie de son séjour, mais ces séances de tournage entrecoupées de réceptions fastueuses la fatiguent. Elle repart pour Paris le surlendemain et, au lieu de se reposer, court au Centre culturel canadien voir *La Sagouine* d'Antonine Maillet avec Viola Léger qui l'émeut aux larmes. Le rythme infernal reprend, et elle veut tout faire en même temps : négocier la distribution de ses disques chez Vogue, donner une dizaine d'entrevues à la radio et à la télévision pour la promotion de son spectacle à l'Olympia, rencontrer Louis-Jean Calvet qui prépare sur elle un livre dans la collection « Poésie et chansons » chez Seghers, voir tous ses amis et Jean Mercure du Théâtre de la Ville. Lors d'une entrevue à la radio à laquelle participent également Charles Aznavour et Frida Boccara, un journaliste la surnomme « suffragette », elle proteste avec véhémence, puis on l'accuse d'être agressive. Dégoûtée, elle a l'impression d'être un clown, et c'est dans ce tourbillon indescriptible qu'elle s'apprête à rentrer, selon les termes de Louis-Bernard

Robitaille, correspondant de *La Presse* à Paris, « dans les ligues majeures du show business parisien[53] ». Pauline doit chanter deux soirs à l'Olympia, mais à cause du trop petit nombre de billets vendus, Coquatrix convainc son agent, Yvan Dufresne, d'annuler le deuxième spectacle : « J'ai perdu deux, trois mille dollars ce soir-là. Je ne l'ai jamais dit à Pauline. La critique l'aimait, mais il n'y avait pas assez de monde dans les salles[54]. » Louis-Bernard Robitaille abonde dans le même sens et tente une explication : « La partie n'est pas encore gagnée. On ne remplit pas des salles à Paris sans avoir un nom un peu déjà établi. Ce n'est pas encore le cas pour Pauline Julien, probablement parce qu'on l'entend rarement à la radio, sans parler de la télévision où elle n'a pas fait de fréquentes apparitions[55]. » Le journaliste attribue ce demi-échec aussi à l'absence à peu près totale de publicité, à l'heure inhabituelle du spectacle, au style de chansons et au langage typiquement montréalais, mais comme il s'agit d'un musicorama, il trouve intéressant que le tour de chant soit radiodiffusé intégralement à Europe n° 1.

Au début de décembre, Pauline revient à Montréal. À cause de ses ennuis de santé, elle décide d'annuler et de remettre à plus tard plusieurs spectacles pour travailler à la préparation d'un nouveau disque. Elle demande à François Dompierre d'écrire la musique de *L'Âme à la tendresse* et à Jacques Perron de faire celle de son autre nouvelle chanson, *L'Extase*. Pauline insiste pour que Michel Tremblay lui compose une chanson qui ne soit pas trop désespérée : « Dans tes pièces, tes femmes sont assez tragiques, lui aurait-elle dit, ça provoque, mais j'aimerais que tu m'en fasses une qui soit plus positive[56]. » C'est là qu'il crée le personnage de Marie-Blanche dans *Allez voir, vous avez des ailes*, cette sympathique « matante » qui oublie son âge :

ma matante Marie-Blanche
a dit à son mari :
René tous les dimanches
j'vas au cinéma d'Paris
ma matante Marie-Blanche
sous prétexte d'aller aux vues
a le cœur qui flanche
dans des bras imprévus

Quand Pauline a une idée en tête et quand elle veut qu'un artiste lui écrive une chanson, elle peut téléphoner, retéléphoner, déplacer des montagnes pour obtenir cette chanson. Jean-Claude Germain en a fait les frais : « Je vous le confie d'expérience, c'est une beauté de voir Pauline se servir d'un téléphone. Je dirais même que c'est impressionnant. Quasi démiurgique. Tant et aussi longtemps que celui ou celle qui doit répondre à son appel ne l'aura pas fait, rien ne l'arrêtera, rien ne l'empêchera, rien ne lui fera oublier. Devrait-elle remuer mers et mondes, ciel et terre, parents, amis, maîtresses, cousins ou relations, poètes, musiciens ou simples connaissances, le message sera transmis à son destinataire. Toujours un peu le même message, d'ailleurs. "Y faut continuer c'qu'on a commencé... j'ai besoin de nouveau... y faut créer... créer... j'ai envie d'être libre... ça presse." [...] Je reste persuadé que si Pauline Julien trouvait le temps d'appeler les six millions de Québécois pour leur demander d'être libres, indépendants, ça donnerait sûrement plus de résultats que de leur dire ou de leur crier par la tête dans les haut-parleurs. Vous avez pas idée ce que ça peut être difficile de dire non à Pauline au téléphone[57]. »

Au début du mois de janvier, elle reçoit chez elle un journaliste de *Dimanche-Matin* qui lui parle de son demi-succès à l'Olympia. Pauline affiche l'indifférence : « Bof, Paris, c'est pas la mer à boire, ni pire que l'Abord-à-Plouffe[58]. » Puis elle insiste sur les retombées positives de ce séjour à Paris : elle a signé un contrat de trois semaines avec le Théâtre de la Ville, sa maison de disques a prévu plusieurs émissions à la télévision au printemps, on lui a proposé une tournée de trois semaines en France et une autre de trente jours en Russie, on l'a pressentie pour le grand gala de la fête de l'Humanité à Paris. Autre bonne nouvelle, elle fera la grande salle Wilfrid-Pelletier de la Place des Arts et le Grand Théâtre de Québec au mois de mars. La plupart de ces projets se réaliseront, mais il lui faudra patienter encore quelques années avant de participer à la fête de l'Humanité.

Le film *La Mort d'un bûcheron* qu'elle a tourné six mois plus tôt avec Gilles Carle sort dans les salles et reçoit d'assez bonnes critiques. Carole Laure en danseuse *topless* recueille la plupart des éloges, mais Pauline en Charlotte Juillet l'intellectuelle n'est pas en reste : « Sachez seulement que les acteurs sont extraordinairement bons. Carole Laure est belle comme une déesse western [...] Willie Lamothe a été pour moi une étonnante révélation. Pauline Julien, Denise Filiatrault, Marcel Sabourin, Daniel Pilon, ils ont été choisis par Carle pour leur talent, bien sûr, mais aussi pour eux-mêmes, leur personnalité, leur culture, leur anxiété, leur violence et leur tendresse[59]. » *Le Devoir* souligne le travail de Pauline : « Quant à Pauline Julien, qui est enceinte pour les besoins de l'histoire, elle y apporte une chaleur, une tendresse, une odeur maternelle rafraîchissante... On a tant entendu vanter la "féminité" et la personnalité de Mme Julien sur scène, il fait bon de constater ces qualités qui éclairent discrètement l'écran[60]. » Ce film fera partie de la programmation du festival de Cannes quelques mois plus tard.

En septembre 1972, l'éditeur Alain Stanké avait demandé à Pauline d'écrire une préface pour le livre de Henry David Thoreau intitulé *La Désobéissance civile*. Cette préface ne paraîtra pas pour d'obscures raisons de délais non respectés. Pauline est furieuse et, en guise de protestation, elle publie intégralement dans *Québec-Presse* le texte refusé dans lequel elle prend parti pour Jacques Rose dont elle dénonce les conditions de détention et dans lequel elle dit son espoir : « Personne ne doit plus jamais naître pour un petit pain et chacun doit y œuvrer à partir de soi, de son milieu, de son pays jusqu'à la vision d'un monde renouvelé, vivant non pas seulement pour son propre bonheur mais pour celui de tous[61]. »

Tout ce printemps 1973 est traversé par une grande vague d'optimisme. Pauline jubile : son dernier microsillon *Au milieu de ma vie, peut-être à la veille de...* s'est « étonnamment bien vendu[62] » à plus de dix mille exemplaires. Dans son nouveau répertoire, elle intègre une chanson politique de Vigneault, *Lettre de ti-cul Lachance à son premier sous-ministre*, et dans les nombreuses entrevues qu'elle donne en vue de son unique spectacle à la salle Wilfrid-Pelletier de la Place des Arts, elle déborde d'enthousiasme, donnant aux lecteurs l'impression que le sort lui est désormais favorable : « Des années durant elle a, elle aussi – comme Vigneault et Charlebois en ce moment, comme Jean-Pierre Ferland – investi dans une carrière française. Ce qui, en d'autres termes, revient à dire qu'elle a travaillé pour rien, pour qu'on la voie, pour qu'on l'entende, pour qu'on la reconnaisse. C'est peut-être sur le point d'arriver[63]. » Pauline en remet : elle est certaine de remplir les trois mille places de la salle, elle chantera une dizaine de nouvelles chansons, son nouveau microsillon *Allez voir, vous avez des ailes* sortira au printemps et elle ira en France en faire la promotion.

Elle est invitée à Spa, en Belgique, elle travaille avec de nouveaux musiciens sous la direction de Marcel Rousseau. *Sky is the limit !*

Le spectacle de la Place des Arts est à peu près à la hauteur des attentes de Pauline, mais ça ne va pas sans mal : « Il est parfois difficile de rejoindre à la fois et en même temps plus de 2 500 personnes et soi-même. Il semblait en effet qu'elle n'avait pas recours tout de suite à toute sa fougue, comme un coureur qui se ménage pour le sprint final. Qu'importent les raisons, manque de forme, trac des premières ou immensité de la salle, il en est résulté un spectacle en dents de scie, avec des hauts et des bas et un sommet en fin de soirée[64]. » La journaliste du *Devoir* n'apprécie pas le ton un peu forcé qu'adopte Pauline pour rendre les textes de présentation et certaines chansons, mais le public lui fait une ovation à tout rompre, surtout pour *L'Étranger*, qu'elle chante avec justesse et émotion, donnant le meilleur d'elle-même, en toute simplicité, en toute vérité.

Pour son programme publié dans *Magazine sur scène* de mars 1973, Pauline a recours à de larges extraits d'un article d'Hélène Fecteau paru dans le *Châtelaine* du mois de septembre 1972. Le message rassurant de Pauline, sa force à toute épreuve sont au cœur de la présentation de Pauline qui s'étale sur plusieurs pages parmi des photos de Kèro, prises lors de spectacles en plein air, et d'autres, plus intimes, de Ronald Labelle, prises chez elle, rue Selkirk, dans son salon, et en compagnie de son pianiste. On y retrouve également des témoignages de Gilles Vigneault et de Raymond Lévesque qui termine avec humour son petit éloge à Pauline en disant qu'il est malade de Pauline, que cette maladie s'appelle la « pauligamie ».

Après le récital, Pauline invite tous ses amis chez elle. Dans son journal, elle prend soin le lendemain de mentionner les noms de tous ceux qui y étaient, un peu comme dans un couplet de la *Danse à Saint-Dilon* : « Vigneault, Cousineau, Perron, Louise Forestier, Claude, Léopold, Geneviève, Denise, Paul-Marie, Gisèle, Gaston, Patrick, Thérèse, Jean-Marc, Madeleine, Louis... Nico et Johanne, même Plamondon, Luc et beaucoup d'autres, Jean-Pierre, Bertrand[65]. »

Après cet immense succès à la Place des Arts précédé d'un soir au Grand Théâtre de Québec, Pauline part pour la Gaspésie en camionnette avec ses musiciens. Bien dans sa peau, elle se sent *On the Road*, évoquant Kérouac. Elle reprend son journal qui éclate de soleil, de joie, de bonne humeur : elle est amoureuse. Une liaison parmi d'autres qui durera le temps de la tournée et dont elle a décidé de jouir pleinement. Les salles sont loin d'être pleines, le public est loin d'être gagné d'avance, des dizaines d'enfants mangent des chips en faisant du bruit, mais qu'à cela ne tienne, la vie est devenue un bouquet de roses, l'espace d'un printemps : « Carleton. Une envie de vivre débordante, délirante, depuis cinq jours. Un soleil éclatant, un ciel bleu sans nuages, et la mer qui brille. Les blocs de neige blancs accumulés sur les berges, les corneilles qui sont là avec le printemps. La montagne aussi bleue, une soif, une envie qui me dévore, de temps en temps, je suis calme, détendue, mais quelquefois, comme ce matin, je suis à l'extrême limite et j'ai peur de tomber dans quelque vide ou néant, qui engendre la peur de souffrir, imperceptible, la peur que ça finisse[66]. » La vague d'enthousiasme perdure malgré quelques angoisses furtives et le lendemain, à Campbellton, devant une salle comble, chauffée à bloc, elle bondit, danse sur la scène. Elle a de la voix, du souffle, tout est galvanisé, les musiciens se dépassent, le public en redemande. Quand elle rentre à l'hôtel, fourbue et vidée, une grande tristesse s'empare d'elle. Son amour de tournée s'achève, elle voudrait en jouir jusqu'à en mourir. Pour prolonger le plaisir de la scène et la beauté du paysage de mer.

Après certains spectacles, Pauline engage la discussion avec l'auditoire, elle s'emporte, mais elle cherche à rejoindre son public, à le connaître intimement. Elle prend même la résolution de s'informer davantage sur les gens, les lieux, les problèmes de ceux chez qui elle va chanter. Sur la route elle rend visite à tous ceux qu'elle connaît, aux parents de Gaston Brisson, à sa fille Pascale, devenue tisserande et qui donne à Matane des ateliers sur les nouvelles techniques de tissage. Elle la trouve belle, présente, en santé.

Au retour, elle reste sur sa lancée d'optimisme et de ferveur malgré le déchirement qu'elle éprouve à mettre fin à son aventure. Elle termine son disque, fait quelques spectacles à Montréal, Québec, Joliette. Le 25 avril, on l'invite à Tracy pour parler de la condition de la femme au Québec et ailleurs. Pour élaborer une sorte de programme politique, elle dresse, comme si elle ne voulait rien oublier, la liste des revendications des femmes d'alors : « Aliénation : double journée de travail comme salariée et comme ménagère. Le monde appartient aux hommes, les hommes y font la loi pour eux et les femmes. Les femmes, citoyennes de seconde zone, sont traitées comme non responsables, comme des enfants ; on doit leur donner une possibilité de culture, d'avoir vraiment voix aux chapitres de la culture, de la création, de l'organisation, du pouvoir. À travail égal et à compétence égale, salaire égal. On doit obtenir des garderies gratuites, la distribution sociale et collective des travaux ménagers, l'abolition des lois sur l'avortement. L'indépendance maternelle[67]. » Pauline conservera ses notes précieusement, et elle s'en inspirera quand, en 1975, pendant l'année de la femme, elle fera une série de spectacles-conférences-débats sur la condition des femmes.

Au début de mai paraît son onzième microsillon tant annoncé, *Allez voir, vous avez des ailes*, toujours chez Zodiaque, sous la direction musicale de François Dompierre et qui comprend les nouvelles chansons du spectacle qu'elle a donné à la Place des Arts en mars. Le disque, à cause des chansons à succès de Michel Tremblay, *Chus tannée Roger* et *La Croqueuse de 222*, est bien reçu par le public et par la critique. Ironie du sort, Pauline, qui est si peu ménagère elle-même, devient la complice des femmes délaissées par leur mari. Quelques-unes lui reprocheront même que les femmes ne soient pas le thème de toutes les chansons du microsillon !

Peu après, Pauline organise avec Thérèse Arbic la troisième édition du spectacle *Poèmes et chants de la résistance* à l'aréna Paul-Sauvé. Pauline interprétera *Lettre de tit-cul Lachance à son premier sous-ministre*, et ce spectacle collectif deviendra lui aussi un album double. Encore une fois, Pauline est, avec Raymond Lévesque, celle qui reçoit les applaudissements les plus nourris : « Ces deux artistes représentaient aussi, si l'on en juge d'après les réactions du public, unanimement et bruyamment enthousiaste, [...] l'expression d'un certain courage qu'on était venu chercher. Non pas le courage de dire ce qu'on pense, car chacun dit volontiers ce qu'il pense en compagnie de qui pense comme lui, mais le courage de se répéter, et avec la même foi[68]. »

Le 30 mai, elle s'envole pour l'Europe, à destination de la France et de la Belgique, choisie pour représenter la radio de Radio-Canada au festival international de la chanson de Spa, du 7 au 10 juin 1973. Cette année-là, le festival belge fête son dixième anniversaire, et pour souligner cet événement, les organisateurs ont décidé de ne pas faire uniquement un concours, mais plutôt un véritable festival. Elle passe quelques jours à Paris où, tout en retrouvant ses amis, elle réussit à vendre à Decca des chansons de ses deux derniers disques pour en faire un seul sous le titre de *Allez voir, vous avez des ailes*. Ce microsillon regroupe quelques chansons empruntées à *Au milieu de ma vie, peut-être à la veille de...* et à la version québécoise de *Allez voir, vous avez des ailes*.

À Paris, elle rencontre Michel Tremblay, André Brassard, Louise Latraverse et Denise Filiatrault qui revient du Festival de Cannes où *La Mort d'un bûcheron* vient d'être présenté. Elle trouve le temps d'aller à la Cartoucherie : « La tente, les six tréteaux, les marionnettes, les mêmes jeux similaires sur les six scènes. Pantomime de la situation, comédiens dispersés dans la foule pour parler de la révolution 89, apogée, la foire, spectacles différents sur les six scènes[69]. » Elle voit le film *La Grande Bouffe* qu'elle aimerait revoir. Puis, le 7 juin, elle part pour Bruxelles où Yetta Outers la reçoit à dîner avec ses musiciens. Le lendemain, à Spa, elle accorde une entrevue à Colette Devlin pour Radio-Canada, puis elle retrouve Pierre André, le journaliste de l'ORTB qui suit sa carrière de près depuis quelques années, avec qui elle poussera une pointe à Amsterdam le lendemain pour voir les célèbres vitrines du métier le plus vieux du monde.

Stéphane Venne et Georges Dor sont de la partie, de même que Julos Beaucarne dont elle fait la connaissance. Ce « troubadour sympathique, très décontracté, bon[70] » lui plaît tout de suite et elle s'en fait un ami. Presque toute la filière belge est dans l'auditoire du Salon rose de Spa : Jacques et Jeannine Levaux, le frère de Lucien Outers, Yetta et Lucien Outers, leurs enfants. La salle est trop petite, il faut ajouter des sièges, asseoir des spectateurs par terre. Pauline est morte de trac, mais dès qu'elle commence, le public l'accueille chaleureusement. Elle chante son plus récent répertoire québécois auquel elle ajoute des chansons plus anciennes et plus « engagées ». Ce récital du Minuit-Chansons, commencé après minuit, se révélera le clou du Festival : « Voix extraordinaire, puissance d'expression, intelligence et beauté d'un répertoire sans artifices, maîtrise d'un art consommé, un talent à couper le souffle[71]. » Quelques petits bémols dans le concert d'éloges : son répertoire est un peu limité au patriotisme et au féminisme de choc ; elle en met trop. Mais on n'ose pas lui reprocher sa générosité et on la compare encore une fois à Piaf, Gréco et Mercouri. Et pour la centième fois, on dit d'elle qu'elle est une « nature » !

Lors de ses apparitions à la télévision belge, elle doit souvent se défendre de n'être qu'une chanteuse « engagée » ; elle revient constamment à la charge en se décrivant comme une « chanteuse consciente ». À son retour au Québec, on l'attend maintenant avec son engagement pour la cause des femmes, surtout depuis la sortie de son disque *Allez voir, vous avez des ailes.* Autant Pauline se sentait agacée d'être considérée comme une chanteuse politiquement engagée, autant elle se défend d'être une chanteuse féministe : « Je ne chante pas la libération de la femme ! Je constate des choses, je dis des choses. Je chante des chansons d'amour, mais faites d'une autre façon[72]. » La voilà relancée sur d'autres mises au point, d'autres contradictions.

Après avoir participé aux fêtes de la Saint-Jean, après avoir chanté au Camp Fortune, près d'Ottawa, les 6 et 7 juillet 1973, elle passe quelques jours à la campagne. Elle se plaint de nouveau des absences de Gérald qu'elle dit trop pris par son travail à *Québec-Presse.* Il n'est plus pour elle son seul objet de pensée comme c'était le cas les premières années, elle essaie de vivre davantage par elle-même, de se trouver une raison d'être qui lui appartienne : « Vivre avec un homme et n'être presque jamais avec lui, même en vacances. Éloignement, solitude, peur, panique aussi avec Marcel Rioux, Roland Giguère, que je ne vois presque plus. Pas de voiture, les sempiternels ennuis de la piscine, goût du soleil, paresse, schizophrénie latente, envie de l'amour, de la folie, de l'aventure, à suivre[73]... » Ses vacances se termineront vers la mi-août, alors qu'elle chantera de nouveau, du 13 au 15, avec l'Orchestre symphonique de Montréal. Elle retournera à la Butte à Mathieu et se rendra une autre fois à Val-d'Or avant de chanter en deuxième partie du Festival de Longueuil avec Georges Dor.

À la fin de cet été-là, Pauline n'a pas le temps de s'arrêter, son agenda d'automne est rempli. Quand elle part pour Paris au début du mois de septembre en direction de la Suisse, elle déborde d'énergie. Elle vient de repérer une maison qui donne sur le carré Saint-Louis et elle a convaincu Gérald, qui s'est toujours montré réfractaire à l'idée d'être propriétaire, de l'acheter avec elle. Cette transaction leur donne l'occasion de se redire qu'ils entendent poursuivre leur vie commune, malgré quelques blessures, quelques infidélités avouées : « Je crois qu'au-delà de ces questions et de cet achat, il y a certainement une certaine certitude entre nous et je me demande si elle ne tient pas au fait que toi et moi chacun de notre côté on a eu nos petites aventures. Elles ont eu pour résultat principal de nous accrocher plus profondément l'un à l'autre et de nous faire nous rendre compte qu'il y avait là quelque chose de fort. Mais ne crois pas que je fais l'éloge ici des aventures, je suis contre au fond, surtout les tiennes et j'ai toujours peur un peu de te perdre[74]. »

Pauline arrive à Zurich le 3 septembre et commence une tournée en Suisse, à Neuchâtel, à Lausanne, à Genève puis, le 8 septembre, à Delémont dans le Jura où, vêtue d'un corsage rose et d'une jupe rose et noire, elle donne un spectacle étourdissant et passionné devant de nombreux Jurassiens et qui éblouit Louis-Jean Calvet : « La fête du peuple jurassien. Les routes étaient parsemées d'inscriptions à la peinture blanche, "Jura libre", le drapeau rouge et blanc flottait partout, des affiches couvraient les murs, bref le climat était à la sécession... Il y avait aussi un peu partout des affiches appelant à soutenir les travailleurs de chez Lip, à Besançon, de l'autre côté de la frontière. La fête, donc, écartelée entre le régionalisme un peu bon enfant, un peu folklorique et la lutte des classes. Et au programme, entre le bal, les frites, le défilé de chars, la bière et le vin blanc jurassien, le "fendant" comme on dit, Pauline Julien[75]. » Les Jurassiens, venus de tous les environs, ont rempli la salle pour entendre une chanteuse qu'ils ne connaissent pas, sachant à peine que le Québec est une province du Canada. Pauline entre en scène et surprend par son accent québécois : « Pauline étonne, puis elle charme, puis elle émeut, et le public qui s'était d'abord montré méfiant, explose littéralement quand Pauline se met à chanter *Bozo-les-culottes* « découvrant peut-être qu'entre le FLQ (Front de libération du Québec) et F.L.J. (Front de libération du Jura), il n'y a jamais qu'une lettre de différence[76]. » Après le spectacle, les gens parlent à Pauline, l'embrassent, la remercient surtout d'avoir aidé la cause de l'indépendance du Jura suisse. Jacques de Montmollin a organisé la tournée dans un contexte d'effervescence, un an avant l'indépendance du peuple jurassien, et il demande à Pauline de s'adresser aux gens le dimanche après-midi : « Elle a hésité longtemps avant d'accepter, puis elle leur a dit des paroles qui leur ont fait réaliser davantage ce qu'ils étaient, qu'ils étaient justifiés de réclamer leur indépendance par rapport au canton de Berne. J'écoutais, je n'avais pas à me prononcer. Ceux qui se prononçaient auraient pu se faire tuer. On avait l'impression qu'on risquait quelque chose[77]. » Pauline est ce jour-là emportée dans un glorieux tourbillon où se confondent politique, amitié, chanson comme dans une fête de grande famille : « Delémont, 45 000 personnes, mes quelques mots sur l'estrade avec Roland Béguelin, monsieur Schafter, le défilé, l'ours de Berne, le vote à main levée pour les deux résolutions de l'immense foule et la grande tente où je fais la connaissance de Marie-Louise, femme de Roland, le grand-père, les vieilles filles Marie-José et Geneviève, les gendres, le beau Philippe et le grand Claude, le déjeuner chez eux, le fabuleux spaghetti, le rôti de bœuf saignant et la galéjade ; les voitures m'accompagnent à Bâle, j'offre le champagne, on rit on s'embrasse, c'est beau[78]. » Le beau Philippe de l'énumération, c'est Philippe Morand, le directeur de théâtre qu'elle reverra au Québec. À cette occasion également, Pauline a connu Maryse Furman, la belle luthière, qui organisera des réceptions fastueuses après ses spectacles dans sa belle maison d'Auvernier.

Pauline poursuit son voyage à Paris où, pendant une semaine, elle revoit Louis-Jean Calvet, toujours en train de préparer son livre, et Jean Mercure, pour fixer les dates définitives de ses spectacles au Théâtre de la Ville. Elle fait également la connaissance de la photographe du théâtre, Anna Birgit, qui fait des photos d'elle en vue de la promotion de son spectacle. Plus tard, de 1978 à 1985, Birgit deviendra la photographe « officielle » de Pauline, signant les photos de quatre pochettes de microsillons : *Femmes de paroles*, *Fleurs de peau*, *Charade* et *Où peut-on vous toucher ?* Elle saura mettre en valeur la flamme et le mouvement de ses cheveux sur scène, la profondeur de son regard, la délicatesse de ses traits. Birgit aime rire, invente des scénarios dans lesquels Pauline se sent à l'aise, et très vite les deux femmes deviennent complices et amies.

À travers toutes ces démarches, Pauline trouve le temps et l'énergie de voir du théâtre, du cinéma, des expositions, dont une de Soutine à l'Orangerie : « Vu avec Jacques de Montmollin plus de cent toiles, folles délirantes comme parties, la rue folle, le village fou dans les arbres ; les maisons, les rues dansent et semblent agitées par un mouvement frénétique ; le côté égaré, perdu de ses personnages, les tableaux vivants de bêtes mortes, des taches rouges bleues, un style qui reste le même des années 20 à 43, l'année de sa mort, avec une maîtrise plus serrée du dessin et de la couleur[79]. » Un autre ami de longue date, André Escojido, est de passage à Paris. Pauline mange quelquefois avec lui, mais elle éclate à propos d'une jeune fille qui vend des roses au restaurant. Chaque soir, Pauline veut en acheter parce que la marchande lui fait pitié ; Escojido lui signifie son désaccord et la discussion s'enflamme. Ce n'est pas sa première brouille avec un ami très cher, ce ne sera pas sa dernière non plus, mais chaque fois ces mésententes prendront une grande place dans sa vie, la mineront, exigeront d'elle une énergie folle. Elle noircira des pages de journal pour tenter de savoir comment elle en est arrivée là, elle écrira des lettres de réconciliation, qu'elle enverra ou n'enverra pas, les remaniant à l'infini. C'est dire toute l'importance que l'amitié avait dans la vie de cette femme qui en demandait beaucoup, qui pouvait être près de ses sous à ses heures, mais qui avait le cœur sur la main, déployant envers ceux qu'elle aimait des trésors de petites attentions et de tendresse. Tous ses amis en ont témoigné, Pauline était « chiante » (c'est le mot qui revient le plus souvent), mais il n'y en avait pas comme elle pour « prêter » spontanément des milliers de dollars à un ami dans le besoin, pour écouter les chagrins, les désespoirs, les peines d'amour, pour envoyer des petits cadeaux, des mots gentils écrits n'importe comment sur de jolies cartes toujours judicieusement choisies. Même en amitié, Pauline demeurait pétrie de contradictions.

Dès son retour à Montréal à la fin du mois de septembre, Pauline s'affaire à préparer sa rentrée à Paris au mois de janvier. Avec Jacques Perron et Claude Lafrance, elle termine son disque consacré à Vigneault qu'elle intitulera *Pour mon plaisir* et qui paraîtra en novembre au Québec chez Zodiaque et plus tard en Europe chez Decca. Sur ce disque, elle a regroupé ses chansons plus familières comme *La Danse à Saint-Dilon*, *Les Corbeaux* et *Ah ! que l'hiver*, mais aussi d'autres chansons moins connues, comme *C'est aujourd'hui*, *La Complainte du temps perdu*, *Berlue* et *Il me reste un pays*. La critique est en général favorable, moins pour l'interprétation de Pauline que pour la musique : « Pauline Julien chantant Gilles Vigneault cela n'a rien d'original. Ce sont les arrangements de Claude Lafrance et de Jacques Perron qui font toute la différence du monde[80]. » Depuis longtemps

Pauline voulait consacrer un disque à Vigneault, surtout pour rendre hommage à celui qu'elle a le plus chanté à ses débuts et dans presque tous ses spectacles : « Il y a une curieuse coïncidence : dans les chansons de Gilles, je me sens à l'aise comme si c'était moi qui les avais écrites. [...] Une chanson, c'est un peu comme une robe, il faut que tu te sentes bien dedans[81]. »

Pauline participe à la deuxième édition du *Québec-Presse chaud* au centre Paul-Sauvé le 6 octobre en vue de ramasser des fonds pour la survie du journal indépendantiste. Le programme est hétéroclite : entre un discours de René Lévesque, un groupe américain, The Superband, un numéro d'un travesti québécois et Alan Stivell, le mineur Réal V. Benoît, le groupe Octobre, Claude Gauthier, Claude Dubois et Georges Moustaki, ce sont les Séguin, Marie-Claire et son frère Richard, forts du succès qu'ils viennent de remporter à Liège lors de la semaine de la francophonie, qui obtiennent la faveur du public ce soir-là. Raymond Lévesque ouvre la deuxième partie que, pour une fois, Pauline ne ferme pas, mais le vent tourne un peu et ces chanteurs n'ont pas dominé la soirée comme lors des spectacles de *Chansons et poèmes de la résistance.*

En novembre, Pauline se rend à Ottawa, invitée par le Cercle des femmes journalistes pour parler de la libération de la femme et de la chanson québécoise. La rencontre est colorée et houleuse, certaines des participantes prônant le fédéralisme, mais Pauline s'en sort avec l'humour. Dès la fin de cette rencontre, elle se rend à Québec chanter à la Boîte Limoilou. Après le spectacle, elle ira prendre un verre au Chantauteuil et c'est là qu'elle rencontrera Andrée Deschênes, dite Maxime, une jeune chanteuse que Pauline invitera chez elle et prendra un temps sous son aile.

Préoccupée par ses nouveaux musiciens, Pauline prépare son spectacle de janvier au Théâtre de la Ville. Elle doit faire la promotion de son disque et, comme si ce n'était pas suffisant, elle déménage. Gérald et elle prennent possession de la grande et magnifique maison du carré Saint-Louis, voisine de celle de Gilles Carle, tout près de chez Claude Jutra, André Gagnon, près de la rue Saint-Denis, de la librairie du Square, des Petites Gâteries et des terrasses qui poussent comme des champignons. L'une des premières tâches de Jacques Marchand, son nouveau pianiste, sera justement de participer à ce déménagement tout en apprenant les chansons du répertoire de Pauline : « Avec elle, tout le monde participe aux corvées ! On a pratiqué dans un local dans la ruelle, une sorte de remise en arrière, qu'on a aménagée en studio. On y passait nos étés. Elle y était presque tout le temps, car je travaillais beaucoup avec elle au piano pour lui apprendre les chansons. Quand elle les maîtrisait assez bien, je répétais avec les musiciens seulement pour qu'ils apprennent la chanson à leur tour. Puis on reprenait tous ensemble[82]. »

Une partie du spectacle avait été préparée rue Selkirk et l'autre partie dans le nouveau studio derrière la maison du carré Saint-Louis. Un jour que Pauline voyage en autobus, elle met sur papier la liste folle de ses occupations et préoccupations : « Trop d'idées dans la tête, moi qui depuis quelque temps croyais n'en plus avoir, tellement le rythme de la vie quotidienne est rapide, bousculé, tendu. Ces temps-ci, l'achat d'une maison, les milliers de problèmes de reconstruction, l'argent, l'immense question des musiciens qui commencent enfin à s'organiser. Ce n'est pas encore terminé. Je voudrais parler à chacun, les connaître, m'expliquer à ceux qui doivent partir, prendre le temps avec ceux qui commencent. Je doute que nous ayons assez de temps pour parfaire, polir. Et cette voix, la mienne, que je n'aime pas. Les élections, le désabusement, le recommencement, le quoi faire et le comment faire. J'ai envie d'aller dans chaque cégep discuter, rencontrer les étudiants. Mon fils, ma fille, leurs problèmes, leurs joies, un par un[83]. »

Parmi ses musiciens, Pauline conserve seulement Serge Lahaie à la guitare. Elle doit donc former un nouveau groupe : en plus de Jacques Marchand au piano, il y a Roger Larocque à la percussion, Serge Beaulieu à la basse. Le 1er décembre, elle se produit à guichets fermés à l'Outremont, qui inaugure une série de spectacles bon marché parallèlement à la projection de films de répertoire, un peu comme le faisait le centre d'Art de l'Élysée. On doit refuser des gens et à la deuxième représentation, il y a des spectateurs assis par terre dans les allées. En tout, plus de trois mille personnes assistent ce soir-là à ce double spectacle qui, malgré quelques ratés dans la sonorisation, suscite de nombreux rappels. Elle chante par la suite avec l'Orchestre symphonique de Québec à Trois-Rivières, participe à l'émission *Appelez-moi Lise* pour parler de son prochain spectacle à Paris, de ses relations avec ses musiciens, faire la promotion de son microsillon des chansons de Gilles Vigneault. Elle participe à Sherbrooke à un radiothon organisé par Oxfam en vue de recueillir des fonds pour les pays du tiers monde et répond quelques jours plus tard au S.O.S. de l'Orchestre symphonique de Montréal. Dans ce brouhaha indescriptible, son cœur bat très fort, et elle cherche la paix. Elle écrit :

Le ciel ce matin ressemble à un dessin d'Henri Michaux
des petites touches grises noires sur un fond paille bleutée
liséré de rose tendre
de longs traits de plume
allongés s'étirant
sur cette infinie toile de fond
Une sensation de pâte à modeler jetée là par
petites touches et par paquets selon
mon cœur est toujours trop présent trop
Magnifiquement présent
pas une douleur, une présence insistante
gênante travaillante autant pour la
tête que pour tout le corps qu'il oblige à être attentif à
se diluer dans son rythme[84].

Pauline, lors de son séjour à Paris en septembre, avait planifié de passer Noël en compagnie de la famille Scrive et de Bernard Vanier dans les Cévennes. Le 22 décembre, elle part avec Gérald. La bande d'amis quitte Paris la veille de Noël ; il pleut à torrents, mais l'esprit est à la fête et Pauline exulte au réveillon : « Les papiers dorés, les cadeaux d'argent et d'or de Bernard, les pantins de Françoise, le collier main de Marguerite, les cigares mouchoirs de Bernard, le vin coule à flots, le whisky. La distribution des paillasses, nous avons le petit lit de fer doré, il pleut partout dans la maison, mais elle est belle, ça danse, ça chante au son du Cuadron, chanteur basque, d'un disque péruvien, et je dors comme une princesse[85]. » Le lendemain de Noël, Pauline et Gérald partent vers Nîmes, visitent Sète et ses environs, dégustent des huîtres, filent à Agde, à la mer. Ils ont à peine le temps de la voir un peu qu'ils prennent le chemin de Paris le 29 décembre. Ils rendent visite à Philippe Rossillon en Dordogne, puis Gérald s'envole pour Montréal. Pauline s'installe alors chez son amie Christiane Zahm qui vient de déménager à Paris. Elle est reposée, prête à commencer la promotion de son spectacle au Théâtre de la Ville, bien consciente qu'il s'agit là du plus long engagement qu'elle ait eu jusqu'à maintenant à Paris. Elle est emballée, sollicitée, occupée, mais elle trouve le temps de jeter sur papier les jalons d'une nouvelle chanson qu'elle intitule *Fleur de peau.*

> *Je veux faire craquer la carapace*
> *Je veux voir mes sentiments à fleur de peau*
> *sentir la fleur toucher la peau*
> *de toi de vous de chacun de nous*
> *vidée épuisée, éculée, oui*
> *comme une vieille chaussette*
> *oui*
> *et je la retourne*
> *de bout en bout*[86]

Pauline est au sommet de son art, mais elle en veut encore davantage. Elle a une belle et grande maison, des amis à profusion, un amoureux poète sur le point de devenir célèbre à son tour, de grands enfants aux études. Que demander de plus à la vie ?

NOTES

1. Extrait d'une chanson écrite par Pauline Julien, ayant pour titre *Au milieu de ma vie, peut-être à la veille de...* (*Au milieu de ma vie, peut-être à la veille de...*, 1972).
2. Daniel Rioux, *Journal de Montréal*, 25 octobre 1970.
3. René Homier-Roy, *La Presse*, 29 octobre 1970.
4. Ibid., 21 novembre 1970.
5. *La Patrie*, semaine du 15 novembre 1970.
6. Michel Tremblay, dans Louis-Jean Calvet, *Pauline Julien*, Seghers, 1974, p. 121.
7. Pauline Julien, journal intime, 8 avril 1971.
8. Ibid., 18 avril 1971.
9. *Rénovation*, du 14 au 20 avril 1971.
10. *Le Soir*, 29 avril 1971.
11. Pauline Julien, journal intime, 7 mai 1971.
12. *Le Soir*, 4 mai 1971.
13. Lettre d'un partisan du Front démocratique des Bruxellois francophones à Lucien Outers, 5 mai 1971.
14. Jean-Luc Outers, entrevue du 15 mars 1998.
15. J. M., *La Libre Belgique*, 10 mai 1971.
16. Yetta Outers, entrevue du 16 mars 1998.
17. N. L., *La Cité*, 8 et 9 mai 1971.
18. J. M., *La Cité*, 10 mai 1971.
19. Michel Bélair, *Le Devoir*, 9 juillet 1971.
20. Pauline Julien, journal intime, 7 août 1971.
21. Ibid., 11 août 1971.
22. Ibid., 13 août 1971.
23. Idem.
24. Ibid., 14 août 1971.
25. Michel Tremblay, entrevue du 9 septembre 1997.
26. Pauline Julien, journal intime, 15 août 1971.
27. Ibid., 17 août 1971.
28. Idem.
29. Patrick Straram, *Télé-cinéma*, du 20 septembre au 3 octobre 1971.
30. Pauline Julien, lettre à Lucien Outers, 30 août 1971.
31. Ibid., 25 octobre 1971.
32. Ibid., 1er janvier 1972.

33. Micheline Lachance, *Québec-Presse*, 2 janvier 1972.
34. David Waters, *The Montreal Star*, 26 février 1972.
35. Michel Roy, *Le Devoir*, 25 janvier 1972.
36. Colette Beauchamp, *Judith Jasmin de feu et de flamme*, Boréal, 1992, p. 371.
37. Pauline Julien, journal intime, 10 février 1972.
38. Idem.
39. Pauline Julien, lettre à Reding, 22 mars 1972.
40. Ingrid Saumart, *La Presse*, 17 avril 1972
41. François-Régis Bastide, *Les Nouvelles littéraires*, 24 mai au 4 juin 1972.
42. Edouard Pele, *Combat*, 26 mai 1972.
43. *Le Devoir*, 27 mai 1972.
44. Pauline Julien, *Québec-Presse*, 4 mars 1973.
45. Pauline Julien, journal intime, 24 juillet 1972.
46. Ibid., 26 août 1972.
47. Pauline Julien, texte inédit, vers novembre 1972.
48. Gilles Courtemanche, *Nous*, octobre 1973.
49. Pauline Julien, journal intime, 16 septembre 1972.
50. Ibid., 1972.
51. Pauline Julien, *La Presse*, 25 octobre 1972.
52. Ibid., 7 novembre 1972.
53. Louis-Bernard Robitaille, *La Presse*, 27 novembre 1972.
54. Yvan Dufresne, entrevue du 20 novembre 1997.
55. Louis-Bernard Robitaille, *La Presse*, 27 novembre 1972.
56. Michel Tremblay, entrevue du 9 septembre 1997.
57. Louis-Jean Calvet, *Pauline Julien*, Seghers, 1974, p. 52, 53.
58. Gaëtan Chabot, *Dimanche-Matin*, 7 janvier 1973.
59. Georges-Hébert Germain, *La Presse*, 26 janvier 1973.
60. Robert-Guy Scully, *Le Devoir*, 26 janvier 1973.
61. Pauline Julien, *Québec-Presse*, 4 mars 1973.
62. René Homier-Roy, *La Presse*, 15 mars 1973.
63. Idem.
64. Gisèle Tremblay, *Le Devoir*, 20 mars 1973.
65. Pauline Julien, journal intime, 7 avril 1973.
66. Ibid., 24 mars 1973.
67. Ibid., 25 avril 1973.
68. Gisèle Tremblay, *Le Devoir*, 11 mai 1973.
69. Pauline Julien, journal intime, 1er juin 1973.
70. Ibid., 8 juin 1973.
71. *Journal de Montréal*, 29 juillet 1973.
72. Pascale Perreault, *Nouvelles illustrées*, 9 juin 1973.
73. Pauline Julien, journal intime, 12 juillet 1973.
74. Gérald Godin, lettre à Pauline Julien, 2 septembre 1973.
75. Louis-Jean Calvet, *Pauline Julien*, Seghers, 1974, p. 22, 23.
76. Ibid., p. 24.
77. Jacques De Montmollin, entrevue du 24 mars 1998.
78. Pauline Julien, journal intime, 18 septembre 1973.
79. Idem.
80. Christiane Berthiaume, *La Presse*, 15 décembre 1973.
81. François Piazza, *Montréal-Matin*, 25 novembre 1973.
82. Jacques Marchand, entrevue du 5 mai 1997.
83. Pauline Julien, journal intime, 30 octobre 1973.
84. Ibid., 11 novembre 1973.
85. Ibid., 24 décembre 1973.
86. Ibid., 29 décembre 1973.

Paroles de femmes

Octobre 1977

Les femmes sont toujours un p'tit peu plus fragiles
Elles tombent en amour et se brisent le cœur
Les femmes sont toujours un p'tit peu plus inquiètes
Dites-moi messieurs, les aimez-vous vraiment

Vous les fabriquez mères toutes aimables
Miroirs de justice, trônes de la sagesse
Vierges très prudentes, arches d'alliance
Vous rêvez messieurs beaucoup[1]

De janvier 1974 à octobre 1977, Pauline fera un virage important dans sa carrière et celle de Gérald prendra aussi une autre tournure : *Québec-Presse*, dont il était le directeur général, fermera ses portes, ce qui l'obligera à se réorienter dans l'enseignement. À la faveur d'une grève, il se portera candidat aux élections en 1976 et sera propulsé dans l'arène politique. Pauline devra alors apprendre à partager la vedette avec son compagnon jusque-là discret. La prise de pouvoir du Parti québécois ouvre une période d'accalmie et les causes qui faisaient monter les artistes aux barricades deviennent moins urgentes. On fait confiance aux élus pour réaliser l'indépendance et travailler à la construction d'une société plus juste. La période des boîtes à chansons s'achève, la voix des chansonniers de la première heure, de Lévesque, Vigneault, Léveillée et Gauthier, se fait moins entendre, laissant la place à de nouvelles tendances musicales. Pauline ira chanter en Europe pendant de longues périodes, poursuivant une carrière qui l'écartèlera de chaque côté de l'Atlantique.

Pour faire la promotion de son spectacle au Théâtre de la Ville qui commence le 22 janvier 1974, Pauline, gonflée à bloc, cherche à se donner de l'assurance. À la journaliste de *Combat*, elle dira qu'elle n'enregistre « jamais » de 45 tours, qu'il lui faut du temps pour gagner son public à qui elle ouvre son cœur et qu'elle convie dans sa « maison ». Elle ajoute que Jean Mercure, le directeur du Théâtre de la Ville, l'a « suppliée » de venir dans son théâtre, mais qu'elle a dû le faire patienter plus d'un an à cause de trop nombreux engagements, dont l'un à la Place des Arts, « l'Olympia » de Montréal. Le spectacle a lieu à une heure un peu incongrue, dix-huit heures trente, une heure où les travailleurs rentrent à la maison, mais Pauline y trouve des avantages, car elle peut disposer de ses journées et de ses soirées pour voir ses « copains » : Léo Ferré, Anne Sylvestre, Jacques Brel, Catherine Sauvage, Jean-Louis Barrault, Madeleine Renaud... Pauline force le ton, elle a besoin de se rassurer elle-même. Le succès ne viendra pas rapidement, mais la critique sera élogieuse.

Ce spectacle d'une heure sans entracte, elle le donne pendant trois semaines, du 22 janvier au 9 février 1974, du mardi au samedi inclus. Elle a le temps de chanter une douzaine de chansons choisies parmi son récent répertoire et les valeurs sûres des grands rassemblements de la fin des années soixante. C'est la corde nationaliste du programme qui retient l'attention des journalistes parisiens. Lucien Rioux, dans *Le Nouvel Observateur*, la compare cette fois non pas à Édith Piaf ou à Melina Mercouri, mais à nul autre que Che Guevara ! Ajoutant que Pauline n'aimerait pas la comparaison, il ne se prive pas d'ambivalences métaphoriques : allusion aux poings qui se ferment, aux « oriflammes brandies », aux « hymnes révolutionnaires » qui transforment un spectacle en meeting politique. De plus en plus on attribue à Pauline un rôle déterminant dans l'évolution du Québec, allant jusqu'à dire qu'elle a « abandonné la France pour s'associer au mouvement collectif de prise de conscience qui commençait au début des années 60 à agiter le Québec[2]. » L'équation Pauline-indépendance du Québec est presque parfaite dans la presse française et Pauline ne semble plus s'en plaindre comme auparavant. Elle veut bien être la « lionne québécoise », la « Madelon », la « Passionaria », elle a désormais sa revanche : « Elle chantait du Brecht, du Boris Vian dans les cabarets de la rive gauche pour 4 $ la soirée. Personne ne s'en souciait. Maintenant, elle leur chante des trucs en joual aux Parisiens et elle fait un malheur[3]. » Pauline a pris ses distances, elle se sent moins branchée exclusivement sur Paris, car elle a goûté à l'hospitalité des Suisses et des Belges qui ont pour elle des égards auxquels elle est très peu habituée : « Maintenant, avec les Français, on discute d'égal à égal. [...] Et puis, je pense qu'ils commencent à réaliser que nous pouvons leur apporter du nouveau[4]. »

Aussitôt revenue à Montréal, Pauline se joint à l'Association du Faubourg Cherrier, avec Gaston Miron, pour s'opposer à la construction d'immeubles à étages au carré Saint-Louis. Elle fait plusieurs émissions de télévision, dont *Femmes d'aujourd'hui* et *Appelez-moi Lise*, afin de parler de son passage au Théâtre de la Ville, de sa prochaine tournée en Europe et de son spectacle à la Place des Arts qu'elle projette pour le 18 avril 1974. Tout en préparant ce spectacle, Pauline songe à faire un collage des textes de Brecht, pour se faire plaisir, pour changer un peu de la chanson. Mais elle gardera ce projet en réserve, le temps de mettre au point ses nouveaux textes *La Litanie des gens gentils* et *Tu parles trop*. Jean-Claude Germain lui a composé *L'Américaine* et Luc Plamondon son *Voyage à Miami*. Son spectacle, donné dans la grande salle Wilfrid-Pelletier, séduit le critique du *Devoir*. Il souligne l'évolution de Pauline qui, il n'y a pas dix ans, avait l'habitude de mélanger chansons françaises et québécoises et dont le répertoire est devenu exclusivement québécois avec le temps : « Quelqu'un a dit pour nous ce que nous ressentons et que nous ne sommes pas capables d'exprimer[5]. » Comme il préfère des spectacles plus dépouillés, axés sur le texte, il reprochera à Pauline l'utilisation d'accessoires : un divan pour *L'Américaine*, un boa pour *La Croqueuse de 222* et un volant pour *Le Voyage à Miami*.

À la fin du mois de mai, après une tournée au Saguenay, Pauline se rend à Rome participer au festival Premio Roma grâce à une subvention du ministère des Affaires culturelles. Cet important festival réunit des artistes de neuf pays et, à cette occasion, on reconnaît que Pauline Julien a joué un rôle inestimable pour promouvoir la chanson québécoise dans le monde. Pauline obtiendra un énorme succès avec un répertoire à peu près identique à celui de la Place des Arts : « Comme toujours elle a su s'imposer par l'intelligence de ses textes et la force vive de son interprétation. Les critiques italiennes lui prêtent les qualificatifs qu'ils avaient toujours jalousement gardés pour la grande Edith Piaf[6]. » Avant de revenir à Montréal, elle fait un crochet à Bruxelles et enregistre une émission de télévision dont le succès est tel qu'elle reste à causer deux heures avec les spectateurs en studio. Pauline rentre au Québec avec une proposition de vingt spectacles à l'automne 1974.

Elle travaille tout l'été dans son circuit habituel : au parc Jarry pour les fêtes de la Saint-Jean, au Patriote de Sainte-Agathe, chez les prisonniers de Cowansville. Puis elle zigzague à travers le Québec, de Trois-Pistoles à Saint-Jean-Port-Joli, de Baie-Saint-Paul à Alma en passant par la vieille capitale. À la fin du mois d'août, l'équipe est prête à enregistrer *Licence complète*, le douzième album de Pauline, qui comprend dix nouvelles chansons, dont *C'est ma fête* de Michel Tremblay et *Mommy*, la complainte de Gilles Richer et Marc Gélinas qui prend tout le monde aux tripes. Que sera le Québec plus tard si l'indépendance ne se fait pas ?

Mommy Mommy I love you dearly
please tell me where
we used to live in this country
Trois-Rivières Saint-Marc Grand-Mère
Gaspé Dolbeau
Berthier Saint-Paul, Tadoussac, Gatineau

Mommy, Mommy how come it's not the same
Oh Mommy, mommy there's so much in a name
Oh mommy tell me why
it's too late, too late much too late...

Elle termine l'été en beauté au Centre national des Arts à Ottawa, où elle chante une autre nouvelle chanson, *Toi, les hommes*, sur une musique de Claude Dubois. Une semaine plus tard, elle se rend à Vancouver, au Queen Elizabeth Playhouse, pour l'enregistrement d'un concert qui sera diffusé en novembre sur la chaîne française de Radio-Canada. Pauline poursuit ses incursions chez les anglophones et se produit à Toronto du 19 au 21 septembre dans trois collèges, Scarborough, Glendon et Seneca. Ce passage dans la capitale ontarienne lui vaut la page couverture et un long article de la revue bilingue *Le Compositeur canadien/Canadian Composer* du mois d'octobre. Dans ce même numéro, on annonce la parution du livre de Louis-Jean Calvet chez Seghers. C'est une photo de Félix Leclerc qui chapeaute l'article parce qu'il a eu droit lui aussi à un livre dans la même collection, tout comme Gilles Vigneault et Robert Charlebois. Au début d'octobre, elle se joint à toute une équipe d'artistes pour donner un spectacle de vingt-quatre heures au profit des travailleurs en grève de la United Aircraft. Ce spectacle appelé *L'Automne show* (certains l'appellent *chaud*) est enregistré au Colisée Jean-Béliveau de Longueuil en vue d'en faire un disque. Environ vingt mille personnes viennent entendre à tour de rôle soixante artistes dont Claude Gauthier (avec son *Libres et fous* en hommage à Michel et Simonne Chartrand), Jacques Michel, Georges Dor, Gilles Vigneault, Louise Forestier, Claude Dubois, Raymond Lévesque.

Pauline n'a pas le temps d'écrire son journal cet automne-là. C'est la folie ! Tout se bouscule, tout s'enchaîne. Le 7 octobre 1974, elle lance au Patriote son microsillon *Licence complète*, en même temps que le livre de Louis-Jean Calvet chez Seghers. Les journaux en parlent, elle en profite pour dire combien elle est satisfaite de l'ouvrage : « Ça m'a éclairée, il dit des choses que je ne peux pas savoir, l'effet que produisent mes chansons sur les spectateurs, les sentiments qu'ils éprouvent[7]. » Dans ce livre, le travail de Pauline comme auteure est pris au sérieux, et Calvet y analyse son impact politique, sa philosophie brechtienne et sa performance sur scène où, en interprète de grande classe, Pauline propose une vision complexe du texte au spectateur, le laissant libre de ne prendre que ce qui lui convient : « Le corps, la voix sont alors pris comme des instruments dont on joue, comme d'une guitare : en rasguedo, en pinçant les cordes ou en assourdissant leur son. Ainsi, contrôler sa voix ou donner libre cours à une certaine violence apparaissent comme les deux versants d'un seul et même comportement[8]. » En plus d'une discographie de dix microsillons, ce livre contient également un choix de quinze de ses compositions, de même que vingt-quatre autres textes de chansons parmi ses plus connues. Des témoignages émouvants de Jean-Claude Germain, Michel Tremblay, Clémence DesRochers, Raymond Lévesque et un autre, très admiratif, de Gilles Vigneault : « Pauline nous a fait à tous ce cadeau de ne pas changer de “bag” et de rester identifiable d'un spectacle à l'autre. Elle nous a gardé l'honnêteté de ne pas franciser son tour de chant de sorte que si on est auteur-compositeur on est fier d'être resté de la fête et que si on est spectateur on se trouve dans la continuité qu'elle respecte, tant à la Vie qu'à la Scène[9]. » Pauline, heureuse de toute cette reconnaissance, annonce fièrement qu'elle part le 14 octobre pour « sa saison internationale » : trente-trois concerts en France, en Belgique et en Suisse en partie grâce à une autre subvention du ministère des Affaires culturelles du Québec.

Dans l'avion qui l'amène à Paris, Pauline reprend son journal. Elle est un peu morose ; Gérald est parti à la chasse en Gaspésie, il n'est pas là pour la conduire à Dorval comme il le fait d'habitude. Mademoiselle Guay, que Pauline appelle affectueusement Lucia, est restée au lit pour une fois. Heureusement qu'elle lui a laissé un morceau de tarte au sucre pour la consoler. À Paris, elle est reçue par Bernard Vanier et Philippe Scrive, qui la conduisent chez Jacqueline Abraham où elle s'installe. Sa tournée démarre lentement à Amiens. Le journaliste Pierre André se rappelle y avoir enregistré avec Pauline une émission qui s'appelait *À chacun sa vérité*: « Le principe de l'émission, c'était d'opposer deux personnages qui, sur le même thème, avaient des opinions différentes. Frédéric François était du côté de la chanson populaire et Pauline du côté de la chanson engagée[10]. » Pauline est préoccupée par les spectacles qu'elle doit donner au théâtre de la Renaissance du 25 octobre au 3 novembre 1974. On la sollicite pour de nombreuses entrevues, des émissions de télévision, dont l'une, en direct à l'ORTF, qui la déçoit amèrement : elle croyait avoir une heure d'antenne et on ne lui accorde que dix minutes. Le trac la déconcentre, l'empêche même de faire la fête avec ses amis et d'apprécier leur compagnie. Elle se rend à Chartres pour se calmer un peu, égare ses lunettes et un chandail. Elle revient en taxi sous la pluie, et rend visite à son ami Anouar Abdel-Malek, mais n'arrive pas à retrouver une certaine paix. Elle n'est pas dans son assiette.

Le lendemain, malade de nervosité après une répétition au théâtre de la Renaissance, Pauline part à Rennes roder son spectacle. L'accueil est plutôt froid à la Maison de la culture, ce qui la déstabilise. À l'entracte, elle change l'ordre de ses chansons et les spectateurs apprécient davantage la deuxième partie. Pauline ne se sent pas encore à l'aise dans ses présentations, elle reste tendue. Après le spectacle, une Québécoise mariée à un Rennais la reçoit chez elle et les discussions politiques s'éternisent jusqu'aux petites heures. Le lendemain, jour de première au théâtre de la Renaissance, Pauline rentre à Paris plus détendue. Le roulis du train l'a enfin calmée, elle a réussi à dormir.

Elle trouve sa loge remplie de fleurs et note les noms des expéditeurs : Alice Production, Anne Sylvestre, Decca, Marielle, Birgit, Monique Miller, Louis-Jean Calvet, Jacqueline. La salle est pleine d'amis. Elle consignera également dans son journal les noms de ceux qu'elle a reconnus : Anouar, Florence, Philippe Rossillon, Jacques Thibault, Lucile, Joseph, Jean-Paul Liégeois, Jean-François Rémy, Claude Ponty (Decca), Birgit, Henri, Anastasia, Jacques Cellard (du

Monde), Lucien Roux, Bernard Haller. Pauline se décontracte dès les premiers accords, le rythme du spectacle est joyeux, nerveux, rapide, peut-être trop, parce que les gens rient et participent. La salle monte rapidement, éclate, et Pauline oublie de ménager sa voix qui craque en deuxième partie. Elle continue vaillamment, fait plusieurs rappels.

Le lendemain matin, à son réveil, elle se rend compte qu'elle a complètement perdu la voix. Un médecin lui donne une injection de cortisone, elle prend du sirop, fait des inhalations. Cette fois-ci, elle a compris. Telle un sprinter, elle se ménage en première partie, de manière à pouvoir, en seconde, augmenter le rythme et terminer sur une note triomphale : « Ça finit plus fort que la veille », notera-t-elle, en écrivant encore une fois tous les noms de ses amis présents, les plus intimes : Philippe, Françoise, Christiane et ses filles, Valérie, Laurence, Jacques de Montmollin, Marcelle Maltais. Pauline a gagné encore une fois, elle est épuisée, mais elle n'arrive pas à dormir. Le vendredi, elle ne consigne rien par écrit, aucun nom dans son journal, mais les Québécois liront quelques jours plus tard, le 28 octobre, dans *Le Devoir*, qu'il y avait dans la salle des membres de l'ambassade du Canada et de la délégation du Québec ainsi que le président de l'association France-Québec, le professeur Auguste Viatte.

La première semaine s'achève le dimanche 27 octobre par une matinée qui attire très peu de monde. Pauline est fatiguée, sa voix n'est pas encore rétablie, elle en profite pour se reposer en allant au cinéma voir *Vincent, François, Paul et les autres*. La deuxième semaine est plus éprouvante en général, elle n'a plus de ressort et elle doit annuler des entrevues radiophoniques. Même si les gens l'applaudissent, elle se trouve mauvaise, fausse. Elle n'arrive pas à récupérer et il lui arrive d'être trop épuisée pour aller au restaurant après le spectacle : « Plutôt très ordinaire, cette soirée, pour moi. Toujours à la fin il y a beaucoup de rappels d'enthousiasme, mais je sais quand j'y suis ou non. Fatiguée à mort, je rentre chez Jacqueline, j'ouvre un cassoulet, on en rit pour ne pas en pleurer avec l'inhalation, le whisky que je jette dans l'évier par distraction. Le cœur me bat trop vite[11]. » Son cœur lui échappe, un peu comme sa vie commence à lui échapper. Elle n'arrive plus à se contrôler, à contrôler sa vie. Elle est trop souvent absente de chez elle, elle a du mal à joindre Gérald au téléphone, elle pleure d'épuisement, de solitude. Pourtant jamais elle ne sera si adulée, choyée par ses admirateurs. Elle a obtenu ce qu'elle voulait, elle est au sommet, mais son insatisfaction profonde l'empêche d'apprécier ces moments de gloire. Sa vie privée, elle la voudrait aussi intense, passionnée, fébrile. Gourmande, elle aspire toujours à concilier l'inconciliable.

Dans la journée du 31 octobre 1974, elle se rend un peu à reculons dans les studios d'Europe n° 1 pour une émission avec Anne Sylvestre dont l'invité spécial est Maxime Le Forrestier. Elle a du mal à tolérer de se sentir second violon et comme une star, elle veut capter toute l'attention, de même que lorsqu'elle était petite, elle s'attendait à recevoir une tablette de chocolat pour elle toute seule. Elle perd pied dès qu'elle doit partager la scène ou, pire encore, dès qu'elle doit la céder. N'empêche qu'elle a bien aimé signer ses disques aux côtés de Mouloudji, chez les fabricants de margarine dans la banlieue ouvrière au nord de Paris.

Après son spectacle du 31 octobre, elle discute avec Jacques Cellard d'un numéro spécial du *Monde* qu'il prépare sur le Québec. Jean Mercure lui offre des fleurs pour adoucir l'effet de certaines critiques plus ou moins tendres de la presse parisienne. Des journalistes iront jusqu'à commenter sa tenue vestimentaire qu'ils trouvent « curieuse », d'autres la trouveront carrément démagogue, l'accusant presque de plagier sur tous les tons la célèbre phrase de De Gaulle : « Foin des nuances et des demi-teintes. Elle met la police, les prisons – *Bozo-les-culottes* – les patrons, les Anglais – *Mommy* – dans le même sac et jette le tout dans les remous du Saint-Laurent. [...] Il est regrettable que Pauline Julien se complaise dans la démagogie contestataire car lorsqu'il lui arrive – trop rarement – de chanter les poètes de son pays tels que Vigneault *Gros Pierre*, la *Danse à Saint-Dilon, Les Gens de mon pays,* – le souffle frais des grandes plaines et des forêts canadiennes passe agréablement dans la salle[12]. »

Au Québec, la subvention de trois mille dollars finançant la tournée de Pauline en Europe suscite la controverse. Le député Camil Samson, chef parlementaire du Parti créditiste, s'en prend au gouvernement libéral de Robert Bourassa d'avoir accordé une subvention à une chanteuse reconnue pour ses idées séparatistes. Mais les soubresauts de Camil Samson, même s'ils égratignent un peu Pauline, ne l'empêchent pas de terminer son engagement au théâtre de la Renaissance ni de partir ensuite pour la Suisse où on la traite en princesse. Elle y donne son premier spectacle à Yverdon devant une salle remplie aux deux tiers, mais Pauline est satisfaite de sa performance malgré sa voix encore écorchée par une laryngite qui tarde à guérir.

À Genève, le 6 novembre, elle apprend qu'elle vient de gagner le prix Calixa-Lavallée de la Société Saint-Jean-Baptiste, devenue aujourd'hui la Société nationale des Québécois, un organisme voué à la défense de la langue et de la culture française au Québec. Jointe par téléphone en Suisse, elle se dit touchée de la reconnaissance des siens. Le journaliste du *Devoir* considère que Pauline est, avec Vigneault, la chanteuse la plus aimée des Québécois, qu'elle « est devenue presque une légende, un mythe, un symbole, pour les gens qui l'appellent familièrement Pauline[13]. »

Dès son arrivée à Genève, Pauline consulte un médecin qui lui donne des remontants pour le cœur et une injection antibiotique pour la gorge. Jacques de Montmollin prend tout en main, l'organisation de la tournée est réglée à la suisse, jusque dans les moindres détails. Pauline est rassurée, appréciant le confort qu'offre ce petit pays riche, et les récitals vont bon train. À Neuchâtel, où elle se produit du 9 au 12 novembre, on refuse du monde ; les musiciens sont fringants, un peu trop pour l'acoustique de cette salle de théâtre à l'italienne. Elle demande donc au bassiste et au percussionniste de se retirer un moment parce que son filet de voix est enterré. Mais à la fin du spectacle, ses musiciens lui réservent une surprise : « Je suis seule avec le piano, les musiciens sur la pointe des pieds rentrent pour la finale du *Plus beau voyage*. Enthousiasme, surprise de tous, excellent moment[14]. »

Maryse Furman, la belle luthière, reçoit Pauline et tous ses musiciens dans sa maison du XVIIe siècle après le spectacle. Pauline est portée sur la main et pendant les jours de relâche, tout le groupe est invité dans le Valais près de Sion, pour faire de l'escalade en montagne. La tournée se poursuit à Fribourg, une région bilingue de la Suisse, devant une salle moitié francophone, moitié germanophone. Le début est difficile, mais Pauline finit par gagner. De là elle se rend à Épalinges, près de Lausanne, à Tryvaud, à La Chaux-de-Fonds, où elle revoit Philippe Morand. À Porrentruy, dans le Jura libéré depuis le 23 juin, les gens se rappellent son allocution de septembre 1973 à Delémont. Après avoir chanté, Pauline discute politique et indépendance avec l'auditoire chaleureux. Elle aligne dans son journal des expressions suisses qui accompagnent la bombance et les discussions enflammées : « Boire en suisse : boire seul ; un suisse, un ballon de rouge et de blanc ; ça joue, ça va, ça va ; plier une bouteille de vin, l'envelopper, le fendant, le vin blanc. Si tu es très intime, quatre baisers et adieu[15] ! »

Toute ragaillardie, Pauline s'envole en Belgique où elle continue sa tournée européenne. En arrivant, elle se rend à Liège où l'attendent Jacques Levaux et Pierre André pour des émissions de radio et de télévision. À Namur, le directeur de la Maison de la culture lui propose de jouer Brecht, une invitation qu'elle examine avec beaucoup de sérieux, et voilà que Brecht revient hanter Pauline. La semaine belge se passe plutôt bien : à Bruxelles, faute de place, on doit mettre des spectateurs sur la scène. Entre deux apparitions à la télévision, elle revoit ses amis Lucien et Yetta Outers, va au musée voir des Bruegel et d'autres peintres flamands, puis elle reprend le train pour Paris le 25 novembre. Et la tournée se poursuit deux semaines dans les régions de France. À Joué-lès-Tours, dans l'Indre, elle revoit avec bonheur les Besse, Pierre et Élisabeth, qu'elle avait connus du temps de la Compagnie du Masque. Puis elle continue de sillonner la France en zigzag, du Poitou aux Pyrénées, de la Bourgogne à la Méditerranée et l'Alsace avant de rentrer à Paris le 8 décembre. Heures de route interminables, salles souvent à moitié vides, problèmes de son, piano brisé que Jacques Marchand doit réparer sur place, auditoires tièdes, sauf quelques heureuses exceptions : tout concourt à décourager Pauline qui s'entête à poursuivre à un train d'enfer. Heureusement, à Nice, elle renoue avec la mer : « Promenade, plaisir et tension terrible, solitude, isolement. C'est idiot mais ça me prend et je me maîtrise quand même un peu. Retour seule sur la promenade des Anglais, la mer, toujours la mer, belle, inouïe et dure dans son infini. Chaque fois depuis des millions d'années, celle des autres, les miennes, même émotion, même charme, qu'il s'agisse d'être avec Jacques Galipeau, Dietrich, seule ou avec Gérald, et le temps passe. Elle est toujours là, immuable, morte et vivante, touchante et indifférente comme la mort[16]. »

La tournée éprouvante s'achève, il ne reste que deux spectacles, l'un à Beauvais et l'autre à Cergy-Pontoise près de Paris, avant que Gérald ne la rejoigne le 10 décembre. Il est temps que tout cela finisse. Exténuée, Pauline est mécontente de sa performance. Elle puise dans ses réserves d'énergie pour acheter des billets pour l'Égypte, préparer ses bagages, rencontrer de nouveau Jacques Cellard du *Monde* afin de relire avec lui le texte sur le Québec, revoir ses amis. Le 12 décembre, à cause d'une panne de voiture, ils montent in extremis dans l'avion qui s'envole vers l'Égypte.

L'année 1974 s'achève sur ce magnifique voyage qui les mènera du Caire à Louxor, à Assouan. Leur ami égyptien, Anouar Abdel-Malek, qui avait parlé avec passion de son pays à Gérald, lui avait donné l'envie de le visiter, lui recommandant plusieurs de ses amis au Caire. Pauline y retrouve l'atmosphère du désert. Elle déambule dans les souks, hume les épices, les parfums d'Orient, prend plaisir à manipuler de menus objets d'artisanat, à en acheter à profusion pour ses proches ; elle déambule dans les musées, dans les pyramides de Gizeh. Avec Gérald, elle prend l'avion jusqu'à Louxor et visite Karnak, puis ils remontent le Nil jusqu'au fameux barrage d'Assouan. Pendant dix jours, ils se promènent à bicyclette ou à dos d'âne dans la Vallée des Rois. C'est le bonheur, le calme après la tempête. Pauline essaie de converser avec des enfants souriants qui se ruent vers eux au passage, qui veulent les toucher. Comme Gérald, elle est émue de cette vie toute neuve dans une terre si ancienne.

À son retour à Montréal, elle reçoit son prix Calixa-Lavallée à l'occasion de la première d'une série de spectacles au Patriote. Yves Blais, l'un des copropriétaires du Patriote, fait les présentations d'usage car il fête également les dix ans de sa boîte. Du 4 au 19 janvier 1975, la salle est toujours remplie et le public en redemande. Pauline accorde des rappels supplémentaires malgré sa fatigue, malgré sa voix enrouée qui l'empêche de prendre son élan dans la série de « Croyez-vous qu'il soit possible » à la fin de *L'Étranger*. Et elle n'arrive toujours pas à se départir d'une certaine raideur dans ses textes de liaison. C'est un problème récurrent chez elle, mais elle tient toujours à situer ses chansons avec humour et poésie. Souvent le décalage est trop grand : quand elle chante, elle s'illumine, ses gestes se confondent à sa voix, elle incarne les mots, le propos comme si elle les avait dans la peau. Mais dès que la musique se tait, elle devient théâtrale et ses gestes manquent de naturel. Elle prend pourtant beaucoup de soin à composer ses textes de présentation, Gérald l'aide chaque fois et elle les corrige sans cesse. Il lui faut la musique pour déployer toutes grandes ses ailes, pour toucher les cordes sensibles de son public, l'atteindre droit au cœur.

Le 9 janvier 1975, dans une longue entrevue à l'émission télévisée *Femmes d'aujourd'hui,* Pauline parle ouvertement de sa fragilité, de l'écriture de ses textes sur les femmes, des changements à apporter chez la femme québécoise, de son image politique. En cette année internationale de la femme, Pauline songe à solliciter des écrivaines connues pour bâtir un tout nouveau spectacle. Ce projet à long terme continuera de germer pendant qu'elle prépare activement sa deuxième tournée en Union soviétique. Cette fois, forte de son expérience difficile de 1967, elle amènera avec elle tous ses musiciens et elle essaiera d'inclure des chansons en langue originale dans son répertoire. Elle fait alors des recherches auprès de Geneviève Serreau, la traductrice de Brecht, qui lui déniche des inédits du dramaturge allemand, et c'est ainsi qu'elle découvre de nouvelles chansons de Brecht. Depuis 1970, Pauline n'interprète que des auteurs québécois ; elle veut se renouveler, élargir son répertoire pour l'universaliser.

Après avoir embrassé tout son monde, Pauline part le 4 mai pour la Russie. Elle fait une brève escale à Paris et elle arrive en Union soviétique, le 9 mai, au milieu des fêtes du trentième anniversaire de la Victoire, et elle ne manquera pas de signaler la coïncidence à un journaliste ukrainien. Le premier concert ne marche pas, le public ne réagit aucunement. Sans se décourager, Pauline décide de changer l'ordre des chansons. Le lendemain, les choses s'améliorent : « On travaille, on ajoute *Vivre, La Chanson difficile* et *La Rose au bois.* Ça va mieux, les gens écoutent, mais c'est sûrement la première fois qu'ils écoutent la chanson française. Il n'y a pas grand-chose à faire ici, je commence à m'ennuyer[17]. »

Pauline se promènera d'une ville à l'autre, Zaporojïé, Melitopol, Kiev, Kharkov, Riga, Tallinn, Moscou et Leningrad, remaniant sans cesse son répertoire. Parfois elle réussit à remuer son public, mais la plupart du temps elle se bute à des auditoires indifférents. Les conditions sont vraiment difficiles et elle se rend compte que les Soviétiques n'apprécient pas du tout les chansons de Brecht. Elle s'est donné la peine de réapprendre par cœur *Kalinka* en russe, mais les Lettoniens lui demandent de ne plus la chanter parce qu'ils n'aiment pas la Russie. Tout n'est cependant pas négatif : elle découvre de nouveaux paysages, elle parle aux gens, les écoute, apprend. Elle retrouve des spectateurs qui se souvenaient de sa première tournée en Union soviétique : « Heureusement il y a de beaux visages jeunes ou graves ou vieux, des yeux bleus, profonds, des sourires, un monsieur qui m'a montré la photo qu'il avait gardée de 1967[18]. » À Moscou, Pauline revoit Marina, l'interprète de sa précédente tournée, venue la saluer dans les coulisses après l'un de ses quatre récitals au Théâtre des Variétés. Pauline a la grippe, elle est fatiguée, ennuyée.

Le jour de son quarante-septième anniversaire, le 23 mai 1975, elle est invitée chez l'ambassadeur du Canada, Robert Ford. Poète, ce bel homme paralysé des deux jambes l'impressionne. Elle souffre toujours de sa trachéite, mais François et Hélène Mathys, qu'elle a rencontrés chez l'ambassadeur, lui font voir un médecin et lui rendent mille services qui lui redonnent l'énergie de continuer. La complicité de Gérald, qui était de la tournée en 1967, lui manque terriblement. Elle pouvait alors rire, discuter, fêter, compenser l'austérité du travail. Pendant ses moments libres, Pauline compose ce qu'elle appellera sa « première chanson d'amour », *Je pars souvent* : « C'est tendre, tendre, presque kétaine. Je l'ai écrite en Russie. Je m'ennuyais de mon chum[19]. » Elle ne l'enregistrera pas, mais la fera mettre en musique par Jacques Perron et l'ajoutera à son répertoire de l'année 1975 :

> *Tous les matins*
> *Tu t'arraches du lit*
> *le cœur me manque à chaque*
> *fois c'est comme si tu partais*
> *pour la vie*
> *Je me fais une raison*
> *puisqu'il faut que tu partes, pars donc*
> *à mon tour pour ce jour je m'oriente*
> *Toi dehors devant toi s'ouvrent les horizons*
> *Moi j'ai le choix écrire, répéter ou chercher des chansons*
> *mon crayon le téléphone, Michel*
> *Jean-Claude, Gilles, Jacques*
> *Gilbert ou Gaston, moi, tous*
> *je nous harcèle*
> *Ah si au moins ça me donnait des ailes*
> *Pour te retrouver mon amour*
> *pour me glisser dans ta vie mon amour*[20]

À son retour au Québec, Pauline ne tarde pas à oublier les ennuis que lui a valus son séjour en Union soviétique pour n'en conserver que les aspects favorables : « Intéressante tournée, mais toujours chaleureuse. Le public russe est un public très enthousiaste et très curieux de ce qui se fait à l'extérieur[21]. » Pauline n'y retournera plus, mais elle en gardera toujours un souvenir ému. La steppe, l'immensité du paysage et l'éloignement favorisent sa réflexion et l'incitent à écrire davantage. Son journal soviétique est volumineux et particulièrement serein. Comme si elle se sentait en sécurité dans ce pays où la liberté est contrôlée, cette liberté à laquelle pourtant elle tient comme à la prunelle de ses yeux.

L'été 1975 est surtout marqué par le spectacle du 23 juin sur le mont Royal. Pauline y chante *La moitié du monde est une femme*, composée par Jacqueline Lemay pour l'année de la femme. Quelques jours plus tard, elle en fait un 45 tours avec *C'est marqué su'l journal*, dont elle a écrit les paroles sur une musique de Jacques Marchand. Pendant l'été, elle chante à Saint-Jean-Port-Joli, à l'île d'Orléans, à Hull, à Québec, au Patriote de Sainte-Agathe et à la prison de Bordeaux où elle a pris l'habitude de faire des récitals. Elle y fait la connaissance de quelques prisonniers avec lesquels elle entretiendra une fidèle correspondance pendant plusieurs années. Elle préfacera le livre que l'un d'eux, Ben Jauvin, publiera aux éditions Intrinsèques en 1976, sous le titre *Si fatigué*. Peut-être parce qu'elle a chanté pour la première fois devant des prisonniers à l'île de Ré, peut-être parce qu'elle a de la compassion pour ceux qui sont privés de liberté, Pauline a toujours gardé un penchant pour les détenus de même que pour les déviants, les rejetés, les désespérés, les handicapés de toutes sortes. Jamais elle ne sort de chez elle sans une poignée de petite monnaie pour en distribuer à ceux qui tendent la main dans la rue. Elle reçoit même chez elle des gens qui sortent de prison, racontant avec humour qu'ils s'offrent pour l'« aider » si jamais elle est mal prise.

Pauline prépare son nouveau spectacle au TNM prévu pour septembre. Avec Jacques Marchand, qui habite en permanence le petit studio dans la ruelle derrière la maison du carré Saint-Louis, Pauline répète tous les jours. Elle fait quelques sauts à North Hatley où elle reçoit Julos Beaucarne et ses enfants. Julos est en deuil de sa femme Loulou, qui vient d'être assassinée, et Pauline sait l'accueillir avec compassion. Il est accompagné de Jean-Claude Lapierre, un jeune Québécois qui deviendra un confident, un inconditionnel de Pauline, et qui, comme Alan Glass, lui apportera amitié et réconfort jusqu'à la fin : « Pauline a été touchée par ma façon de prendre soin des enfants de Julos. Elle me l'a dit plus tard. J'étais un peu la personne manquante, la mère[22]. »

Le reste de l'été, Pauline se produit au Festival de Québec, à la Chant-août, sur les plaines d'Abraham, à Laval, au Centre de la Nature, à Chicoutimi, puis elle se rend à Toronto, les 19 et 20 août 1975 pour tourner dans un film enregistré pour la télévision intitulé *Three Women* avec Sylvia Tyson et Maureen Forrester. Pauline y chante *J'ai l'âme à la tendresse* en duo avec Maureen Forrester et Michel Tremblay l'interviewe en anglais, ce qui amuse beaucoup Pauline.

Dès son retour de Toronto, elle convoque une conférence de presse pour faire la promotion de son prochain spectacle au Théâtre du Nouveau Monde. Elle sent le besoin de justifier ses neuf chansons de Bertolt Brecht, comme si elle sentait d'avance que ce choix serait critiqué : « Ça fait sept ou huit ans que je fais seulement du québécois, me semble que j'ai le droit de faire autre chose[23]. » Elle voulait reprendre *Bilbao*, son grand succès du début des années soixante, mais elle y a renoncé : « Je voudrais en faire une version à nous. Le "on se marrait", ça fait pas très québécois. Mais c'est presque impossible à traduire. D'ailleurs les différentes versions (anglaise, française ou l'original allemand) ne disent pas la même chose[24]. »

Les affaires vont rondement : Yves Blais du Patriote est devenu son imprésario pour le Québec et Luc Phaneuf, son producteur. Avec un agenda rempli pour toute l'année, elle s'envole pour Paris le 10 septembre 1975. Elle n'y restera que cinq jours, le temps de participer à la grande fête de l'Humanité qui se donne en plein air sous le signe de la fraternité autour des merguez, du couscous et du gros rouge. Vigneault et Charlebois y ont déjà été invités, mais Pauline est très fière d'être la première Québécoise à y participer. Malheureusement, le jour J, soit le 13 septembre, il pleut des cordes et tout le monde craint qu'elle ne s'électrocute. Son pianiste Jacques Marchand essaiera en vain de la convaincre de laisser tomber. Tous ont annulé sauf Pauline : « Je leur ai chanté le Québec et ils avaient l'air d'aimer ça[25] », dira Pauline en revenant à Montréal, ravie de son expérience. Dans l'auditoire, il y a deux personnes qui joueront un rôle déterminant dans sa carrière, Jean Dufour et Sylvie Dupuy, les imprésarios de Félix Leclerc pour la France. Ils ont le coup de foudre et vont la voir après le spectacle pour lui proposer de travailler pour elle en France. Elle accepte sur-le-champ.

Deux jours avant son récital au TNM, prévu du 29 septembre au 5 octobre, le journaliste Georges-Hébert Germain fait paraître dans *La Presse* un texte intitulé « Pauline Julien : Et je vous dirai qui vous êtes », tour de carrière de Pauline Julien qui présente des témoignages affectueux et sympathiques de François Dompierre, Michel Tremblay, Yvan Dufresne, Luc Plamondon, François Cousineau et Gaston Brisson. Pour Dompierre, sa voix n'est pas toujours juste, mais elle fait confiance ; pour Michel Tremblay, même s'il est difficile de faire une chanson avec elle, c'est toujours stimulant ; Luc Plamondon avoue avoir été flatté que Pauline lui commande une chanson, parce que « faire partie du tour de chant de Pauline Julien, c'est comme entrer dans une sorte d'académie ». Et le concert d'éloges se termine sur une remarque de Pauline qui tranche par sa modestie sur les compliments de ses collaborateurs : « Je ne suis pas vilaine. Mais je ne suis pas non plus une beauté. Et j'ai pas tellement de voix. Quand je me présente en scène pour faire mes chansons, je dois donc compter sur autre chose. Et par bouts, j'hésite, j'ai peur, je me demande si je devrais pas tout laisser tomber ou si je suis bien à ma place dans ce métier-là. » Et elle ne manque pas non plus de le préparer, son public, en parlant de Brecht, de sa vie, de sa philosophie : « Brecht voulait que le théâtre et la chanson convainquent, éduquent, instruisent et mobilisent les gens pour changer le monde. » Et le journaliste de renchérir en disant qu'« elle a toujours gardé cette vision brechtienne, laborieuse et humaniste du monde[26] ».

Ce spectacle Brecht-Québec qu'elle emportera en tournée au Québec pendant le reste du mois d'octobre et par la suite en France divisera la critique. Certains louent son audace de présenter en première partie une sorte de pot-pourri de chansons de Brecht, d'autres trouvent carrément assommantes ces chansons qu'ils qualifient de poussiéreuses et démodées. Afin de mieux faire passer cette première partie du spectacle, Pauline a fait un montage d'extraits d'œuvres de Brecht et pour leur conférer une plus grande unité, elle leur a donné de nouveaux titres qu'elle déploie sur de grands cartons à mesure qu'elle les chante. Par exemple, *Le Gros Citron*, extrait de

Happy End, devient la *Chanson du capitalisme* ; *Mère Courage* devient *Chanson de la survivance* ; *La Fille noyée*, extrait de *Berliner Requiem*, s'intitule *Chanson du suicide* et ainsi de suite. L'aspect didactique de l'entreprise a déplu : « Quant aux commentaires de présentation, ils se veulent drôles et explicatifs, mais sont artificiels[27]. » Pour adoucir cette première partie plus austère, Pauline, toute drapée d'orangé, a choisi de chanter dix-huit chansons québécoises dans la deuxième partie qui sera beaucoup plus appréciée. Sous la direction musicale de Jacques Marchand, elle fera un disque de cette partie sans Brecht, *Pauline Julien en scène*, diffusé peu de temps après son spectacle au Québec et deux ans plus tard en France. En plus de *Mommy*, de Gilles Richer, qui deviendra la chanson fétiche à l'appui de la loi 101 qui veut faire du français la langue officielle au Québec, on y retrouve ses six nouvelles compositions : *L'Extase*, *C'est marqué su'l'journal*, *La Litanie des gens gentils*, *Insomnie blues*, et surtout *L'Étranger* et *L'Âme à la tendresse*, qui resteront parmi les plus connues et les plus belles de ses chansons.

Pauline abuse de sa voix et de son souffle, et c'est littéralement vidée et les joues en feu qu'à la fin de la soirée elle réussit à chanter *La Danse à Saint-Dilon*. Le public ému l'applaudit à tout rompre. Pauline ne se laisse pas influencer par la critique et transporte presque intégralement ce spectacle en France au mois de février 1976, comptant peut-être sur les Européens pour mieux apprécier Brecht. Elle n'aura pas entièrement raison, puisqu'ils seront à peine plus enclins à trouver des qualités à cette première partie du spectacle, à l'apprécier.

En octobre, elle fait une petite tournée au Québec avant d'aller se reposer en compagnie de son amie Kim à North Hatley. Début novembre, elle se voit chanter à la télévision, aux *Beaux Dimanches*, les quatorze chansons de son spectacle au TNM, et elle est très déçue du résultat : le son est archi-mauvais et l'image « sans imagination ». Elle se plaint encore une fois de ne pas avoir de véritable agent ici au Québec, de sa carrière difficile. Elle apprend le même jour que Gérald a une aventure amoureuse qu'il lui avait cachée. Le 13 novembre 1975, jour de son trente-septième anniversaire, Gérard est absent et Pauline tente de se faire une raison en se promenant dans la nature avec son amie Kim : « Il n'est pas là, nous n'avons rien à fêter. Je fais de mon mieux, mais c'est long. Écrire pour écrire, pour se relire, pour approfondir la pensée, pour la voir se dérouler devant soi et apprivoiser les mots, les images, les milliards de couleurs[28]. »

Le soir de ce 13 novembre, elle se rend chez Madeleine Gagnon et Jean-Marc Piotte où elle rencontre quelques membres du collectif de production de la revue *Chroniques*, une revue à tendance maoïste qui a pour objectif « le dégagement d'un front progressiste parmi ceux qui œuvrent au niveau culturel[29] ». Autour de la table, Thérèse Arbic, Odette Gagnon, Liliane Wouters, Philippe Haeck, Patrick Straram, dont la santé périclite. Pauline s'entoure de gens qui l'amèneront à réfléchir plus en profondeur, surtout sur la question des femmes, et c'est à partir de ce noyau qu'elle gravitera pour préparer son prochain spectacle. Elle retourne chez elle à pied, seule dans la neige, toujours furieuse contre son préféré. Généreuse, elle ne tardera pas à lui pardonner dès son retour à la campagne : « Une nuit merveilleuse, des retrouvailles insensées, puis le quotidien. Heureusement à North Hatley, tout est calme, pas triste, parce que c'est la campagne belle et que le temps passe doucement seule avec Gérald[30]. »

Mais cette accalmie est de courte durée. De retour à Montréal, Pauline n'arrive plus à retrouver son entrain : « À la maison, je m'essaie à écrire deux lignes, je pleure, je dors, je me relève, un vide, se sentir comme une loque. Toute cette énergie, cet avenir, sans rien devant soi, aucun travail à l'horizon, ni ma tête ni mon corps ne sont libres pour penser et faire autre chose. Gérald doux, fatigué qui me prend la main et me dit de ne pas pleurer. Un bain de tendresse. Je ne veux pas apitoyer, attendrir personne parce que je crois que personne ne peut rien y faire, comme il y a quelques années comme il y a quinze ans. Comme il y en aura d'autres fois[31]. » Elle essaie de combattre de son mieux l'enlisement, la chute vers le vide, elle se raccroche à ses enfants, mais la panique la guette. À l'approche de la cinquantaine, elle a de plus en plus de cheveux gris et elle est toujours en proie aux mêmes peurs, aux mêmes inhibitions. Elle appelle ses amies à tour de rôle, Claire Richard, Madeleine Gagnon, Thérèse Arbic, Kim Yaroshevskaya. Rien à faire, elle continue de s'affoler : « Car je ne peux attendre, je n'ai pas des années à patienter. Je sais que je suis pleine de force, d'énergie, de vouloir ou alors on arrête tout, on coupe les amarres, on dit ce fut, ça a été. Refaisons autre chose. Je sens autour de moi un silence, un terrible silence du milieu qui dit que c'est bon, mais que c'est trop dur. Qui est venu me voir au TNM ? Quelques amis, peu, très peu, très très très peu, les tout proches, ceux que j'ai invités et encore, et le public, les quelques convaincus qu'il faut que le Québec soit indépendant, qu'il faut le crier fort, qui trouvent que je suis la seule à le crier dans le presque désert qui m'entoure. Gérald, parce que je lui crie, je lui pleure, je lui confie au nez dans notre intimité magnifique, sait seul un peu ce que je veux dire, le repli irréductible, l'immense façade fausse que je revêts pour encore paraître au milieu des autres quelquefois, pour des sourires qui se veulent frais, des mots faciles, des "bien sûr, tout va bien, tout va bien, à merveille, je me repose, j'attends". Et je rampe par terre avec ma panique aux entrailles[32]. » Pauline rencontre d'autres femmes pendant cette période, entre autres un groupe de femmes-amies, appelé *Moi-je*, qui réfléchit et écrit autour de Madeleine Gagnon et Denise Boucher, les deux auteures de *Retailles*. Pauline alimente sa réflexion pour son prochain spectacle. Elle lit des livres féministes, prend des notes et des notes en vue d'organiser des discussions sur la question des femmes après chaque représentation.

Puis les choses se rétablissent tranquillement à l'approche des fêtes. Le 5 décembre, elle se glisse dans la foule des vingt mille spectateurs à la soirée Bob Dylan au Forum : « Détente qui s'installe peu à peu, parfum de la mari, musique, tout coule doucement, rock, western country music, Joan Baez, Dylan, Joni Mitchell et d'autres musiciens, chanteurs, seuls, séparément, ensemble. Ça me donne le goût de la musique. » Elle passe le Noël 1975 en famille à North Hatley à patiner, faire de la raquette, du ski de fond. Calme et détente avant le tourbillon de l'année qui s'annonce et qui changera la vie de Pauline et Gérald, ainsi que celle de bien des Québécois.

Dès le 16 janvier 1976, Pauline s'envole avec son Brecht en Europe pour six semaines. Encore une fois, elle s'installe chez son amie Jacqueline Abraham où elle dispose d'une petite chambre pour écrire. Avec Gérald, la vie s'est ressoudée pendant les vacances de Noël et elle s'empresse de lui écrire : « Gérald mon amour délirant. C'est très beau qu'il y ait tout cela, ma seule crainte de toujours c'est que malgré tout, nous soyons un peu refermés sur nous-mêmes[33]. »

Tout en faisant la promotion de son spectacle qui aura lieu à partir du 10 février au théâtre Gérard-Philipe, Pauline donne quelques récitals en banlieue parisienne, à Corbeil, à Choisy-le-Roi, dans la vallée de Chevreuse. Elle est insatisfaite de la réponse du public et l'angoisse revient toujours plus forte partout : « Le cœur n'est pas au plus calme. Il faut tirer la sonnette d'alarme pour l'empêcher de paniquer, paniquer, paniquer. Ce soir, un 3e récital, je ne sais plus où ça a décroché, mais quelque part ça ne répond plus. Est-ce moi ? Est-ce l'heure[34] ? » Pauline s'apaise en écrivant des lettres à ses amis, à Gérald, à son agent au Québec, à des compositeurs.

Pour se reposer un peu, Pauline passe deux jours à Étretat. Envoûtée par les marées, les falaises, les couleurs du ciel, elle dort sur la grève, fait des randonnées dans les petits sentiers, reprend pied. À son retour à Paris, elle s'acharne à démontrer l'unité de son spectacle, à expliquer les liens pas toujours évidents entre Brecht et le Québec : « Cela me correspond actuellement, bien que ce soit un style ancien. Mais ce que je veux dire, c'est cela. Le plus beau compliment que l'on m'ait fait c'est de me dire : "Tu fais aussi du Brecht dans la seconde partie[35]." » Dans le cahier du programme, elle a mis en exergue cette phrase de Brecht, comme pour donner le ton du spectacle : « Ainsi va le monde, et il ne va pas bien ! Ce qu'il faut, c'est changer le monde. » Mais le succès est relatif, les journaux parlent de « spectateurs clairsemés » et de « salle austère ». Un peu comme au Québec à l'automne 1975, les critiques déplorent l'aspect rébarbatif de la première partie pour un public non averti. La deuxième partie arrive encore une fois comme un soulagement.

Le 14 février 1976, entre deux séries de spectacles au théâtre Gérard-Philipe, elle chante à Dieppe. Pauline va chercher sa salle spectateur par spectateur, animée d'une sorte d'énergie du désespoir : « À neuf heures, la salle est pleine, de jeunes, de touristes, de parents-enfants, de gens qui ne savent pas trop qui est Brecht, qui n'ont jamais vu de chanteur québécois. Cela ne va pas être facile : Pauline Julien le sait, modifie légèrement sa manière d'aborder le public. Son bonsoir s'adresse plus directement à lui, le ton est plus familier. Bonsoir, répond la salle[36]. »

L'enregistrement de la première partie du spectacle Brecht les 20 et 21 février deviendra le disque *Tout ou rien* chez Telson et sera produit par Unitélédis, la maison de diffusion du Parti socialiste. Pauline a beaucoup hésité avant de faire cet enregistrement et, même après, elle ne saura toujours pas si elle a pris la bonne décision. Pour Louis-Jean Calvet, qui en fera une critique dithyrambique dans *Les*

Nouvelles littéraires, Pauline a réussi un coup de maître en « habillant » les musiques et les textes d'une couleur québécoise, pour montrer que « si Brecht est universel, c'est parce qu'il est peut-être, justement, québécois[37] ».

Après l'un de ses derniers spectacles au théâtre Gérard-Philipe, Pauline fera la connaissance de Jacques Marsauche, un amoureux de l'Afrique à la bonté inscrite dans les yeux. Il connaissait Pauline par ses disques et après le spectacle, il est allé, accompagné de ses fils, la saluer dans sa loge. Pauline adopte Marsauche et sa femme Thérèse qui se montreront généreux avec elle et l'inviteront souvent dans leur grand appartement de la rue Val-de-Grâce à Paris et dans leur refuge des Alpes.

En donnant autant de représentations du même spectacle, Pauline aura le loisir d'approfondir son répertoire. Elle est heureuse de se rendre chaque soir dans ce théâtre de Saint-Denis, une ville ouvrière et communiste de la banlieue parisienne. Elle ne fait pas salle comble, mais les assistances sont chaque soir plus nombreuses. Rien à faire, le public ne se réchauffe que durant la deuxième partie. Mais elle ne baisse pas les bras et poursuit vaillamment sa tournée à Honfleur et au Havre, où l'auditoire réagit avec chaleur. On parle d'elle comme d'un « phénomène nouveau dans la chanson », mais la critique met une sourdine à ces éloges, se montrant même un peu agacée : « Une soirée qui était autant et même plus un manifeste qu'un très bon spectacle, et dont la seconde partie a été consacrée aux chansons du Québec, un peu trop à la mode actuellement ? Les applaudissements ont crépité, attisés par ce vent chaud qui vient du froid[38]. »

Après un crochet à Liège, elle rentre début mars au Québec, où l'attend, en cour municipale, une cause qui prend des proportions inattendues. À l'automne 1975, son ami Michel Bujold avait écrit un poème iconoclaste envers le maire Drapeau sur le mur extérieur de la maison du carré Saint-Louis. Pauline est accusée d'avoir procédé à un « affichage illégal » et pour sa défense, elle demande à Gérald Godin de témoigner, ce qu'il fait non sans humour, dictionnaires à l'appui, expliquant à la poursuite la différence entre enseigne, affiche et inscription. Les médias montent l'événement en épingle et Pauline a gain de cause, la preuve ayant été faite que le poème de Bujold est bel et bien une « œuvre d'art » et non une « affiche ».

À la fin du mois de mars, Pauline redonne son spectacle Brecht au théâtre Outremont. Elle reçoit de nouveau quelques critiques plus ou moins encourageantes : « Même si celle-ci a présenté Brecht comme un personnage connu internationalement, son public se posait des questions ; on parlait de Brek et quelqu'un s'enquérait de savoir où ce Michel Brecht pouvait bien habiter maintenant[39]. » Ses musiciens subissent les foudres de la critique et toujours la deuxième partie plaît davantage, même si l'aspect militant du récital agace certains. On reproche à l'artiste son radicalisme de gauche, son nationalisme pur et dur, son intellectualisme. La nostalgie d'une Pauline plus folle, plus instinctive, plus « animale » commence à se faire sentir.

En avril, Pauline accepte de se dévouer comme porte-parole de la campagne sur la crise du logement à Montréal. Elle a été choisie par Centraide et la Ligue des droits de l'homme, conjointement avec les associations de locataires, pour que par l'information et l'éducation, l'interprète de *Déménager ou rester là* exerce une pression « qui aura plus d'effet sur les autorités qu'une simple étude scientifique du logement à Montréal[40]. » Pauline fait ensuite une tournée dans quelques villes du Québec, puis traverse le pays d'un océan à l'autre, de Saint-Pierre-et-Miquelon à Vancouver en passant par les Îles-de-la-Madeleine. Elle songe toujours à faire son spectacle féministe et au mois de mai 1976, sollicite Michel Tremblay pour qu'il lui écrive d'autres chansons. Il se montre d'abord réticent, craignant que Pauline ne veuille garder le contrôle sur ses textes : « On a eu une bonne discussion. J'ai fini par accepter de faire quelque chose comme *La Belle Meunière*, avec la voix de Pauline, un piano seul, un cycle complet de huit à dix chansons. On était très enthousiastes. Je voulais raconter l'histoire de l'évolution des femmes à partir de 1890 jusqu'à 1960 et je l'ai fait par tranches de dix ans. J'ai commencé par ma grand-mère indienne, en 1890 ; Anne Gervais, qui est une bonne qui travaille à Outremont, la crise des années trente ; les femmes des années cinquante qui s'endorment avec leur gros chat sur les genoux ; ensuite 1960. Ça n'a pas été facile de s'entendre sur les plans, c'était peut-être la période où Pauline était la moins sûre d'elle-même[41]. » Pauline par la suite fait lire les textes de Tremblay à plusieurs personnes, en particulier à Marie Cardinal, ce qui vexera l'auteur.

c Alan Glass au Mexique, en 1967.

Avec Jean-Claude Lapierre,
dit Caillou, en 1986. Photo : Birgit.

te parler de toi

te parler de nous

z elle avec Patrick Straram, dit le Bison ravi, en 1971. Photo : Pierre Pétraki.

Avec Raymond Lévesque et Félix Leclerc au Stadium de Paris, le 16 novembre 1976. Photo : Birgit.

Je suis formée de milliers de particu

Femmes de paroles au Théâtre Outremont, en 1977.
Photo : Francois Rivard.

Au Théâtre de la Ville à Paris, en 1974. Photo : Birgit.

En 1978, devant sa maison du Carré-Saint-Louis, avec l'équipe de *Femmes de paroles.* 1re rangée, de gauche à droite : Serge Laporte, Gaston Brisson, Michel Bélanger, Jacques Perron / 2e rangée : Michel Tremblay, Jacques Marchand, Claude-André Roy, François Cousineau, Richard Soly / 3e rangée : Michelle Rossignol, Hélène-Andrée Bizier, Madeleine Gagnon, Denise Boucher, Jean Vanasse. Hors cadre : Pierre Cartier. Photo : André Cornellier.

Mlle Lucienne Guay, dite Lucia,
’intendante de la maison.

Avec Julos Beaucarne, en 1977.
Photo : Christophe Beaucarne.

Avec Anne Sylvestre dans *Gémeaux croisées,* une production de la compagnie Théophilides, au Théâtre Déjazet de Paris, en 1988. Photo : Caroline Rose.

Avec Claude Lamothe et Hélène Loiselle dans *Voix Parallèles,* une production du Théâtre du Café de la Place des Arts, en 1990. Photo : André LeCoz.

ces tremblements
qui m'assaillent

Dans *Rivage à l'abandon,* de Heiner Müller, production de Carbone 14 au Musée d'Art contemporain, en 1990. Photo : Jean-Francois Gratton.

Avec Gérald Godin au défilé de la Saint-Jean, en 1990.
Photo : Jean-Paul Picard.

Avec sa petite-fille Marie Bernier, à Trois-Pistoles, en 1992.
Photo : Jean Bernier.

mon coeur est toujours trop présent.

- [illegible]

À North Hatley, été 1998.
Photo : Anne Sylvestre.

Elle tient à les faire passer en France et veut s'assurer qu'ils seront bien compris. Finalement convaincue de leur portée, elle accepte de les roder sur une scène québécoise.

Dans ce spectacle sur les femmes, le message est clair : la libération de la femme et l'émancipation de sa condition sont indissociables de la libération politique et sociale des Québécois. Faisant flèche de tout bois, elle proteste contre tout, les mesures de guerre, l'incarcération de chefs syndicaux ; elle appuie les grévistes de la United Aircraft, les locataires aux prises avec la crise du logement. Pour défendre ses causes, Pauline prépare le terrain méthodiquement. Dans ses précédents spectacles, elle avait surtout fait appel à son intuition et à ses émotions, mais désormais elle veut organiser ses chansons autour de thématiques précises prônant les valeurs de la société nouvelle. Tout en faisant ses recherches, Pauline promène en Europe son spectacle Brecht dans lequel elle inclut une nouvelle chanson d'Anne Sylvestre en deuxième partie, *Une sorcière comme les autres.* Ce sera une autre chanson fétiche, celle qui, avec *Non, tu n'as pas de nom,* marquera une génération de femmes.

À l'été 1976, Pauline travaille comme une abeille. Au mois d'août, elle fait une tournée un peu partout au Québec, au Patriote de Sainte-Agathe avec Claude Gauthier, à Thetford Mines, à Percé, à Saint-Jean-Port-Joli, à l'île d'Orléans, Rivière-du-Loup. Puis le 13 septembre, au milieu d'une série de spectacles qui la mèneront à Sherbrooke, à Hull, au Lac-Saint-Jean et à Chibougamau, son frère Alphonse meurt à l'âge de soixante-six ans, ce frère à qui elle avait demandé d'être le parrain de sa fille Pascale.

Pauline s'envole pour la France à la fin d'octobre 1976. Jean Dufour et Sylvie Dupuy, ses agents, viennent l'accueillir à l'aéroport pour la conduire chez Jacqueline Abraham, qu'elle retrouve toujours avec plaisir. Elle reprend son journal, son cœur se met à battre au rythme de Paris, sa ville-refuge : « Nous y sommes, le nez saigne un peu, l'âme n'est pas encore arrimée avec le corps ; quand ils se rencontreront dans 12 ou 24 heures, nous y serons. Je n'ai pas du tout l'habitude et l'aptitude à la réflexion, à la solitude, mais il me faut à tout prix l'acquérir, sinon ma descente sera vertigineuse et je me perdrai pour de bon. Un certain bon sens naturel m'en a avertie. Je veux noter ici les progrès, les reculs, les acquis, les pertes. Tenter de ne pas me laisser emporter par la panique, l'affolement. J'ai dormi plus de onze heures, c'est la première fois depuis si longtemps. Bon signe[42]. » Elle chante à Malakoff, près de Paris, et à Saint-Cyr, près de Versailles. Elle donne ensuite un spectacle que lui avait commandé Jacques Marsauche pour un rassemblement de jeunes au collège Bossuet, près du jardin du Luxembourg. Ce sera l'occasion d'une autre rencontre chaleureuse avec la famille de Jacques Marsauche. Pendant quelques jours, Pauline revoit ses amis parisiens, Françoise Staar, Christiane Zahm. Jacques de Montmollin lui fait la surprise d'une visite après un spectacle et elle retrouve Lise Moreau, Irena Dedicova, Hélène Loiselle et Michel Tremblay. Ces rencontres la stimulent, mais c'est un peu fatiguée qu'elle part pour Bruxelles où elle se produit devant une salle remplie aux trois quarts, enfumée, surchauffée. Encore une fois la critique la trouve impersonnelle, lui reproche ses clichés de barricades.

Loin de Montréal, loin de Gérald et de ses enfants, elle se distrait comme elle peut pour ne pas trop souffrir. À son retour à Paris, une lettre de Gérald l'attend, lui annonçant qu'il est candidat officiel du Parti québécois dans le comté de Mercier. Gérald lui fait part de son enthousiasme et de sa détermination à vaincre son adversaire, qui n'est nul autre que le premier ministre Robert Bourassa, au pouvoir depuis 1970 : « Je me sens comme ce qu'on appelle aux courses de chevaux le *dark horse* ou le *long shot*, c'est-à-dire celui qui passe inaperçu et qui finit en force. Imagine-toi la force au PQ si je bats Bourassa et c'est bien là ce que je crois être leur peur. Car il est battable ! Je reviens d'une journée entière de porte à porte et c'est stimulant, en plus d'être extrêmement attachant. Chaque figure nouvelle, en haut d'un escalier ou dans un portique, ce qu'il faut dire, ce qu'ils attendent et surtout leur indécision. Un clin d'œil, un petit bec aux dames et c'est le message. J'en ferai environ 3 000 dans les 17 jours qui me restent. [...] C'est enivrant littéralement. Je n'avais pas vu depuis *Québec-Presse* à ses débuts quelque chose d'aussi enivrant : les Québécois, l'infinie diversité des Québécois [...] Je pense à toi aussi qui aimerais être ici, tout le monde du PQ me parle beaucoup de toi. Ils te connaissent et ils t'aiment[43]. »

À la fin d'octobre, pendant que la campagne électorale bat son plein au Québec et que Gérald Godin arpente les rues de son comté, Pauline continue sa tournée qui l'amène de Montbéliard en Alsace jusqu'à Grenoble dans un minibus avec ses musiciens. À Montréal, mademoiselle Guay s'occupe de l'intendance et Louisa Godin, la mère de Gérald, est même venue de Champlain à la rescousse pour que son fils paraisse toujours bien, parce que dans la famille de Louisa Marceau-Godin, on prend la politique très au sérieux : « Je suis allée rester au carré Saint-Louis pour presser ses pantalons le soir parce qu'il n'en avait pas beaucoup. Je les laissais sur la planche à repasser. Le lendemain, les pantalons étaient propres. Puis il partait pour sa campagne électorale. C'était en novembre, il s'était acheté un chauffe-mains en velours qu'il mettait dans sa poche de manteau puis, quand il donnait la main, il avait la main chaude[44]. »

Jacques et Thérèse Marsauche ont invité toute l'équipe de Pauline à passer quelques jours chez eux dans les Alpes à leur maison de Brunissard. Ravie de retrouver l'air de la montagne, Pauline oublie ses ennuis, sa fatigue : « Nous avons marché, monté dans le col, ces montagnes blanches, entouré de pics neigeux, Jacques Marchand, Jacques Marsauche, Thérèse et moi. C'était beau, et j'ai tenu à redescendre à pied jusqu'à la maison par la route et la montagne[45]. » Pauline est séduite par le paysage, mais elle l'est encore davantage par un jeune homme, un « ange », qui fait également partie de la joyeuse bande. Au retour au chalet, elle le voit préparer la fondue au fromage pendant que les autres font de la musique. Elle tente en vain de lire, son cœur commence à s'affoler. Le lendemain, ils font une autre excursion qui exige de Pauline qu'elle puise dans ses réserves d'énergie : « J'avoue que je me suis demandé si j'arriverais au bout de l'escalade et pendant quelques minutes s'ils étaient d'accord. J'avais peur un peu que ma respiration essoufflée et bruyante ne les ennuie. Je parlais à mon cœur pour qu'il ne batte pas trop vite. Mais ils m'ont rassurée en me disant que le bruit de leur cœur et de leur respiration les empêchait d'entendre le mien. Est-ce l'air pur des cimes, le plaisir d'avoir vaincu, le chocolat absorbé ? La descente se fait en courant. Je me sens aussi légère qu'un chevreuil. Toute fatigue a disparu, c'est une merveille[46]. »

Ragaillardie, Pauline continue ensuite sa tournée à Marseille où elle rencontre Julos Beaucarne qui donne un spectacle dans une autre salle et où elle revoit son ange des Alpes. Ces quelques jours à Marseille en sa compagnie seront pour elle un « jardin de délices », qu'elle choisira pourtant de quitter : « Inexorablement, inévitablement, la vie qui nous a fait nous rencontrer, la Vie va nous faire nous séparer, et cette tendresse, cette délicieuse confiance heureuse et réjouie qui nous réunit, va être interrompue brusquement par le temps qui nous pousse, moi à partir, Paris, et lui à rester ici à Marseille[47]. »

À quelques jours du scrutin, Gérald Godin écrit à Pauline pour lui dire qu'il est prêt à entreprendre le sprint final de la campagne électorale. Il grimpe des centaines d'escaliers chaque jour, il marche des kilomètres, il a serré la main à presque tous les citoyens de son comté. Le sang des Marceau coule dans ses veines, le sang des politiciens de Sainte-Anne-de-la-Pérade, de son grand-père Marceau, de son oncle Jean-Marie Marceau. Il est porté par la conviction qu'il peut défaire le premier ministre Bourassa dans son propre comté.

Le 8 novembre, Pauline monte dans le train qui la conduira à Bordeaux et de nouveau l'angoisse la reprend. Elle se demande si elle a bien agi en mettant un point final à sa liaison du jardin des délices : « Je me sens vide, vidée. M'accrocher une heure où je pourrais lui hurler ce vide, lui demander si c'est normal, lui demander si j'ai eu raison, si j'ai eu tort, lui parler de Gérald que j'aime et qui m'a dit : "Écoute une fois pour toutes je t'aime, c'est toi que j'aime comme un fou, arrête d'écrire de telles lettres, tu es la femme de ma vie. Je t'aime." Quoi demander de plus ? Pour me calmer, me distraire, et m'enlever ce goût de vomir, j'ai lu *Le Monde*, pour voir le monde et sortir du mien. Si le monde n'avait que mes petits problèmes, il serait heureux[48]. »

À Bordeaux, le 12 novembre 1976, Pauline, pour la première fois, donne un spectacle avec Félix Leclerc. Quand, devant une salle pleine à craquer, Pauline chante *Une sorcière comme les autres*, un spectateur crie au scandale, mais la salle manifeste aussitôt son désaccord en le huant. Pauline continue malgré tout et le spectacle est un succès. À la fin, Pauline chante *Le Dialogue des amoureux* en duo avec Félix. C'est le triomphe. Jean Dufour, qui est aussi l'agent de Félix et de Raymond Lévesque, a programmé depuis très longtemps un autre spectacle pour le 16 novembre les réunissant tous les trois. Pauline dit au revoir à Félix qu'elle a trouvé « très beau et chaleureux ». Entre-temps, elle se rend à Yerres où elle essaie vainement de réchauffer une salle glaciale de quatre cents spectateurs. Puis, un peu fatiguée de cette tournée et de toutes ces émotions, elle rentre à Paris chez Jacqueline qui la reçoit avec toute la tendresse du monde.

Dans la nuit du 15 au 16 novembre 1976, Pauline apprend le résultat des élections par Michèle Latraverse. Elle ne tient pas en place, elle n'arrive pas à dormir et le lendemain soir, c'est une Pauline fatiguée mais grisée par la victoire du PQ qui se rend au Stadium, dans la banlieue sud de Paris, pour chanter aux côtés de Leclerc et Lévesque devant une foule en liesse, délirante, émouvante. Le Stadium est une patinoire moderne qu'on a convertie en salle de spectacles de quatre mille personnes. Les gens s'assoient par terre sur un petit coussin gonflable qu'on leur remet avec leur ticket d'entrée. La salle pavoisée de drapeaux du Québec est pleine à craquer, le public délire, l'acoustique est difficile, Pauline arrive mal à réaliser entièrement ce qui se passe, mais quand elle chante avec Félix Leclerc et Raymond Lévesque, la foule se lève et allume les briquets. Anne Sylvestre, émue, y était avec ses filles : « J'étais en larmes. Et, c'est là que j'ai entendu Pauline chanter *Une sorcière comme les autres* pour la première fois[49]. » Pour Félix, pour Raymond, pour Pauline, pour bien des Québécois, c'est enfin le début d'un Québec... libre qu'ils chantent à l'unisson.

En rentrant chez Jacqueline après le spectacle, Pauline commence à réagir et à mesurer l'ampleur de cette prise de pouvoir par les indépendantistes du Québec sous la direction de René Lévesque. Elle prépare une déclaration parce qu'elle sait que les journalistes lui poseront des questions : « Nous y voilà, c'est arrivé, que sera-ce demain ? Qu'allons-nous faire ? Aujourd'hui nous y sommes, oui à cette première victoire. Comme a dit Leclerc, le bébé est né, il est beau, il va grandir, que va-t-il devenir ? Le Québec a franchi une étape. Dans la longue marche il fallait absolument atteindre ce palier pour continuer, nous y sommes, le sommet est encore loin, mais le chemin parcouru était ardu, long et difficile. Et c'est avec une grande joie que nous pouvons regarder ce que nous avons franchi. Maintenant, c'est avec un regain de courage que nous entreprenons la seconde étape, nettoyer, repartir, construire en vue de la dernière, qui sera l'indépendance, une décision finale et définitive[50]. » Dans ses entrevues aux journaux, à la radio, à la télévision, Pauline ajoutera que dans la foule du Stadium, c'était surtout des Parisiens, mais qu'une cinquantaine de Québécois s'étaient manifestés ; que *Le Monde* avait consacré sa première page au complet à l'accession au pouvoir du PQ ; qu'elle achève sa tournée d'un mois et demi et qu'elle revient au Québec le 29 novembre.

Le 20 novembre, elle se rend à Liège chez Jacques Levaux, et Pierre André, présent lors d'un déjeuner, se souvient que dans le salon, ils avaient parlé de René Lévesque, venu à Liège et à Seraing en 1972, tout en écoutant l'émission d'Henri Mordant sur le Québec : « J'ai l'impression qu'à l'occasion de ce reportage sur les élections au Québec, elle a vécu l'événement à retardement[51]. » Une lettre de Gérald, datée du 20 novembre, attend Pauline à Paris. Il la réclame pour lui raconter en personne ce mois de « novembre fou au cours duquel les Québécois se sont donné tout simplement un pays ». Il est rempli d'enthousiasme et de confiance : « Je crois que je vais faire un bon député parce qu'il y a beaucoup d'amour en moi. » Il retournera saluer ses électeurs de Mercier avec Pauline, il veut que Pauline construise le Québec avec lui : « Tu dois continuer à chanter et déjà un autre emploi t'attend : femme de député. Ne te vexe surtout pas si ça a l'air mâle chauvin, je t'expliquerai le tout. Les gens de Mercier aiment le monde comme toi qui se bat et se tient debout. Ils sont extraordinaires. »

Après quelques spectacles aux environs de Paris, elle revient au Québec le 29 novembre 1976 retrouver son compagnon, son nouveau député. L'euphorie des retrouvailles dure quelques jours, mais Pauline se sent vite bousculée. Elle a chanté Brecht depuis plus d'un an, et tout en organisant son nouveau spectacle sur les femmes, elle essaie de s'ajuster à la nouvelle vie de Gérald. Ses fonctions de député le projettent lui aussi sur la scène publique et l'amèneront à faire de longs séjours à Québec pendant la session parlementaire. Elle tente de démêler le remous qui s'installe en elle et la chavire insidieusement. « Tenter d'y échapper en prenant cette plume pour dire, pour étaler devant moi ces miettes de peurs, ces souffrances mesquines, minables qui n'en finissent plus de n'être rien et qui veulent malgré tout m'envahir ! Peur de perdre, jalousie, possession, insécurité, tout y est[52]. »

L'année 1976 se termine par deux spectacles : le premier pour fêter la victoire du PQ, celui du vélodrome le 17 décembre, et le second au bénéfice de la centrale syndicale de la CSN, le 20 décembre. Pauline y chante quelques-unes de ses chansons, *L'Étranger, L'Âme à la tendresse, Insomnie blues...* C'est bien vrai, Pauline Julien n'est plus exclusivement chanteuse, elle est devenue la femme du député Gérald Godin, le poète qui a battu Robert Bourassa dans son comté. Une nouvelle donne avec laquelle elle aura à composer et dans sa vie et dans sa carrière.

Au Jour de l'An 1977, après avoir célébré la Saint-Sylvestre chez Denise Bombardier, Gérald et Pauline se rendent à Champlain chez Louisa, la mère de Gérald. C'est la fête, ils vont glisser en famille sur le fleuve, ils jouent aux dames, les oncles les amènent à la pêche aux petits poissons des chenaux. Pauline y est sans y être, elle essaie de sourire, de se raccrocher. Mais elle arrive mal à sortir d'elle-même, ne parvient pas à faire l'unité. Un peu comme une automate, elle se rend avec Fabienne au Cap-de-la-Madeleine. Les deux sœurs font le tour de la parenté ; elles vont chez Alice qui leur raconte son séjour au Pérou, puis chez Marcel et sa femme Marthe qui les accueillent avec générosité et chaleur.

Aussitôt les fêtes terminées, Gérald et Pauline s'envolent pour des vacances bien méritées au Mexique. Pauline revoit ses amis Alan Glass, Suzanne Guité et son conjoint Salvatore. Ils y passent quinze jours merveilleux, une « autre lune de miel », dira Pauline. Avec Alan ils font la bombe, resto, tequila, mariachis et tout, puis ils se rendent à Oaxaca chez Suzanne Guité qui y fait une « grosse vie folle, chaleureuse, passionnée[53] ». Pauline et Gérald sont entraînés par le flot. Suzanne connaît tout le monde, elle leur fait visiter des musées et Pauline, ravie, note tout ce qu'elle voit, tout ce qu'elle vit. Malgré le tourbillon de la fête, Pauline s'inquiète de son amie qu'elle trouve triste et parfois lointaine. Elle s'installe ensuite avec Gérald dans un hôtel de luxe au bord de la mer à Puerto Escondido. C'est le paradis et Pauline, qui vit pourtant sous pression, qui est incapable de s'arrêter une minute à Montréal et en tournée, possède cette faculté inouïe, lorsqu'elle prend des vacances au bord de la mer, de décrocher complètement et de s'amuser comme une petite fille : « Belle mer de jade et d'émeraude, où dans la transparence le soleil brille. Nous mangeons comme des dieux au petit restaurant des pêcheurs directement au bout de la plage, des huîtres, des poissons rouges ou des poissons crus à la sauce piquante, *pimientos verdes*. Les enfants, les autochtones, indiens, sont beaux et lisses et souriants. Apprendre un meilleur espagnol pour mieux entendre, se faire entendre, parler[54]. » Comme elle a le souci de connaître la langue du pays, elle réserve dans chacun de ses carnets quelques pages au vocabulaire et aux expressions courantes. Que ce soit dans le désert, en Tchécoslovaquie ou en Israël, elle se fait un point d'honneur de dire quelques mots dans leur langue aux gens qu'elle rencontre.

En rentrant au Québec à la mi-janvier, malade de la tourista, Pauline retrouve la dure réalité de l'hiver. Les vacances sont finies, l'angoisse revient, forte, impérative. Elle discute avec Gérald, et pour la centième fois, lui expose ses problèmes de métier. Elle tourne en rond et son journal devient de plus en plus difficile à lire : « J'ai l'impression de n'avoir plus rien à apporter à personne et que personne n'a plus rien à m'apporter, que mon énergie se passe à chercher de l'énergie, qu'il me semble que je suis jalouse, accapareuse, aliénée complètement aux autres surtout à Gé. Ça revient comme des crises de plus en plus fréquentes, je ne vois que le mauvais côté des choses[55]. » Puis le travail revient, s'organise. Pauline ne peut plus compter autant sur Gérald, elle qui n'écrivait jamais rien, ni un texte de liaison dans ses spectacles ni un texte de chanson, sans le consulter. Elle sera encore plus seule pour poursuivre sa carrière, car Gérald sera de plus en plus sollicité par son travail au Parlement.

La vie continue, elle part en tournée sur la Côte-Nord, à Sept-Îles, à Shefferville, à Fermont, Gagnonville. Comme chaque fois, quand elle arrive au bord de la mer, dans des régions éloignées et sauvages, Pauline contemple le ciel, se délecte de l'immensité du ciel et du silence. Elle reprend son journal dont elle est toujours insatisfaite. En lisant *La Dérobade*, le besoin d'écrire devient plus urgent, mais dans son esprit, elle ne fait que noter ce qu'elle pense, ce qu'elle sent, ce qu'elle voit au jour le jour, et s'en trouve déçue : « Vieux journal de con. Comme je fais du mimétisme, que je suis sentimentale et fatiguée. Je parle comme le livre que je lis et qui me fait chialer. Je parle argot, je pense argot, j'ai envie de la dérobade, j'en veux à tous les hommes. Demain ça ira mieux, la fatigue, pourquoi je n'arrive pas à écrire des chansons. La honte, fatigue ou pas, je sens tout basculer dans ma tête. Je repasse ma vie par éclairs. J'ai envie de l'écrire, de le crier : PJ chanteuse[56]. »

À Sept-Îles, Pauline rend visite à Robert Lemieux, l'avocat des felquistes, qui vit retiré dans une roulotte au bord de la mer. Elle fait du ski de fond, achète du saumon fumé et de l'omble chevalier en passant chez les Indiens. Pauline sait tirer le maximum de ces régions nordiques et sauvages. Elle a l'intelligence de ne pas rechercher le confort des villes là où l'infrastructure touristique est à peu près absente. À Fermont, elle choisit de loger dans une maison de syndicat qui lui est offerte gratuitement à elle ainsi qu'à ses musiciens. Même si le public est restreint, elle met toute son énergie à donner des spectacles de qualité. Elle apprécie l'accueil enthousiaste des gens, mais elle voudrait davantage, la quantité, pas seulement la qualité. Elle revient quand même assez satisfaite de son séjour et passe quelque temps à Montréal pour repartir ensuite, du 21 au 27 février, dans l'est de l'Ontario et le nord-ouest du Québec.

Le 1er mars 1977, quelques jours avant de partir en Suisse et en Belgique, elle fait le lancement de son disque *Tout ou rien* à Montréal. Le cycle Brecht se referme temporairement sur ce lancement pendant qu'elle continue de monter son spectacle par les femmes et pour les femmes. Michel Tremblay travaille toujours sur ses chansons et elle sollicite de plus en plus Denise Boucher pour constituer son nouveau répertoire. La conception de ce spectacle l'amène à réfléchir davantage sur sa propre vie et sur son âge. En arrivant à Zurich, elle reprend son journal pour exorciser sa peur de vieillir : « Ça me rend injuste, coléreuse, peureuse de devenir laide. Pourquoi tout ce fatras, ces complaintes, ces mille détails, cette course à je ne sais trop quoi ? J'ai peur d'imiter, de faire semblant de vouloir simplement donner le change. Je ne suis plus aimable ni aimante. Je suis dans une chambre d'hôtel minable ou presque laide, renfermée. Trois roses heureusement reçues de la part de ce jeune Georges Glatz, de la Radio Romane de Lausanne. Je le remercierai. Et je pense à la Roumanie, au tremblement de terre où il y a des centaines de morts. Tout perdre, et mes petits problèmes auxquels je ne peux faire face. Il y a la peur, la solitude, l'impression qu'on s'est caché quelque chose et qu'on l'a caché aux autres. La nuit va-t-elle jamais finir pour qu'on soit obligés de faire les gestes et dire les paroles qui sauvent[57] ? »

Après une tournée d'une semaine en Suisse et en Belgique, Pauline revient sur Paris en minibus avec ses musiciens. Elle va au théâtre, au Studio des Champs-Élysées où elle avait eu un rôle dans un Pirandello en 1955. Loleh Bellon y joue dans *Les Dames du jeudi,* Loleh Bellon avec qui Pauline avait partagé la scène la toute première fois qu'elle a joué à Paris. C'était en mai 1954, *L'Annonce faite à Marie,* dans le cloître de l'église Saint-Séverin. Puis elle se rend à

Fontenay-aux-Roses chez les Scrive, pour parler de tout et de rien, ne rien faire. Quand elle revient à Paris, elle donne rendez-vous à Agnès Varda dans l'espoir qu'elle lui écrive une chanson. Puis elle se rend à Beaubourg voir l'exposition de Marcel Duchamp dont elle apprécie l'humour. À l'Olympia, elle assiste au spectacle de Nougaro, qu'elle trouve authentique et puissant.

Pauline reçoit une lettre de Gérald lui annonçant le suicide d'Hubert Aquin : « Il était destiné à mourir comme ça. Il se heurtait la tête sur les murs depuis plus d'un an. Grand émoi dans la communauté des écrivains, on met tout sur le dos du gouvernement. On cherche des coupables. Mais chercher des coupables, c'est enlever à ce geste sa portée même. Cette mort m'affecte parce que j'aimais Hubert malgré qu'il était à prendre avec des pincettes. Il avait un côté cactus. Mais en même temps je n'en suis pas triste. Il avait le droit de choisir sa mort et il l'a fait. S'il était mort dans un accident, j'aurais été plus bouleversé par l'absurde, ou s'il était mort d'un cancer[58]. » Gérald Godin enverra à *La Presse* un article qui sera repris dans un recueil de ses textes publié un peu avant sa mort. Dans ce livre, il y avait un signet, un seul, et il se trouvait à la page 158, là même où était reproduit cet article sur la mort d'Hubert Aquin : « Il y en a qui cherchent des coupables à cette mort. Ils ont tort. Il n'y en a pas. Croire qu'il y en a enlève son sens à cet acte qui est celui d'un homme qui a toujours été souverainement libre[59]. » Ce texte s'adressait-il indirectement à Pauline ? Pauline l'a-t-elle lu avant d'en finir ?

Le 22 mars 1977, Pauline retourne en Suisse à Neuchâtel où elle est accueillie avec chaleur par Jacques de Montmollin. Il la conduit à l'hôtel du Marché, dont elle connaît bien le patron de même que le cuisinier Georges. Elle s'y sent chez elle, prend rendez-vous chez le dentiste, fait réparer ses lunettes. Le soir, devant une salle comble, elle chante ce qui constituait à peu près la partie québécoise de son spectacle Brecht-Québec de l'année précédente. Jacques Marchand l'accompagne toujours au piano, mais elle a renouvelé le reste de son équipe : Pierre Cartier à la basse, Marc-André Fleury à la contrebasse et Jean Bernier aux percussions. Elle signe elle-même le texte de présentation dans le cahier du programme : « Un monde où la beauté existe ne peut pas être un monde désespéré ; c'est l'arc-en-ciel qui fait croire à la possibilité d'un mieux. Je suis optimiste parce que ce mieux, nous le vivons déjà. Je sais qu'il est bien vu de gémir sur notre époque, pollution, faim, racisme, etc., comme si les siècles précédents n'avaient pas connu ces misères-là et bien d'autres encore, à commencer par la pollution des grandes épidémies... Nous sommes la génération que l'injustice dérange et cela, c'est déjà espérant. »

Maryse Furman, encore une fois, reçoit tout le monde. Pauline est portée sur la main par ses amis Philippe Morand, Heidi, Jacquie. Le lendemain, elle chante à Fribourg au troisième étage d'une école perdue dans la campagne dont elle s'accommode assez bien : « Pas de loge, lavabo, mais une cuvette, un radiateur qu'il faut débrancher pendant le spectacle pour ne pas faire sauter les plombs et dans une petite pièce après le spectacle une longue table, du vin en quantité, du jambon fumé chaud, de la langue, des légumes multiples, et surtout des voix d'anges, quelques jeunes femmes et des hommes qui commencent à chanter des dizaines de chansons comme s'ils respiraient. Un miracle[60]. » Elle poursuit sa tournée, et, toujours aussi populaire, fait d'autres salles combles à La Chaux-de-Fonds, à Sion, à Genève (au Casino Théâtre), à Lausanne, à Delémont. À plusieurs reprises on ajoute des chaises. Elle arrive sur scène dans une robe rouge, flamboyante, secoue sa crinière de lionne et ouvre ses récitals par *L'Extase.* Elle possède son tour de chant comme une seconde peau et soulève les foules. À Neuchâtel, dans *La Liberté,* on parle de Pauline comme d'un « volcan de richesses insoupçonnées qui déverse sur les spectateurs, avec un tempérament de feu, tout un monde fait d'amour et d'humour, d'amitié et de tendresse, de justice et de fraternité[61]. » Les Suisses se sentent concernés par ce pays aux prises lui aussi avec le chômage, les problèmes sociaux, le divorce, les luttes linguistiques ; ils se retrouvent dans l'univers de Pauline Julien et ils lui en sont reconnaissants.

Pauline a réussi à percer en Europe francophone, elle y est maintenant une chanteuse très connue et appréciée d'un public de plus en plus vaste : « La France est d'une importance capitale pour moi. C'est inévitable que j'aille chanter là-bas du fait même que je suis une chanteuse de scène. Ici on est cinq millions, une fois le public touché, je me dois comme tant d'autres d'élargir le public francophone... c'est intéressant. Mes chansons tournent dans les postes de radio français, tandis qu'ici au Québec on ne m'entend jamais à la radio. Je ne sais pas pourquoi le public européen pourrait apprécier mes chansons sur les ondes et non le public québécois[62]. » Au Québec, on découvre de nouvelles voix, Fabienne Thibault, Diane Tell, c'est la belle époque des groupes rock, Octobre, Harmonium, Beau Dommage, Aut'Chose. Le Québec a la mauvaise habitude de brûler ce qu'hier il adorait et de passer vite à autre chose...

Comblée de gestes de reconnaissance et d'affection, Pauline revient à Montréal au début d'avril. Gérald est absent et elle s'ennuie à mourir dans sa maison du carré Saint-Louis qu'elle se languissait de retrouver. Elle n'ose pas le dire à Gérald, mais la voilà à nouveau dans une impasse : « Comment allons-nous en sortir ? Sa vie active si loin de moi. Des milliers de gens qui tournent autour de lui. Qu'est-ce que je fais là ? Ma pensée n'est pas plus longue que le bout de mon nez. Et mes activités non plus. J'ai hâte de parler à Réjean. Mais chacun avec nos cauchemars, comment allons-nous en sortir ? Je tourne en rond, je lui tourne en rond. À un moment donné nous n'aurons plus rien à nous dire[63]. ».

Pauline prépare son prochain spectacle de façon plus intensive dans ce qu'elle appelle une « cuisine immense qui vole de tout côté ». Michel Tremblay continue d'écrire son cycle de chansons et, tandis qu'elle prépare son spectacle et son prochain disque, Pauline entreprend sa tournée d'été qui l'amènera à Québec, à Victoriaville, à Shawinigan, à Chicoutimi, à Halifax et à Magog. À la mi-mai, elle se rend à Guelph, en Ontario, où elle remporte un grand succès devant un millier de personnes qui, bien que réfractaires à ses idées indépendantistes, sont capables d'apprécier son immense talent. Elle présente toutes ses chansons en anglais avec une pointe de poésie et d'humour. À part quelques remarques isolées au sujet du Québec, « un pays comme le Canada », elle évite avec diplomatie de faire des commentaires sur la situation politique. Les journalistes notent que Gérald Godin, le « mari » de Pauline, est l'auteur de l'une des chansons, *La Chanson des hypothéqués*. Pauline est désormais associée publiquement à Gérald Godin. Il fait partie de ses paroliers, il est devenu député du Parti québécois, le parti qui épouse la cause de Pauline, celle de l'indépendance. Et cela ne fait que commencer : un peu plus tard, en octobre 1977, elle se fera demander encore une fois s'il est vrai qu'elle briguera les suffrages. Avec beaucoup plus de modération et de gentillesse qu'elle ne le faisait à la fin des années soixante, elle niera avec le sourire :« Non, moi je chante ! Je ne fais pas de politique (dans le sens où on l'entend généralement bien sûr)... peut-être quand j'aurai 70 ans, que je serai bien tranquille, sereine, patiente[64]. » Auparavant, Pauline était seule vedette, mais peu à peu, Gérald deviendra de plus en plus populaire. Pauline se sentira parfois dans l'ombre : « Gérald est absent, ironique, provocant, il me faut toujours courir après lui pour la moindre chose, il passe, il n'est là qu'entre deux rendez-vous et bien sûr le téléphone sonne sans arrêt, bien sûr, les gens à la porte. Gérald se moque de tout, l'attitude détachée, toujours pressé, en pensée, en route vers autre chose, insupportable, chacun de notre côté, les occupations. Je ne lui présente que du quotidien. Il s'en détache, c'est difficile[65]. »

À la mi-juillet, Pauline n'oublie pas ses prisonniers et donne un récital le 7 juillet 1977 à la prison de Bordeaux. Plus la date de son spectacle approche, plus elle devient obsédée. Elle doit même prendre des cachets pour dormir tant la tension est grande : « Il me semble que tout se rétrécit autour de moi, en moi. Difficulté à participer au monde qui m'entoure, difficulté à être. Comment continuer ? Qu'est-ce qui m'attend au bout de tout ça ? Ici la solitude, le travail de Gérald, le mien qui nous sépare de plus en plus. Il ne m'a pas téléphoné de Toronto, il devait revenir ce soir, c'est vrai que j'ai envie d'être dure avec lui aussi, je ne comprends plus rien[66]. »

Mais Pauline réussit à voir le bout de cette longue préparation et, du 6 au 15 septembre 1977, elle est prête à enregistrer son disque *Femmes de paroles* au Studio Saint-Charles à Longueuil. Au début d'octobre, elle conjugue la promotion de ce disque avec celle de son nouveau spectacle consacré aux femmes et à la condition féminine. Pauline invite la presse chez elle à déjeuner. Nathalie Petrowski s'étonne : « Pauline vous ouvre toutes grandes les portes de sa maison. Elle vous laisse fouiller un peu partout, lire les titres des nombreux livres qui traînent dans la maison, regarder les tableaux, les photos, déchiffrer les signatures et les visages. Elle attend les questions avec une voracité rarement rencontrée, en effarouche certains avec ses manières vives et énergiques, passe de l'éclat de voix à un ton doux et timide alors qu'elle vous demande si vous avez bien compris et s'il n'y a pas d'autre chose à ajouter. Ça fait longtemps que Pauline voulait parler des femmes, longtemps qu'elle le faisait par bribes, mine de rien, ici et là dans *Allez voir, vous avez des ailes*, *La Croqueuse de*

222. Elle avoue que c'est aujourd'hui en 1977 qu'elle peut se consacrer entièrement à son sujet[67]. »

Pauline est pleine d'espoir, elle croit à l'autonomie des femmes, à leur créativité. Pour l'instant les femmes sont absentes de la scène politique, mais une fois sorties de leur ghetto, elles pourront lutter ensemble pour l'autonomie du pays. Malgré ses craintes, Pauline voit grand, elle est patiente et sereine : « C'est donc pas un show agressif dont les hommes sont exclus, loin de là. Mais si je ne crois pas à l'agressivité, cela ne m'empêche pas de comprendre les femmes plus radicales qui posent des gestes excessifs dans leur impatience. De la même manière, si je n'approuve pas le terrorisme, je comprends le gars qui en vient à des gestes violents[68]. »

D'autres journalistes trouvent contradictoire qu'elle ait fait appel à un homme pour écrire la première partie de son spectacle consacré aux femmes, mais Pauline a prévu le coup : « Michel connaît les femmes et il l'a déjà montré maintes fois. [...] Il réussit à faire crier, avec des faits qui ont l'air de rien. Je n'ai changé qu'un mot ou deux dans tous les textes qu'il a écrits[69]. » Pauline annonce également qu'elle chantera des chansons de deux écrivaines féministes, Denise Boucher et Madeleine Gagnon, de même que trois chansons d'Anne Sylvestre auxquelles elle s'est permis une fois de plus d'apporter une certaine couleur locale. Elle a sollicité des textes auprès de Marie Cardinal, Marie-Claire Blais, Agnès Varda, mais sans succès.

Finalement le spectacle a lieu à l'Outremont du 12 au 16 octobre 1977. Sur le programme figurent en première partie les chansons de Michel Tremblay qui sont maintenant coiffées de titres : *La Cree* (1890), *Anne Gervais* (1900), *Rupture* (1910), *Quatorze à table* (1920), *La Crise* (1930), *Le Rêve de la sauceuse de chocolat* (1940), *Le Bonheur* (1950), *Réveil* (1960).

La belle au bois dormant
S'est enfin réveillée
Et son Prince charmant
N'est qu'un pétard mouillé !

En deuxième partie, Pauline présente trois de ses nouvelles chansons, *Rassurez-vous Monsieur*, *Saluts* et *Rire*. Elle chante également une nouvelle chanson de Réjean Ducharme, *Une ville bien ordinaire*, quelques textes de Denise Boucher, Odette Gagnon et

Madeleine Gagnon. *Une sorcière comme les autres* et *Non, tu n'as pas de nom* d'Anne Sylvestre remportent un grand succès et dans le texte du programme, Alain Guilbert reprend le thème de la sorcière. Le spectacle ne sera pas reçu avec beaucoup d'enthousiasme par la critique. La première partie que Tremblay avait voulue dépouillée, une voix, un piano, s'est encombrée de changements de costumes. Dans la deuxième partie, plus revendicatrice, féministe, on voudrait retrouver dans toutes les chansons la même émotion que pour *Non, tu n'as pas de nom* et *Une sorcière comme les autres* tout en concédant que certains moments drôles aèrent le spectacle : « C'est peut-être en fin de compte dans le rire qu'elle nous rejoint le plus, là où l'engagement est tellement subtil qu'il nous fait réfléchir malgré nous[70]. »

Le 23 octobre 1977, Pauline s'envole pour l'Europe et fait le voyage en compagnie de René Lévesque, Corinne Côté, sa secrétaire d'alors, et un garde du corps. Françoise et Philippe Scrive sont là pour l'accueillir à l'aéroport. Comment les Français recevront-ils son nouveau spectacle ? Le grand public européen comprendra-t-il la revendication des femmes ? Entendra-t-il leur parole ? Rien n'est moins certain. Encore une fois, tête baissée et tout à fait déterminée, Pauline fonce.

NOTES

1. Extrait d'une chanson écrite par Pauline Julien, ayant pour titre *Les Femmes* (*Fragile*, 1971).
2. Robert Mallat, *Le Point*, février 1974.
3. *Maclean*, avril 1974.
4. Idem.
5. Yves Taschereau, *Le Devoir*, 20 avril 1974.
6. *Le Devoir*, 8 juin 1974.
7. Diane Massicotte, *Journal de Montréal*, 9 octobre 1974.
8. Louis-Jean Calvet, *Pauline Julien*, Seghers, 1974, p. 29.
9. Ibid., p. 54.
10. Pierre André, entrevue du 13 mars 1998.
11. Pauline Julien, journal intime, 2 novembre 1974.
12. Norbert Lemaire, *L'Aurore*, 30 octobre 1974.
13. *Le Devoir*, 6 novembre 1974.
14. Pauline Julien, journal intime, 12 novembre 1974.
15. Ibid., 16 novembre 1974.
16. Pauline Julien, journal intime, 3 décembre 1974.
17. Ibid., 12 mai 1975.
18. Ibid., 19 mai 1975.
19. Bruno Dostie, *Le Jour*, 30 août 1975.
20. Pauline Julien, manuscrit de chanson, 11 juin 1975.
21. Louis-Guy Lemieux, *Le Soleil*, 11 octobre 1975.
22. Jean-Claude Lapierre, entrevue du 9 novembre 1997.
23. Bruno Dostie, *Le Jour*, 30 août 1975.
24. Idem.
25. Louis-Guy Lemieux, *Le Soleil*, 11 octobre 1975.
26. Georges-Hébert Germain, *La Presse*, 27 septembre 1975.
27. Angèle Dagenais, *Le Devoir*, 4 octobre 1975.
28. Pauline Julien, journal intime, 13 novembre 1975.
29. Jean-Marc Piotte, *Chroniques*, octobre 1976.
30. Pauline Julien, journal intime, 15 novembre 1975.
31. Ibid., 17 novembre 1975.
32. Ibid., 30 novembre 1975.
33. Ibid., 17 janvier 1976.
34. Ibid., 30 janvier 1976.
35. Jacques Erwan, *Libération*, 10 février 1976.
36. Claire Devarrieux, *Le Monde*, 19 février 1976.
37. Louis-Jean Calvet, *Les Nouvelles littéraires*, 12 août 1976.
38. N. L, *Le Havre libre*, 1er mars 1976.
39. Christine L'Heureux, *Le Devoir*, 29 mars 1976.
40. *Le Devoir*, 7 avril 1976.
41. Michel Tremblay, entrevue du 9 septembre 1997.
42. Pauline Julien, journal intime, 20 octobre 1976.
43. Gérald Godin, lettre à Pauline Julien, 24 octobre 1976.
44. Louisa Godin, entrevue du 14 mai 1997.
45. Pauline Julien, journal intime, 1er novembre 1976.
46. Ibid., 6 novembre 1976.
47. Idem.
48. Ibid., 8 novembre 1976.
49. Anne Sylvestre, entrevue du 18 mars 1998.
50. Pauline Julien, journal intime, 16 novembre 1976.
51. Pierre André, entrevue du 13 mars 1998.
52. Pauline Julien, journal intime, 10 décembre 1976.
53. Ibid., 4 janvier 1977.
54. Idem.
55. Ibid., 17 janvier 1977.
56. Ibid., 9 février 1977.
57. Ibid., 3 mars 1977.
58. Gérald Godin, lettre à Pauline Julien, 18 mars 1977.
59. Gérald Godin, *Écrits et parlés I, La Culture*, édition préparée par André Gervais, l'Hexagone, 1993, p. 158.
60. Pauline Julien, journal intime, 23 mars 1977.
61. Françoise Jonin, *La Liberté*, 25 mars 1977.
62. *Journal de Québec*, 9 mai 1977.
63. Pauline Julien, journal intime, 11 avril 1977.
64. Carmen Langlois, *Journal de Québec*, 15 octobre 1977.
65. Pauline Julien, journal intime, 31 mai 1977.
66. Ibid., 10 juillet 1977.
67. Nathalie Petrowski, *Le Devoir*, 8 octobre 1977.
68. Idem.
69. Christine Gautrin, *Montréal-Matin*, 5 octobre 1977.
70. Nathalie Petrowski, *Le Devoir*, 17 octobre 1977.

« À la prochaine fois »

Mars 1982

J'aurais donc aimé ça être cool
Passer des heures à rêvasser
dans ma vie en circuit fermé
Écouter d'la musiqu'au boutt'
Faire la belle dans les décibels
J'aurais donc aimé ça être cool

Poigner le fixe tout'la journée
Garder mon smile béatifique
Faire un beau trip sur ma gal'rie
Traîner la nuit rue Saint-Denis
J'aurais donc aimé ça être cool[1]

À la relecture de son journal en 1996, Pauline inscrit quelques notes en marge de ses cahiers écrits en 1977 et 1978 : « Des tonnes de rêves illisibles. Cet enfer et le paradis du bon spectacle. Et toujours ma recherche insatisfaite, seule ou avec Gérald. » La nuit, quand elle se réveille, Pauline gribouille ses rêves en multipliant les détails, des cauchemars qui remontent à l'enfance où, mise à l'écart, elle tente en vain d'entrer dans le cercle familial. C'est l'heure des bilans, c'est le moment où elle se rapproche davantage de ses frères et sœurs. La mort de sa sœur Rita l'affectera considérablement. Elle continue d'être préoccupée par ses enfants même s'ils sont devenus des adultes. Elle les voudrait heureux, autonomes, elle voudrait les aider mais elle sait qu'elle ne doit pas s'ingérer dans leur vie. Elle le sait, mais souvent elle intervient malgré elle. Elle est surtout obsédée par sa relation avec Gérald, Gérald qui lui échappe de plus en plus, à cause de ses nouvelles fonctions, de ses absences. La maisonnée du carré Saint-Louis était habituée aux absences de Pauline, c'était elle la voyageuse. Elle pouvait partir la tête libre, Gérald était là, avec mademoiselle Guay, à veiller sur la bonne marche de la maison. Gérald connaissait à fond son métier de journaliste, un métier qui le mobilisait beaucoup, mais qui lui laissait du temps pour mener sa carrière d'écrivain. Un député est fatalement plus sollicité, plus absent, et Gérald adore son nouveau travail qui l'amène à rencontrer toutes sortes de gens et à beaucoup voyager à son tour. Pauline n'est plus la seule étoile de la maison, elle doit désormais partager le podium, et son angoisse devient encore plus exacerbée.

Un autre motif également ajoute à l'insécurité et à la fragilité de Pauline : elle vieillit. Souvent elle se regarde dans le miroir, se trouve laide. Quand elle se révolte contre ses rides, on pourrait imaginer qu'elle a plus de soixante-dix ans, et pourtant elle en a à peine cinquante. Obsédée par son âge, ses récriminations contre le vieillissement deviennent un autre des nombreux leitmotive de son journal. Par moments, elle a des pics d'énergie folle et éprouve un besoin donjuanesque de séduire les beaux hommes qu'elle rencontre. Elle ne s'en prive pas, d'ailleurs, et elle sait que de son côté Gérald a ses aventures. C'est clair entre eux, ils peuvent s'accorder des petits à-côtés, mais ils doivent s'en parler. Cette entente a parfois eu des ratés. Jusqu'à quel point peut-on tout dire à l'autre ? Gérald et Pauline iront très loin dans ce jeu des amours contingentes, mais ils se retrouveront toujours. Ils ne peuvent pas se détacher l'un de l'autre et leur entente, même menacée de toutes parts, restera indéfectible en dépit du temps qui passe. Ils se réconcilient toujours, soit sur le bord de la mer, soit au milieu du désert. Ni l'une ni l'autre ne sont faits pour une petite vie rangée, c'est dans l'action et le changement qu'ils vont puiser leur énergie, et c'est également dans l'action et le changement qu'ils s'épuisent. Pauline entame une véritable carrière européenne et désormais, c'est en France, et surtout en Belgique et en Suisse qu'elle fera des tournées. Quand elle arrive en Europe le 24 octobre 1977, elle ne sait pas encore qu'elle y passera le plus clair de son temps pendant les douze dernières années de sa carrière.

Dès le lendemain de son arrivée, après avoir parlé affaires avec son agent Jean Dufour, une très longue tournée de quarante-trois spectacles s'annonce. Après un premier show à Malakoff, dans la banlieue sud de Paris, elle continue de roder *Femmes de paroles* à Tarbes, à Besançon, à Dijon, à Lyon, avant de prendre l'affiche au Palais des Arts à Paris, du 15 novembre au 30 décembre, une semaine sur deux, en alternance avec Bernard Haller. Elle se produira entretemps dans quelques autres villes de province et de Belgique, à Louvière, à Tournai, à Seraing. Elle passera les fêtes en Europe avant de repartir pour le Québec à la fin du mois de janvier 1978. Gérald viendra à la fin de novembre et une autre fois, le lendemain de Noël, pour de longues vacances.

Les entrevues se multiplient à un rythme d'enfer à la télévision, dans les journaux et dans les magazines féminins tels que *Marie-France, Elle, Marie-Claire.* Elle est devenue non plus le porte-parole de l'indépendance du Québec, mais celui de l'indépendance des femmes. C'est la première fois qu'une chanteuse axe un spectacle complet sur la cause des femmes et les Français en sont étonnés. Le journal *Le Monde* ne manque pas de le souligner : « Avec sa flamme, sa fougue, son énergie folle, avec son cœur de militaire du Québec libre, Pauline Julien donne un nouveau récital. Elle a maintenant gagné un galon de plus ! Elle sera désormais celle qui a osé chanter 23 nouvelles chansons sur les femmes sans déclarer la guerre aux hommes. »

Les co-parolières de Pauline, Denise Boucher et Madeleine Gagnon, sont à Paris pour le lancement à la maison du Canada de leur livre *Retailles* paru aux éditions l'Étincelle. Grâce à elles, Pauline fait la connaissance de Christiane Rochefort et de Benoîte Groult. Elles mangent ensemble, elles discutent passionnément féminisme chez Pâquerette Villeneuve ; presque toutes les voix majeures de l'écriture des femmes sont là, attablées, entre autres Liliane Wouters, Claire Lejeune, Marie Cardinal et Annie Leclerc, avec qui Pauline sympathise beaucoup.

Deux jours plus tard, le 27 octobre, à l'émission *Le Grand Échiquier* : trois longues heures d'antenne en compagnie de l'animateur Jacques Chancel qui reçoit Nicole Croisille, Julos Beaucarne et Bernard Haller. Pauline se sent la parente pauvre de Nicole Croisille, mais elle produit un tel effet avec sa chanson *Une sorcière comme les autres* que Jacques Chancel lui lance : « Ah ! comme ces Québécois font de belles chansons ! » Pauline précise sur-le-champ qu'il s'agit d'une chanson d'Anne Sylvestre, laquelle est devant son petit écran ce soir-là. Agacée par l'attitude de Chancel, Anne Sylvestre écrit illico une chanson intitulée *Dis-moi Pauline* dans laquelle elle ironise joyeusement sur les journalistes français qui font grand cas des Québécois, de leur accent, de leur veste à carreaux, du froid et qui semblent négliger les Français : « J'ai trouvé qu'il y avait une injustice dans le fait qu'on les reçoive aussi bien, dira Anne Sylvestre. C'était injuste qu'on ne reçoive pas aussi bien les Français qui faisaient la même chose[2]. » Pauline, qui a le sens de l'humour, l'a bien compris, mais les journalistes français en sont offusqués et accusent Anne Sylvestre de dire du mal des Québécois. Pauline se plaint de la même chose au Québec, elle trouve qu'elle est mieux reçue en Europe que chez elle, à Montréal, où les journalistes n'en ont que pour les chanteurs français. Et quand un journaliste français du *Matin* demande à Pauline ce qu'elle pense de la vogue québécoise en France, elle manifeste son exaspération : « Quand les Belges (Brel, Beaucarne) et les Suisses (Dudan, Juvet) sont venus en France, on les a aussitôt assimilés comme Français... C'est intolérable de parler d'envahissement du marché français par les Québécois. Chaque année, il vient chez nous cinquante chanteurs et chanteuses français et nous n'y voyons ni inconvénients ni exotisme ! En plus nous ne sommes que cinq ou six à venir en France, ce n'est tout de même pas la horde ! D'un côté je suis assez fière qu'on ne nous assimile pas. Nous restons québécois et c'est peut-être ce qui vous étonne[3]. »

Le 29 octobre, Pauline participe à une émission sur le Québec animée par Didier Lerot. Parmi les invités, une brochette d'autres artistes québécois, dont Lewis Furey, qu'elle trouve « beau », Diane Dufresne, Claude Péloquin, Denise Boucher, Madeleine Gagnon, Monique Mercure et Michèle Latraverse. Puis, après une cascade d'entrevues, des négociations avec son agent et sa compagnie de disques, après de nombreuses et laborieuses répétitions à Malakoff, Pauline sort de Paris prendre un peu d'air. En route vers Tarbes, dans les Hautes-Pyrénées, en compagnie d'une amie, elle s'arrête à Chartres revoir pour une énième fois *La Vierge et l'enfant*. En route, elle se délecte des paysages de montagnes. Elle fait un saut à la mer entre Narbonne et Carcassonne : « Le sable est fin et doux et l'eau simplement fraîche. Pas le temps de s'arrêter nulle part au loin Nîmes, Orange, nous reviendrons[4]. » Non, Pauline n'a pas le temps de s'arrêter, son horaire est fou. Le 4 novembre, elle donne un spectacle au Pecq, près de Saint-Germain-en-Laye. Elle en profite pour téléphoner à René Lévesque et elle revoit Félix Leclerc chez son agent, Jean Dufour.

À peine le temps de reprendre son souffle qu'elle repart dans les Alpes à Grenoble où, heureusement, la salle se remplit. Son « ange » marseillais du « jardin des délices » est là. Mais Pauline est toujours sur le qui-vive : « Mon anxiété n'a pas diminué de la journée, j'ai le cœur qui bat trop fort. Qu'est-ce que c'est que ce cœur, cette fatigue, ces besoins de sexe, d'amour terrible qui ne sont pas satisfaits et qui me rongent. Je lis *Le corps a ses raisons* ; au début, je me dis que pour moi ce n'est pas pareil, puis peu à peu, je me dis que sûrement aussi j'ai des tensions dans mon corps que je veux cacher et qui me rongent. Pourquoi ces anxiétés[5] ? » Le surlendemain, après deux spectacles, l'un à Besançon et l'autre à Dijon, les musiciens et Pauline se retrouvent dans un petit village des hautes montagnes. Les affaires vont un peu mieux, il fait beau, ils mangent au soleil sur la terrasse d'une sympathique auberge avant de faire une excursion dans la montagne. À Dijon, peu de réponse du public, déception amère de Pauline et de ses musiciens. De retour à Paris, Pauline rend des comptes à Jean Dufour et, par bonheur cette fois encore, ils arrivent à rire ensemble de leurs déconfitures.

Tout est en place maintenant pour la grande rentrée au Palais des Arts. La veille de la première, Louis-Jean Calvet déroule le tapis rouge pour parler de Pauline, cette « dragée au poivre », qui a inventé un « piège à mecs », à cause de sa « féminité détournée », celle qui se révèle sans concession sous une « apparente fragilité[6] ». Une première critique parisienne vient refroidir les ardeurs, et on oublie la Marianne ou la passionaria dans Pauline. On compare la première partie de son spectacle (la série de chansons de Michel Tremblay) aux *Deux Orphelines* et à la *Porteuse de pain* : « Les Québécoises se suivent, aussi ne se ressemblent malheureusement pas. Après le véritable feu d'artifice offert par l'explosive Diane Dufresne, voici en effet le faux brûlot, tristement allumé par Pauline Julien. Aujourd'hui piquée par je ne sais quelle mouche contestataire, Pauline Julien métamorphosée en Cosette venue du froid ne cesse d'irriter, renouant avec les chanteuses à accessoires inspirées par Colette Renard sans doute, ici un châle, là un tablier, la voici tour à tour femme-esclave de 1890 à nos jours : indienne, ménagère, soubrette, péripatéticienne, mère de famille nombreuse, ouvrière d'usine même. [...] Seule par instants, la deuxième partie révèle encore la Pauline Julien d'avant, le temps de deux chansons d'Anne Sylvestre et de *L'Âme à la tendresse* qui ne réussiront cependant pas à nous tirer de notre pesant ennui. Cette femme de parole, misogynie à part, se montrait hier au soir bien trop bavarde. Parole d'hommes[7]. »

Pauline, malgré les propos ironiques, continuera de croire en son voyage à travers la condition de la femme et, pendant plus d'un mois et demi, elle fera la navette entre Paris et différentes villes de l'Europe francophone. Elle lit Gombrowicz, fascinée par sa profonde analyse du subconscient qu'elle applique à son propre cas. Tentée par une aventure avec une personne de son équipe, un autre « ange », elle résiste : « Si j'étais écrivain, j'aimerais décrire la finesse, le raffinement du désir qui entre mille obstacles, mille refus, mille indifférences se fait son chemin sûr, implacable. Je refuse de donner prise à toute volonté de possession qui pourrait entraver ma liberté d'action, de penser, de clarté de sentiments. J'y ai cédé une fois et tout l'équilibre était bouleversé. Je me dis qu'il s'agit peut-être d'autres fibres insoupçonnées, soupçonnées, délicates et impudiques à mettre à jour et que ce n'est peut-être pas mauvais[8]. »

En Belgique, partout où il passe, *Femmes de paroles* fait un malheur. On la place très haut, avant Barbara, avant Gréco, Marie Laforêt, Anne Sylvestre, Catherine Sauvage et bien avant Nicole Croisille, Marie-Paule Belle et Véronique Sanson. Ce qui a déplu à Paris plaît à Bruxelles : « Le MLF avant le FLQ ! Avec un minimum de moyens (des changements de toilette à vue, une bure, un chignon, un fichu, une salopette, une chevelure qui cascade), Pauline Julien obtient le maximum d'efficacité et surprend à tout coup. Du professionnalisme de haut vol, parfaitement au point[9]. » Et puis, pour ajouter à l'euphorie, Gérald arrive comme une bouffée d'amour, un havre de détente à travers la bourrasque de la tournée. Elle va vers lui à l'aéroport et c'est la fébrilité du premier jour : « Gérald descend l'escalier mécanique, trois nuits de joie, de dormir, d'amour, et d'être bien dans les rues, au cinéma, seuls ou avec Françoise et Philippe, se posséder et s'aimer et avoir peur un peu et continuer[10]. » Pendant le court séjour de Gérald, son disque *Femmes de paroles* sort en France et le Palais des Arts se remplit chaque jour davantage. Ce n'est pas suffisant cependant : Pauline ne fait pas un sou et Jean Dufour, qui n'y trouve pas son compte, menace de tout lâcher. La tournée dans les petites villes françaises ne lève pas haut, la prise de parole des femmes n'émeut pas tellement le public qui reste « presque aussi glacé que les arpents de neige de la belle province[11] ». Pauline se console en passant à Troyes où elle fait des provisions de champagne pour Noël. À Nanterre, la salle déborde d'étudiants en journalisme avec lesquels elle engage des discussions enflammées. Pauline a des fidèles de plus en plus nombreux qui écoutent son *Ce soir j'ai l'âme à la tendresse.* À Paris, la critique se radoucit. *France-Soir* apprécie que Pauline chante sans fanatisme : « Précédée d'une légende de Passionaria, Pauline Julien envahit le Palais des Arts et chante les femmes, leur passé et leur avenir sans hargne ni haine. De rancune elle n'a point, mais de mémoire si[12]. »

Le moral de Pauline allait justement reprendre le dessus quand elle reçoit un appel de Fabienne lui annonçant la mort prochaine de leur sœur Rita. Pauline en est chavirée, elle aime Rita comme sa mère, comme sa fille et pour calmer sa douleur, elle écrit des pages et des pages dans sa petite chambre d'hôtel à Saint-Gratien, à vingt-cinq kilomètres de Paris : « J'ai fait très peu pour elle, des coups de fil, quelques lettres, quelques visites pour éclairer un peu cette longue solitude. J'aurais voulu lui parler plus longtemps, la découvrir en dedans, le mystère de cette vie si seule, si souffrante, révoltée, douloureuse, inquiète, ne voulant voir personne. J'aimerais tant qu'elle m'attende pour mourir, que je lui parle un peu, lui dire que je l'aime, qu'elle n'est pas seule. Pourquoi y a-t-il eu de si longs silences, de si longs moments sans lettres, sans visites, sans coups de fil ? Des Noëls où elle ne répondait pas au téléphone, juste à moi. Tu étais un petit peu fière que je sois connue et que je sois ta sœur ; cela t'intimidait et moi aussi[13]. » Le soir même elle donne un spectacle à Montreuil dédié à Rita, sa sœur bien-aimée : « Je pense à toi, je chante pour toi, je te vois dans tous les mots d'amour, les mots de tendresse, de mort et de départ aussi. Comment les faire parvenir jusqu'à toi, l'absence est l'absence. Comment mon cœur peut-il te rejoindre, mes baisers, ma chaleur, te toucher[14] ? »

Pauline est dans une bonne veine d'écriture, elle compose quelques chansons coup sur coup. La première, qui dit la peur de vieillir, la peur du laid, son amour des femmes, elle ne l'achèvera pas, mais à la deuxième, qui restera, elle donnera un titre en écho à la chanson que Gilbert Langevin avait composée pour elle huit ans auparavant, à son retour de Niamey : *Ce que je chante est plus beau plus vrai que ce que je vis que ce que je dis.* Cette très belle chanson fera partie du prochain spectacle, mais elle ne l'enregistrera pas. Elle en écrira une troisième, intitulée *Charade*, qu'elle gardera et qui deviendra le titre éponyme d'un disque à paraître quelques années plus tard.

Le 27 décembre 1977, Gérald revient à Paris voir Pauline qui achève ses récitals au Palais des Arts. Lors de la dernière, c'est la folie, le fouillis total. Pauline annonce *L'Étranger*, Jacques Marchand joue les premières notes de *La Danse à Saint-Dilon.* Prise au dépourvu,

Pauline suit et confond les noms de la parenté. Elle réussit tout de même à gagner son public et les hommes se lèvent pour l'applaudir alors que des femmes de tous les âges viennent la remercier. « Cette année 1977, écrira la journaliste du *Devoir*, peut être comptée parmi les plus réussies de sa carrière[15]. »

La tournée est terminée, l'année est terminée, chacun reprend son chemin. Après un Jour de l'An tranquille et « en famille » chez les Scrive à Fontenay-aux-Roses, une petite visite aux Marsauche rue Val-de-Grâce, un souper au restaurant Chinois, boulevard Raspail, Pauline et Gérald prennent l'avion pour la Tunisie. Ils sont épuisés et tendus, se disputent à propos de tout et de rien. Gérald est si fatigué qu'il dort partout, presque tout le temps, ce qui exaspère Pauline. Et puis dès que l'avion atterrit à Tunis, la magie opère. Ils sont en vacances, ils visitent les musées, le souk qui leur rappelle l'Égypte. Dès le lendemain, ils prendront le train en direction de Sfax, plus au sud, au bord de la mer. Ils s'installent quelques jours dans un hôtel presque vide : « Nous sommes en vacances, on recommence à zéro. Promenades au bord de la mer, le vent, le coucher de soleil ocre jaune[16]. »

Deux jours plus tard, le 8 janvier, ils se rendent à Gabès, font une excursion vers Matmata, dans les grottes habitées, dans les steppes et la montagne. Ils se promènent à chameau, dorment dans une maison troglodyte. Le lendemain, ils partent en Land Rover vers Kebili avec un guide et Pauline note le dénuement, l'étrangeté du Sahara : « La pauvreté se voit aux enfants aux pieds nus, enrhumés. Le temps, pour la première fois depuis neuf jours, complètement gris, froid. Promenade en chameau, les dunes de sable, les petites filles aux poupées comme en Égypte. La tombée du jour et le froid. Le féminisme au masculin de Benoîte Groult presque dérisoire ici avec la situation qui est faite aux femmes[17] ! » Ils contournent le chott Djerid, ce « lac » salé du Sahara en direction de Tozeur. Pendant quelques jours, Pauline flotte dans les dunes, la douceur du sable, les sources thermales chaudes, les palmeraies, les dattiers, les souks. La veille du retour vers Gabès, Gérald et Pauline font une excursion autour de l'oasis de Tozeur, se rendent dans la montagne, chez les Berbères. Sur le chemin du retour vers Tunis, à El Djem, ils dorment à l'hôtel Jules-César. Pauline note un rêve dans les moindres détails : Alberte, Rita et Bernard sont au magasin général d'Émile à

Baie-de-Shawinigan tel que sa mère le lui décrivait quand elle était petite. Elle revoit sa mère, très jeune, plus jeune qu'elle ne l'avait connue. Elle n'arrive pas à les toucher, à se faire entendre, ils font tous semblant qu'elle n'existe pas. Elle se réveille en pleurant : « Je prends ce cahier pour me calmer, décompresser. Était-ce ma vie, l'angoisse de vieillir, l'angoisse de toutes ces bêtises qu'on ne rattrape jamais, l'angoisse d'avoir à continuer avec l'angoisse. Tout passe, je pense à Alice, à Rita, et qu'est-ce que j'ai en moi, dans les mains, de bonheur, de paix pour moi et pour les autres[18] ? »

Quand Pauline revient à Montréal, c'est le branle-bas de combat pour préparer la deuxième série de spectacles de *Femmes de paroles* à l'Outremont du 2 au 4 février 1978. Forte de plusieurs bonnes critiques en Europe, de ses nombreuses apparitions à la télévision française, de ses nombreuses entrevues dans les grands magazines, reposée et régénérée par son voyage dans le désert, Pauline affronte avec assurance la presse montréalaise. *Femmes de paroles* est son meilleur spectacle, on en remet un peu : « Au cas où vous vous poseriez la question, Pauline Julien est dans une forme éblouissante ; belle et ardente, elle raconte que son agent européen aurait voulu qu'elle passe un an là-bas[19]. » Elle ne se fait pas d'illusion cependant, elle sait très bien que tout peut tomber du jour au lendemain et qu'elle doit toujours s'améliorer. À une journaliste qui lui demande si *Femmes de paroles* est le cheminement logique de son engagement politique, elle répond carrément que son cheminement est plus « instinctif qu'autre chose », qu'elle parle des femmes depuis longtemps de toute façon. Elle ajoute qu'elle s'est laissé porter par les événements et que grâce à ses rencontres avec les femmes, le spectacle s'est imposé de lui-même : « Je pense que la femme complètement autonome, on ne la connaîtra pas avant deux ou trois générations. Ce jour-là, et j'espère qu'on y arrivera un jour, les femmes auront appris à vivre pleinement leur vie de femmes, l'amour ne sera plus une dépendance, ni une protection, mais un véritable échange[20]. »

Un journaliste anglophone que Pauline avait convoqué chez elle au carré Saint-Louis est resté sidéré devant la tornade. Pendant l'entrevue, Pauline papillonne entre l'entrée, la cuisine et le salon. Elle répond au téléphone et laisse le journaliste poireauter pendant qu'elle refait son maquillage, prépare son petit-déjeuner. Le journaliste profite d'un moment d'accalmie pour insinuer, très délicatement, qu'il est facile pour une chanteuse de profiter de la vague féministe pour flatter l'ego des spectatrices. Pauline bondit : « *I love men but I am aware that there are problems*[21]. » Le journaliste lui fait alors remarquer gentiment que pour faire son spectacle féministe, elle a tout de même fait appel à plusieurs « problèmes », dont Michel Tremblay, François Cousineau, Gaston Brisson, Jacques Perron, Jacques Marchand et François Dompierre.

Le 15 février 1978, Rita meurt à l'âge de soixante-six ans. Lors de ses funérailles au Cap-de-la-Madeleine, la famille se retrouve. Pauline a du chagrin, d'autant qu'Alberte est gravement malade. Elle constate qu'elle a elle-même des trous de mémoire dans ses spectacles ; elle en rit, mais ces « oublis » commencent à la préoccuper.

Peu de temps après son spectacle à l'Outremont, Jacques Marchand lui annonce qu'il s'apprête à la quitter définitivement et lui demande de se chercher un nouveau pianiste. Pauline est un peu déroutée. Elle trouve que son spectacle s'enlise au Québec. Elle doit repartir pour la Suisse à la fin de février, mais aimerait bien trouver une personne qui prendrait en mains ses relations avec les musiciens, avec les imprésarios. Elle en fait part à Gérald qui lui suggère d'appeler Brigitte Sauriol, qui hésite un peu, mais qui finit par accepter de l'aider temporairement : « Il n'y avait même pas de conditions. Je n'ai même pas parlé de conventions. Je n'ai pas discuté. Elle avait besoin de quelqu'un. Marchand partait. Perron aussi. Il y avait une espèce de convivialité, que Pauline avait installée, qui lui nuisait quand ça coinçait. Il fallait quelqu'un qui dirait : "Les répétitions, c'est à telle heure." Il fallait organiser[22]. »

Le cœur un peu plus léger, Pauline s'envole vers l'Europe le 28 février 1978. Partie pour Zurich, elle atterrit à Genève en raison du mauvais temps, mais ravie de cet incident qui l'amène en terrain plus familier, elle en profite pour revoir ses amis. Et puis, pour elle, la Suisse, c'est la Suisse. Elle, si souvent désorganisée, se trouve rassurée par ce pays d'horloges. Elle s'était également fait un petit ami de passage lors de ses séjours précédents à Genève, et elle s'offre avec lui des douceurs qui ne sont pas sans lui remonter le moral. Le 4 mars, elle prend le train pour Neuchâtel et Cernier, où l'attend Jacques de Montmollin, toujours fidèle au poste. Ce soir-là, à Cernier, la salle est pleine à craquer, les amis sont au rendez-vous, Philippe

Morand, Maryse Furman, Heidi, Jacquie. Après le spectacle, elle vend beaucoup de disques et de programmes et c'est la fête, parce que Pauline n'en vend pas autant d'habitude. Dès le lendemain, elle monte dans le train en direction de Paris car le 7 mars, elle doit chanter à l'université de Nantes où les choses se passeront moins bien. Quand les musiciens arrivent pour la répétition, le piano est en morceaux. Pauline est furieuse et elle tempête tout le temps qu'un employé monte, démonte et remonte le piano. Il faut l'accorder de nouveau, l'atmosphère est survoltée. On ne lui paie que la moitié de son cachet, mais elle garde le moral : la salle est presque pleine et les réactions sont excellentes. Deux jours plus tard, elle chante à Alençon devant une salle empesée, bourgeoise, incomplète. Mais Pauline est quand même satisfaite du résultat parce que des gens sont restés pour discuter avec elle de la situation des femmes. Ce soir-là, en rentrant dans son hôtel, l'idée lui vient de faire carrément des spectacles-débats, idée qui fera son chemin et se concrétisera quelques mois plus tard.

Sa petite tournée européenne se passe relativement bien, mais juste avant de rentrer au Québec, elle redevient tendue, angoissée. Cette fois, elle essaie de se dominer : « J'ai une brouille au fond de moi-même, la même qui resurgit avec les années, les siècles. Pendant quelque temps, j'avais espéré l'avoir enterrée, elle resurgit, la garce. Pourquoi, les incertitudes de rencontres, les malentendus d'amitié, les décisions à prendre, les grandes choses délaissées, la virevolte. S'asseoir, s'asseoir[23]. » Revenue au Québec, Pauline, à nouveau, ne se sent pas très bien. Elle reprend son journal, et un soir que Gérald l'appelle de Toronto pour lui dire qu'il a eu un accident de voiture mais qu'il s'en est heureusement sorti indemne, elle reprend ses réflexions sur la mort : « Tout peut donc arriver en quelques secondes, ce n'était pas l'heure, nous ne sommes pas immuables, la peur me prend, une des nombreuses peurs, comment se protéger, le protéger, tous les protéger, me protéger contre la maladie, la mort, la panique, l'angoisse[24]. »

Au cours du mois d'avril 1978, une question revient, qui ne la quittera plus beaucoup désormais : « Est-ce que je l'aime encore, je ne sais plus si je l'aime. Bien sûr dans ce cas je suis très égoïste. Oui, il est très fatigué, oui, il a besoin de sommeil. Oui, je n'arrive pas à l'accueillir chaleureusement, gaiement. Immédiatement mon corps et moi deviennent sur la défensive[25]. » Pauline vaque à ses affaires, Gérald aux siennes, ils se parlent moins, la passion n'y est plus. Inquiète, elle ne baisse pas les bras et elle cherche plutôt à retrouver l'entente profonde, la joie de vivre. Elle veut surtout chasser la tiédeur qui s'est installée entre eux depuis quelque temps.

Vers la fin du mois d'avril, Pauline, ravie d'avoir reçu une subvention du ministère des Affaires culturelles, part en tournée de consultation dans le cadre de l'élaboration de la politique d'ensemble sur la condition féminine. Le Conseil du statut de la femme s'associe à Pauline pour rencontrer les femmes du Québec dans un but assez précis : recueillir, à partir des discussions des après-spectacles, des recommandations qui serviront éventuellement à la préparation d'un livre vert sur la condition de la femme au Québec. Entre le 28 avril et le 15 mai 1978, Pauline se rend donc à Québec, à Hull et à Rouyn. Grâce à la subvention, elle peut offrir un rabais pour son spectacle auquel sont conviés autant les hommes que les femmes de toute allégeance. La discussion qui suit le spectacle est gratuite mais elle est cependant réservée aux femmes. Pour les musiciens de Pauline qui sont tous des hommes, l'expérience est ardue : « C'était une cause féminine et ses musiciens étaient tous des gars, dira Jacques Marchand. Je n'aurais pas vu une femme parmi ses musiciens. C'est une femme qui aime les hommes. Mais des femmes parfois interpellaient les musiciens en disant : "Pourquoi c'est toi qui joues ? Pourquoi pas une femme ?" À un moment donné, c'est comme n'importe quelle cause, quand ça devient fanatique, ça tourne en rond[26]. »

C'est dans ce contexte d'ébullition que Pauline fête ses cinquante ans. Elle prépare sa rentrée d'automne, spéciale cette année-là, puisqu'elle travaille de concert avec les Grands Ballets canadiens en vue de présenter *Les Sept Péchés capitaux* de Brecht. Le chorégraphe des Grands Ballets, Fernand Nault, lui a téléphoné quelques mois plus tôt pour lui proposer de se joindre aux danseurs dans un spectacle Brecht. Pauline exulte, elle réalise son vieux rêve de devenir danseuse. Elle n'aura pas à faire une performance de ballerine chevronnée, mais devra quand même suivre certaines indications chorégraphiques. Nault l'a choisie parce qu'elle est d'abord une chanteuse qui aime Brecht. C'est la première fois que Pauline chante avec des danseurs et, prenant son rôle très à cœur, elle apprend ses textes à mesure qu'elle les reçoit pour bien se mettre dans la peau de son personnage, celui d'Anna. Réjean Ducharme signe l'adaptation des traductions en français du Québec. Tout en se familiarisant avec ses nouveaux textes, ses nouvelles musiques, Pauline continue de faire tourner son spectacle *Femmes de paroles.*

Au début du mois de juin, Pauline chante à Ottawa en plein air, sur les terrains de la pointe Nepean : « J'adore faire des spectacles en plein air, car j'ai l'impression que les gens sont plus détendus. Au début, c'est toujours plus difficile que dans une salle, mais quand les gens sont embarqués, c'est formidable. C'est très fatigant, surtout quand le vent s'en mêle, mais j'ai l'impression d'être plus près des gens[27]. » Après Ottawa, Pauline se rend à Toronto, puis rentre à Montréal où elle fait le point sur ses opinions politiques avec le journaliste Aloudou Abui-mama pour un cahier spécial du *Devoir* consacré à l'Afrique ! : « Depuis le 15 novembre 1976, date de la victoire du Parti québécois, Pauline a confiance au pouvoir en place. Elle n'est pas pour autant devenue un griot du régime au pouvoir. Bien sûr elle reconnaît que le PQ au pouvoir n'est pas synonyme de meilleur des mondes au Québec. Beaucoup reste à faire sur la liberté des individus... et plus spécialement de la femme. [...] Pour l'heure, pense-t-elle, le PQ a ceci d'intéressant qu'il est un parti très critique. Tout en faisant confiance au gouvernement, les militants ont le pouvoir d'observer, de discuter et de dire ce qui ne va pas. Ce climat de dialogue et de concertation s'explique par la présence dit-elle d'une importante aile socialiste au sein du PQ[28]. » Et surtout, Gérald est au gouvernement. Il s'y sent à l'aise, il est apprécié, remarqué. Il sera difficile désormais pour Pauline de parler politique d'une façon aussi libre qu'elle le faisait auparavant, car elle risque d'interférer avec la carrière de Gérald. Elle se cantonne de plus en plus dans la défense des droits de la femme, c'est pour elle la seule manière de critiquer sans attaquer.

Pauline passe une partie de l'été à North Hatley. Un beau matin de juillet, elle est chavirée par une phrase que Gérald a lancée un peu à la blague : « Déjà seize ans, c'est monstrueux. » Ils en parlent, ils en rient, mais Pauline, qui remet toujours tout en question, reste accrochée à la petite phrase. « La nature de la femme est-elle si différente de celle des hommes ? Il me semble que je perçois ces choses, que Gé, lui, refuse de remettre en cause. Est-il si sûr de tout savoir ? Suis-je toujours la même ? Mes exaltations, ce matin avec le cheval, que j'ai senti comme étant une possibilité d'élan, d'accord avec le mouvement, la perfection d'une chose, le contrôle de la peur, que je n'arrive que rarement à sentir. Ça me rappelle la scène, l'amour, les deux seuls lieux aussi où tout à coup on échappe à soi, on découvre plus loin, on dépasse le connu. Est-ce la différence de sensibilité qui fait que nous sommes probablement les mêmes, mais si différents, dans la voie de cette recherche. La chose très grave : ne plus s'étonner[29]. »

Au mois de septembre 1978, près de huit ans après son emprisonnement sous la *Loi des mesures de guerre*, et après de multiples procédures qui durent depuis sept ans, le ministère de la Justice du Québec reconnaît finalement avoir détenu Pauline Julien par erreur du 16 au 24 octobre 1970. Le ministère s'excuse et dédommage Pauline en lui faisant parvenir un chèque symbolique de un dollar. Pauline avait demandé d'être dédommagée pour les pertes d'engagements subies après son incarcération, mais elle a abandonné cette requête. Pour elle, ce qui compte, c'est que sa réputation soit lavée, qu'il soit admis publiquement qu'elle a été victime d'une injustice. La saga est terminée, mais elle laisse tout le monde un peu sur sa faim : « Pareil règlement reste insatisfaisant et ne résout pas, loin de là, plusieurs questions du plus grand intérêt public. La réputation d'un citoyen vaut d'être lavée et les autorités viennent de reconnaître qu'elles n'auraient pas dû arrêter et emprisonner Pauline Julien[30]. » On peut se demander aujourd'hui si Pauline a baissé les bras pour ne pas importuner davantage le gouvernement en place.

Pauline commence à avoir des ennuis avec sa gorge, une glande lui fait mal. Elle traverse en outre une période d'inquiétude très grande et pourtant, dans sa vie, plus que jamais, elle est entourée et reçoit des offres de travail. Elle doit partir à San Francisco, à l'Université de Berkeley, dans le cadre d'une semaine culturelle organisée par la délégation du Québec. Elle s'envole avec le poète Michel Garneau et les comédiennes Monique Mercure et Michelle Rossignol pour présenter un seul soir, le 5 octobre 1978, un « amalgame poétique et théâtral » intitulé *On va vous conter une histoire*. Le spectacle a pour but, à travers un tableau du Québec des années soixante, de montrer la nécessité de l'autonomie en dressant un parallèle entre la situation politique et la condition de la femme. Se succèdent des extraits des *Belles-Sœurs*, de *La Nef des sorcières*, des *Hivers rouges*, des poèmes de Miron et de Michèle Lalonde et des chansons de Vigneault ainsi que des extraits du spectacle *Femmes de paroles.* Mais avant tout, il s'agit d'une opération de charme de la part du gouvernement de René Lévesque, qui tente de vendre aux Américains l'image d'un Québec moderne sorti des ornières de son folklore. Cette soirée prometteuse n'attirera pas plus de cinq cents personnes, pour la plupart des Québécois installés en Californie, et très peu d'Américains : ceux à qui l'on voulait s'adresser justement.

Au mois d'octobre 1978, un peu avant sa série de spectacles des *Sept Péchés capitaux* avec les Grands Ballets canadiens, Pauline fait paraître, toujours chez Kébec Disc, un nouveau microsillon intitulé *Mes amies d'filles,* dont le contenu correspond à la première partie de son spectacle *Femmes de paroles,* c'est-à-dire au cycle des chansons de Michel Tremblay mises en musique par François Cousineau. Mais Pauline est déjà en train de mijoter un nouveau spectacle, un nouveau disque, toujours dans la veine du féminisme, la question de l'heure au Québec et dans le monde occidental. Le 16 octobre, elle plonge dans les représentations des *Sept Péchés capitaux* à l'occasion d'une générale avec petit orchestre à l'auditorium du Cégep du Vieux-Montréal. Du 18 au 20 octobre, les danseurs et les musiciens de l'Orchestre des Grands Ballets se déplacent à Ottawa, au Centre national des Arts, pour la création des *Sept Péchés capitaux,* sur un livret de Bertolt Brecht et une musique de Kurt Weill orchestrée par Jacques Marchand. Ce ballet avait été créé en juin 1933 sur une chorégraphie de Georges Balanchine, au Théâtre des Champs-Élysées, là où Pauline a chanté son extrait de Pirandello pour la première fois en 1955. C'est l'histoire de deux sœurs originaires de la Louisiane, Anna I et Anna II, l'artiste, qui laissent leur famille et partent en voyage pour gagner de l'argent dans des villes du nord des États-Unis afin de faire construire une maison pour leurs parents et elles-mêmes. Pauline joue le rôle d'Anna I et Sylvia Kinal, celui d'Anna II. Il leur arrive toutes sortes de mésaventures dans lesquelles Anna II doit éviter les sept péchés capitaux. Pendant les répétitions, Pauline s'est liée d'amitié avec l'attachée de presse des Grands Ballets, Évelyne Dubois, à qui elle demandera de devenir son agent au Québec pour remplacer Brigitte Sauriol.

Après ces représentations, la troupe part en tournée dans quelques villes de l'Ontario en compagnie d'un mini-orchestre de six musiciens.

Pauline revient à Montréal en novembre refaire le spectacle avec le grand orchestre à la Place des Arts. La critique est bonne dans l'ensemble, et comme il s'agit d'un spectacle moderne et plutôt difficile d'accès, on prend soin de bien expliquer le contexte, de présenter l'univers de Brecht et de souligner que Pauline est la première chanteuse à avoir fait connaître Brecht aux Québécois en juin 1958 lors de son passage au Théâtre-Club. Un microsillon est enregistré chez Kébec Disc, intitulé *Les sept péchés capitaux*. Sur la pochette, une magnifique photo de Pauline Julien avec sa « sœur » et complice de péchés, Sylvia Kinal. Ce disque paraîtra seulement en 1979, sera mal distribué, mais restera l'un de ses préférés, à cause de son indéfectible affection pour Brecht.

Pendant qu'au Québec, la pièce *Les fées ont soif* de Denise Boucher est frappée d'une injonction, un des pires cas de censure depuis le début des années soixante au Québec, Pauline reprend *Femmes de paroles* pour faire une autre petite tournée en France qui ne lève pas très haut. Elle a un nouveau bassiste, Yacola, et doit affronter un peu partout des salles chaleureuses mais très modestes. Gérald vient la rejoindre le 23 décembre et ils s'envolent pour Bangkok la veille de Noël.

Ce premier contact avec l'Asie est plutôt décevant. Elle trouve le Mékong pollué à mort, la circulation trop dense ; tout lui déplaît, et elle est en proie à un stress terrible dont elle n'arrive pas à se défaire : « Je ne crois pas avoir une âme d'Orientale. Moi qui aime le changement, je ne comprends pas pourquoi je n'adhère pas à celui-ci. Moules, pieuvre, crabe, crevettes, vin blanc, on s'adapte[31]. » Ils passent le Jour de l'An 1980 à la mer de Siam, parmi les Thaïlandais qui fêtent jusqu'à l'aube pendant trois jours. Pauline est frustrée de ne pouvoir parler leur langue, mais peu à peu se laisse gagner par la mer, les oiseaux et les arbres fruitiers qu'elle essaie d'identifier. Gérald écrit, Pauline n'arrive pas à se concentrer : « Écrire, écrire encore pour se délivrer, écrire pour comprendre, écrire pour en sortir de ce tournage en rond. Écrire pour parler, parler avec soi-même, essayer de découvrir le pourquoi de ce trou immense en soi, de ce lieu vide au milieu de soi, de ce vide qui envahit tout et qui laisse la chair pendante, écrire pour forcer ce mâle à la parole. Aucune paix avec moi-même. Je me repose totalement, je ne veux pas ennuyer personne avec ce charabia malgré les apparences, les nombreuses apparences. Je ne vais pas mieux et je suis sûre qu'il n'y a pas de complaisance en cela[32]. » Elle rentre tout de même reposée après s'être promenée en bateau sur le Mékong, avoir fréquenté avec Gérald un salon de massage un peu louche de leur hôtel chic et savouré des fruits de mer à volonté.

De retour au Québec, Pauline continue sa réflexion. Découragée, elle trouve que malgré tous ses efforts pour changer, toutes ses recherches, rien ne bouge vraiment dans son petit univers : « Trente ans que je traîne ces peurs. Colonisée à mort par l'autre, par mon autre qui se déploie pour donner le change, qui veut plaire, qui fabrique des visages, des gestes, des sourires, de la bonne humeur, de la vie, quelle santé on me dit, que tu as l'air bien, toujours belle. S'ils savaient[33] ! » Le 25 février, elle repart pour la France et la Suisse donner encore quelques représentations de *Femmes de paroles*. Pourtant désireuse de profiter de ce séjour pour écrire de nouvelles chansons, elle s'épuise à voyager d'un endroit à l'autre, à chanter, à voir des gens sans arrêt. Gérald lui avoue dans une lettre qu'il a une maîtresse. Pauline ne se prive pas elle-même de petits à-côtés pendant ses tournées, mais cette fois elle a du mal à accepter que Gérald se permette des aventures. Elle a besoin d'être constamment rassurée et Gérald lui écrit à nouveau pour lui jurer que c'est elle, son « bronco » comme il l'appelle affectueusement, qui est la plus importante : « Tu me manques, en un mot, de plus en plus, et plus je vois mes blondes, comme tu dis, plus elles s'usent, et plus ce que j'aime en toi m'apparaît clairement, chère colonisatrice, et plus ce que je n'aime pas en elles m'apparaît. Femmes de passage en mes bras[34]. »

Pauline se rend par la suite à Neuchâtel, s'entoure de ses amis Heidi Knecht, Jean-Fred Bourquin, Jacques de Montmollin, Chantal Pierrens et elle oublie toutes ses angoisses à mesure que les salles se remplissent. « Sur scène, je ressens tout, je me dédouble. Seule, je me sens vide, complètement vide[35]. » À Genève, il y a mille quatre cents personnes, il y en a neuf cents à Lausanne et partout on refuse du monde. On lui donne des roses, on la complimente, on la dorlote. Pauline du coup recommence à croire en elle, retrouve son inspiration et se remet à composer. Elle esquisse des chansons un peu dures envers les hommes qu'elle n'enregistrera pas :

Vous les sans-tétons
Les avortés de tétons
Vous les sans-mamelles, les sans-rondeurs
Les anguleux, les couilles pendantes
Le phallus avachi
Vous les terrifiants don juan, les brutes
Notre beauté vous a fait peur
De peur de perdre vos pouvoirs.

De retour à Montréal, Pauline continue d'écrire des chansons, d'en chercher. Elle a toujours l'idée d'un nouveau spectacle et elle n'abandonne pas. L'écriture l'amène à faire des bilans, toujours des bilans qu'elle dresse sans complaisance, mais ce peu d'estime qu'elle a pour elle agit comme un moteur qui la pousse à créer : « Je n'ai pas vécu à mon compte. J'ai bâti un personnage. Je ne me suis jamais astreinte à une autodiscipline. Je ne sais pas m'écouter. Je suis à l'écoute des gens. Je ne me suis pas arrêtée à approfondir pensant que ce n'était pas mon lot. Je me défends de l'être, mais je suis très orgueilleuse, orgueilleuse de ce dont j'ai l'air, de ce que les autres pensent de moi, plus loin encore, orgueilleuse d'être, qu'on m'aime, qu'on s'intéresse, que je retienne l'attention[36]. »

Cette réflexion la ramène à son enfance, comme si elle essayait, par l'écriture, d'extirper le mal, la source de ces manques si forts qu'elle éprouve, qui la minent de plus en plus, cette absence de confiance en sa capacité de créer, de faire ce qu'elle aimerait faire, son incapacité de trouver le moindre calme intérieur. Quand elle était petite et qu'elle demandait à sa mère si elle était belle, invariablement Marie-Louise lui répondait : « Toi, tu as de beaux yeux. » Pauline est allée dans la vie avec cette phrase qui l'intriguait : « Et le reste : trop maigre, à en avoir peur de casser, la peau boutonneuse à passer des heures la face au soleil dans l'espoir que cette chaleur si douce, si caressante, me laisserait une peau lisse et rose comme celle de ma sœur aînée, comme celle des petites amies d'à côté[37]. » Pauline s'interroge sur le sens de la vie, sur le sens de sa vie à elle, et elle tente encore une fois d'écrire son histoire, de la diviser en chapitres, comme si un tel classement pouvait lui donner plus de prise sur elle-même et sur son passé. Elle refait son plan : 1- L'enfance ; 2- L'adolescence jusqu'à Québec ; 3- De Québec jusqu'à Paris et au retour à

Montréal ; 4- Mes amours avec Gérald, les 16 ou 17 ans, jusqu'en 1976. Comme elle est à l'heure des bilans, elle se demande ce qui l'attend, si elle s'amuse encore dans la chanson, si elle ne devrait pas tout simplement abandonner : « Qu'est-ce que je peux apporter encore, qu'est-ce qu'elle peut encore m'apporter ? Aussitôt seule, le cœur me bat. Je ne sais trop où guider ma pensée, j'ai peur. Qui suis-je ? Partout il semble que cette question est la même, retourner en soi, aller au fond de soi, plonger au fond de soi pour savoir de quoi on est fait, pourquoi on est fait, qu'est-ce qu'on fait ici-bas, quel est le chemin parcouru[38] ? »

À partir du mois d'avril 1979 et tout l'été, Pauline ne fait presque rien d'autre que préparer son prochain spectacle. Elle travaille avec Madeleine Gagnon, Denise Boucher, Annie Leclerc sur une chanson enjouée dans laquelle il n'y a que des verbes conjugués de façon inattendue :

Je m'enfante
tu me meurs
Tu me montagnes
Tu me poivres
Tu m'importes
Tu m'enchâsses
Je te ramifie
Tu me liquéfies
Tu me multiplies
Tu m'infinis
Tu m'indivises
Tu me ratoures.

L'atmosphère est à la détente ; entre les séances d'écriture, on se baigne dans la piscine, on jardine. Pauline invite parfois Brigitte Sauriol pour discuter, faire des expériences d'écriture, mais c'est surtout Denise Boucher qui sera la plus présente et qui consacrera le plus de temps à l'écriture des chansons. Gérald se joint également à Denise et Pauline, et du mélange de ces trois imaginaires sortira *J'pensais jamais qu'j'pourrais faire ça.* Pauline s'associera à Gérald pour composer *Un gars pour moi* et *J'aurais donc aimé ça être cool.* Toute seule, de son côté, Pauline fignole *Je n'irai pas au rendez-vous* et *Oui,* demandant à Claude Gauthier de composer la musique. Clémence

DesRochers lui prêtera sa belle chanson des *Deux vieilles*. En tout, vingt-cinq chansons dont quinze nouvelles. Elle décide de chapeauter le spectacle du titre *Fleurs de peau*. Peau, ou Pô, pour Pauline, car souvent Gérald et ses proches lui donnent affectueusement ce surnom. Fleurs de peau, à cause de la délicatesse, de la douceur.

Le travail de composition avance bien et Pauline est un peu plus sereine, comme si l'air de la campagne, le jardinage, le compagnonnage lui avaient donné un certain sentiment de sécurité. Pourtant elle continue de remettre en question sa relation avec Gérald, qui est de plus en plus occupé et absent. Il part en Suisse au début de juillet : « Je pense à Gé, je m'ennuie, j'essaie de l'imaginer à Genève, et puis à ce moment j'essaie d'imaginer nos nouvelles relations, car il faut qu'il y ait de nouvelles relations, il faut absolument essayer d'être seuls une semaine, sinon quelques jours[39]. » Plus tard, à la fin de l'été, elle continue de se questionner sur cet amour qu'elle vit de plus en plus mal ; elle sait qu'elle n'est pas de tout repos avec Gérald, elle sait qu'elle devrait cesser de le harceler avec ses remises en question perpétuelles, qu'elle devrait le laisser respirer ; toutes ces choses sont claires dans son esprit, mais son cœur est toujours en avant de sa raison : « Être bien dans ma peau pour le laisser bien dans sa peau. Et parce que je ne suis pas bien dans ma peau, faire en sorte qu'il ne soit pas bien dans sa peau, le rendre coupable ou presque, le houspiller. Se donner de l'air, aller voir ailleurs, tranquillement, sans craindre le réquisitoire. C'est trop idéal, c'est face à ce cahier, face à cette peur de tout perdre. Pourquoi peur ? Parce que je l'aime, en profondeur, de toutes les couleurs, comme il est[40]. »

Pour mieux respirer avant d'entreprendre la tournée de *Fleurs de peau*, Pauline entreprend un grand voyage dans le désert d'Algérie. Après une escale de quelques jours à Bruxelles, le temps de revoir ses amis et de donner deux spectacles, l'un à Louvain et l'autre à Bruxelles même, qui font salle comble, elle passe ensuite quelques jours à Paris. Au Palais des Congrès, elle assiste au spectacle de Robert Charlebois qu'elle trouve excellent. Elle donne quelques entrevues à des magazines en prévision de son nouveau spectacle de janvier 1980 au Petit Forum des Halles et puis, armée de ses quatre petits sacs, elle se rend à Orly. Une fois dans l'avion, elle a un pincement au cœur ; elle se demande pourquoi elle fait ce voyage, pourquoi elle retourne dans le désert, dans les dunes. Elle a demandé à Mado

Grizé, son amie suisse, de l'accompagner dans ce voyage un peu hasardeux. Mado est au rendez-vous et le 9 octobre 1979 les deux femmes partent pour Djanet.

Elles survolent des milliers de kilomètres de désert de sable et de pierres. Au village, elles s'installent dans la maison de Marcel, un homme d'environ soixante-dix ans, père de vingt-trois enfants, que Mado connaît bien. Le lendemain, elles louent une Land Rover pour aller plus loin dans le désert. Au bout de la piste, la longue marche commence, interminable, dans les dunes. Trois jours à marcher, marcher, trois nuits à dormir à la belle étoile. Pauline est épuisée par moments, pleure en silence, à bout de forces, au bout de sa résistance : « Mais pourquoi tout cela ? La curiosité, le silence, l'Absolu, la découverte, aller au bout de mes désirs, la vantardise, l'activisme, chercher la paix, le passé, les ancêtres ? Les mers de pierre, cette terre de lieux sans fin et sans commencement et tout à coup les miracles de l'homme présent, dessin. Et la vie des milliers d'années avant Jésus-Christ. Ô femmes, hommes, rien n'a bougé et je vous retrouve intacts, les mêmes pierres, les mêmes couleurs, les mêmes sables[41]. »

Pauline poursuit son voyage dans le tassili, se rend chez les Touaregs, circule encore dans le désert une dizaine de jours. Pendant les pauses, elle en profite pour apprendre ses nouveaux textes. Après avoir lu Éluard et d'autres poètes, elle décide d'inclure des extraits de poèmes dans son spectacle : Pablo Neruda, Alain Grandbois, Michel Garneau, Baudelaire, Saint-Just et Racine. Gérald lui manque, elle lui écrit une longue lettre aussi passionnée qu'aux premiers instants de leur rencontre en 1962, un poème digne des plus belles anthologies amoureuses, qu'elle ne lui envoie pas et qu'elle veut lui lire à haute voix à son retour, en sa présence.

Tu me manques dans ta chaude tendresse
Dans ton odeur
Dans ta sagesse qui n'est pas la mienne

Le 24 octobre 1979, Pauline et Mado repartent de Djanet en direction de Tamanrasset d'où elles regagneront Alger. Le voyage de retour est tumultueux, à cause d'une tempête de sable. Pauline doit se plier aux caprices du temps. L'horaire est serré, le pilote décide de décoller en catastrophe, évitant de justesse la tempête de sable. Dix minutes plus tard, c'eût été trop tard. Pauline rentre à Paris, puis à Montréal où elle retrouve les siens.

Pendant les vacances de Pauline dans le désert, Gérald Godin est devenu adjoint au ministre de la Justice, Marc-André Bédard, neuf ans jour pour jour après son emprisonnement. La campagne référendaire est lancée au Québec le 20 décembre 1979, au moment où René Lévesque rend public le texte de la question à laquelle les Québécois auront à répondre le 20 mai 1980. Ce sera alors pour eux l'occasion de dire au gouvernement provincial du Parti québécois s'ils lui donnent ou non le mandat de négocier une nouvelle entente avec le reste du Canada en vue d'obtenir une souveraineté-association fondée sur le principe de l'égalité entre les peuples. Pauline se fait demander à nouveau s'il y a une contradiction entre la politique d'indépendance menée par le gouvernement Lévesque et les aspirations des femmes. Elle essaie de répondre avec diplomatie que l'articulation entre la vie politique et la lutte des femmes n'est pas encore bien huilée, mais que l'avenir du Québec ne pourra se construire sans que les femmes y participent. Pauline dresse également un portrait de l'évolution des conditions réservées aux femmes depuis plus de cinquante ans au Québec, portrait qui reste encore aujourd'hui empreint de lucidité et de perspicacité quand on considère les problèmes auxquels les jeunes femmes ont à faire face dans notre société du deuxième millénaire : « Ma mère n'a eu aucun choix possible. Elle n'a jamais eu le temps ni la possibilité d'avoir des loisirs, de voyager, de vivre. Elle a fait des enfants, elle les a élevés, c'est tout. Moi, j'ai choisi de n'avoir que deux enfants, et de les avoir tôt. J'ai pu choisir mon métier quand il s'est présenté. Je voyage, j'ai des loisirs, je vis. Ma fille est-elle aussi libre de ses choix que moi ? Je n'en suis pas convaincue[42]. » Pauline reste quand même optimiste et elle n'a de cesse de se convaincre que tout peut changer.

Pendant que la campagne référendaire bat son plein, Pauline s'envole en Europe le 10 janvier 1980 pour un séjour de plus de deux mois. Accompagnée de deux pianistes, Jacques Marchand et Jacques Perron, et un bassiste, Pierre Cartier, c'est la première fois qu'elle inaugure un spectacle en dehors du Québec. Dans ses valises, elle emporte le disque des *Sept Péchés capitaux* qui vient tout juste de sortir et qui recevra les faveurs de la critique : « La voix vibrante et sensuelle de Pauline Julien tantôt agressive mais le plus souvent pleine de tendresse, sa diction parfaite, et l'intensité de son interprétation en font sûrement l'une des meilleures protagonistes actuelles d'un rôle ardu et énigmatique comparable seulement à Lotte Lenya qui a aussi enregistré le rôle d'Anna[43]. »

Pauline a demandé à Gérald de l'aider à rédiger ses textes de liaison et fait de nombreux efforts pour peaufiner son spectacle. La partie n'est pas gagnée, elle arrive au moment où Dalida remplit le Palais des Sports à la porte de Versailles, Dalida qui a vendu plus de soixante-cinq millions de disques. C'est loin, très loin de Pauline, dont le plus gros hit, *8 heures 10*, n'est allé chercher que quarante mille exemplaires. Mais elle est confiante, ses disques tournent assez bien en France, en Suisse et en Belgique : « Je sais que je ne déplace pas des millions de personnes dans une salle. Mais est-ce important le nombre ? Je ne suis qu'une femme parmi les femmes. Si je force l'attention de quelques-unes, tant mieux[44]. »

Gérald écrit à Pauline pour lui communiquer ses appréhensions quant à l'issue du référendum. Il s'inquiète des non-francophones, de tous ceux qui s'américanisent, qui se fichent des différences nationales et qui, d'après lui, pencheront du côté du non. Pauline, même si elle est loin, met la main à la pâte et écrit un article dans la revue *Possibles* intitulé « Vivre dans un Québec qui nous appartiendrait pour le vrai » : « Un Québec que je bâtirai avec tous les citoyennes et citoyens d'ici, avec nos ressources, nos lois, nos droits, nos privilèges et notre volonté d'entente avec les autres peuples, notamment avec nos voisins les Canadiens. Un Québec appartenant aux gens du pays[45]. » En mars, malgré son horaire serré, Gérald prendra le temps de venir à Paris voir le nouveau spectacle de Pauline. Entretemps, elle circule en province et en Suisse, puis fait le Petit Forum des Halles du 30 janvier au 24 février avant de poursuivre sa tournée en Belgique. Elle donne en tout quarante-cinq spectacles qui auront cette fois la faveur du public et de la critique. Cela tient même du délire : « Pauline Julien, c'est la scène entre ses mains, le micro se trouble, s'érotise, sanglote, gémit, s'étire et perd la face. C'est une chanteuse, Pauline Julien, une vraie, une grande[46]. » *L'Humanité* parle d'intensité émotive et de triomphe. Cécile Barthélémy dira dans *Marie-France* qu'elle est « incontestablement l'une des personnalités marquantes non seulement de la chanson québécoise, mais encore de la chanson d'aujourd'hui ». Mi-mars, elle rentre au Québec. Jacques Marchand, son pianiste et compositeur depuis sept ans, cesse alors de travailler de façon régulière avec Pauline qui en est chagrinée.

La campagne du référendum s'intensifie au carré Saint-Louis et Pauline fait tout ce qu'elle peut pour aider la cause du oui. Et le soir du 20 mai 1980, au centre Paul-Sauvé, après l'annonce du résultat, après la défaite du oui, après le célèbre « À la prochaine fois » de René Lévesque, quand les larmes se mettent à couler parmi les spectateurs, quand tous les ministres présents sur la scène n'arrivent pas à cacher leur déception, Pauline s'approche du micro et chante *La Danse à Saint-Dilon*. Les larmes cessent peu à peu et tous ces Québécois reprennent leur courage, comme si Pauline, par son entrain et son énergie, par son dynamisme, leur criait à travers tous les noms d'oncles, de tantes, de cousins, de cousines de recommencer la lutte immédiatement, que rien n'est jamais tout à fait perdu. L'image de Pauline Julien dansant sur le chagrin de la foule, la ranimant peu à peu reste l'une des plus émouvantes preuves de sa force et de sa générosité. Elle sait qu'il en faut bien davantage pour mourir. Elle le sait dans ses tripes.

Peu après le référendum, Pauline enregistre *Fleurs de peau* puis, à la fin du mois de juillet, elle part en voiture avec Gérald faire un grand voyage sur la Côte-Nord. En passant à Trois-Rivières, elle rend visite à sa sœur Alberte, dont l'état de santé l'afflige : « Alberte à Kermaria, quel désespoir. Comment exprimer ce mur d'incommunication avec cette anomalie du cerveau qui lui bloque le langage, toute expression et par là même peu à peu, la pensée, l'articulation des jambes. Oh ! famille, comme tu t'en vas d'une drôle de façon[47]. » Ensuite, ils font leur visite de routine chez Marcel et Marthe avant d'aller à Champlain dans la belle maison de Louisa Godin qui donne sur le fleuve Saint-Laurent. La mère de Gérald, à soixante-treize ans, est toujours pleine de verve, d'humour et d'intelligence fine. Gérald émonde quelques érables face au fleuve, puis le voyage se poursuit, en compagnie de Pascale qui s'est jointe à eux, sur la rive nord du Saint-Laurent en passant par Québec, Baie-Saint-Paul, La Malbaie, Tadoussac où ils s'arrêtent pour dormir. Le lendemain ils se rendent jusqu'à Sept-Îles. Ensuite, ils font une excursion en bateau à travers les îles Mingan. Ils évoquent la possibilité de se séparer, cette fois-ci plus précisément et plus sérieusement, semble-t-il : « La vraie question : Est-ce qu'il serait mieux pour moi de nous quitter ou de vivre séparément pour aller au fond de moi, de mon désespoir et d'une recherche, si je peux la faire. Gé semble vouloir me donner le silence, me faire partager la force qu'il possède et que je sais bien qu'il ne peut pas me donner, mais dont je me fais illusion, un infime moment. J'ai beau attendre, j'ai l'impression que j'attends depuis toujours et que je ne peux rien trouver en moi. "Tu nous fais croire des choses, tu nous enthousiasmes sur du vent", m'ont dit quelques-uns. D'autres m'ont dit que je leur étais source d'énergie et d'envie de vivre[48]. » Le voyage se terminera sur une note plutôt joyeuse : ils prendront le bateau pour Natashquan où ils rendront visite à Gilles Vigneault et à sa famille.

Au retour, la campagne de presse démarre. Pauline met l'accent sur le caractère intime et personnel de son spectacle *Fleurs de peau* : il ne s'agit pas pour elle de préconiser quoi que ce soit, elle a toujours cru à la rencontre entre les hommes et les femmes. Il fallait s'y attendre, certains journalistes n'ont pas manqué de demander à Pauline pourquoi elle a donné son spectacle à Paris en premier. Elle commence par répondre qu'il s'agit d'un hasard, mais plus elle avance dans ses explications, plus on comprend qu'elle a peur du public montréalais : « Parce que je voulais faire plusieurs fois mon spectacle avant de le présenter ici. Aussi parce qu'il est difficile chez nous de diffuser son produit. Non pas à cause de la réception du public, mais plutôt parce qu'ici il nous est presque impossible de faire tourner nos chansons à la radio[49]. »

Pauline parle avec sérénité de son spectacle comme si elle voulait arranger les choses pour que les gens cessent de la percevoir comme un porte-étendard, qu'ils voient davantage en elle la personne qui réfléchit, qui vit sa vie de chanteuse et de femme. « C'est dans mon métier que vieillir me fait peur. C'est un métier difficile, exigeant, qui demande beaucoup. Même que des fois, je me demande si je ne vais pas y mettre un terme bientôt. [...] Ici on m'aime beaucoup, mais on ne vient pas toujours au spectacle, en tout cas pas comme on y venait en 1970. En 1972. Il y a autour de ma personne des préjugés qui ont été entretenus par la presse en m'expédiant dans les voies du spectacle engagé. Féministe, oui, avec *Femmes de paroles*. C'était un cri. Je voulais qu'on parle des femmes, de ce qui leur arrivait, de ce qu'elles avaient vécu avant. [...] Mais il faut arrêter d'avoir peur du mot féministe. On le craint quasiment comme lorsqu'il y a 25 ans quand on parlait de socialisme, de communisme[50]. »

À la Place des Nations de Terre des hommes, en septembre 1980, Pauline participe à un spectacle en hommage à Gilles Vigneault intitulé *Je vous entends chanter*. Elle y interprète entre autres *Le Doux Chagrin* et *Gens du pays* avec Nicole Croisille, Monique Leyrac, Claude Léveillée, Michel Rivard et Fabienne Thibault. Enregistré, ce spectacle collectif deviendra un disque chez Kébec Disc. Le 10 septembre, elle fait chez elle, au carré Saint-Louis, le lancement de son microsillon *Fleurs de peau* (Kébec Disc), qui comprend onze de ses nouvelles chansons et dont elle a confié la direction musicale et la réalisation à François Dompierre. Ce disque méritera d'ailleurs à Dompierre le trophée Félix du meilleur réalisateur de l'année. Les arrangements avaient été faits par Marchand et Perron, mais Marchand, qui ne sera pas du spectacle au TNM, sera remplacé par Gaston Brisson. Le soir du 25 arrive, Pauline, en plus de traîner une vilaine trachéite, se sent un peu désorientée de ne pas retrouver ses musiciens habituels sur la scène. À un moment donné, elle a un trou de mémoire. Elle sait que Marchand est parmi les spectateurs et elle l'interpelle dans la salle : « Jacques, c'est quoi ? » Marchand, interloqué, ne peut venir à sa rescousse, mais Pauline se reprend bravement toute seule, fait une petite blague et continue d'enfiler ses vingt-quatre chansons sans entracte, de peur de briser le rythme.

Et comme un malheur n'arrive jamais seul, *Le Devoir* sort une critique pas très tendre, dont le titre en dit long : « Le retour d'une fille pas très cool ». Puis la journaliste éprouve des remords, et le surlendemain elle sent le besoin de se rétracter : « Pauline Julien donne un bon show au TNM ces jours-ci, peut-être le meilleur de sa vie. Elle méritait mieux que cette critique mi-figue mi-raisin même si elle est la première à reconnaître que tout le monde a le droit de se tromper[51]. » Un mois plus tard, du 21 octobre au 3 novembre 1980, Pauline redonne son spectacle à la salle Octave-Crémazie du Grand Théâtre de Québec. Succès mitigé. Au début il n'y a pas plus de deux cents personnes, puis, peu à peu la salle se remplit. La critique est bonne sans être dithyrambique. On a un peu l'impression que Pauline n'est plus elle-même, qu'elle s'est trahie, qu'elle a trahi son public. Son image de passionaria est tellement forte que les gens sont un peu décontenancés devant des chansons aussi intimes, douces. Même son look dérange, on ne comprend pas pourquoi elle porte une robe à paillettes, comme si les paillettes avaient pour but d'éclipser l'ancienne Pauline, la contestataire à tout crin, la révoltée.

Pourtant elle est loin d'avoir rendu les armes. Le 18 octobre 1980, elle participe à une grande soirée politique de chansons et poèmes pour commémorer le dixième anniversaire de la crise d'octobre 1970. Devant plus de trois mille personnes rassemblées au Cégep du Vieux-Montréal, plusieurs artistes parmi les ténors de la Révolution tranquille, les Vigneault, Gauthier, Garneau, Lévesque, entourent les membres de la famille Rose qui font chacun une allocution plaidant pour la libération des prisonniers politiques, dont Paul Rose, toujours incarcéré en raison de la mort du ministre Pierre Laporte, en octobre 1970. *La Presse* titre même : « Une soirée en l'honneur de Paul Rose ». Pauline Julien, qui a déjà un préjugé favorable envers les prisonniers, qui a l'habitude de faire des spectacles dans les prisons, qui correspond même de façon régulière avec plusieurs détenus, fait un malheur avec *Le Temps des vivants*.

Pauline revient de Québec seule en autobus de nuit après sa série de spectacles au Grand Théâtre. Quelques jours plus tard, le 6 novembre 1980, Gérald est nommé ministre de l'Immigration, ministère qu'il gardera jusqu'en septembre 1984. Pauline se réjouit du succès de Gérald, et en même temps elle constate que sa propre situation est moins florissante qu'avant. Elle projette une autre tournée en Europe avec Jean Dufour, mais il est difficile de placer le spectacle de manière à éviter les trous dans l'horaire et les zigzags dans l'itinéraire. Elle voudrait vendre assez de disques pour rembourser au moins ce qu'elle a investi dans la production. Et maintenant que le spectacle est bien rodé, elle aimerait en profiter, se disant qu'il s'agit peut-être de son dernier. Elle a l'impression que la formule de récital solo est démodée, qu'elle n'est pas vraiment un auteur-compositeur comme Vigneault, ni une comique comme Clémence, ni un monument comme Ferré : « dans ces conditions d'aujourd'hui, c'est sûr, la confiance me quitte, et je n'ai plus de plaisir à chanter[52]. »

Au mois de décembre, Pauline passe au bistouri. Elle n'en peut plus de voir des poches sous ses yeux. Elle en parle à Gérald souvent et, de guerre lasse, il lui conseille de se contenter et de se faire faire une chirurgie plastique. Nicolas accompagne sa mère à la clinique et Pauline se sent choyée. Être prise en charge, c'est ce dont elle rêve. Avoir quelqu'un qui prenne des décisions pour elle. Lors d'une entrevue, elle s'est plainte de n'avoir jamais eu de véritable agent qui s'occupe de tout, de sa carrière, de sa promotion, de la planification à long et à court terme de ses tournées. Mais aurait-elle pu supporter que quelqu'un lui dise quoi faire ? Ce qu'elle aime pardessus tout, c'est sa liberté, avoir les coudées franches. Elle gère ses tournées comme elle l'entend, ses musiciens font partie de sa famille, elle ne fait que ce qu'elle veut, que ce qu'elle sent. Elle aime prendre conseil à gauche et à droite, tergiverser longtemps avant de prendre une décision, mais elle ne fait pas de compromis. Au bout du compte, elle en fait toujours à sa tête. Fatiguée par moments, elle a l'illusion qu'un agent arrangerait tout, qu'elle n'aurait qu'à lever le petit doigt pour que sa carrière s'organise pour le mieux, que ses disques se vendent enfin, que les salles se remplissent. Tout est oublié dès que la forme lui revient.

Pauline passe un Noël tranquille cette année-là. Elle se fait du souci pour ses grands enfants dont elle veut le bonheur, mais elle sait que désormais elle ne peut plus faire grand-chose : « De toute façon le combat de la vie est extrêmement dur, pour chacun et chacune. Plus encore si on veut être lucide et ne pas accepter les concessions majeures (qui seraient de sacrifier sa vie pour une autre ou un autre et céder au chantage du conformisme, de la tradition ou de la morale chrétienne), rien à faire, alors je dis qu'il n'y a que le suicide. Le présent est là, immédiat, dur, concret. S'en servir pour trancher, exister, connaître, savoir de nous et des autres. Chacun doit se prendre en main[53]. » Toujours égale à elle-même dans ses contradictions, après avoir pris la résolution de les laisser mener leur vie comme ils l'entendent, de ne plus se mêler de quoi que ce soit, elle part le 25 décembre au matin, à moins trente degrés, et se rend au chevet de Nicolas malade lui apporter quelques carrés aux dattes de mademoiselle Guay.

Au début de l'année 1981, un peu après le Jour de l'An, Pauline accompagne Gérald à Québec et passe quelques jours avec lui dans son appartement. Elle n'aime pas être « chez Gérald », dans son fief. Il est habitué d'y vivre seul, en célibataire, de regarder le hockey, de lire ses dossiers, d'y dormir à ses heures : « Mais en le quittant, trouverai-je autre chose ? ou ne serait-ce qu'une quête continue ? Tu veux vivre avec cent personnes à la fois. Alors quitte-moi, je ne suis qu'une, et je te veux tout à la fois[54]. »

Le 13 janvier 1981, Pauline repart en tournée européenne avec *Fleurs de peau* jusqu'à la fin du mois de mars. En arrivant à Bruxelles, elle discute affaires avec Jean Dufour. Déçue, elle sent qu'elle ne fera pas beaucoup d'argent encore une fois, mais baisse les bras. Elle a perdu un certain pouvoir de négociation. Après une nuit blanche, le lendemain, à Mons, la salle est pleine, à Bruxelles, aux Beaux-Arts, le public est enthousiaste, même si la critique souligne surtout ses anciens titres. Seul *J'aurais donc aimé ça être cool* retient l'attention parmi ses nouvelles chansons. Mais Pauline peut compter sur l'appui de ses bons amis belges et elle ne manque pas de se rendre chez Julos Beaucarne à Tourrines-la-Grosse, puis de prendre le train pour Liège où André et Yvette Romus l'accueillent à bras ouverts. Dès qu'elle entre dans une maison, la vie s'arrête. Elle a le don de mettre tout le monde sur les dents, de perdre ses choses, de demander qu'on la conduise ici, là, à la gare à la dernière minute. Mais elle amuse, distribue marques d'affection et petits cadeaux. Tous font preuve aussi de beaucoup de tendresse et de patience envers elle, comme Françoise Maucq, l'attachée de presse de Raymond Devos et de Pauline au moment où elle doit chanter au Palais des Beaux-Arts à Bruxelles. Comme Pauline a prévu de chanter dans une robe bordeaux, c'est cette robe qu'elle a apportée. Au début de l'après-midi, Pauline dit à Françoise : « Je sais que ce ne sera pas possible, mais j'aurais voulu avoir ma robe grise pour chanter ce soir. » Or, la robe grise est restée à Paris chez Jacqueline Abraham. Françoise Maucq fait appel à toutes ses relations pour que ladite robe grise arrive par le train à temps à Bruxelles. On repasse la robe en vitesse et au moment où elle s'habille pour entrer en scène, Pauline décide de mettre la robe bordeaux. Françoise s'incline : « Après j'ai assisté au spectacle, et c'est la première fois que j'ai vu la métamorphose. Je me suis dit : "Je ne regrette pas le mal que je me suis donné pour qu'elle ait sa robe. Au moins, elle était heureuse d'avoir eu le choix à la dernière minute[55]." »

Pauline continue sa tournée en Belgique. Un matin, à Namur, elle rencontre une femme à sa sortie de prison qui l'invite à s'attabler avec elle au petit déjeuner. Devant un cognac, puis une fine, puis un café, puis un autre cognac, la femme déballe son sac. En rentrant dans sa petite chambre d'hôtel, Pauline tente d'écrire son histoire, une petite nouvelle à la Raymond Carver, mais elle abandonne pour faire encore une fois le tour de sa vie, de sa carrière : « Un jour le public est présent, répondant, un autre jour non. C'est vrai que je voudrais faire une éclipse et revenir, mais je ne crois pas être assez forte pour m'éloigner et pour revenir. Je suis fatiguée d'être moyenne et pas souvent bien dans ma peau. Un soir je me sens des ailes sur la scène. Puis un autre soir, le creux s'élargit au centre du ventre quand je regarde cette salle vide à la répétition. Viendra-t-on ou ne viendra-t-on pas au rendez-vous ? Qui viendra et pourquoi viendront-ils[56] ? »

En rentrant à Paris, Pauline Julien apprend la mort horrible de Suzanne Guité, assassinée à coups de marteau par son amant mexicain. Elle s'effondre. Devant son impuissance, devant la distance qui la sépare de son amie, elle écrit un long texte, aussi intense, aussi délirant que le mal qui la tenaille. Plus de vingt pages de douleur, de révolte, d'amour pour cette femme qu'elle admirait et qui lui apportait tant. Elle remaniera ce texte un peu plus tard et en fera parvenir une version très abrégée au *Devoir* qui le publiera le 21 mars 1981 sous le titre « Par amour de l'amour ». C'est tout un passé de bonheur d'été à Percé, d'amitié tendre, des débuts avec Gérald, d'amour de l'art, de joie de vivre qui remonte à la surface. Pauline est sous le choc et met son âme en symbiose avec celle de son amie Suzanne. Elle crache ce texte auquel elle restera si attachée qu'elle le reproduira dans *Il fut un temps où l'on se voyait beaucoup*. Quelques semaines avant la mort de Suzanne Guité, elle a vu à Paris le film *Nick's Movie* de Wim Wenders et Nicholas Ray. Ce film sur la mort, le cancer, l'a profondément marquée. En revenant chez Jacqueline Abraham, elle en a cité de nombreux extraits de mémoire dans son journal, dont celui de l'exergue du texte en hommage à Suzanne Guité : « En venant te voir, j'ai eu peur de deux choses, d'être attirée par ta mort, et par ta fragilité devant cette mort qui te guette. » Pauline avait pressenti le danger, et en avait fait part en vain à son amie lors d'un voyage au Mexique. Elle ne comprend pas.

Une nouvelle vient jeter un baume sur son immense chagrin : Gérald lui annonce qu'il fera un saut d'une dizaine de jours à Paris le 19 février. Pauline lui écrit un poème de réconciliation des plus amoureux. Si elle a d'autres amours au passage, elle tient à l'assurer que c'est toujours lui qu'elle préfère.

Il y en a des plus doux, des plus patients,
des plus aventureux
Mais au bout du compte tu réunis un peu tout ça
et je te préfère
Une question de préférence
Quel jour ça a-t-il commencé ?
Et puis j'aime retrouver tes yeux verts.

Ce poème deviendra plus tard une chanson, *Un gars pour moi*, une chanson qui raconte leur amour au passé. Pauline est inquiète, Gérald est son cadet de dix ans, il est adulé par plusieurs jeunes femmes, il devient influent sur la scène politique. Elle le laisse seul de plus en plus, son bel homme, elle passe de plus en plus de temps en tournée sur un autre continent. Gérald, dans des lettres emportées, lui jure cependant que toutes les aventures du monde ne remplacent pas une seule nuit avec elle. À l'arrivée de Gérald en mars, ils en profitent pour prendre de petites vacances à l'île de Ré. Pauline trouve que Gérald n'a plus la même présence, elle est agacée par de petits détails insignifiants. Ainsi, il confond les mimosas avec les lilas dans le bouquet qu'il lui offre. Pauline se sent à des années-lumière des belles retrouvailles qu'elle souhaitait, d'une de ces lunes de miel comme celles de Tunisie, d'Égypte. Elle se blesse au dos en tombant de cheval et rentre prématurément à Paris. Gérald retourne au Québec et, le 12 mars, il lui écrit que la campagne électorale est officiellement lancée : les élections auront lieu le 13 avril.

Après le départ de Gérald, son dos la fait toujours souffrir, mais elle poursuit tout de même sa tournée en Suisse. Elle appelle souvent Gérald, ne sait plus si elle l'aime ou si elle ne l'aime pas, si ce n'est plus au fond qu'une question de tendresse entre eux. La séparation revient sur le tapis : « En finir ou ne pas en finir ? Mais c'est difficile. Je déteste mon comportement inquiet, fragile, émotif, tout ça aux deux tiers question physique, question amoureuse, vraiment en conclure, fissure, affaissement, fracture. Quand arriverai-je à ne pas attendre ? À me suffire[57]. » Elle prend la résolution d'être plus organisée, de se trouver des occupations à elle, précises, quand elle rentrera à Montréal à la fin du mois de mars. En attendant, ses spectacles roulent bien en Suisse, on refuse du monde à Neuchâtel, à Sierre.

Aux élections du 13 avril 1981, Gérald Godin est réélu dans son comté de Mercier par une majorité de presque quatre mille voix, une victoire durement arrachée, selon Pauline, qui n'a assisté qu'aux derniers moments de la campagne. Au sein du nouveau cabinet de René Lévesque, il devient ministre des Communautés culturelles et de l'Immigration. Quelques jours plus tard, ils partent au Mexique se reposer au bord du Pacifique, à Zihuatanejo, en vacances, enfin.

À son retour, Pauline tourne un film à Montréal pour la télévision belge, que réalisera Brigitte Sauriol. Le projet d'André Romus, qui en est le producteur, est de faire découvrir plusieurs grandes villes du monde aux téléspectateurs belges à travers les yeux d'un artiste. Pour Montréal, il a demandé à Pauline Julien de présenter des personnes qui mettraient en valeur différents aspects de la ville. Marcelle Ferron parle de ses vitraux dans les stations de métro, la clown Sonia Chatouille fait découvrir une maison de campagne sur un toit de la rue Saint-Hubert, Marie-Claire Blais se promène dans les nuits de l'*underground*, Pascale Galipeau et son ami Louis Heins parlent de tissage, Yannis Roussis, de la communauté grecque ; François Schirm, ex-prisonnier politique, dira ce qu'il pense de la réhabilitation des prisonniers et Denise Boucher sera de la partie comme écrivaine. La série d'émissions, lancée en octobre 1981, portera finalement le titre de *Un homme, une ville*. C'est dire que pour Montréal, l'homme d'André Romus, c'est Pauline Julien ! Pauline, allergique à ce titre « viril », ne se prive pas, on s'en doute, de le signifier clairement à André Romus.

En juin 1981, elle participe aux fêtes de la Saint-Jean au square Dominion et fait quelques apparitions dans les rues Prince-Arthur et Saint-Denis. Par la suite, pendant quatre semaines, du 13 juillet au 7 août, Radio-Québec, la chaîne d'État, lui demande de prendre la barre de l'émission *Station-soleil*, une émission de variétés d'une heure où tous les soirs elle présentera des personnalités et chantera. Gaston Brisson accompagnera Pauline, mais aussitôt les émissions terminées, il lui annoncera qu'il ne peut plus continuer, que de toute façon il est revenu pour la dépanner au moment où Jacques Marchand l'a quittée. C'est alors que Pauline fait appel à Bernard Buisson, diplômé lui aussi de Vincent-d'Indy, tout comme Gaston Brisson et Jacques Marchand : « J'étais enchanté, dira-t-il, tout en ne sachant pas trop ce que ça pouvait impliquer[58]. »

Pauline ne nie presque plus, même auprès des médias, que sa carrière bat de l'aile, surtout au Québec. On lui demande pourquoi elle ne fait plus de « politique » et certains journalistes sont portés à établir un lien entre son silence et l'élection du Parti québécois : « Pour en revenir à sa relation avec le Parti québécois, elle dont on a longtemps dit qu'elle en était la passionaria, elle me fait remarquer que, bien sûr, à une époque, elle a chanté des chansons qui dans sa bouche prenaient une allure très nationaliste, mais qu'elle a toujours aussi chanté plein d'autres choses, et que depuis déjà pas mal de temps elle parle, dans ses spectacles, des femmes et de l'amour infiniment plus que de politique[59]. » Elle avouera qu'elle se sent beaucoup plus à l'aise avec les journalistes français qu'avec ceux du Québec. Elle ne s'inquiète pas pour Paris où elle a un public nombreux qui l'adule.

Il y a Paris, mais il y a surtout la Suisse et la Belgique. À cause du film qu'elle a tourné avec André Romus, Pauline devient de plus en plus célèbre en Wallonie-Bruxelles, et c'est l'occasion de connaître plus intimement Jean-Maurice Dehousse, le bourgmestre de Liège, qui conduit une mission wallonne au Québec en octobre 1981 accompagné de Jean Motard, alors ministre de la région wallonne. Elle l'avait rencontré à Montréal : « Et j'ai un fils québécois qui s'appelle Julien, explique-t-il, et ce n'est pas un hasard, elle est la marraine de mon fils. Je me dis toujours que la transformation du Québec moderne s'est passée de Maria Chapdelaine à Pauline Julien. Maria Chapdelaine est une image puissante mais du passé. Et Pauline est une image moderne, contemporaine[60]. »

À la fin du mois de septembre 1981, Pauline s'envole dans l'Ouest canadien pour une longue tournée. Elle amène avec elle ses musiciens, Claude Lalonde, Jean-Guy Leblanc, Michel Demers, Claude Simard et Gaston Brisson, qui a accepté de faire une dernière tournée avec elle. Pauline fait ses adieux à ses proches, à ses amis, comme lorsqu'elle part en tournée à l'étranger. Gérald est même venu exprès de Québec la veille pour lui dire au revoir. Elle est heureuse de partir au loin, de retrouver la sensation du *no man's land* qui la libère, la sécurité des chambres d'hôtel. À Vancouver, elle fait plusieurs entrevues, elle chante *Mommy* à l'émission de Laurier Lapierre, mais n'est pas satisfaite d'elle-même, elle ne retrouve pas sa fougue habituelle : « J'ai toujours l'impression d'appuyer sur le bouton gentillesse. Décidément est-ce inévitable ou si je n'ai plus rien à dire ou si (le plus probable), il n'y a pas assez de nouveau dans ma pensée, dans mon show lui-même. Des journalistes gentils, mais je répète et malgré que je m'efforce, je fais ça mollement[61]. » Elle revoit une amie, Réjeanne Charpentier, qu'elle avait connue avec les Comédiens de la Nef, et la comédienne Nicole Leblanc. Elle se promène au bord du Pacifique, de la mer qu'elle aime toujours retrouver. Elle se rend à Victoria où elle visite le musée des Amérindiens. Le temps est si doux en ce début d'octobre que l'église où elle donne un récital en plein jour est un véritable four. La salle est trop grande, le public, bon, mais Pauline écrira à Gérald qu'elle s'y trouvait « petite, répétitive, vieillissante... » Pourtant les Anglais l'apprécient, eux qui ne voient pas très souvent de chanteuses « françaises ».

Le 2 octobre 1981, Pauline s'envole pour Calgary, puis elle prend la route des Rocheuses avec ses musiciens en direction de Banff, où elle était venue sept ans plus tôt. Les bains d'eau chaude sulfureuse et les histoires de grizzlis lui redonnent du pep et, le soir du 3 octobre, devant une salle de plus de cinq cents personnes, elle donne un excellent spectacle. Elle se sent plus en forme, plus présente. Du Century Plaza Travel Lodge de Banff, Pauline écrit à Gérald une lettre empreinte de nostalgie. Elle aimerait qu'il soit près d'elle pour partager la beauté du paysage, pour partager sa vie : « Avant au début, souvent tu m'accompagnais un petit bout de chemin, Pologne, Cuba, France, Russie, et on affrontait les choses ensemble. Je me rappelle la fondation de *Québec-Presse*. Je t'y retrouvais aussi. *Parti pris* où on travaillait manuellement ensemble. J'aimerais venir à Banff avec toi, en septembre. Le plus beau mois de l'année. Serais-tu capable de faire un voyage semblable, et pas officiel et pas dans les gros hôtels ? »

Ensuite le groupe poursuit la tournée à Lethbridge, en Alberta, avant de se diriger vers la Saskatchewan où il se produira dans la petite ville francophone de Gravelbourg. Partout, les critiques sont fort élogieuses et continuent d'encourager Pauline. À la fin de sa tournée, elle se rend au Manitoba pour revoir la maison de ses parents près de Saint-Boniface, non loin de Winnipeg. C'est à cette occasion qu'elle rencontre Réal Bédard qui lui fait découvrir fièrement Saint-Pierre-Jolys : « On a retrouvé l'endroit où était situé le *homestead* de ses parents et on le lui a montré. On a même trouvé une photo de la maison qui n'existe plus aujourd'hui[62]. » Quand il a appris la nouvelle du décès de Pauline, Réal Bédard s'est souvenu des histoires qu'on racontait à propos des Julien, celles-là même, à quelques variantes près, que racontait Marie-Louise à sa petite dernière en faisant la lessive dans la maison de la rue Notre-Dame du Cap-de-la-Madeleine : les chevaux tués dans l'accident de la voie ferrée, les récoltes perdues, le déménagement, le piano.

À son retour, Pauline reçoit ses amis belges Pierre André et Jean-Maurice Dehousse, puis elle repart elle-même en Belgique pour le lancement d'*Un homme une ville*. Quand elle revient à Montréal, elle se replie davantage sur elle-même. Elle doit former ses nouveaux musiciens et peaufiner son nouveau microsillon, *Charade*. Kébec Disc en sort une première version, mais la pochette lui déplaît. Pour la distribution européenne de ce disque par RCA, elle la remplace par une photo de Birgit où elle paraît plus souriante. L'enregistrement se fait dans une atmosphère d'indécision, de fébrilité et d'angoisse. Pauline demande à Jacques Marchand d'y prêter une oreille attentive, puisqu'elle remet quelques-unes de ses anciennes chansons sur la face deux du disque. En plus des sept musiciens, elle ajoute un premier violon, trois choristes et la chorale Chante-joie, sous la direction d'Alain Lanctôt. Pauline cherche à se mettre à la mode du jour, à faire grandiose à la manière de Diane Dufresne, ou de Robert Charlebois. En France, elle fait « concurrence » à Marie-Paule Belle, Yves Duteil, Higelin, Bernard Lavilliers. La pression est forte, elle doit faire des efforts surhumains pour se remettre en piste.

Son journal redevient triste, la dépression la rattrape encore une fois, elle a envie de tout abandonner.

Après le beau temps, la pluie
Après la fête, la défête,
Après l'oubli, l'ultime conscience
Assembler ça
Continuons à écrire, à écrire seule
Tout peut-il sortir de l'écriture
Je sais pas parler, pourquoi saurais-je écrire
Chanter le blues ou s'en défaire
Des milliers de phrases qui passent dans la tête
Suis indifférente à tes mots doux

Le poème continue ainsi, se rend au fond du désespoir. Et soudain, l'écriture agit comme une véritable thérapie, soigne le désastre par le désastre, et c'est la remontée vers l'espoir.

J'ai beaucoup de force en moi
Des forces inconnues
Des forces telluriques
Des forces inconnues, solides comme la pierre
Qui éclatent qui veulent éclater
Et qui disent à elles seules l'extrême
Mon extrême.

Pauline finit par se ressaisir, et à la fin du mois de février 1982, elle est prête à recommencer : la version européenne de *Charade*, éditée par RCA est terminée, le nouveau spectacle, qui n'a pas de titre, est bien rodé avec les nouveaux musiciens, et Bernard Buisson est devenu son pianiste attitré. Quelques semaines plus tôt, Pauline et Gérald ont fêté leur vingtième anniversaire de vie commune et la nouvelle s'est ébruitée : « Ce n'est plus un secret pour personne, Pauline Julien vit avec Gérald Godin, journaliste devenu homme politique, à qui René Lévesque a confié le difficile poste de ministre de l'Immigration, mais ce qu'on ignorait c'est que, la semaine dernière, ils ont fêté leur vingtième anniversaire de vie commune[63]. » Déjà la mémoire flanche un peu de part et d'autre, puisque Gérald et Pauline ont véritablement emménagé ensemble à la fin de 1963. Mais après tout ce temps, qu'est-ce qu'une année ?

Le 23 février 1982, Pauline repart pour une longue tournée en Belgique et en Suisse qui se terminera en France par un passage de trois semaines au théâtre de la Gaîté-Montparnasse et un dernier spectacle dans le cadre du printemps de Bourges, le 9 avril. Au début, à Saint-Avold près de Metz, la roue grince un peu, Pauline a des trous de mémoire, elle relève des erreurs d'éclairage, a du mal à se faire à son nouveau pianiste, mais se trouve en voix. Le reste de la tournée roule dans l'huile, elle donne des entrevues, se rend dans d'autres petites villes françaises, belges, puis à Lausanne. Pauline remarque que, comme ce fut le cas dans les années précédentes, elle est mieux reçue en dehors de l'Hexagone : « En France, c'est honnête alors qu'en Belgique et en Suisse, c'est du délire, les salles sont bourrées, comme s'il y avait une sorte de complicité des francophones contre la France, la tendance à préférer les Belges et les Québécois quand on est Suisse, tu vois[64] ? »

Mais tout va trop bien justement, et il faut toujours à Pauline un peu d'action. Cette fois, ce seront les blanchons des Îles-de-la-Madeleine qui serviront de prétexte à un esclandre. Le 22 mars 1982, dans le cadre de la promotion de son spectacle au théâtre de la Gaîté-Montparnasse, Pauline se présente à Antenne 2 au journal télévisé du midi, regardé par plusieurs millions de téléspectateurs, pour commenter les nouvelles. Bernard Buisson l'accompagne : « C'était des nouvelles sur les chasseurs de phoques dont les environnementalistes, Brigitte Bardot en tête, dénonçaient les méthodes barbares d'abattage. Pauline s'est sentie visée, et elle s'est mise à traiter les Français d'"épais" de penser que ces blanchons étaient maltraités alors qu'ils font la même chose en gavant leurs oies. Pendant l'émission, Brigitte Bardot a appelé. Pauline a dit : "C'est pas une millionnaire qui va me dire quoi penser". Elle a donc reçu un tas de lettres de menaces de mort. Les policiers sont venus au théâtre de la Gaîté-Montparnasse pour nous montrer quoi faire avec nos instruments, comment sortir en vitesse du théâtre s'il y avait manifestation[65]. » Sylvie Dupuy, qui agissait comme imprésario de Pauline avec Jean Dufour à l'époque, a conservé plusieurs lettres de menaces. On y parle de conduite scandaleuse, d'indignation et de colère. On demande que des mesures soient prises « contre cette Canadienne qui, de passage à Paris, applaudit en rigolant devant les photos sanglantes de la banquise ! qui approuve le travail macabre de chasseurs et qui de surcroît dénigre ouvertement les efforts entrepris par l'Association Greenpeace qui œuvre au sauvetage, à leurs risques et périls, des phoques survivants ! » On la déclare inhumaine, insensible, déséquilibrée et on appelle au boycott et à l'annulation de son spectacle. D'autres vont plus loin, la traitant « d'assassin d'animaux », demandant son expulsion du pays : « Tous les amis des animaux et la SPCA vont se retourner contre elle. On va intervenir, on va porter plainte. »

C'est du Pauline Julien à cent à l'heure, mais c'est aussi le début d'une certaine fin.

NOTES

1. Pauline Julien, extrait de *Cool* (*Fleurs de peau*, 1980).
2. Anne Sylvestre, entrevue du 18 mars 1998.
3. H. Q., *Le Matin*, 4 novembre 1977.
4. Pauline Julien, journal intime, 3 novembre 1977.
5. Ibid., 5 novembre 1977.
6. Louis-Jean Calvet, *Politique-hebdo*, 14 novembre 1977.
7. Bernard Mabille, *Le Quotidien de Paris*, 19 novembre 1977.
8. Pauline Julien, journal intime, 23 novembre 1977.
9. J.-P., *Libre Belgique*, Bruxelles, 24 novembre 1977.
10. Pauline Julien, journal intime, 27 novembre 1977.
11. Georges Poirier, *Ouest-France*, 4 décembre 1977.
12. Lise Moreau, *Le Devoir*, 6 janvier 1978.
13. Pauline Julien, journal intime, 20 décembre 1977.
14. Idem.
15. Lise Moreau, *Le Devoir*, 6 janvier 1978.
16. Pauline Julien, journal intime, 6 janvier 1978.
17. Ibid., 9 janvier 1978.
18. Ibid., 16 janvier 1978.
19. Claire Caron, *Le Journal de Montréal*, 30 janvier 1978.
20. Nathalie Petrowski, *Le Devoir*, 1er février 1978.
21. Gilbert Moore, *The Montreal Star*, 3 février 1978.
22. Brigitte Sauriol, entrevue du 22 mai 1997.
23. Pauline Julien, journal intime, 16-18 mars 1978.
24. Ibid., 30 mars 1978.
25. Ibid., 11 avril 1978.
26. Jacques Marchand, entrevue du 5 mai 1997.
27. Colette Duhaime, *Le Droit*, 10 juin 1978.
28. Aloudou Abui-mama, *Le Devoir*, 18 juin 1978.
29. Pauline Julien, journal intime, 17 juillet 1978.
30. Jean-Claude Leclerc, *Le Devoir*, 13 septembre 1978.
31. Pauline Julien, journal intime, 27 décembre 1978.
32. Ibid., 2 janvier 1978.
33. Ibid., 13 février 1979.
34. Gérald Godin, lettre à Pauline Julien du 17 mars 1979.
35. Pauline Julien, journal intime, 19 mars 1979.
36. Pauline Julien, journal intime, 19 avril 1979.
37. Idem.
38. Idem.
39. Ibid., 8 juillet 1979.
40. Ibid., 30 août 1979.
41. Ibid., 13 octobre 1979.
42. Laure Jolicœur, *F Magazine*, décembre 1979.
43. Gilles Potvin, *Le Devoir*, 12 avril 1980.
44. Laure Jolicœur, *F Magazine*, décembre 1979.
45. Pauline Julien, *Possibles*, vol. 4, n° 2, p. 71-72.
46. *Le Matin*, 5 février 1980.
47. Pauline Julien, journal intime, 24 juillet 1980.
48. Ibid., 28 juillet 1980.
49. Pierre Beaulieu, *La Presse*, 13 septembre 1980.
50. Renée Rowan, *Le Devoir*, 20 septembre 1980.
51. Nathalie Petrowski, *Le Devoir*, 27 septembre 1980.
52. Pauline Julien, journal intime, 29 novembre 1980.
53. Ibid., 23 décembre 1980.
54. Ibid., 4 janvier 1981.
55. Françoise Maucq, entrevue du 21 mars 1998.
56. Pauline Julien, journal intime, 6 février 1981.
57. Ibid., 15 mars 1981.
58. Bernard Buisson, entrevue du 5 septembre 1997.
59. René Homier-Roy, *T-V Hebdo*, juillet 1981.
60. Jean-Maurice Dehousse, entrevue du 13 mars 1998.
61. Pauline Julien, journal intime, 30 septembre 1981.
62. Réal Bédard, *La Liberté*, 9 octobre 1998.
63. *Échos Vedettes*, 24 au 30 janvier 1982.
64. Louis-Jean Calvet, *Nouvelles littéraires*, 18 mars 1982.
65. Bernard Buisson, entrevue du 5 septembre 1997.

Plus jamais seule

Novembre 1987

Depuis que toi et moi
Nous avons fait le choix
D'un amour qui ne soit pas une cage
Je m'éloigne parfois
Ne laissant que ma tendresse en gage

Il t'arrive de douter
Quand je suis loin de toi
Et pour ces moments-là
Je répète une autre fois
Mon curieux compliment maladroit

Ils ont quelque chose que tu n'as pas
Ce pourquoi je les aime et les quitte à la fois
Ils ne sont pas toi[1]

Depuis son passage au TNM en 1980 avec son spectacle *Fleurs de peau*, Pauline ne se produit plus à Montréal et on ne la voit à peu près qu'en Europe. Elle a lancé son microsillon *Charade* là-bas avant de le lancer au Québec et son dernier disque, *Où peut-on vous toucher ?* qu'elle enregistrera à Paris chez Audivis en 1984, n'aura même pas de co-producteur québécois. Entre l'hiver 1982 et le printemps 1985, Pauline fait des séjours prolongés en France, en Belgique et en Suisse, voyageant d'une ville à l'autre, d'une scène à l'autre : « En Europe, ça allait très bien, dira son agente de l'époque. Elle partait un minimum de deux à trois mois par année, pour faire des tournées. Et c'était fascinant. Les Québécois ne réalisaient pas que Pauline Julien, en Europe, c'était énorme[2] ! » Mais au Québec, non seulement Pauline ne remplit pas les salles, mais ses disques ne tournent toujours pas. Et le public québécois est volage. Le bassin de population francophone étant assez restreint, la concurrence est féroce ; on s'intéresse pendant un certain temps aux talents en émergence, mais il est rare que la lune de miel dure longtemps. Jusque-là, la marque de commerce de Pauline, c'était la fougue et la passion. Pour l'amour, pour l'indépendance, pour la cause des femmes, sa voix épousait son corps, sortait des tripes et faisait vibrer les foules. À partir de 1980, elle veut projeter une image *soft* où la tendresse et la nostalgie prennent le dessus sur la flamme et l'énergie. Son disque *Charade*, par exemple, est tout en demi-teintes. Pauline commence aussi à avoir des ennuis avec une corde vocale qu'elle ne peut plus forcer, ce qui l'empêche de faire exploser sa voix comme avant.

Et puis les relations avec Gérald ne sont pas à leur meilleur. Elle est de plus en plus absente, lui aussi. Les tiraillements s'accentuent, les mises au point se multiplient même pendant les vacances à North Hatley et au cours de leurs voyages à l'étranger. Pauline songe à quitter Gérald et Gérald songe à quitter Pauline. Il annonce même la nouvelle à ses amis de Québec à plusieurs reprises, mais chaque fois il revient sur sa décision : « On s'est compris, on s'est donné beaucoup de liberté mutuelle et on se complète, quoi, comme on dit. C'est pour ça qu'on colle encore ensemble. [...] Si l'on fait le bilan des mois qu'on passe vraiment ensemble dans une année, c'est beaucoup moins que douze. Elle voyage souvent pour chanter en Europe et je voyage souvent pour mon métier de député ou, à l'époque, de ministre ou, maintenant, d'écrivain. Sur les douze mois, on est ensemble peut-être juste quatre, cinq mois. C'est peut-être pour ça qu'on s'endure encore. Je conseillerais donc aux gens qui veulent vivre ensemble longtemps de prendre souvent de la distance entre eux : *no man's land* ou *no woman's land* surtout[3]. » Pauline vit dans la crainte que leur relation ne s'étiole mais elle n'abandonne pas.

Une morosité malsaine s'empare de la société québécoise post-référendaire. Le Parti québécois se comporte comme tout parti au pouvoir, il prend des virages plus conservateurs, c'est la période du « beau risque » de René Lévesque, que couronne la nuit des longs couteaux pendant laquelle les provinces anglophones et le fédéral ont signé l'entente constitutionnelle à l'insu du Québec. La récession commence à se faire sentir, ce qui entraînera des tensions au sein du Parti québécois entre l'aile sociale-démocrate et l'aile « libérale », ce qui mènera à la défaite du PQ en décembre 1985.

Pauline essaie de survivre de son mieux entre des spectacles qui vont bien en Europe, mais sans faire salle comble, et ses tensions affectives. Elle perd pied à l'occasion. Elle ne comprend pas d'où vient sa grande vulnérabilité : « Pourquoi cette fragilité, une plume au vent. Quelquefois j'ai l'impression d'avoir des forces, des tendresses, des connivences avec le monde entier, les objets, les plantes, les oiseaux, les gens. Quelquefois, j'ai l'impression que je transcende cette peur, ce doute, cette inactivité. Je plane, je me sens des ailes, je me sens un noyau dur, infatigable. Erreur. L'anxiété, le vague, l'inexistant, le liquide se glisse partout et je redeviens eau[4]. » À partir de cette période, son écriture se désorganise et devient de plus en plus difficile à déchiffrer. Les mêmes textes sont souvent repris dans deux versions différentes. Veut-elle les approfondir, se les rappeler ?

Oublie-t-elle qu'elle en a fait d'autres versions ? Lorsqu'elle voudra écrire elle-même son autobiographie à partir de 1992, elle relira sa cinquantaine de cahiers afin d'en extraire des pages qu'elle retravaillera, en vue de les inclure dans ce qu'elle appelle ses « petits contes vécus ». Par la suite, elle confondra des jours, des années, détruira certaines pages. Ce qui se dégage à la lecture des cahiers des années quatre-vingt, c'est qu'une faille se dessine, perceptible dans sa motricité et dans sa mémoire.

L'un des premiers signes du déclin de sa carrière se manifeste peut-être lors du dernier spectacle de sa tournée européenne du début de l'année 1982. Au Printemps de Bourges, le 9 avril, elle éprouve un malaise. En proie à une vilaine toux qui l'empêche de dormir depuis plusieurs jours, Pauline attend son tour derrière la scène. La chanteuse Yvette Théraulaz la précède de façon éblouissante. Tout à coup, Pauline est prise d'un trac démesuré, elle grelotte tant qu'elle en est paralysée, incapable de se présenter devant les deux ou trois mille personnes qui l'attendent devant l'estrade. Bernard Buisson reste auprès d'elle pendant les vingt minutes qu'elle fait patienter son public. C'est la première fois en vingt-cinq ans de carrière qu'une telle chose lui arrive. Est-ce l'angoisse, est-ce un véritable malaise physique, est-ce une brisure intime dans son être ? Finalement elle se ressaisit, affronte le public qui l'acclame, et tout rentre dans l'ordre.

Pauline attend Gérald qui doit venir la rejoindre à Paris pour les vacances de Pâques. Elle se sent fatiguée, un peu malade, mais est incapable de s'arrêter. À Genève, Jacques de Montmollin lui reparle de Brecht : « Je lui avais proposé de monter *Mère Courage* avec un metteur en scène de Suisse, parmi des comédiens amateurs. Et à cette époque, elle est tombée en France sur un nouvel agent qui l'a persuadée qu'il fallait en faire une production de très grand calibre. Je l'ai revue plusieurs fois à ce sujet, j'étais triste et je lui ai dit que je ne pouvais pas courir le risque. Alors on a renoncé à travailler ensemble et malheureusement *Mère Courage* ne s'est pas fait[5]. »

C'est à peu près à ce moment que Jean Dufour quitte la profession et que Sylvie Dupuy prend toute seule la relève, gardant la plupart de ses artistes. Mais Pauline choisit un nouvel agent, Olivier Gluzman. Elle discute ensuite avec les gens de RCA en vue de la production d'un nouveau disque. En vain. Au cinéma, elle voit le splendide *Christ s'est arrêté à Eboli* de Rosi, qui la fait pleurer, puis elle se plonge dans la lecture de *Jacques et son maître* de Kundera et de *Lettre à un enfant jamais né* d'Oriana Fallaci qui l'émeut, car il y est question de l'avortement, sujet toujours préoccupant pour elle. Elle redoute les vacances qui s'annoncent, n'arrive pas à s'imaginer inactive pendant un long mois. Gérald l'emmène en Grèce et à Rome. La magie du ciel de Paros lui fait le plus grand bien. Le jour de Pâques, Gérald et Pauline se joignent à la foule, chantent et dansent en buvant de ce vin des îles qui les rend joyeux.

Quand il revient vers Athènes, Gérald retrouve une équipe de son gouvernement et ils repartent pour Rome. Pauline ne va pas bien, elle tousse toujours, mais elle se gave de sirop contre la toux et d'aspirine pour tenir le coup. Rome la fait craquer, lui rappelle le voyage des années cinquante en moto avec Jacques Galipeau, celui des vacances du mois de septembre 1969 avec Gérald, le festival Premio Roma, en 1974 : « Chaque fois émerveillée. Tout est beau, les couleurs des maisons, l'architecture, les places, les fontaines, les arbres, les ruines, le Colisée, et ce petit hôtel Saint-Raphaël à deux pas de la place Navona[6]. » La lune de miel tourne au cauchemar et le lendemain, Gérald doit trouver un médecin. Pauline reste en clinique quelques jours. Sous injections antibiotiques, la toux diminue peu à peu et son souffle redevient régulier. Elle traîne cette toux depuis longtemps, et le malaise de Bourges n'est sûrement pas étranger à l'hospitalisation de Rome. Elle reçoit les visites de madame Lapierre, de la Délégation du Québec, et de la femme de l'ambassadeur du Canada. Pauline n'est pas que Pauline Julien, elle est également la femme du ministre Gérald Godin et elle a droit à tous les égards : roses et oiseaux de paradis.

De retour au Québec, elle doit se reposer encore. En juin 1982, elle s'occupe du lancement de son disque *Charade*, qui roulait déjà sous étiquette RCA depuis janvier en France. Pauline a un nouveau compositeur, Saint-Cloud, à qui elle a demandé de faire la musique des trois chansons de l'album : *Presque toi*, de Pierre Huet, *De la vie* et une version de *Insomnie blues*, qu'elle avait chantée au TNM en 1975 et pour laquelle elle avait demandé à François Dompierre de faire la musique. Cette fois-ci, les paroles sont les mêmes, mais elle a inversé des paragraphes et retiré le mot « blues » tant dans le titre que dans le refrain. Sur le microsillon, elle ajoute une autre chanson de Saint-Cloud, paroles et musique, intitulée *L'Arène*, et Michel Rivard a fait la musique de *Charade*, la chanson éponyme de l'album. Si l'on compte les albums solos qui ne sont pas des repiquages, ni des compilations d'autres disques, c'est son dix-huitième microsillon. Ce disque ne fait pas beaucoup de vagues, il n'est ni politique ni vraiment féministe, tout en nuances et bien léché. On reproche indirectement à Pauline de l'avoir lancé en Europe avant de le faire au Québec.

À l'occasion du lancement, Pauline annonce qu'elle chantera en plein air à Toronto le 23 juin 1982, veille de la Saint-Jean, qu'elle se rendra dans les Maritimes et retournera en Europe. Elle ajoute qu'elle ne fera pas de spectacles au Québec avant longtemps, car elle veut se faire désirer. À un journaliste qui parle une fois de plus de chanson « engagée » parce qu'elle fait campagne pour venir en aide aux victimes de la guerre au Liban, elle rétorque, incisive, qu'il s'agit d'un abus de langage.

En juillet, elle passe quelque temps avec Gérald à North Hatley. Un jour, elle décide de s'inviter chez Marie-Claire Blais qu'elle a mieux connue lors du tournage d'*Un homme, une ville*. La maison de l'écrivaine et de son amie artiste Mary Meigs, près du village de Racine, non loin de North Hatley, impressionne Pauline : « Un petit harmonium portatif ancien qui a dû appartenir à des pionniers ou à des missionnaires, de beaux tapis de laine crochetés et tressés, une cheminée immense, de l'espace, un coin cuisine qui sent bon le poulet aux herbes qui finit de cuire, et les ateliers respectifs de Mary et Marie-Claire, bien isolés, bien aménagés dans la grange[7]. » Ils discutent écriture, et au cours de la conversation, Mary Meigs dit tout bonnement à Pauline qu'elle écrit de façon généreuse, ce qui a l'heur de l'enthousiasmer. Revenue à la maison, Pauline reprend sa machine à écrire pour décrire en détail la maison de ses hôtes, puis elle abandonne, exaspérée : « Écrire, écrire, écrire, tout le monde me dit "Écris !", comme si ça pouvait me sortir de la cuisse, comme est sorti je ne sais plus qui ou quoi de la cuisse dudit Jupiter. Mais de là à m'y mettre, j'y suis, j'y suis, j'y suis. Pourquoi les autres ont-ils sur moi des propos que je trouve mensongers avec mes hésitations, mes reculs, mon sang d'eau, incapable de faire une chose à fond, me sentant pressée de toutes ces choses inutiles que je ne ferai pas davantage, ces lettres, ces lectures, ces écritures. Pourquoi me parlent-ils de la force, de la persuasion, du talent quand je me sens si inutile, si répétitive, si inemployée[8] ? »

Quelques jours plus tard, Pauline rend visite à sa sœur Mimie, hospitalisée à Sherbrooke après un accident de bateau qui l'a laissée à moitié paralysée et sans mémoire. Pauline est frappée par sa voix, sa voix « rauque, forte, qui perd aussi la mesure de sa bouche quand elle rit quand elle parle ». Sa propre voix la préoccupe de plus en plus : « Qu'est devenue cette voix ? Et je ne peux répondre et personne ne peut répondre. Certainement elle a changé, pourrai-je encore chanter[9] ? » L'angoissée resurgit. Gérald n'est plus toujours aussi compréhensif et l'idée du suicide revient la hanter. Elle voudrait en parler avec Gérald, lui faire lire ses textes, mais elle abandonne. L'été coule ainsi, et tout lui devient indifférent. Après avoir fumé, elle écrit des phrases qui ont des allures prémonitoires : « Je veux dire une chose importante, mais je n'y arrive pas, et chaque fois, soit que ma mémoire s'éloigne, soit que les mots s'engourdissent, soit que Gé change le cours de la conversation. Je sais dès le début que, bien que la phrase, qui est de plus en plus concrète sur mes lèvres et que je suis résolue à lui dire, va prendre énormément de temps, de répétitions avant que je puisse l'énoncer enfin, à la fin, et même ce n'est finalement que le lendemain que je pourrai la lui dire tout au long et clairement. Car j'ai constaté dès le tout début, qu'à l'inverse, ou plutôt différemment de tout ce que nous avons vécu ensemble, cette fois-ci, Gé ne se contente plus seulement de rire ou de me faire parler, il me coupe la parole, il prononce des discours, il invente des jeux, il s'extériorise complètement et librement[10]. »

L'été s'achève et elle n'a guère écrit que des « idées » de chansons, des pages et des pages de rêves illisibles, ce qui ne calme pas son inquiétude. Elle lit de Buñuel *Le Dernier Souper*, que Marcel Rioux lui a prêté et qu'elle trouve admirable. Elle veut l'acheter pour l'annoter et le faire circuler à son tour. Puis elle reprend sa machine et tape un texte intitulé ironiquement *En attendant Godin*, dans lequel elle parle de son ami Patrick Straram mourant : « Comment voir mourir un être que l'on aime à la folie, ça peut tous nous arriver. Comment accepter de vieillir ? Je pense beaucoup à ma petite personne, garder la ligne, la santé, la fraîcheur, les lignes qui font une silhouette... Pourquoi ? la beauté, penser que je peux plaire, séduire… et après, reste-t-il du temps pour la création ? Peu[11]. » Cette réflexion l'entraîne vers une autre remise en question de sa vie, de sa carrière. Elle refait un énième bilan, se flagelle, se sent vide et désespérée, hypocrite. Tout y passe, ses vingt-cinq ans de carrière, ses paniques, ses doutes, ses déprimes, le destin auquel elle n'a pas su répondre adéquatement : *L'Opéra de quat'sous*, la prison de 1970, la rencontre de Jean-Louis Barrault, *Bulldozer, La Mort d'un bûcheron, Les Sept Péchés capitaux*. Elle a foncé, foncé. Tout cela n'est-il que du vent ?

Sa santé décline et le 7 octobre, elle doit être hospitalisée à l'hôpital Saint-Luc pour une crise d'asthme. Elle ne déteste pas l'hôpital, on s'occupe d'elle, elle peut décrocher de tout, se reposer, recevoir des visites. Quelques jours plus tard naît Julien, le fils de Brigitte Sauriol, dont elle sera ravie d'être la marraine et puis, le 12 octobre 1982, portant encore des marques, un peu indifférente à cause de la fatigue, elle s'envole en Europe pour deux semaines de « reconnaissance » afin de rencontrer plusieurs écrivaines à qui elle veut demander des textes de chansons : Marie-Claire Blais, Suzanne Jacob, Viviane Forrester, Ariane Mnouchkine. Elle rencontre son agent Olivier Gluzman qui lui propose un récital à Saint-Malo en juin 1983. Elle revoit avec bonheur Alan Glass à Paris et se promène avec lui dans l'île Saint-Louis. Ils revivent ensemble les souvenirs du temps de la rive gauche. Elle rend visite à son amie la peintre Irena Dedicova, qu'elle trouve très angoissée et suicidaire, rencontre Anne Sylvestre, Jean-Louis Barrault, dîne avec Ariane Mnouchkine, qui arrive en retard au Procope. Elle se rend en Suisse, où elle retrouve Suzanne Jacob, reparle de *Mère Courage* à Jacques de Montmollin. Deux semaines après être rentrée au Québec, elle se rend à Timmins, dans le nord-est de l'Ontario, et elle reçoit le choc du décalage. Les gens finissent d'applaudir et s'apprêtent à partir avant même qu'elle ne quitte la scène… Les échecs s'accumulent.

Pour les vacances des fêtes, Pauline va à la mer en famille, avec Gérald, Pascale, Nicolas et leurs amis. À la Barbade, elle a loué une grande maison qui donne sur l'Atlantique et une dame du pays leur fait la cuisine. Tout le monde prend le car avec les autochtones étonnés de voir des blancs emprunter les transports en commun. Pauline demande à l'un d'eux combien de temps il faut pour se rendre à la plantation : « Ça dépend de la longueur de votre pas, répond-il. »

Pauline est éblouie par la réponse qu'elle note dans son cahier de citations célèbres. Ils achètent du poisson au marché, se rendent de l'autre côté de l'île, sur le Pacifique, puis Gérald loue une voiture pour amener tout le monde visiter les grottes que Pauline trouve impressionnantes par leur côté cathédrale. Elle lit *Le Matou,* pour se détendre, dit-elle, mais les idées noires reprennent le dessus, malgré la mer, malgré la bonne humeur des vacances : « Des idées qui me passent à travers la tête. Je ne sais ce que je deviens. Impossible de diriger ce qui se passe, ce qui va se passer. Attendre, et le temps passe infailliblement qui me panique de même. Me dire pourquoi pas mourir puisqu'on doit mourir, qu'à chaque seconde des gens de tout âge, de toute condition, de toute situation meurent. Choisir sa mort, ne pas l'attendre dans cet esprit défaitiste, passif, découragé, affolé[12]. »

Ce voyage au bord de la mer lui a quand même redonné un peu de l'énergie qu'il lui fallait pour entreprendre, le 17 février 1983, une autre tournée d'un mois dans dix-huit villes de France, de Belgique et de Suisse. Elle inscrit à son programme trois nouvelles chansons : *Je cherche mon chemin* d'Anne Sylvestre, *Tu me dis* de Suzanne Jacob et *Les Oiseaux perdus* de Mario Trejo sur une musique d'Astor Piazzola. Pauline retiendra les deux dernières pour le microsillon qu'elle concocte mais qui ne paraîtra qu'en 1985, sous le titre *Où peut-on vous toucher ?* Dans ce spectacle, Pauline prévoit des pauses pour ménager sa voix. Bernard Buisson joue de ses compositions, *Les gens de* et *Choc-ondes,* puis elle dit des poèmes de Neruda et d'Hélène Grimard. Au pianiste se joignent Bernard Jambou, bassiste, et René Lussier, à la guitare et à la percussion. Ils se promèneront de Antony à Saint-Michel-sur-Orge et à Gap, puis ils se rendront à Liège, à la salle Émulation, à Bruxelles, à la salle Woluwe. Ils reviendront en France, iront à Reims, Saint-Étienne-de-Rouvray, Nantes, Poitiers. Après un spectacle à Paris, à Beaubourg, ils se rendront à Auxerre, à Saint-Pierre-des-Corps, à Rennes, au Havre, à Saint-Brieuc. Cette tournée aux quatre coins de la France se fait en minibus : « Elle avait une santé de fer, dira Bernard Buisson. Elle dormait sur les banquettes. Elle ne se plaignait jamais. Elle mangeait de tout. Quand elle arrivait dans un village, elle devait toujours téléphoner ou poster une lettre. Elle engueulait les gens quand ils lui donnaient des renseignements qui ne faisaient pas son affaire[13]. » En Europe, le bilan de la tournée est positif, même si la courbe du succès semble amorcer une descente. Au Québec, la carrière de Pauline est presque au point mort.

Quand elle revient à Montréal à la fin du mois de mars 1983, elle fait quelques apparitions à la télévision, entre autres à l'émission *Allô Boubou* où elle n'avait pas été invitée depuis longtemps. Avec Pauline, ce n'est jamais simple. Son agente a beaucoup de mal à la programmer au petit écran parce que Pauline, c'est bien connu, veut régenter tout le monde sur un plateau. Évelyne Dubois réussit à arranger les choses en lui proposant d'agir comme intermédiaire. Pauline veut faire une sorte de rentrée mais elle n'a pas de spectacle en vue et son prochain disque n'est pas encore au point. Elle annonce donc à la presse qu'elle fera une grande fête en 1984 pour célébrer ses vingt-cinq ans de carrière. Au journaliste qui a la nostalgie d'une Pauline plus mordante, plus politisée, elle répond qu'on ne choisit pas sa nature : « Je n'ai jamais été une chanteuse intellectuelle. Je n'ai jamais été une chanteuse politique : je n'ai jamais été échevin à ce que je sache et je n'ai jamais livré de messages. Sur scène, je veux m'exprimer, dire ma vérité plutôt que de livrer un message[14]. » Elle a appris la patience avec le temps et annonce un album « prochainement » et un spectacle « dans deux ans », mais « rien de révolutionnaire », du « populaire, populaire ».

Pourtant Pauline se sent de plus en plus seule. La maison du carré Saint-Louis qu'elle aime tant lui semble maintenant trop grande depuis le départ des enfants et les longues absences de Gérald. Elle écrit des lettres à son agent européen, lui annonce qu'elle a une corde vocale en très mauvais état, striée de rouge, qu'elle doit se mettre au repos. Du même souffle, elle lui dit son désir de renouveler son spectacle de A à Z, de le concevoir différemment. Elle a reçu une chanson de Pierre Grosz dont Marie-Paule Belle a écrit la musique et elle tente de l'apprendre, mais elle hésite. Elle a refusé un autre texte que Pierre Grosz lui avait proposé, puis elle se ravise, elle le demande à nouveau. Elle voudrait également que Lewis Furey écrive la musique de la chanson de Suzanne Jacob, *Tu me dis*. Elle cherche des femmes auteurs et elle écrit à Françoise Sagan, puis demande à son agent européen de fixer des rendez-vous avec Viviane Forrester, Marie-Paule Belle, Madeleine Chapsal, Anne Sylvestre, Suzanne Jacob, Anne Hébert, Catherine Lara, Benoîte Groult, Annie Leclerc et Christiane Rochefort. Elle ajoute qu'Alexandre Hausvater veut monter *Grandeur et décadence de la ville de Mahagonny* de Brecht, en janvier 1984, à Montréal.

Le 23 juin 1983, Pauline part pour Paris en vue de son spectacle à Saint-Malo, reconnaissante que Gérald ait tout annulé pour la conduire à Mirabel. Le lendemain, elle va voir une représentation des Ballets de Genève dont fait partie son amie Manon Hotte. Elle juge excellent le travail de la danseuse et du directeur Oscar Arrez. Pauline découvre le tango, Astor Piazzola, elle et Gérald viennent de traduire *Les Oiseaux perdus* et elle a rencontré le groupe musical Quartango avec lequel elle prépare un spectacle.

Le 25 juin, elle rencontre Marie-Paule Belle, qu'elle trouve « charmante et coopérative ». Le lendemain, elle rejoint Françoise Mallet-Joris et Anne Hébert, puis elle voit rapidement Anne Sylvestre, lui donne rendez-vous pour le mois d'avril 1984. Le 27 juin, elle déjeune avec Annie Leclerc, puis elle se met en route vers Nancy où elle rend visite à Pierre Perret avec qui elle doit faire une émission de télé. Chez Perret, elle fait la fête, visite sa cave à vin, et s'amuse énormément. Plus tard, elle se rend à l'hôtel Crillon où elle se joint à René Lévesque et sa femme, Corinne Côté, Lewis Furey, Carole Laure, Yves Michaud, Louise Beaudoin. Mais c'est trop pour elle, elle est mal à l'aise en groupe et fuit chez Mimi Parent et Jean Benoît. Préoccupée entièrement par son nouveau spectacle, elle continue sa tournée et rencontre, chez Lipp, la « divine » Viviane Forrester, qui accepte de lui écrire une chanson.

Pauline se rend ensuite à Saint-Malo pour son spectacle. Elle doit remettre à sa place son jeune guitariste René Lussier. C'est elle la vedette et ses musiciens ne doivent pas, aussi virtuoses soient-ils, se montrer plus forts qu'elle. Par ailleurs, capable de reconnaître le talent, elle a l'art de s'adjoindre les musiciens les plus talentueux et les plus compétents. Le spectacle de Saint-Malo se passe plutôt mal. Distraite, elle bafouille, perd des mots, l'éclairage a des ratés, il y a trop de réverbération. Malgré les applaudissements, Pauline est ennuyée de tous ces détails et convoque un meeting technique après le spectacle. Sans directeur de tournée, elle se sent à la merci du hasard. Les musiciens ne sont pas toujours d'accord avec Pauline, mais elle finit par oublier les tensions avec son équipe, et le retour vers Paris s'effectue sous un soleil radieux dans l'entente et la détente, malgré les inévitables incidents dans les restaurants.

L'été 1983, Pauline le passe en grande partie à North Hatley où elle noircit des pages et des pages pour raconter en détail ses nombreux rêves. Les choses se tassent avec Gérald, les vacances se déroulent bien, les projets de chansons avancent, elle prépare sa rentrée en Europe. Pauline reprend son journal le 19 octobre 1983, au moment où elle commence sa tournée, à Pau, dans les Pyrénées-Atlantiques. Elle donne un spectacle en présence de dignitaires, dont Danielle Mitterrand. Pauline est déçue de sa performance : « Spectacle pas très bon, beaucoup de blancs, accrochage de mots (impression que je fais du ramollissement !) puis les dignitaires me gênent, Danielle Mitterrand, le maire Labarassi, les deux tiers de la salle aussi empesés. Le son et l'éclairage qui manquent à tout bout de champ[15]. » Quelques jours plus tard à Montluçon, elle se rattrape et donne un bon spectacle, mais cette fois, le public ne réagit pas. Le lendemain, elle revient sur Paris, le temps de donner un autre spectacle devant un auditoire d'amis, puis repart à Saint-Maurice en Suisse donner un autre bon récital devant un public chaleureux. Elle salue ses amis Philippe Morand et Manon Hotte à Genève, puis elle se rend à Bruxelles où elle donne « un très beau spectacle ». Mais sa santé lui fait faux bond de plus en plus. Son cœur se remet à battre trop vite et elle se plaint de maux d'estomac. L'angoisse l'étreint à nouveau quand elle apprend que RCA, sa maison de disques en Europe, refuse de continuer à l'enregistrer : « Comment vivre sans crier, sans pleurer, sans jouir ? Heureusement il y a la chanson. Mais cette chanson, où est-elle justement ? Les télés inexistantes, les agents sympas mais pas très efficaces[16]. »

Pauline profite de quelques jours de relâche pour aller à Rome rejoindre sa sœur Fabienne, qui y séjourne avec son mari Jean-Paul Guay. Cette échappée est un baume pour Pauline, de plus en plus inquiète de sa voix. Les sœurs visitent la ville, et le dernier jour, Fabienne s'envole vers la Sicile avec une amie. Pauline met la patience de Jean-Paul à rude épreuve en se lançant dans une interminable chasse à la chaussure. De retour à Paris, une lettre de Gérald l'attend. Il est très fatigué et l'informe que les travaux de la commission parlementaire sur la loi 101 sont commencés. Il lui propose de passer les vacances de Pâques aux Açores « dans les volcans, les lacs bleus, verts et noirs, un pays où on marchera ensemble, où on sera enfin isolés de tout, dans le seul hôtel du bout. Un peu luxueux pour tes goûts d'ascète peut-être, mais le jour, on vivra à la Pauline : misère et nature et simplicité, et le soir à la Gérald, un bon souper avec du bon vin. De toute manière, je n'endurerai aucune discussion là-dessus. C'est décidé, on y va et tu ne le regretteras point[17]. » Le 10 novembre, elle se rend en Bretagne donner un spectacle à Douarnenez, dont elle est très contente. Elle revoit Carnac, les menhirs, les dolmens, la mer. Puis elle prend la direction de Genève, où elle chante au Grand Casino. Pauline est heureuse, les critiques sont bonnes.

À son retour à Montréal à la fin du mois de novembre 1983, elle répète de façon intensive *Mahagonny* au théâtre de Quat'sous, sous la direction d'Alexandre Hausvater. Pauline y joue le rôle important de la veuve Begbick, tenancière de bordel. Dans une lettre à Olivier Gluzman, elle ironise sur le fait qu'en 1962, elle avait joué le rôle d'une prostituée dans *L'Opéra de quat'sous*, et qu'il faut donc « se faire une raison... ». La distribution est impressionnante, Pauline joue aux côtés de Robert Lalonde, Robert Marien, Carole Chatel, Claude Gay, Claude Marquis. Les répétitions sont très difficiles pour elle qui n'est plus habituée à travailler en groupe. Elle doute d'elle-même et indispose les autres comédiens en accaparant toute l'attention du metteur en scène. Le 18 janvier 1984 commencent les représentations de *Grandeur et décadence de la ville de Mahagonny*. Après trois soirs, Pauline manque toujours d'assurance : « Tout va bien, mais moi je ne suis pas encore très contente de ma performance, pas assez assise. Beaucoup de texte parlé, peu de chansons, elles sont pour la jeune Jenny, mais le public aime la représentation et les amies me disent que ça se tassera. Attendons. Mais quel trac grands dieux. À en être malade[18]. » À la fin, selon Bernard Buisson, elle est la plus forte !

Pauline ne désespère pas d'organiser une fête pour célébrer l'anniversaire de son entrée dans la carrière de chanteuse. Elle parle maintenant des *Vingt ans de Pauline*, et non plus des *Vingt-cinq ans de Pauline*, comme si elle avait fait ses débuts en 1964 ! Elle souhaiterait que cette célébration coïncide avec la sortie du microsillon sur lequel elle travaille d'arrache-pied. Elle a reçu des paroles de Denise Boucher, *Les Sentiments* de Viviane Forrester, elle inclura *La Peur* de Grosz, puis les *Oiseaux perdus*. Elle relance Anne Sylvestre, dont elle n'a pas de nouvelles. Elle songe évidemment à un tout nouveau spectacle, une rentrée à Montréal pour l'automne 1984 ou pour le printemps 1985. Elle financera le disque comme co-productrice. Elle se rend ensuite à Toronto pour travailler avec Quartango. Invitée spéciale du spectacle, elle chante trois tangos, *Les Oiseaux perdus* de Piazzola, *Le Tango des roses* et puis *Le Tango des matelots*, un extrait de *Happy End* de Brecht et Weill.

La santé de sa sœur Alberte continue de se dégrader : elle perd la mémoire, la parole, la voix. Pauline se sent interpellée par ce « terrible état de vivante emmurée[19] ». Pauline relit son journal qu'elle écrit maintenant depuis presque vingt-cinq ans, sa deuxième mémoire. Elle aime revoir les noms de lieux, de personnes, faire jaillir de nouveau l'étincelle du moment, prolonger la réflexion. Quelques mois plus tard se produit la catastrophe qui chambardera toute la vie de Pauline, toute la vie de Gérald, toute leur vie.

En mai 1984, Gérald ressent les premiers symptômes d'une tumeur cérébrale. Le 11 mai, il est hospitalisé pour des examens au cerveau : tomographie, scintigraphie. Pauline attend les résultats dans les couloirs. « Gérald est pour sa cinquième nuit encore à l'hôpital, tanné, harassé de cette lutte pour connaître la vérité de son cerveau. Il passe, nous passons, de l'inquiétude totale à l'espoir que ce ne soit qu'une mandarine bénigne. Et mon impuissance est totale. J'avais une envie brève d'en parler, lecture des pages précédentes, la tournée depuis 1983, mémoires, souvenirs. Temps passé, présent, qui êtes-vous ? Personne ne peut rien pour personne. Ou si peu. Je parle de l'intérieur, je parle du tournant essentiel. Je parle de l'existentiel. Personne ne peut rien pour toi. Personne ne peut rien pour moi, qu'une compréhension muette ou verbale, selon le cas[20]. » On apprendra bientôt qu'il s'agit d'une tumeur cérébrale et, le vendredi 1er juin, Gérald Godin est opéré par le docteur Georges Élie Ouaknine à l'Hôtel-Dieu de Montréal : « Gé, toi aussi, seul dans ce long sommeil de plus de huit heures. Où étais-tu pendant ce temps ? Comme dans le sommeil ? L'oubli total ! Et après ! Je t'aime de toutes mes forces mais je m'échappe et tu t'échappes[21]. »

Le lendemain, quand Pauline revient, l'infirmière qui l'accueille lui dit qu'une « dame » insiste pour parler à monsieur Godin. Son sang d'eau fait quatre tours dans ses veines, elle ne se donne pas la peine de réfléchir et elle se rend directement près du lit de Gérald. Quelques semaines après l'opération, une fois la vapeur tombée, Gérald racontera en riant à Manon Hotte ce qui s'est alors passé :

« Pauline est entrée dans la chambre. Elle a tiré tous les tubes. Elle les a déconnectés pour lui dire : “Si tu ne me dis pas qui est cette femme-là, je ne te rebranche pas !” Pauline, c'est ça. Et c'est ça que Gérald aimait d'elle, il ne pouvait pas vivre sans elle. Il avait toujours été clair pour Pauline et Gérald qu'ils pouvaient avoir des amants en autant qu'ils se le disent. Mais cette fois, c'était une histoire qu'il ne lui avait pas racontée. Donc, s'il ne lui avait rien dit, c'est qu'il y avait quelque chose de plus[22]. »

Pauline se sent trompée et humiliée. Elle en veut à Gérald, elle en veut à cette femme, elle s'en veut à elle-même, elle en veut au monde entier : « Pour sûr, je m'acharnais depuis un an, deux ans, peut-être plus, à lui dire “Regarde-moi, tu ne me dis jamais plus que je suis belle et que j'ai la peau douce.” Des fois j'ai envie de le laisser là tout nu, seul, malade ! En espérant que s'il ne m'a pas quittée, c'est qu'il m'aime encore[23]. » La compassion finit par l'emporter et Pauline ramène Gérald à North Hatley dès qu'il reçoit son congé de l'hôpital. Pascale a fleuri la maison pour l'occasion, Pauline s'occupe de son patient avec toute la générosité dont elle est capable. Elle est dépassée par la maladie, la trahison, tout lui semble aller à l'abandon autour d'elle. Dès que Gérald va un peu mieux, elle le questionne, pour comprendre. Elle retient ses larmes, essaie d'être calme, ce qui lui demande un effort surhumain. Pauline songe sérieusement à se séparer, elle envisage de vendre la maison du carré Saint-Louis. Les discussions se poursuivent, inlassablement, mais sur un ton de confidence tranquille. Gérald maintient qu'il a droit à sa vie secrète. Pauline suggère alors qu'ils devraient vivre dans des appartements séparés : « Et là je suis tellement désespérée et je le vois pour la première fois pleurer. Quel coup du destin, tout est foutu. Je le console pour son mal et pour l'impatience et dis : “Crois-tu qu'il y a une lueur d'espoir ?” Je pleure avec lui. Ce n'est pas de ma faute si le destin aussi m'a frappée avec cette vérité en pleine face. Est-il possible que tu sois moins secret et moi plus stable[24] ? »

Dès que Gérald devient un peu plus autonome, Pauline décide de partir en Europe. Avant le départ, ils tentent de s'expliquer de nouveau et Gérald lui répète qu'il tient très fort à garder des zones secrètes dans sa vie, mais il veut également rassurer Pauline : c'est parce qu'il aimait vivre la plupart des moments de sa vie avec elle qu'il n'est pas parti avec les autres femmes. À moitié convaincue,

Pauline monte dans l'avion le 21 juin et reprend son journal de bord : « Comme un zombie, j'ai l'impression qu'il y a une mer entre le monde et moi. Tout me vient de réflexes que je connais. Je n'agis pas avec ma tête mais avec des réflexes. Heureuse psy que ce cahier. Il poursuit sa lutte pour l'indépendance, son métier, et maintenant, retrouver sa santé. Je ne touche pas la terre. Je m'envole dans le néant. Moi, je rends service voilà tout. De plus en plus, il n'y a rien à tirer de Gé[25]. » Olivier Gluzman l'attend à l'aéroport et la conduit chez Jacqueline Abraham. Elle appelle Michèle Latraverse, son attachée de presse de longue date, Jacques Marsauche et sa femme Thérèse, qui connaissent un réputé chirurgien à Lyon capable d'opérer la corde vocale défaillante de Pauline. Puis elle se rend à Fontenay-aux-Roses chez les Scrive se vider le cœur. Elle raconte tout de nouveau, de long en large, s'épuise à répéter la trahison de Gérald. Quelques jours plus tard, elle se paie des vacances à l'île de Ré, une thalassothérapie à l'hôtel Atalante, elle s'offre des repas somptueux, des bains d'eau de mer, des enveloppements d'algues pour se sentir momie, pour oublier. Une fois bien reposée, elle reprend le train vers Paris. Elle réfléchit, se rend compte davantage que son corps change : « Je suis devenue l'amie, la confidente, la sympathique, mais je ne suis plus la désirée, la désirante, la passion, l'amante. J'ai encore foi à mon corps pour rouler, tenir, jouir, mais pas attirer. Se résigner, se soumettre, quelle vie intérieure avoir, se structurer, connaître ce monde de l'autre versant, l'accepter ? Inconnu encore, ne pas savoir. Gé est plus jeune, il a droit encore à être du étant, et non du versant. Accepter d'être ce que je suis, qui ? Ce que j'ai dit aux autres, le faire ! Trop vécu pour accepter d'être spectatrice[26]. »

Le 3 juillet 1984, Pauline se rend à Lyon pour subir une opération des cordes vocales. Elle n'a pas le droit de parler et quelques heures plus tard, le chirurgien, qu'elle trouve un peu cavalier, lui fait une visite de routine pour lui rendre compte de l'opération : « Laissez-moi parler, ce sera plus intéressant que ce que vous avez à dire. » Pauline le fusille du regard et il continue : « Vous fûtes très difficile à opérer, une glotte qui bougeait sans arrêt. J'ai dû la ligoter au palais. Une heure sur la table, il y avait un petit kyste[27]. » Jacques Marsauche vient la chercher à l'hôpital et l'amène chez lui à Roche-sur-Grave dans son chalet de montagne. Le 10 juillet, après ces jours de silence forcé en bonne compagnie, elle est assez remise pour revenir à Paris. Elle reprend ses affaires et voit Pierre Grosz, qui lui a fait une chanson pour le prochain microsillon, et son amie Christiane Zahm, qui la réconforte. Le 12 juillet, elle descend à l'aéroport de Mirabel, où l'accueille Gérald, rose à la main. Émue, Pauline saute dans les bras de son « préféré ». Ils prennent la route de North Hatley et ce sont des retrouvailles très douces, comme après chacune de leurs nombreuses absences... Le 15 juillet, la première sortie officielle de Gérald coïncide avec le cinquantième anniversaire de mariage d'un couple ami, Léon et Rita Bellefleur, célébré avec faste à Saint-Antoine-sur-Richelieu. Puis ils se rendent à la Renardière chez Marcel Rioux. Les taquineries fusent, les folies, les fous rires, les réflexions, les discussions, comme aux plus beaux jours.

À la rentrée, en septembre 1984, en même temps que la venue du pape à Montréal, Pauline joue dans la mise en lecture de *Les fées ont soif*, la pièce controversée de Denise Boucher, produite par le théâtre des Cuisines. Aux côtés de Luce Guilbeault, qui joue Madeleine, et Katerine Mousseau, qui interprète Marie, elle fait la statue. En entrevue, Pauline tente d'enlever tout caractère politique à sa participation à la pièce : « En réalité, je suis autant comédienne que chanteuse. Il y a six mois j'étais déjà revenue au théâtre pour *Mahagonny* de Brecht. *Les fées ont soif* portent un témoignage intéressant. Et l'auteur, Denise Boucher, a écrit beaucoup de chansons pour moi[28]. » Pauline marche sur des œufs, elle n'ose plus faire de déclarations fracassantes. À la même époque, elle participe, rebelle et merveilleuse, à une vidéo de Diane Poitras, *Pense à ton désir*, une œuvre interpellant la société qui rejette les femmes vieillissantes.

Et la vie continue. Pauline s'envole le 15 octobre pour une autre tournée de plus d'un mois qui la mènera en France, à Namur et aux pays basques. François Truffaut meurt, puis Henri Michaux. Pauline écrit « Hécatombe » dans son journal. Le 28 octobre, elle chante *Bilbao* à Bilbao. Ce qui aurait dû être un bonheur tourne au cauchemar. Presque personne dans la salle, la technique est affreuse. Pauline écrit : « J'en ai marre, marre. » À Limoges, sa voix la déçoit : « Les vocalises ressemblent à une porte de grange encrassée depuis des années[29]. »

Quand Pauline revient de sa tournée, le 26 novembre, de grands bouleversements viennent d'avoir lieu au sein du cabinet péquiste. Six ministres de ce qu'on a appelé l'aile orthodoxe du parti, ceux qui voulaient l'indépendance à tout prix, ont démissionné devant le manque de fermeté du gouvernement en matière de langue et de relations fédérales-provinciales : Jacques Parizeau, Camille Laurin, Jacques Léonard, Gilbert Paquette, Denise Leblanc et Louise Harel. La tension est grande au carré Saint-Louis. Gérald est préoccupé au plus haut point par la situation politique et Pauline revient sur l'histoire de la trahison de juin. Elle ne se sent plus chez elle dans la maison qui a perdu son âme.

Le 16 décembre, nouvelle catastrophe. Gérald fait une première crise d'épilepsie au moment où il allait sortir. Son chauffeur, monsieur Clermont, l'attend dehors, Pauline est en train de se maquiller : « Tout à coup j'entends haleter très fort. Je me précipite dans le salon. Assis sur le divan, le visage blanc, il tremble fort de la bouche puis de tout le côté gauche. Je lui prends la tête, je lui parle, j'essaie d'arrêter le tremblement, affolée, je regarde partout. Je ne vois rien, je ne veux pas le laisser. Comme s'il s'était mordu la langue, je ne veux pas qu'il recommence. Insensée, je mets mon index gauche entre ses dents, il tourne au blanc, il serre très fort. Je l'appelle très fort, Gérald, Gérald, de toutes mes forces. J'essaie de séparer ses dents, j'y arrive assez pour m'arracher le doigt ouvert et qui saigne, mais je ne sens rien. Je trouve un crayon, je pense à monsieur Clermont, la crise s'apaise. Je cours le chercher, il monte, nous l'assoyons par terre, la tête calée sur le fauteuil. J'appelle le docteur Ouaknine chez lui, pas à l'hôpital, son *paget*. Nouvelle prescription, monsieur Clermont et moi le couchons sur le divan et il s'endort. Je soigne mon doigt au mercurochrome, le panse. M. Clermont rapporte les médicaments à seize heures, Gérald peut monter se coucher dans notre lit. Il dort[30]. » Pauline se rend aux urgences, son doigt est gravement blessé, elle doit être opérée.

Elle passera dix jours à l'hôpital et reviendra à temps à la maison pour faire les bagages et partir en vacances avec Gérald en Haïti, du 26 décembre 1984 au 10 janvier 1985. Ils ne sont pas au bout de leurs peines : Gérald fait une autre crise dans une chaloupe. Cette fois, deux hommes aident Pauline à le ramener sur la plage.

L'année 1985 sera l'année des dernières. Dernier album solo, derniers spectacles solo. Pendant les six premiers mois de 1985, Pauline n'a pas encore pris la décision de mettre un terme à sa carrière et elle continue à chercher des voies pour durer. En janvier paraît à Paris son microsillon *Où peut-on vous toucher ?* chez Auvidis, sous la direction musicale d'Yves Angelo. Ce disque très émouvant ne trouvera malheureusement pas de co-producteur au Québec. À l'écoute, on sent que la voix de Pauline a perdu de sa puissance, mais l'interprétation est sentie, intériorisée. Elle est allée chercher ces chansons à bout de bras, sollicitant inlassablement les auteurs, essayant elle-même d'en écrire de nouvelles avec l'énergie du désespoir. La toute dernière, son chant du cygne comme parolière, s'intitule *Agricole.* C'est une chanson qui se voulait humoristique mais qui semble aujourd'hui dramatiquement prémonitoire :

Moi je cafouille et je bafouille
Je dis mangouste pour des langoustes
J'me dis chanceuse et j'suis chanteuse
J'ai peur des Pyrénées quand j'vois des piranhas
C'est dramatique et c'est tragique
Je ne puis vous le cacher plus longtemps
Plus longtemps
Je suis une agricole.

Pourquoi « agricole » ? Bernard Buisson est présent quand germe l'idée de cette chanson. Pauline vient de s'acheter un lave-vaisselle qu'elle n'arrive pas à faire fonctionner. Elle déteste les électroménagers, elle préfère tout faire à la main. Buisson lui lance alors : « Toi, tu es une agricole. » Trouvant l'expression jolie, elle décide d'en faire une chanson dans laquelle elle se moque un peu d'elle-même. Sur *Où peut-on vous toucher ?*, Pauline inclut une autre de ses dernières chansons, intitulée *De la vie* et rebaptisée *La Vie oui*, prémonitoire elle aussi dans la mesure où il s'agit d'une sorte de réquisitoire contre la mort, comme pour mieux la conjurer.

Laissons les morts avec les morts
va-t'en la mort j't'en veux à mort
quand je te rencontre je change de bord
j't'ai assez vue dans mon décor

Moi je choisis la vie oui...
la vie

À peine sorti en France, ce disque remporte le prix Charles-Cros. Cette prestigieuse récompense remonte sur-le-champ le moral de Pauline et lui donne assez d'énergie pour entreprendre ce qui sera sa dernière grande tournée de chanteuse solo en Europe. Son spectacle reprend à peu près son microsillon, avec des ajouts. Elle chante du Brecht encore et encore, *Oh Moon of Alabama, Chanson de Barbara, Bilbao Song.* Elle refait *La Croqueuse de 222,* de Michel Tremblay, *L'Étranger, J'pensais jamais que j'pourrais faire ça.* Elle dit également plusieurs textes pour faire des liens entre les chansons, des monologues poétiques qu'elle a elle-même écrits comme *Ce que je chante, ce que je dis, La mode est au rouge.* Également des textes de Madeleine Chapsal, Julos Beaucarne, Henri Michaux, Pablo Neruda. Puis elle chante *Un Canadien errant,* une chanson datant du siècle dernier, rebaptisée *Une Québécoise errante* et adaptée par Denise Boucher et Christiane Rochefort. Sur le programme très soigné de son spectacle sont reproduites quatre chansons : *Maman, ta petite fille a un cheveu blanc,* de Denise Boucher et Pierre Flynn, *Les Sentiments* de Viviane Forrester et Marie-Paule Belle, *Agricole* de Pauline Julien et Robert Léger et *Les Oiseaux perdus* de Trejo et Piazzola. Pauline a demandé à Louise Beaudoin, alors déléguée générale du Québec en France, de lui écrire un témoignage : « Pauline, une des grandes de la chanson québécoise. À la fois violente et douce, elle vient fêter sur la scène parisienne ses vingt ans de chanson. Salut à toi, Pauline, mon amie, femme de cœur, femme de nos paroles. »

Jusqu'à la fin de février 1985, Pauline présente son spectacle à Montreux, La Chaux-de-Fonds, Neuchâtel, Fribourg, Genève. Puis en mars, elle se rend à Aoste en Italie, sur la côte d'Azur et prend des vacances avec Gérald aux Baléares, probablement à Majorque, chez Robert Goulet, avant de continuer la tournée en Algérie. Bernard Buisson l'accompagne dans sept autres villes, à Oran, à Alger, et ailleurs dans différents centres culturels. Quand elle revient à Paris, une lettre de Gérald l'attend, avec un poème qui la laisse perplexe :

Je les aime
parce que je ne les aime pas
et il m'arrive parfois
de ne pas t'aimer
parce que je t'aime

La lettre se termine sur une note inquiétante : Gérald avoue qu'il est à nouveau tenté de se donner la mort : « Je me fais une liste des raisons de rester et des raisons de partir. Je n'ai pas encore terminé mon bilan[31]. »

La tournée se poursuit en France et en Belgique, puis elle fait un saut à Paris le 28 mars pendant son unique journée de relâche. Dès le lendemain, elle repart pour Mons, un peu désenchantée de ce travail qui lui demande de plus en plus d'efforts : « Me conduire en star, être parfaite, présente, vivante, courageuse, en scène et en représentations, médias, mais après, valises, attente, solitude, poids, marche, bien seule. Je ne veux plus me fatiguer pour ce métier que j'aime, mais qui demande un effort surhumain[32]. » La tournée continue, Pauline se rend ensuite à Bruxelles, chez Lucien et Yetta Outers, à Perwelz, à Charleroi, à Seraing. Le 2 avril, elle rentre à Montréal pour faire la promotion de son spectacle au Club Soda en mai 1985, son dernier grand spectacle solo à Montréal.

Plusieurs articles de fond paraissent sur elle dans diverses revues. On sent Pauline inquiète, on voit qu'elle cherche à tirer la meilleure part de son expérience de chanteuse, qu'elle essaie de se situer et de se vendre : « J'ai la sensation que les gens m'aiment, quand je les rencontre sur la rue, ou quand je passe à la télé. Mais à un moment donné, ils m'aimaient mais ils ne venaient plus à mes spectacles. C'est ce qu'on appelle saturer un marché. Moi, j'ai envie de revenir au Québec. Il ne faut pas oublier que je chante depuis plus de vingt ans. J'ai eu beaucoup de plaisir, beaucoup de succès aussi à faire d'innombrables tournées[33]. » Hélène Pedneault a pris la relève d'Évelyne Dubois comme agente de Pauline au Québec et elle signe, tout comme Élyse Pouliot l'avait fait quelque vingt ans plus tôt, une longue entrevue avec Pauline dans la revue *Montréal ce mois-ci.* Puis dans *La vie en rose*, lors d'une autre longue entrevue, Pauline raconte l'histoire de son nouveau disque *Où peut-on vous toucher ?*, comment elle a contacté une dizaine d'écrivaines qui au départ étaient toutes emballées, mais dont il a été difficile d'obtenir une chanson. Elle avoue d'une façon très directe qu'elle a peu confiance en elle, qu'elle fonce parce qu'elle ne peut accepter la réalité au fond, mais qu'elle doute toujours de s'être pleinement réalisée. À la journaliste qui lui demande si le fait que son conjoint soit ministre l'empêche de faire des déclarations sur ses positions politiques, elle répond par la négative. Elle fait encore confiance au PQ : « Vivre avec un homme politique m'a fait comprendre les innombrables pressions qui s'exercent de tous côtés sur les gens au pouvoir. Je les critique aussi et avec eux je me retrouve plus souvent qu'autrement dans l'opposition[34]. »

Pauline est revenue en grande forme au début d'avril à Montréal. La tournée a bien marché, le prix Charles-Cros l'a consacrée grande vedette, mais après quelques jours, la vie quotidienne reprend ses droits. Elle se remet à tousser, et le ton des entrevues laisse croire à un nouvel épisode de dépression. Jean Beaunoyer de *La Presse* parle d'elle au passé comme si la légende commençait déjà à prendre le pas : « Comme si le Québec dont avait rêvé Pauline était en train de se faire sans qu'on en prenne conscience. Peut-être a-t-elle mieux vu la réalité québécoise que la plupart d'entre nous[35] ? »

Le 16 avril, Pauline retourne à Paris pour préparer sa semaine de spectacles à Bobino. Elle revoit des copains de ses débuts rive gauche, Michel Valette de la Colombe, Pierre Maguelon alias Petit Bobo du Cheval d'or, lors de la remise de la médaille de Commandeur d'État à Anne Sylvestre. Ses amies Françoise Staar et Christiane Zahm sont au rendez-vous, et elle dîne chez Christiane Rochefort avec Denise Boucher. Elle est bien à Paris, chez Jacqueline, où elle se fait dorloter un peu, oubliant les problèmes et le stress de la maison du carré Saint-Louis qu'elle a mise en vente. Elle en profite pour dormir, écrire dans une paix relative bien qu'elle soit paralysée par le trac à la perspective de faire Bobino. Pendant son séjour à Paris, elle reçoit une lettre de Gérald qui lui parle de nouveau de suicide, dans laquelle il lui redit qu'il comprend mieux Hubert Aquin. Pauline est chavirée. Sur la scène politique, le Parti québécois bat en retraite : René Lévesque est sur le point de déposer un projet d'accord constitutionnel confirmant le virage fédéraliste pris par le PQ lors de son congrès spécial de janvier 1985.

Pauline revient au Québec juste à temps pour son spectacle au Club Soda, le dernier, qu'elle donnera du 9 au 12 mai. Elle n'a plus du tout confiance en elle, persuadée que personne ne veut d'elle au Québec. « La chanson est devenue une industrie, dira Hélène Pedneault. Personne ne voulait produire des chanteurs du genre de Pauline et comme tout le monde elle a été obligée de se produire : publicité, promotion, plateau, musiciens[36]. » Dans la salle du Club

Soda, Gérald, entouré de Roland Giguère, de Marthe Gonneville et d'Alan Glass, pleure à chaudes larmes. Mais le succès n'est pas aussi grand que Pauline l'avait espéré, le public en général ne l'a pas suivie. Avec une sorte de naïveté, elle avait cherché des textes qui pourraient devenir populaires, mais les chansons plus faciles ne passent pas. Le public veut renouer avec la bête de scène, celle qui avait brisé l'image de la chanteuse guindée, entendre son répertoire de chansons fortes, pleurer encore sur *Mommy*, la voir hurler, bouger, retrouver « sa » Pauline.

Dans ce spectacle, sensiblement le même que celui de la tournée européenne, elle ajoute la légende de *Samarcande* qu'elle a entendue en Tunisie avec Gérald et qu'elle insérera dans *Il fut un temps où l'on se voyait beaucoup*. Ce texte qui parle de la Mort au rendez-vous marquera de façon prémonitoire son chant du cygne à Montréal. Elle ne donnera que quelques autres récitals dans des maisons de la culture : Marie-Uguay, le 22 mai, Côte-des-Neiges, le lendemain et Notre-Dame-de-Grâce, le 30 mai.

Pauline sait que les choses ne peuvent continuer ainsi. Tout lui échappe, Gérald, sa carrière, sa maison. Une chiromancienne lui conseille de changer de métier, de devenir écrivain et lui annonce qu'elle fera encore de nombreux voyages et qu'elle déménagera dans peu de temps. Gérald traîne, reste affaibli par la maladie qui l'a beaucoup changé et qui lui a momentanément fait perdre l'usage de la parole. Gluzman signifie à Pauline qu'il ne peut plus s'occuper de sa carrière. Au PQ, ce qui n'arrange rien, c'est la débandade, René Lévesque quitte la politique. Gérald revient à la charge et annonce de nouveau à Pauline qu'il veut se séparer d'elle, prendre un petit appartement. Pauline, assommée, regarde avec impuissance la santé de son préféré se dégrader peu à peu : au mois de juillet, nouvelles crises d'épilepsie.

Pauline participe le 14 juillet à la soirée de fermeture du festival d'été de Québec, un engagement auquel elle tenait. Malgré toutes ses difficultés personnelles, elle le prépare avec enthousiasme. Elle a peur, comme à Bourges, de se faire damer le pion par les autres participants, mais elle se ressaisit et elle entre en scène plus décidée que jamais à se battre. L'accueil de la foule est enthousiaste, les musiciens sont bons, tout se passe à merveille, mais après deux ou trois chansons, il se met à pleuvoir. Courageuse, elle continue, elle chante

L'Étranger, mais il tombe des clous et il y a danger d'électrocution, elle doit s'arrêter. Elle ne désespère pas, elle retourne sur la scène avec son parapluie pour dire que le beau temps reviendra dans quinze minutes. Il vente très fort, le temps s'arrange un peu, et elle retourne chanter une dizaine de chansons. À la fin, trempée jusqu'aux os, elle sort de scène et se rend compte que ses amis sont presque tous partis après la première partie, de même que les journalistes. Elle doit lutter pour ne pas sombrer, pour ne pas croire que c'est vraiment fini. Depuis plus d'un an, presque à chaque récital, elle se dit que c'est peut-être le dernier, mais cette fois, la coupe est pleine.

Elle apprend par son amie Monique Bourbonnais-Ferron que la peintre Kittie Bruneau veut partir en Inde et au Népal avec son copain Alain Martin et Denise Hébert, la compagne d'adolescence et de guidisme de Pauline. Pauline est séduite par cette idée, elle a besoin de sortir du marasme dans lequel elle s'est embourbée. Elle se rend d'abord à Trois-Pistoles chez Pascale, pour se sentir plus légère, passe des nuits à lire, cherche à dénouer ce nœud dans l'estomac. Elle envoie un message à Kittie Bruneau pour lui dire qu'elle aimerait se joindre au groupe, qu'elle n'a pas encore pris de décision, qu'elle se donne quelque temps, le temps d'aller en vacances avec Gérald dans les Cévennes, du 2 au 22 août.

Pauline se remémore l'année précédente, ce qu'elle appelle toujours « l'enfer ». Elle constate que, malgré les difficultés, l'année qui s'est écoulée a permis de suturer les blessures : elle a pu dissiper des malentendus avec Gérald et sous l'épée de Damoclès de la séparation, une sorte de tendresse s'est installée entre eux. Pauline comprend que Gérald est inquiet de sa santé, qu'il doute de plus en plus de récupérer entièrement, mais elle lui demande aussi de comprendre qu'elle est arrivée à une sorte de cul-de-sac dans sa carrière et qu'elle doit se réorienter. C'est dans cet état d'esprit de réconciliation que Gérald et Pauline partent pour Nîmes, d'où ils se rendent à Anduze au bord du Gardon, chez leurs amis Françoise et Philippe. Puis c'est le coup de massue : Gérald redit à Pauline qu'il veut désormais vivre seul, que sa maladie lui a donné un signe, qu'il veut profiter au maximum du temps qu'il lui reste à vivre. Pauline est un peu humiliée que tout cela se passe chez des amis et elle se donne une certaine contenance : « Il veut vivre le feu et voir où ça le mènera. Je n'ai qu'à me taire, qu'à vivre les moments heureux qui nous restent, qu'à faire l'endormie sur le reste, et on verra bien[37]. » Dès son retour à Montréal, Pauline décide de partir avec ses amis en Inde et au Népal. La série de vaccins qu'on lui administre la ralentissent mais cela ne l'empêche pas de se préparer de façon quasi professionnelle à ce grand voyage ni de se chercher une autre maison.

Après une escale à Paris, elle repart pour New Delhi. En pénétrant dans l'avion d'Air India, elle tombe sous le charme délicat de l'Inde. Elle entreprend le voyage le plus difficile et le plus déterminant de sa vie. Elle en reviendra changée. Le calme qui la gagnera peu à peu pendant cet automne de trekking dans les montagnes du Népal opérera encore longtemps après son retour.

Le journal quotidien deviendra un récit : *Népal : L'Échappée belle*, qu'elle co-signera avec Denise Hébert. L'Inde et le Népal ne peuvent laisser indifférent le visiteur qui y est confronté à ses limites chaque jour, chaque instant. La mort, la pauvreté, la chaleur, les couleurs, tout est là pour rappeler que la vie est plus forte que tout, qu'elle jaillit alors même qu'on pensait que tout était fini, terminé. Entre vie et mort, entre début et commencement, dans ce pays d'une simplicité qu'elle arrive mal à comprendre sur le coup, Pauline est touchée en plein cœur. C'est dans les montagnes du Népal qu'elle prend la décision ferme de ne plus se produire seule sur scène.

Pauline est séduite par le Taj Mahal, l'Observatoire de Jaipur, le paradis des oiseaux de Baratpur. Elle n'a pas les yeux assez grands, veut connaître toutes les légendes, toutes les histoires de mort et d'amour cachées sous les monuments, elle parle aux gens, les interpelle, prend le pouls des habitants de l'Inde : « Tout me sidère, me ravit et m'interroge. Je navigue entre l'étonnement et l'absurde. Une véritable Alice au pays des merveilles[38]. »

Après avoir circulé quelques jours autour de New Delhi, Pauline et ses compagnons de voyage partent pour Katmandou. En tout, dix-huit heures de voyage en voiture, train, bus et rickshaw. Au Népal, Pauline marchera jour après jour dans la montagne, franchira les petits ponts de corde, couchera sur la dure, mangera chez l'habitant, bravera les sangsues, se rendant à Pokhara, à Namché Bazar, à Thyangboche, infatigable, portée par le paysage d'infini : « Hallucinant, ce ciel dégagé qui nous laisse voir l'Everest en personne, comme pour lui serrer la main. [...] Que de blancheurs, d'illuminations et de scintillements ! C'est vivant, ça bouge et ça va parler. Je ressens cette même ivresse d'absolu qui me rappelle, au Yucatán, l'ascension de la grande pyramide de Chichén Itzá jusqu'à son plus haut palier. Une qualité de paix et de plénitude. Sans aucune contingence physique ou morale. La mise à nu totale, offerte. Je peux mourir[39]. »

Quand Pauline revient à Montréal, Anne Sylvestre est chez elle qui l'attend. Pauline ne fait plus de spectacle solo, mais elle s'engage illico dans le projet d'un duo. Ainsi germera l'idée de *Gémeaux croisées* que les deux chanteuses mettront deux ans à réaliser avec le concours de Denise Boucher, entre Montréal, Paris et North Hatley. Le rythme des événements politiques s'est accéléré pendant le séjour de Pauline au Népal. Au congrès du Parti québécois le 29 septembre, Pierre-Marc Johnson est élu chef du parti, succédant ainsi à René Lévesque comme premier ministre. Quelques semaines plus tard, Gérald Godin devient ministre des Affaires culturelles dans le cabinet Johnson. Cette nomination sera très significative pour Gérald Godin qui la recevra comme une sorte de juste retour des choses, lui le petit poète de province qui s'est parfois senti méprisé par le jet set littéraire de Montréal. Il a maintenant bouclé la boucle, il est devenu le subventionneur des subventionnés et il repasse sa vie amoureuse avec Pauline dans un flash émouvant : « L'hôtel Saint-Maurice où tu chantes, j'y suis tous les soirs, Mac Orlan, *La Fille des bois*, quelle sexualité, quelle image de la femme qui correspond tout à fait aux rêves vicieux des jeunes séminaristes, eh bien, c'est toujours pareil, encore ce jour, puis les voyages dans ma Sprite, on s'engueule sur le roman de ta nièce que j'ai descendu pour me faire remarquer. Puis cet article sur l'École nationale avec entrevue de James de B. Domville, ils veulent qu'on s'explique, tu leur dis je le connais, me voilà chez toi, tout ému, tu m'avais fait l'honneur de me téléphoner au journal, imagine la gueule jalouse de mes collègues, un de ces après-midi, on s'embrasse sur ton sofa, c'est le début et encore aujourd'hui, c'est toujours le début[40]. » Mais l'euphorie sera de courte durée. Lors des élections générales du 2 décembre 1985, le Parti québécois est défait et Robert Bourassa, chef du Parti libéral, redevient premier ministre. Gérald Godin est maintenant député de l'opposition.

En janvier 1986, Gérald part en Provence et en Italie travailler sur un roman. Il écrit souvent à Pauline. La paix est revenue dans le couple depuis que Pauline a fait du trekking au Népal et que Gérald n'est plus ministre. Dans ses lettres, il est manifeste que Pauline lui manque et, après un mois de séparation, il avouera qu'il s'ennuie même de ses défauts : « C'est encore plus grave que je pensais cette maladie. » Pour combler l'absence de Pauline, elle sera un personnage de son roman. Pendant que Gérald écrit sous le soleil d'Aix-en-Provence, Pauline tente une nouvelle expérience qui la rendra très heureuse : Michelle Rossignol lui demande de faire un atelier de chanson avec les trois groupes d'étudiants du Conservatoire. Il s'agit pour les apprentis comédiens d'acquérir un complément de formation en travaillant sur deux ou trois chansons du répertoire français. Pauline prend sa tâche très au sérieux, se rendant disponible, et elle est très appréciée de ses étudiants.

En mars, à peu près au moment où Gérald revient de son séjour en Europe, Pauline apprend que sa sœur Alberte est décédée. La famille se décime peu à peu. Alphonse, André et Rita sont partis et Mimie est toujours paralysée à l'hôpital. Alice, Bernard, Marcel, Fabienne et Pauline se rendent maintenant aux funérailles de sœur Claude Marcel, Fille de Jésus, qui s'est éteinte le 10 mars 1986 à l'âge de soixante-huit ans. Pauline vient de quitter la scène parce que ses trous de mémoire se multiplient et se demande si l'hérédité a joué un rôle dans la maladie de sa sœur bien-aimée. Sa sœur si instruite, dont elle admirait tant la culture et l'intelligence.

Pour se changer les idées et parce qu'elle a toujours souhaité parfaire son anglais, Pauline décide d'aller en Angleterre. À la fin de mars, elle s'installe donc à Londres dans une pension et elle suit méthodiquement ses cours de neuf heures à midi. Mais le moral n'y est pas, Pauline se sent paralysée psychologiquement, et quand elle revient à Montréal, elle commence une thérapie qu'elle va poursuivre toute cette année pendant laquelle elle préparera le spectacle de *Gémeaux croisées*.

À la fin du mois d'avril, elle accepte l'invitation de Janou Saint-Denis qui fête les quarante-neuf ans du poète Gilbert Langevin au café-concert la Chaconne. Elle participe au spectacle en hommage à son parolier en compagnie de Gerry Boulet, mais c'est là une des rares sorties de Pauline qui, ne donnant plus de spectacles, doit vivre sur un pied plus modeste car les rentrées d'argent se font plus rares. Pauline aime payer ses factures rubis sur l'ongle, elle ne souffre pas la moindre dette. Elle est généreuse, mais pour sa vie courante, elle ne gaspille pas un sou. Ses séances de thérapie l'amènent à retourner encore une fois dans son enfance, à s'étudier, à chercher la faille : « Me pencher sur cette petite fille maigre, têtue, passionnée pour la lecture, découvrir, m'enrichir, me trouver un idéal, rêver du prince charmant, rêver d'absolu (la danse), de la communication avec les êtres (même les morts au cimetière après la mort de mon père), les couchers de soleil que j'allais voir au milieu des longs peupliers noirs, les pierres tombales, un peu d'effroi et une satisfaction romantique de pouvoir faire "ça" probablement parce que j'étais déjà incapable de m'initier aux plaisirs de la conversation et de l'intimité avec les autres, du plaisir de ne rien faire et de perdre son temps[41]. »

Pauline et Gérald ont trouvé une autre maison, plus modeste, rue Pontiac. Gérald abandonne son projet d'habiter seul, ils ont trouvé une façon de garder chacun une sorte d'intimité en achetant un duplex dont ils occuperont entièrement le premier étage mais dont une partie du rez-de-chaussée servira de bureau au député de Mercier. La maison doit cependant être presque entièrement rénovée et le chantier se poursuivra pendant plusieurs mois. Ils déménageront le 1er juillet mais ce n'est que le 1er août 1986 qu'ils pourront véritablement y emménager, non sans que Pauline ait eu certains démêlés et déboires avec l'entrepreneur.

Quelques jours après le déménagement, Pauline part en Israël avec Denise Boucher pour assister au Congrès des femmes de la musique. Pauline n'a pas gardé de journal de voyage, seulement un petit lexique français yiddish. Les jeunes hommes de Tel-Aviv sont entreprenants et cultivés, ce qui réjouit Pauline au plus haut point. Au retour, Pauline et Gérald vont au lac Bélanger, près de Saint-Alexis-des-Monts, chez leur amie Madeleine Ferron. Pauline s'isole pour écrire, réfléchir, tout en profitant de l'atmosphère détendue de la maison : « L'an dernier, fin novembre, j'ai pris la décision ferme de ne plus faire de récital seule. Je savais, mais je comprenais mal que je n'aurais plus d'argent comme avant, malgré les misères pour le gagner. Que peu à peu mon nom n'aurait plus la même connotation, ce que je soupçonnais bien sûr, mais dont peu à peu la privation m'obligeait à bien des actes d'humilité dont je ne suis pas coutumière. Oh ! le plaisir de ce samedi, chez les amis, à parloter, se reposer, se baigner, ski nautique, essais de planche à voile. Oh ! L'oubli de tout[42]. »

Au retour des vacances, Pauline poursuit sa thérapie, prenant conscience qu'elle projette son angoisse sur les siens, sur Gérald, sur ses enfants, et qu'elle oublie de rassurer son entourage une fois les crises passées. Plus légère, elle se promet de faire attention désormais. Le travail sur le spectacle en duo avec Anne Sylvestre reprend de plus belle et Pauline se cherche un agent pour l'aider à préparer une tournée. Elle pense alors à Lucienne Losier qu'elle avait rencontrée à quelques occasions et dont on lui avait vanté le dévouement et les qualités d'organisatrice : « Ça faisait une dizaine d'années que je faisais des tournées, des spectacles. Alors elles m'ont parlé d'un projet que les trois voulaient faire ensemble, qu'elles appelaient : *Les Voyageuses*. Elles avaient mis des idées sur papier et moi, j'étais assez fascinée[43]. »

Pendant le séjour d'Anne Sylvestre à Montréal, le travail de création à trois se poursuit activement, non sans heurts. Denise Boucher et Pauline ont l'expérience du théâtre, elles ont déjà écrit des chansons ensemble, mais Anne a toujours fait cavalier seul. Le travail d'écriture se poursuit dans la discussion. À la fin de l'année 1986, Pauline se rend à Paris pour travailler encore avec Anne, puis revient passer l'hiver 1987 à Montréal tandis que se poursuit la préparation du spectacle.

En juin, Pauline se déplace dans les provinces de l'Ouest pour recevoir le prix Pauline-Julien que le syndicat des Métallos unis d'Amérique vient de créer afin de récompenser un artiste engagé socialement. Elle refait un petit séjour au lac Bélanger chez Madeleine Ferron, et dès son retour à Montréal, elle expédie des portfolios à une trentaine de producteurs pour se proposer comme comédienne. Dans l'envoi, une série de photos où elle apparaît très « vedette », genre Gina Lollobrigida, accompagnée d'une lettre un tant soit peu suggestive : « Cher vous, vous aimez le cinéma, moi aussi. Voici quelques photos d'il y a quelques jours. Au plaisir de vous rencontrer. Pauline Julien. » Puis elle part à North Hatley prendre quelques jours de vacances avant de commencer les répétitions du nouveau spectacle dont il reste à faire la mise en scène. Aucun producteur québécois n'ayant voulu prendre de risques, c'est Viviane Théophilidès qui accepte de produire le spectacle et d'en faire la mise en scène. Denise et Pauline devront donc se rendre à Paris pour apporter les dernières retouches au texte de *Gémeaux croisées*.

Les amours ont repris avec Gérald, ils viennent de fêter à North Hatley leurs vingt-cinq ans de vie commune, ce qui rend Pauline euphorique. Le 23 août 1987, c'est une Pauline reposée et encouragée qui prend l'avion pour Paris. À son arrivée, elle rencontre l'imprésario européen du spectacle, Jean-Michel Grémillet, revoit sa photographe et amie Birgit au Théâtre de la Ville avec laquelle elle a développé une grande complicité, puis se rend chez Irena Dedicova qui lui reparle de suicide. Pauline essaie de l'aider tant bien que mal, mais ses répétitions l'accaparent entièrement. Dorothy Todd Hénaut, qui prépare un film sur le Québec et dont les principaux acteurs sont Pauline et Gérald, fait un autre bout du tournage commencé lors des fêtes du vingt-cinquième anniversaire à North Hatley. Elle filme des séquences de Pauline à bicyclette qui se rend à Malakoff répéter avec Anne Sylvestre. Ces scènes avec Anne Sylvestre seront conservées uniquement dans la version anglaise du film et Dorothy Todd Hénaut regrette qu'elle ait dû les exclure de la version française. Tournée en anglais d'abord, ce film a été repris presque entièrement pour la version française. Entre les deux versions, la situation politique a eu le temps d'évoluer au Québec, ce qui a entraîné des dénouements différents : « Le film en anglais finit tristement, comme si l'indépendance du Québec s'était évaporée, tandis qu'après les marches du Québec français et un renouveau d'intérêt, Pauline et Gérald étaient pleins d'espoir une année plus tard, dans la version française, ils avaient l'impression que ça allait revivre, alors que dans la version anglaise de 1987, ils étaient découragés[44]. »

Pauline revient au Québec vers le début d'octobre et le tournage se poursuit à une époque où les coups de théâtre se multiplient dans l'arène politique. Le 30 octobre 1987, Gérald Godin, fatigué des demi-mesures et toujours aussi ardent défenseur de la cause indépendantiste, demande la démission de Pierre-Marc Johnson comme chef du PQ. Deux jours plus tard, René Lévesque meurt à l'âge de soixante-cinq ans, et quelques jours après des funérailles d'État qui plongent dans le deuil le Québec tout entier, Pierre-Marc Johnson quitte la politique. En mars 1988, Jacques Parizeau lui succédera à la présidence du PQ et se prononcera très clairement sur l'orientation du PQ : un vote pour le PQ est un vote pour l'indépendance, répétera-t-il à l'envi. Finis les tergiversations et les compromis avec le reste du Canada. Les adhésions au Parti québécois se mettent à grimper en flèche jusqu'à doubler en deux ans : de cinquante-huit mille qu'ils étaient en 1987, les membres passent au nombre de cent deux mille en 1989.

C'est au milieu de tous ces remaniements politiques que Pauline part en Belgique pour la première de *Gémeaux croisées*. Le 14 novembre 1987, à Seraing, Pauline et Anne montent sur les planches et livrent pour la première fois le fruit d'un long travail de création en collaboration. Pauline reprend vie : « Depuis la première représentation, c'est un travail, un plaisir et un succès qui nous enchantent. Où irai-je chercher mes énergies par la suite ? Quelle voie me faudra-t-il creuser pour les trouver ? Malgré tout, j'ai commencé à me sentir bien[45]. » Beaucoup d'amis y sont dont Julos Beaucarne et Ricet Barrier, et le spectacle gagne la faveur du public.

Et c'est reparti. Le spectacle s'étalera sur deux ans. Anne et Pauline font une première tournée européenne, à Malakoff, près de Paris, puis en Suisse, à Lausanne, à Bienne, à Genève. Pauline est heureuse, et le 4 décembre elle rentre rue Pontiac. Peu de temps après son arrivée, elle apprend qu'Irena Dedicova s'est suicidée dans son atelier de Paris. Elle s'y prend à deux ou trois reprises, elle biffe chaque ligne, chaque mot, puis elle finit par envoyer une lettre à la mère de son amie : « Quand, le 3 décembre, je suis venue l'embrasser et la serrer très fort dans mes bras, avant de repartir à Montréal, il m'est apparu clair qu'elle avait démissionné, résignée à ce qu'elle appelait son sort. J'espérais qu'il y ait encore une fois l'ultime ressort, elle n'en avait plus. Son courage et sa détermination me forcent à comprendre sa décision et à l'accepter. »

À Noël, elle part à Montmagny avec Gérald au Manoir des Érables, soigner son deuil, travailler sur son manuscrit portant sur le Népal pendant que Gérald poursuit son roman. C'est l'harmonie, la pause avant la grande reprise de *Gémeaux croisées*. Un an de répit encore avant une autre reprise, tragique celle-là, de la maladie de Gérald.

NOTES

1. Extrait d'une chanson écrite par Pierre Huet, sur une idée de Pauline Julien, ayant pour titre *Presque toi* (*Charade*, 1982).
2. Évelyne Dubois, entrevue du 28 octobre 1998.
3. Gérald Godin, *Traces pour une autobiographie, écrits et parlés II*, édition préparée par André Gervais, l'Hexagone, 1994, p. 233.
4. Pauline Julien, journal intime, 6 avril 1982.
5. Jacques de Montmollin, entrevue du 24 mars 1998.
6. Pauline Julien, journal intime, 15 avril 1982.
7. Ibid., 8 juillet 1982.
8. Ibid., 12 juillet 1982.
9. Ibid., 20 juillet 1982.
10. Ibid., 24 août 1982.
11. Ibid., 23 août 1982.
12. Ibid., 12 janvier 1983.
13. Bernard Buisson, entrevue du 5 septembre 1997.
14. Jean Beaunoyer, *La Presse*, 2 avril 1983.
15. Pauline Julien, journal intime, 19 octobre 1983.
16. Ibid., 27 octobre 1983.
17. Gérald Godin, lettre à Pauline Julien, 23 octobre 1983.
18. Pauline Julien, lettre à Olivier Gluzman, 22 janvier 1984.
19. Ibid., lettre à Renée Bédard, 26 janvier 1984.
20. Ibid., journal intime, 15 mai 1984.
21. Ibid., 1er juin 1984.
22. Manon Hotte, entrevue du 25 mars 1998.
23. Pauline Julien, journal intime, 6 juin 1984.
24. Ibid., 15 juin 1984.
25. Ibid., 21 juin 1984.
26. Ibid., 2 juillet 1984.
27. Ibid., 3 juillet 1984.
28. *Lyon poche*, 5 décembre 1984.
29. Pauline Julien, journal intime, 16 novembre 1984.
30. Ibid., 16 décembre 1984.
31. Gérald Godin, lettre à Pauline Julien, 10 mars 1985.
32. Pauline Julien, journal intime, 29 mars 1985.
33. Carole Vallières, *Chansons d'aujourd'hui*, mars-avril 1985.
34. Sylvie Dupont, *La Vie en rose*, mai 1985.
35. Jean Beaunoyer, *La Presse*, 14 avril 1985.
36. Hélène Pedneault, entrevue du 8 septembre 1997.
37. Pauline Julien, journal intime, 13 août 1985.
38. Pauline Julien et Denise Hébert, *Népal : L'Échappée belle*, VLB éditeur, 1989, p. 78.
39. Ibid., p. 127.
40. Gérald Godin, lettre à Pauline Julien, 20 octobre 1985.
41. Pauline Julien, journal intime, 29 avril 1986.
42. Ibid., 26 juillet 1986.
43. Lucienne Losier, entrevue du 6 mai 1998.
44. Dorothy Todd Hénaut, entrevue du 29 novembre 1997.
45. Pauline Julien et Denise Hébert, *Népal : L'Échappée belle*, VLB éditeur, 1989, p. 141.

La Maison cassée

Octobre 1998

Ma vie ne fut qu'un songe
Un songe à jamais perdu
Comme nous avons perdu
Tous les oiseaux et la mer
Un songe si bref et très ancien
Comme le temps
Dans un ancien miroir
Ne peut laisser de trace
J'ai tant cherché

À me perdre dans plusieurs autres vies
Et chacune de ces vies
Chaque fois c'était toi
Puis un jour j'ai eu enfin compris

Que le mot adieu veut dire adieu
La solitude m'a dévorée
Nous voilà deux[1]

Les dix prochaines années de la vie de Pauline sont marquées par la maladie, celle de Gérald et la sienne, par la mort de Gérald et de plusieurs de ses amis, par l'abandon progressif de la scène et de la vie sociale. Pauline continue les tournées de *Gémeaux croisées* avec Anne Sylvestre jusqu'en mai 1989, puis les symptômes de la maladie de Gérald se manifestent à nouveau, chambardant encore une fois la vie et la carrière de Pauline qui tient en dépit de tout à se produire en duo, une dernière fois, avec Hélène Loiselle pour le spectacle de *Voix parallèles*. Elle revient à la poésie, joue dans trois productions théâtrales, boucle la boucle de sa carrière commencée en 1948, au sein d'une troupe de comédiens à Québec. Elle souffrira d'aphasie dégénérescente, une maladie qui ne pardonne pas et qui l'atteindra dans ce qu'elle a de plus précieux, sa foi en la parole. Les mots l'abandonnent et, jusqu'à sa mort, elle se révoltera contre cette trahison.

Malgré tout cet étiolement du corps et de ses facultés, il y a des éclaircies de pur bonheur : elle deviendra la grand-mère d'une petite-fille qu'elle aimera d'amour, fera de nombreux voyages, seule et avec Gérald, et elle sera entourée d'amis très chers qui la soutiendront jusqu'au bout. Jusqu'à la fin également, elle restera fidèle à ses convictions politiques, les défendant avec moins de fougue certes, mais avec autant de détermination.

Elle revient discrètement sur la scène politique lorsque le 17 janvier 1988, elle assiste à l'assemblée régulière du comté de Mercier. Jacques Parizeau est sur le point de devenir le nouveau président du Parti québécois et il affiche des positions très claires sur l'indépendance, que la journaliste Lysiane Gagnon trouve excessives et prématurées. Pauline ne dit pas un mot, elle tricote : « Ébauche d'écharpe ou de pull, ce tricot symbolique disait combien les temps ont changé, entre les premières années du mouvement indépendantiste et ce dimanche après-midi de l'an 1988, où Jacques Parizeau reprenait le flambeau – un flambeau presque oublié d'où la flamme est éteinte. [...] Le tricot de Pauline, ce lent travail méthodique symbole de patience, portait-il un autre message que celui du temps qui passe ? Nous disait-il que l'avenir est à refaire patiemment, un fil après l'autre, une maille à la fois[2] ? » Pauline a bien changé elle aussi depuis que, en 1964, elle a péremptoirement refusé de chanter devant Sa Majesté la reine Élisabeth II, depuis la prise de pouvoir du PQ en 1976 et plus encore depuis la maladie de Gérald. Son univers s'est brisé.

Quelques jours après cette assemblée, Pauline transporte son tricot en Europe où se poursuit la tournée si bien commencée de *Gémeaux croisées*. À Meulan, près de Grenoble, elle note : « En pleine forme je casse tout, enfin j'ai du plaisir à chanter, à jouer[3]. » Le lendemain, avec Gérald venu la rejoindre à Paris, elle part à Majorque chez Robert Goulet. Pauline aime cet endroit, elle y est souvent venue avec Gérald dès les premières années. Elle est ravie de son séjour, mais déçue que Gérald n'ait pas été plus attentionné, elle se demande si, comme la plupart des vieux couples, ils ne sont pas devenus vides, silencieux.

La tournée de *Gémeaux croisées* se poursuit jusqu'au 19 février 1988. Pauline Julien et Anne Sylvestre font de bonnes salles et les critiques sont enthousiastes. Puis Pauline revient à Montréal par New York à l'occasion d'un événement important : Gérald est décoré du titre d'officier de l'Ordre national du mérite par le gouvernement français et le même jour, le 23 février 1988, il reçoit le Prix Québec-Paris pour *Ils ne demandaient qu'à brûler*, une rétrospective de poèmes écrits entre 1960 et 1986 qu'il dédie à « personne ». Mais un autre événement fait revenir Pauline sur les chapeaux de roue au Québec : elle tient à être aux premières loges pour la naissance de sa petite-fille, le 1er mars. Pauline laisse déborder sa tendresse comme si elle s'était exercée à être grand-mère toute sa vie. Marie Bernier, fille de Pascale et de Jean Bernier, est une « petite merveille de coordination, bien balancée, visage doux, sans pleurs[4]. » Pauline reparlera souvent de sa petite-fille dans son journal, chaque fois la décrivant avec bonheur, se demandant même si elle n'était pas le seul grand amour de sa vie. Avec Marie, elle retisse une fibre maternelle qui lui avait un peu échappé au moment où, au début de sa carrière, elle avait été contrainte de moins voir ses enfants.

Cette naissance illumine ces temps moroses où la maladie s'insinue sournoisement dans la vie de Pauline et de Gérald et où les amis commencent à partir. Le 6 mars 1988, Patrick Straram meurt et Pauline est catastrophée. Le lendemain elle se rend au Blues Clair, le port d'attache de Straram, visionner un montage cinématographique du poète : « Patrick à l'écran, le coq dans toute sa splendeur et maintenant il est de pierre[5]. » Avec le Bison ravi, c'est tout un passé de folie et de fulgurance qui s'éteint. Au Chat noir de l'Élysée, Patrick avait organisé le lancement de son premier microsillon, *Enfin... Pauline Julien !*

Dès le lendemain, Pauline s'envole pour l'Europe et reprend ses *Gémeaux croisées.* Elle fait quelques spectacles dans des salles moins remplies et les trous de mémoire resurgissent à son grand désarroi. Elle n'est pas dans son assiette et tente de s'expliquer à Anne Sylvestre et à la metteure en scène Viviane Théophilidès : elle ne sait trop pourquoi ces « erreurs » se répètent de plus en plus. Parfois, elle croit que c'est normal, mais à d'autres moments, elle s'inquiète vraiment et panique. Elle part à Embourg, près de Liège, à l'occasion d'une exposition que présente son ami André Romus. Ses amis lui font découvrir Érasme, dont la philosophie du libre arbitre la séduit. Dans son journal, elle note à profusion des phrases de l'auteur de l'*Éloge de la folie.* Pauline fait un saut au Québec au début d'avril, voit sa petite Marie, puis, à son retour en France, le véritable coup d'envoi de la tournée des *Gémeaux croisées* est porté, d'abord à Bourges, le 11 avril, dans le cadre du Festival du printemps de Bourges, et par la suite à Paris, au théâtre Déjazet, du 10 au 22 mai 1988. Entre les deux événements, à l'occasion du Salon du livre de Paris, Gérald vient faire une petite visite à Pauline qui est enchantée de cette « autre lune de miel ». Elle voit *L'Insoutenable Légèreté de l'être,* film dans lequel elle peut reconnaître les peintures de son amie Irena Dedicova, et visite l'exposition Degas au Grand Palais. Elle se rend ensuite dans la Drôme chez Jacques Marsauche. Son écriture trahit de plus en plus ses problèmes de motricité : les lettres sont relâchées, parfois illisibles, des mots manquent ici et là. Elle recommence parfois les mêmes récits dans deux cahiers différents.

Presque tous les journaux importants de Paris annoncent à grand renfort de publicité le spectacle du théâtre Déjazet et, les jours suivants, les critiques sont uniformément élogieuses. On est agréablement surpris de la vitalité et de l'humour des chanteuses. En plus de la sincérité et de la fantaisie de ce spectacle dans lequel les chansons alternent avec des dialogues, des monologues, de la musique, on loue la finesse de la mise en scène qui donne à chacune une place à la fois égale et différente. On découvre une Pauline moins guerrière et une Anne plus drôle. On discerne même dans ce spectacle un espoir, une lumière, dans la fadeur des années 1980 : « Un spectacle qui ne ressemble à rien de connu, dira Marie Chaix, mais qui procure une joie proche de celle qu'éprouvent les enfants au cirque ! Car elles nous surprennent, ces deux grandes dames de la chanson qui n'en ont plus que faire de cette grandeur-là et deviennent fauves aussi bien que clowns, voire équilibristes[6]. » Quelques critiques ironisent, soulignant surtout l'âge des chanteuses, et la revue québécoise *Jeu* remettra en question le spectacle lorsqu'il sera présenté à l'Espace Go, l'automne suivant.

Les deux chanteuses poursuivront bravement leur aventure encore un an, et presque partout en Europe, surtout en Belgique et en Suisse, elles font salle comble si bien qu'on doit refuser des gens. En France, les salles sont un peu moins remplies, parfois les promoteurs n'entrent pas dans leurs frais, mais le résultat est honnête. Au Québec, le spectacle sera plus difficile à vendre en raison des coûts élevés de la production française. « À l'Espace Go, le spectacle est bien reçu par le public qui découvre Anne Sylvestre, dont la carrière au Québec a pris de l'ampleur par la suite[7]. » Dans cette toute petite salle, les chanteuses se font dérober leurs accessoires, et c'est sans leurs chapeaux qu'elles termineront leur tournée québécoise à Rimouski. *Gémeaux croisées* fait par la suite un saut à Saint-Pierre et Miquelon, où les décors n'arrivent pas à temps et où un projecteur prend feu. Au début de l'année 1988 sortent un album double et une cassette du spectacle enregistré à Malakoff à l'automne 1987. Simultanément, le livre *Gémeaux croisées* paraît chez Beba, préfacé par Julos Beaucarne. Ces articles, mis en vente lors des représentations, trouvent de nombreux preneurs.

À son retour à Montréal à la fin de mai 1988, Pauline ne trouvera rien de plus pressé que d'aller faire un « pèlerinage » à la maison de l'Oasis sur la rivière des Prairies avec son fils Nicolas, qui poursuit des études afin de devenir professeur de musique. C'est la première fois que Pauline retourne sur les lieux où, en 1948-1949, elle s'était jointe à la Compagnie du Masque. Elle est accueillie avec discrétion et gentillesse par les occupants qui la laissent visiter la maison. Quelques jours plus tard, elle subit une autre chirurgie esthétique, elle qui avait dit que jamais elle ne s'y laisserait prendre. Elle le fait pour elle, mais aussi « pour les autres pour qui je travaille et en toute amitié[8]. » C'est l'été 1988, l'été de la mort de Félix Leclerc. Pauline lui écrit, comme elle écrit à tous ceux qu'elle aime et qui la quittent : « Tu m'impressionnais beaucoup. J'ai fait une entrevue chez toi pour t'interviewer à Vaudreuil dans les années 65, mais lorsque nous avons chanté ensemble sur la même scène à Bordeaux, et surtout à Paris, l'inoubliable soir de novembre 76, je compris mieux ton attachement au Québec et ta lucide et éloquente façon d'en parler. Ta présence, ta voix et ton amour des mots et du rêve et de la parole directe, franche me furent une révélation qui m'a séduite à jamais. Tu es présent dans nos cœurs[9]. »

À l'automne 1988, Pauline noircit beaucoup de pages, à propos de ses rêves surtout. L'orthographe et la syntaxe faiblissent, les phrases sont elliptiques, les lapsus se multiplient. Fidèles à la tradition, Pauline et Gérald passent le 24 décembre chez Fabienne et Jean-Paul, le Jour de l'An chez Louisa Godin à Champlain et chez Marcel Julien au Cap-de-la-Madeleine. Encore une fois, ils sont invités pour la Saint-Sylvestre chez Denise Bombardier. Pauline est ravie : « Du théâtre, chansons et danses à claquettes. Gérald a son nœud papillon qui le rajeunit de vingt ans[10]. » Dans les premiers jours de l'année, Pauline reçoit ses enfants, leurs conjoints, Maxime Deschênes, devenue une intime avec les années, et la petite Marie. La soirée est animée, joyeuse, comme Pauline et Gérald les aiment.

Les 5 et 6 janvier 1989, Dorothy Todd Hénaut fera un tournage supplémentaire en français du film *Québec... Un peu... beaucoup... passionnément...* La cinéaste croit que Gérald ne sait pas encore, ou ne dit pas, qu'il est atteint d'un cancer. Il parle de tumeur au cerveau, il se sent diminué, prisonnier de sa maladie, mais il ne prononce pas le mot cancer, il est « en rémission ». Pauline s'envole ensuite pour reprendre la tournée européenne de *Gémeaux croisées*. Elle bafouille à nouveau à quelques reprises et ne sait plus que penser. Elle se demande si ce n'est pas pathologique. Elle en discute encore une fois avec Anne Sylvestre et Viviane Théophilidès, et les choses semblent se tasser peu à peu, d'autant qu'à l'occasion il y a des moments de grâce, comme à Cherbourg le 13 janvier. À la fin du mois, Gérald décide de partir en Yougoslavie terminer le roman sur lequel il travaille depuis 1985, *L'Ange exterminé*. Profitant d'une relâche, Pauline vient le rejoindre à Dubrovnik. Les amoureux visitent la ville, les musées, vont au cinéma et partent vers Mostar. Pauline revient à Morges, en Suisse, le 17 février pour poursuivre la tournée de *Gémeaux croisées*. Le 19 février 1989, alors que Pauline est à Lignières, chez Jacques de Montmollin, Émilienne meurt à quatre-vingt-deux ans des suites de son accident de bateau. Pauline l'apprend en rentrant à Paris, et lui reviennent tous les souvenirs heureux de sa sœur Mimie, si belle, si attachante.

Pauline fait la liste de tous les livres qu'elle a lus depuis son départ de Montréal le 10 janvier : Alexandra David-Néel, Christiane Rochefort, Marguerite Yourcenar, Julien Green, *L'un est l'autre* d'Élisabeth Badinter, et l'autobiographie d'Annabella, l'épouse de Bernard Buffet, à laquelle Pauline s'identifie : « Elle décrit très bien les faces cachées de l'artiste mère de famille, angoissée, la mort[11]... » Pauline revient pour un mois à peine à Montréal, le temps de présenter *Gémeaux croisées* le 8 mars au Spectrum dans le cadre de la Journée mondiale des femmes. Avec Gérald, elle participe à une grande manifestation de soixante mille personnes contre la loi 178 qui voulait apporter des adoucissements aux articles de la loi 101 sur l'affichage unilingue français.

Tout en s'inquiétant pour Gérald, qui recommence à avoir des ennuis de santé, Pauline repart en Europe en avril. La tournée d'un mois de *Gémeaux croisées* l'amène à Bourgoin-Jallieu, Annecy, Marseille, Montélimar, Mâcon, Lisieux. À son retour, au début de mai, son livre *Népal : L'Échappée belle* paraît chez VLB. Elle repart le 24 mai, cette fois pour les dernières représentations de *Gémeaux croisées*, emportant avec elle plusieurs exemplaires de son livre. Elle est heureuse de partir : « Une énergie nouvelle m'envahit et me libère de mon essoufflement des multiples rangements, disciplines, indécisions, prises en charge, détails, dont je remplis, je pense, superficiellement mes journées, toute préoccupée de régler les appels, les remerciements, les plaisirs que je peux procurer aux amis, amies, services, moments d'amitié, et les centaines de rouages, telle une grosse machine dont il faudrait continuellement serrer les écrous. Distanciation[12]. » Elle est toute fière de distribuer son livre à ses amis, qui ne sont pas nombreux à lui en donner des échos. Pauline se demande même s'ils l'ont lu. Gérald, qui en a parcouru les dix premières pages, lui a tout simplement dit que « ça commençait bien ».

Elle revient de Paris un peu désenchantée parce qu'elle aurait bien aimé poursuivre l'expérience de *Gémeaux croisées*. Les problèmes de santé de Gérald se sont aggravés en son absence, le scanner a révélé que la tumeur au cerveau était cancéreuse. Il doit subir une deuxième opération. Le 17 juillet 1989, elle accompagne Gérald à l'hôpital. Elle lui lave les cheveux, lui donne un bain, tente de le réconforter et reprend son journal en attendant son retour de la salle d'opération : « Gé est intubé de partout. Je m'approche et lui parle, il ouvre l'œil gauche tout grand, l'œil droit ne suit pas, et lève la main droite, nous convenons que pour oui, il tapote deux fois, et non, une fois. Notre code de toujours. Ça le soulage beaucoup d'avoir pu sortir de son hermétisme[13]. » Dès le 24 juillet, Pauline va chercher Gérald à l'hôpital et l'amène directement à North Hatley, comme elle l'a fait lors de la première opération. Courageuse, pour éviter de penser au pire, elle s'occupe : « Pascale, Marie, la cueillette de framboises, je n'ai plus d'échappées belles, je vois trop ce qu'il y a à faire[14]. » La série de traitements de chimiothérapie commence en août, ce qui n'empêche pas Gérald Godin de faire campagne et d'être de nouveau élu dans son comté le 25 septembre 1989, lors des élections générales que remporte à nouveau le Parti libéral de Robert Bourassa.

Le 10 octobre 1989, Pauline et Gérald se rendent à Trois-Rivières pour la première mondiale de la version française du film *Québec... Un peu... beaucoup... passionnément.* En présentation, Gérald Godin salue ses maîtres à penser et poètes Clément Marchand et Alphonse Piché, ces mêmes complices de sa première rencontre avec Pauline ce soir de février 1961 à la salle Fleurdelisé de l'hôtel Saint-Maurice de Trois-Rivières. Ils sont là, toujours fidèles pour les retrouvailles. À cette occasion, Gérald raconte à un journaliste l'exploit de sa campagne électorale : « J'ai fait ma convalescence à bicyclette... et j'ai remonté des milliers et des milliers de marches d'escalier. À ma première élection, je laissais un poème à chaque adresse. J'ai pleuré quand des électeurs, grecs et portugais, entre autres, m'ont montré le poème qu'ils avaient conservé. Ma carrière politique, je l'ai menée parallèlement à ma carrière de poète[15]. »

De nouvelles crises d'épilepsie surviennent au mois de décembre et Gérald reprend la cure de Gaston Naessens, le sérum 714X, qui semble le soulager un temps. Mais la peur de mourir a fait son chemin et c'est à ce moment que Gérald, à la suggestion de Pauline, décide de l'épouser le 4 janvier 1990 : « Elle m'a convaincu de la marier afin d'assurer ses vieux jours. Elle est ainsi devenue madame Godin, et moi, monsieur Julien. Et si nous n'étions pas mariés, c'est que nous n'avions aucune raison de le faire et que nous étions même tous les deux contre, surtout Pauline d'ailleurs. Ç'a donc calmé mes appréhensions[16]. » Pauline ne veut pas que les journalistes soient présents ni qu'aucune photo soit prise à l'occasion de son deuxième mariage. Mais il y a de petites fuites : Louisa Godin agit comme témoin pour son fils et Alice Julien remplit ce rôle pour sa petite sœur.

Quand la nouvelle mariée revient à Montréal, elle se prépare à jouer dans une pièce de Heiner Müller avec Carbone 14, au Musée d'art contemporain, intitulée *Rivages à l'abandon*. Pour Pauline, jouer cet auteur allemand qui, dans la foulée de Brecht, avait écrit cette pièce décrivant la misère d'un peuple ayant raté son rendez-vous avec l'Histoire, constitue un retour aux sources. À mesure que Pauline quitte la chanson, elle se dirige vers le théâtre, et réalise ses désirs d'adolescente. Dans cette pièce, elle dit un long monologue qu'elle apprend systématiquement et qu'elle récite sans faille.

Ce spectacle demande à Pauline toute son énergie et sa concentration. On lui propose des récitals, mais en raison de sa mémoire qui flanche, elle refuse systématiquement. Ses amies Lise Beaudoin et Brigitte Sauriol, très près d'elle à cette époque, la trouvent amaigrie et nerveuse et lui conseillent de chercher de l'aide. Elles réussissent à convaincre Pauline : « Oui je vais enfin attaquer une psy. Dès ce matin, je m'ouvre un compte de 1 000 $ qui m'approvisionnera pour 14 séances[17]. » La vie auprès d'un homme qui perd de plus en plus ses moyens, qui s'accroche malgré tout, commence à la miner : « Gérald, sa cuirasse de chair, sa cuirasse de cortisone, de cancer qui le change et le gonfle, qui centralise toute sa vie, ses perceptions, ses pensées. Je veux accéder à une thérapeute, je ne veux pas me laisser envahir, noyée dans un scepticisme qui m'est familier, et je n'arrive à contrôler sa présence négative que très faiblement. Je ne sais plus si j'aime, en même temps la peur qu'il souffre, qu'il soit broyé par la maladie, me tue à voix sourde. Sais-je encore aimer ? À part la petite Marie, est-ce que j'ai encore des pulsions d'amour vrai[18] ? »

Même si sa vie est difficile, Pauline se lance dans un autre projet ambitieux. Elle revient à ses premières amours, la poésie, et elle mijote depuis plus de deux ans l'idée de faire un spectacle où s'enchaînent des chansons et des poèmes du monde entier. Elle en parle à Hélène Loiselle, son amie des premières années, celle à qui elle a offert la moitié de son écharpe couleur de feu après avoir dansé, celle avec qui elle a joué à Paris dans *L'Annonce faite à Marie*, sa première pièce, dans le cloître de l'église Saint-Séverin. Après réflexion, elles décident de ne retenir que des chansons et des poèmes québécois.

À la fin d'août 1990, Pauline Julien et Hélène Loiselle sont prêtes et elles donnent une longue entrevue à *La Presse* pour annoncer leur spectacle baptisé *Voix parallèles*, qui aura lieu du 5 septembre au 20 octobre à la Place des Arts, mis en scène par Lorraine Pintal. Pauline est enjouée, et comme toujours elle ne tient pas en place. Cela ne l'empêche pas de raconter à sa façon la genèse du spectacle et d'annoncer des « surprises » : Hélène Loiselle chantera et c'est elle qui dira des textes de Gérald Godin et de Réjean Ducharme. Pauline chantera *Mommy* et *L'Étranger*. Parmi les textes retenus, outre ceux de Godin et Ducharme, le spectateur aura droit à des poèmes de Roland Giguère, Pierre Morency, Marie Uguay, Élise Turcotte, Saint-Denys Garneau, Paul Chamberland, Claude Beausoleil, Jean-Guy Pilon, Gaston Miron, Michel Beaulieu, François Charron, Louise Warren, Émile Nelligan, Josée Yvon, sans oublier Anne Hébert, dont Pauline reprend avec fidélité *La Fille maigre*, qu'elle disait Chez Moineau, à ses débuts, et au Cheval d'or et qui étonnait tant les Parisiens. Cette fois, les critiques sont unanimement favorables.

Fortes de leur succès, Pauline Julien et Hélène Loiselle présenteront ce spectacle à Québec, à Rimouski et au Festival international de poésie de Trois Rivières. La dernière aura lieu à Ottawa, au Centre national des Arts, fin octobre. Pauline aurait aimé faire tourner ce spectacle plus longtemps, mais ses difficultés de langage et de mémoire l'affectent de plus en plus.

En décembre 1990, Pauline reprend son journal qu'elle tape à la machine, car son écriture est déformée au point d'être souvent illisible. La maladie de Gérald progresse, ce qui ne l'empêche pas de s'accrocher à son travail. Vers la mi-décembre, Pauline part faire du ski à Saint-Ferréol-les-Neiges avec son amie Madeleine Ferron ; elle se sent vigoureuse, en pleine forme. Puis elle rejoint Gérald, qu'elle trouve alité dans son appartement de Québec, et elle revient seule en train. Pauline espère de nouveau travailler avec Carbone 14 dans une nouvelle production. Elle serait même prête à accepter un rôle de figurante, parce qu'en dépit de ses problèmes d'élocution, elle tient à travailler et surtout à se produire sur une scène, véritable drogue dont elle arrive mal à se sevrer. Après plusieurs essais, sa candidature n'est pas retenue. Ces échecs chaque fois la ravagent. Bien que consciente de ses problèmes sévères d'élocution et de mémoire, elle garde la nostalgie de la scène, des feux de la rampe, des applaudissements. Et surtout, elle veut s'occuper à quelque chose, ne pas se sentir inutile. Sans projets devant elle, Pauline est démunie, se demande à quoi sert la vie.

Les fêtes seront tranquilles. Gérald doit prendre des médicaments qui le font dormir un peu partout, même le jour. Pauline, désœuvrée, devient hargneuse. Le 30 décembre, elle se rend chez mademoiselle Guay dans son foyer de retraite pour égayer sa fin d'année plutôt morose. La chère Lucia l'accueille avec chaleur et elle répète le discours que Pauline aime entendre : « Quand je suis entrée chez vous en 64-65, ça m'a débarrassée de toutes mes peurs, mes complexes, mes chagrins. J'ai connu bien des gens, on formait un clan[19]. » Au Jour de l'An, chez Louisa Godin, ce n'est pas très mouvementé non plus. Gérald monte se coucher très tôt. Le lendemain, il s'éternise à la pêche aux petits poissons des chenaux et Pauline rentre seule avec Fabienne à Montréal. La guerre en Irak est imminente, Gaston Miron est à l'hôpital, Gérald bat de l'aile. Une seule personne éclaire sa vie, la petite Marie, qu'elle est heureuse de garder à l'occasion quand ses parents vont au cinéma. À la mi-janvier, elle part en Floride se reposer avec Paul Ferron et Monique Bourbonnais-Ferron à West Palm Beach. Elle a hésité avant de partir, s'en voulant un peu de laisser Gérald, mais il a insisté pour qu'elle aille à la mer. La magie opère, elle passe une semaine heureuse avec ses amis et se baigne dans l'Atlantique.

À son retour, elle est devant un homme de plus en plus ravagé par la maladie, se demande comment l'aider, « pas seulement matériellement et gestuellement, mais dans l'âme[20] ». Bien que de plus en plus préoccupée par ses propres problèmes d'élocution, elle n'en parle pas. Elle tient à bâtir un nouveau spectacle, cette fois sur le temps, le vieillissement, la laideur. Elle cumule les citations, les lectures, note tout. À la mi-février, elle part un mois avec Gérald en Europe, l'une des rares fois où elle traversera l'océan à la seule fin de faire du tourisme. Elle se promène dans Paris, visite avec nostalgie le cloître de l'église Saint-Séverin, se rappelle l'abbé Moubarach, ressasse des souvenirs des « débuts ». Puis elle se rend chez les Romus, à Liège, où elle rencontre Christiane Stefanski, une chanteuse à qui elle parle d'une chanson, *Tu m'aimes-tu ?* Elle oublie soudain qu'elle a quitté la scène : « Je prévois de la demander à Richard Desjardins pour moi aussi[21]. » Au retour de Bruxelles, elle se rend chez Marsauche dans la Drôme, où elle rencontre un « ange aux yeux bleu gris » qui lui fait la lecture d'Alexandra David-Néel à la belle étoile, faisant sa joie, son bonheur.

Quand elle revient de Paris, le 18 mars, elle reçoit une proposition de Jean Salvy pour jouer dans *La Maison cassée*, de Victor-Lévy Beaulieu. Elle reçoit ce rôle comme une bouée, puis hésite un peu avant d'accepter, non pas de peur que sa mémoire flanche, mais parce qu'elle trouve que son rôle n'est pas assez important. Elle fait lire la pièce à Gérald, à Brigitte Sauriol qui la rassurent facilement : « Je crois que j'aurais accepté même cinq lignes au théâtre[22]. » Les répétitions ont lieu à partir de mai à Montréal et elle part à la fin du mois de juin à Trois-Pistoles où elle jouera du 3 juillet au 20 août 1991, dans ce théâtre d'été du bord du fleuve où elle est passée si souvent en allant à Percé chez son amie Suzanne Guité. Pauline écrit dans un petit cahier relié en cuir, très beau : « Est-ce déjà fini ? Est-elle passée cette vie qu'on m'a donnée pas si empoisonnée par rapport à d'autres, même plutôt bonne et étonnante, mais est-ce que ça va finir bêtement comme ça ? Je ne veux, je ne peux pas, c'est à moi d'y voir, et j'y vois[23]. »

Elle apprend la mort de Luce Guilbeault, prématurément emportée par le cancer, et elle en est très affectée. Le soir elle oublie une phrase dans la pièce et l'auteur lui en fait la remarque sur un ton qui blesse profondément Pauline, mais ses collègues lui font un clin d'œil pour l'appuyer. Elle ne désarme pas pour autant, bien déterminée à continuer de jouer le rôle de Blanche et à l'approfondir.

À la fin, Pauline ressent de plus en plus de fatigue et elle bafouille, ce qui n'est pas sans déranger les autres comédiens. Pauline espère être de la distribution quand la pièce sera reprise à l'automne à Montréal, mais on a choisi quelqu'un d'autre. Elle accuse le coup. Encore un échec, encore une blessure.

À l'automne 1991, Pauline donne les derniers spectacles de *Voix parallèles* et se remet à l'écriture de son nouveau spectacle sur le temps ou la laideur. Elle veut prendre le pli de l'écriture, s'asseoir tous les jours dans la véranda de la rue Pontiac pour au moins se raconter. Elle écrit à ses amis, surtout à Jean-Claude Lapierre, son cher Cailloux, qui passe une année en Europe. En novembre, elle fait un saut de trois jours à New York avec Madeleine Pellan. Elle visite des expositions, se nourrit intellectuellement, fait des folies dans les magasins, incitant même Madeleine à s'acheter une petite robe rouge un peu « jeunette ». À son retour, elle décide de passer quelques semaines à la campagne pour réfléchir, lire et taper de longs textes à la machine : « Ce temps frais, la neige, la chaleur des deux poêles allumés m'engourdissent. Je vais me coucher un peu peut-être. Pourquoi aurais-je quelque chose à dire quand j'ai plutôt donné mon énergie (ma célèbre énergie) ou que je l'ai prêtée aux autres pour les interpréter de mon mieux d'une façon qui était valable, paraît-il[24]. » Gérald l'appelle tous les jours : « Je m'ennuie de lui. Comme j'aimerais faire des projets avec lui de voyage, de libertinage, je pense que cela ne sera plus possible, et j'en suis triste et désemparée. Bien difficile de me concentrer, le temps passe sans panique. Je lis Alice Parizeau, *Une femme*, et ça arrache le cœur quelques fois. La parole directe sur la mort, la peur, la panique. Je la vois, elle, Jacques, Isabelle, le fils, la maison à Outremont et la maison de campagne. Sa ténacité, sa réserve, ses décisions, et son écriture ! Comment oser penser que je peux écrire quelque chose de valable, parce que écrire, c'est comme tout autre art. Bien sûr, c'est pour soi s'exprimer, se dégager de ce qui nous opprime ou nous hante ou ce que l'on cherche, mais puisque c'est ce que je peux un peu faire, je vais essayer, sans arrière-pensée[25]. »

À la fête des Rois, Pauline et Gérald reçoivent les Pellan, les Giguère, les Ferron et, après un repas arrosé de très bons vins, les amis s'amusent à qui découvrira la fève à l'intérieur de la galette. Les Giguère restent plus tard et chantent *Les Goélands* de Lucien

Boyer, le plus grand succès de Damia. Pauline apprend la chanson par cœur, s'isole dans sa chambre pour en taper les couplets, revient dans la salle à manger, retourne faire des retouches à son texte, revient de nouveau. Le manège dure jusqu'aux petites heures du matin, et les amis se quittent dans l'euphorie :

Ne tuez pas le goéland
Qui plane sur le flot hurlant
Et qu'il effleure
Car c'est l'âme d'un matelot
Qui pleure au-dessus d'un tombeau
Et pleure pleure

Le mois de janvier 1992, Pauline l'occupe à poursuivre ses lectures en vue de son projet de spectacle sur la laideur. Elle commence son montage de citations, largement extraites de *Fascination pour la laideur.* Le dysfonctionnement de l'écriture étant de plus en plus apparent, elle reprend sans cesse les mêmes textes, les mêmes phrases qu'elle ne finit pas. Elle abandonnera ce projet au bout de quelques mois et, le reste du temps, elle prend soin de « ses » malades : Lise Beaudoin, qui lutte contre le cancer, Lise Moreau, dont le cœur est très faible, et Gérald, dont l'état est stable, mais qui est distrait et dort beaucoup. Malgré sa maladie, Gérald décide de partir pour Paris et Toulon. Pauline profite du voyage pour aller à Prague rendre visite à Alicia Dedicova, la mère de son amie Irena, maintenant âgée de quatre-vingt-quatre ans. Dans sa maison qui rappelle celle de mademoiselle Guay avec ses meubles recouverts de housses de plastique et ses parquets cachés par des tissus, Alicia reparle sans cesse du suicide d'Irena. La blessure est encore bien vive chez Pauline : « Je veux être encore amoureuse, je veux être câlinée. Gé te souviens-tu quand tu me collais sur le mur après le théâtre ou ailleurs ? Je me tuerai comme Irena si cela ne vient pas ! Je ne peux me contenter de la beauté des autres. Il faut que j'y participe. C'est vrai que dans les moments d'énergie on dit qu'Irena était capable d'en être et d'y participer. Vieillir, attendre, elle n'a pu, et je comprends[26]. »

Pauline reprend le train à travers l'Allemagne, s'arrête chez Jean-Claude Lapierre, stationné pour un an à Lahr, près de Strasbourg. Cailloux la reçoit comme un petit frère complice. Puis Pauline va à

Liège, profite de quelques jours de tendresse et de repos auprès de ses amis. En débarquant à Paris, elle arrive à l'hôtel où Gérald vit dans le plus parfait désordre. Pauline n'en peut plus de ses oublis, de ses obstinations, mais elle essaie de se dominer en se répétant qu'il est un grand malade. Puis, à son corps défendant, voyant bien que Gérald va de plus en plus mal, Pauline le reconduit à la gare de Lyon pour qu'il se rende seul à Cassis. En l'absence de Gérald, elle réussit à travailler les textes du spectacle *Les Muses au musée* prévu pour le mois de juin : « J'essaie de lire à haute voix pour parfaire mon débit et ma prononciation, je voudrais que quelqu'un d'aimable et sans arrière-pensée m'écoute et discute avec moi rationnellement où est ma vérité. Je la cherche, l'argent que je dépense ici est plus qu'une longue suite de séances d'analyse. Trouver la personne[27]. »

Quand Pauline rentre à Montréal, elle amorce les répétitions des *Muses au musée*. Elle fera partie de la distribution avec une contrebassiste, Joëlle André, et huit autres muses, des « performeuses » qui représentent chacune une discipline artistique. Karen Young, par exemple, évoque l'Euterpe de la musique, Geneviève Letarte, la Calliope de l'éloquence. Pauline Julien sera Clio, muse de l'histoire. Chaque muse étant libre de choisir le contenu de son tableau vocal, Pauline Julien interprète des textes sur l'oubli et la mort. Le concert remporte un vif succès et il sera diffusé le dimanche 7 juin sur le réseau FM de Radio-Canada dans le cadre de l'émission *Musique actuelle*. Pauline dit un poème d'Anne Hébert, *Il y a certainement quelqu'un qui m'a tué*, et reprend *La Parade du suicide* de Pasolini qu'elle avait chantée au début des années soixante :

Pitié pitié
Ce qui vous importe
C'est que je sois morte
Sans parole et sans un geste
Sans visage sous la terre
[...]
J'entre dans l'ombre
Je vous laisse le monde.

C'est ainsi qu'elle tire sa révérence de la scène. Pauline ne chantera plus, ni seule, ni en duo, ni en groupe .

Au cours de l'été 1992, Pauline se rend au lac Bélanger, dans ce qu'elle appelle « son paradis » chez Madeleine Ferron. Gérald veut partir à tout moment, incommodé par les moustiques. Mais Pauline persiste à rester quelques jours pour se reposer, se baigner, écrire ses petits contes, ce qui deviendra *Il fut un temps où l'on se voyait beaucoup*. Sans projet de spectacle, Pauline trouve la vie bien terne. Elle essaie de s'occuper du mieux qu'elle peut de Gérald, de le soutenir dans sa vie politique, de ne pas trop discuter, de ne pas trop se mettre en colère. Ensemble, ils s'engagent dans le comité du « non » à l'occasion du référendum sur la formule de Charlottetown qui aura lieu le 26 octobre. Le gouvernement fédéral veut amender la constitution en donnant un peu plus de pouvoir aux Québécois, mais Pauline, comme plusieurs de ses concitoyens, dénoncera publiquement le projet d'entente. Finalement, le « non » l'emportera haut la main, la plupart des habitants des provinces du reste du Canada trouvant que la révision constitutionnelle accordait trop de pouvoir aux Québécois et les Québécois estimant ce pouvoir insuffisant.

Le 16 novembre 1992, Pauline repart à Paris voir son amie Jacqueline Abraham qui est hospitalisée et dont l'état de santé se dégrade à vue d'œil. Entre ses nombreuses visites à l'hôpital, Pauline travaille activement à réaliser un projet qui lui permettra de se détacher complètement de son passé d'artiste : elle veut séjourner dans un pays du tiers monde comme missionnaire laïque, à l'instar de sa sœur Alice qui a passé plusieurs années au Pérou. Elle doit prendre une décision avant la fin de décembre ; elle a le choix entre la Thaïlande ou la Tanzanie avec Médecins du monde ; elle pourrait également se joindre à une association haïtienne autour de monseigneur Romelus, ou encore partir avec le CECI du Québec au Sénégal pour travailler quatre mois en alphabétisation. Elle profite de son séjour à Paris pour mûrir son projet et se renseigner. Jacques Marsauche, un habitué du travail de brousse en Afrique, la conseille et l'encourage.

Au Centre audiovisuel Simone-de-Beauvoir, dans le cadre d'une rétrospective Delphine Seyrig où sont projetés plusieurs longs métrages où apparaît Luce Guilbeault, on a demandé à Pauline et à Coline Serreau de rendre un hommage aux deux comédiennes et réalisatrices. Pauline doit prendre la parole et c'est une épreuve pour elle. La veille du colloque, le 30 novembre 1992, Pauline revoit tous les films, en particulier celui, réalisé par Brigitte Sauriol, dans lequel elle a une longue et belle conversation avec Delphine Seyrig. Elle pleure beaucoup. À son retour de Paris, elle apprend coup sur coup le décès, à l'âge de soixante-quinze ans, de sa sœur Alice, celui de Marcel Rioux, et celui de sa tendre amie Jacqueline Abraham. Avant son départ pour Paris, Lise Moreau s'était éteinte. Tous ces deuils l'affligent énormément et l'année 1992 se termine sur ces notes de grande tristesse.

Heureusement, en ce début d'année 1993, Pauline est fort occupée à préparer son séjour prochain en Afrique. Elle s'est entendue avec les représentants du CECI pour se rendre au Burkina Faso assister les travailleurs dans des tâches d'alphabétisation, de lutte contre le sida et de soins aux nouveau-nés. Après avoir rempli les formalités et s'être fait vacciner, elle part de Montréal le 10 février pour Bruxelles, d'où elle se rend directement à Ouagadougou. Fidèle à son habitude de faire des récits détaillés de ses nombreux voyages, contractée en 1960 lors de son séjour au Mexique et au Salvador avec Dietrich et Jacqueline, Pauline enverra des lettres à Fabienne, dans lesquelles elle notera tout ce qu'elle fait, décrira les gens qu'elle rencontre, les lieux qu'elle visite. L'exercice lui pèse cette fois, parce que l'écriture n'est plus très facile : elle doit faire plusieurs versions d'un même texte pour le rendre compréhensible. Les lettres paraîtront à son retour du Burkina, dans le numéro de juillet 1993 de la revue *Châtelaine,* accompagnées de photos. Pauline les révisera avec Fabienne en 1998 pour les inclure dans *Il fut un temps où l'on se voyait beaucoup.* Le ton des lettres respecte ce que Pauline a vécu : difficulté, générosité et humilité.

Elle veut donner un nouveau sens à sa vie, calmer son angoisse, faire quelque chose d'important avant de mourir, trouver la paix intérieure. Ces objectifs, elle ne réussira pas à les atteindre pour toutes sortes de raisons qu'elle examine avec beaucoup de lucidité. Elle apprend qu'on ne s'improvise pas coopérant et que, pour aider convenablement les populations pauvres de l'Afrique, il faut, outre de la générosité et de l'amour, un certain bagage d'aptitudes et de connaissances qu'elle n'a pas. C'est d'ailleurs pendant ce voyage qu'elle se rend compte pour la première fois qu'elle pourrait être atteinte d'une maladie irréversible : « Je me sens vieille, démunie, bégayante, oublieuse, en un mot, inutile. Et m'est apparue du fond de mon être cette possibilité de perdre la parole, comme Alberte. Je n'ai pas de confidente pour m'exprimer dans tout ça[28]. » Devant cette perspective, elle prend peur et songe de nouveau au suicide : « C'est mon droit le plus strict. Je suis venue ici pour essayer de rendre service et d'être utile à quelque chose, à quelqu'un, je suis un poids plus lourd de jour en jour. Quand aurai-je la force de me déclarer inopérante, inintelligente, superficielle, émotive de surface et incapable de toute création, seule, définitivement seule, avec mes leurres, mon vernis, mes échappatoires, mes "donner-le-change", mes à-peu-près, mes clinquants laminés, mes sursauts désespérés, menteurs, nappés de vernis illusoires dans l'instant[29] ? »

On peut comprendre qu'avec ses difficultés de motricité et de langage, elle n'ait pu s'adapter à un travail qui demande beaucoup d'adresse et d'aptitudes pour l'apprentissage des langues. Mais le bilan n'est pas aussi négatif qu'elle le croit. Grâce aux lettres publiées, elle peut témoigner des besoins criants de cette population et en devenir brièvement une porte-parole sincère et éloquente. Son nom, son prestige, sa photo publiée dans les journaux, ont largement servi à la cause du CECI. Et puis, à cause de ce voyage qui l'oblige à se dépasser, à se déplacer, à aller vers les autres, elle parvient quand même à oublier un peu ses déboires, ses déconfitures, son propre handicap, et à s'éloigner de Gérald. Le pire est à venir et elle est allée chercher dans ce désert l'énergie nécessaire pour continuer la route jusqu'au bout. Et puis il y a de bons moments, notamment la visite le 2 avril 1993 de son ami Jacques Marsauche qui revient du long périple de la traversée Dakar-Ouagadougou. Ils dînent, causent, et Pauline participe même à une petite expérience théâtrale. Le jour de son soixante-cinquième anniversaire, alors qu'elle pense qu'on l'avait complètement oubliée, elle a la surprise d'être invitée par une collègue qui lui prépare des dorades magnifiques et un gâteau. Les autres viennent se joindre à elles et c'est fête au village. On la trouve un peu originale et « artiste », mais on apprécie sa bonne volonté et sa bonne humeur.

Pendant que Pauline est au Burkina, Gérald poursuit, malgré les inconvénients de sa forte médication, ses activités comme député de Mercier, faisant la navette entre Montréal et Québec avec son collègue et ami Jérôme Proulx. Lors de la parution à l'Hexagone de *Écrits et parlés I*, un recueil d'éditoriaux, de chroniques, de critiques et entrevues compilés par André Gervais, Gérald accorde une entrevue au *Devoir.* Pauline n'est pas encore revenue du Burkina et on sent qu'elle lui a manqué. Sans détour, il fustige le milieu pour son absence de reconnaissance : « Le désert, c'est sa niche écologique, constate son fidèle mari. [...] La meilleure brechtienne, c'est Pauline Julien. Elle a chanté Brecht mieux que quiconque. Elle est disparue de la mémoire collective, le milieu l'a rejetée. Pas une seule nomination à l'Adisq[30]. » Dans cette même entrevue, il parle ouvertement de sa maladie qui l'a laissé aphasique après sa première opération en 1984, expliquant qu'il a eu recours au comédien Lionel Villeneuve et à l'annonceur Henri Bergeron pour réapprendre à parler. Il ajoute qu'il a toujours l'intention d'être candidat à la prochaine élection générale. Quand Pauline revient du Burkina, Gérald lui offre un exemplaire de son livre qu'il a dédié à « la femme de ma vie et d'après ». Puis il griffonne d'une écriture déjà très affectée par la maladie une dédicace plus personnelle encore : « Chère Pauline et belle crigne, pour nos trente ans de paix extérieure et intérieure, accepte ces *Écrits et parlés I.* Je te les donne, avec l'affection de l'auteur, Gérald Godin. »

Pauline donne elle aussi des entrevues, parle de son expérience chez les Burkinabés où elle dit avoir appris « la patience et la non-importance de certaines choses », mais également pour revenir sur sa carrière et évoquer sa volonté de se recycler : « J'estime quand même avoir eu une belle carrière. J'ai fait ce que j'avais à faire. Mais ça ne m'intéresse plus. Les gens me disent que je devrais faire de l'enseignement de la chanson. Mais je ne veux pas. Je veux vraiment faire autre chose[31]. » Quant à la situation politique, elle ne la commente pas, mais elle a cette phrase implacable, presque désabusée : « Je ne suis pas devin, mais je me dis parfois que c'est vraiment notre dernière chance. »

Pendant que Gérald est au congrès du PQ à la fin du mois d'août, Pauline monte dans le train pour l'Acadie où elle ira rejoindre son agente et amie Lucienne Losier qui séjourne dans sa famille. Pauline nage dans la mer, renoue avec le bonheur d'être entourée de gens chaleureux. Son écriture est plus précise, moins erratique, comme si les symptômes de la maladie avaient temporairement disparu. Ces vacances lui redonnent du tonus et elle revient en grande forme à Montréal. Une autre Lucienne, sa chère Lucienne Guay, dite

Lucia, meurt à l'âge de quatre-vingt-douze ans. Avec elle, c'est toute une époque qui disparaît : une vie de voyages, de rencontres, de folies et de tartes au sucre. « Ah ! Les Lucienne ! » dira Pauline.

Fin septembre, Pauline part pour Paris, invitée par la Fondation pour le progrès de l'homme. Elle se rendra à Vézelay, où se tiennent les États généraux de la planète. Pauline ne se contentera pas de faire de la figuration parmi les cinquante-cinq autres invités venus du monde entier. Elle part en guerre contre le vocable « homme » dans l'expression « progrès de l'homme ». Elle rédige une proposition qu'elle soumet à l'assemblée : « L'appellation de la fondation pour le progrès de l'homme me semble dépassée. Les mots ont une force et un pouvoir qui leur sont propres, mais la grammaire a un parti pris, celui du plus fort, le masculin l'emporte toujours sur le féminin. Le terme Homme englobe la Femme et n'a servi qu'à nous oublier, à nous ignorer, à nous mépriser la plupart du temps, comme si nous étions de qualité moindre. Aujourd'hui nous sortons de l'ombre. Nous nous faisons connaître et reconnaître pour ce que nous sommes, ni plus ni moins que l'autre moitié du monde. [...] Je souhaiterais pour ma part que l'appellation la Fondation pour le progrès de l'homme devienne la Fondation pour le progrès de l'humanité. » La proposition sera rejetée, mais Pauline est fière de son intervention même si elle ne s'illusionnait pas quant à son issue. Elle a même chanté et fait chanter les gens dans ce merveilleux site de l'abbaye de Vaux.

Pendant son séjour à Paris, Pauline descend à l'hôtel des Sénateurs, rue Vaugirard, tout près de la chambre qu'elle avait louée en 1951 avec Jacques Galipeau au début de leur mariage. Elle revient au Québec avec optimisme et s'inscrit à une session de croissance personnelle à l'Institut de formation humaine de Montréal. Elle cherche à comprendre ce qui lui arrive et voudrait mieux fonctionner en groupe.

À la fin du mois d'octobre 1993 paraît le livre de Michel Rheault sur ses textes de chansons intitulé *Les Voies parallèles de Pauline Julien*. Cette analyse redonne confiance à Pauline, et elle constate avec plaisir qu'elle a une « œuvre » derrière elle : trente-deux chansons dont cinq en collaboration avec Gérald Godin, Denise Boucher, Madeleine Gagnon, vingt-trois albums dont trois en collaboration, sans compter des disques collectifs et des compilations de ses grands succès. Pauline voit dans ce livre une marque de reconnaissance qu'elle apprécie et qui l'aide à supporter l'épreuve qui l'attend, soit la recrudescence de la maladie de Gérald. Le 8 décembre 1993, Gérald Godin est hospitalisé à nouveau et le scanner révèle une excroissance que les médecins n'ont pu conjurer en dépit des vingt-quatre comprimés qu'ils lui ont fait absorber chaque jour. La tumeur est déclarée inopérable.

Aidée de son fils Nicolas, Pauline va chercher Gérald à l'Institut de neurologie pour le temps des fêtes. Gérald ne peut se rendre chez Fabienne pour le réveillon de Noël. Son état l'oblige à retourner à l'Institut dès le 27 décembre. En février, après beaucoup d'hésitation, Pauline se laisse convaincre de partir une semaine à Cuba en compagnie de Cailloux Lapierre. La mer, la bonne compagnie, la lecture lui permettent de se refaire un peu avant de retourner auprès de son malade.

Ayant pris goût à la thérapie de groupe, Pauline s'est inscrite en janvier à des cours de gestion à l'Université de Montréal. Sur un formulaire qu'elle remplit avec application, elle écrit qu'elle suit ces cours « pour acquérir une plus grande qualité de concentration, s'obliger à réfléchir chaque fois qu'elle pose un geste ou qu'elle entreprend un travail, pour ne pas douter sempiternellement quand elle a une option, pour connaître mieux les mécanismes humains avec tout ce qu'il y a de différence et tenter de réussir quelquefois le mieux-être ensemble, pour prendre conscience de la complexité de chaque être et se donner une compréhension plus grande qui pourrait se transmettre indéfiniment ».

Gérald est revenu à la maison au début de mars. Pauline a beaucoup travaillé à l'organisation de ce retour : des infirmières se relaient toutes les huit heures à son chevet et Gérald semble déterminé à reprendre ses occupations et à vaincre sa maladie. Entre-temps, les problèmes de langage de Pauline sont revenus avec plus d'acuité, ce qui l'inquiète au plus haut point : « Je mélange les mots. J'ouvre la bouche et, pires que la bouillie pour les chats, sortent des sons inaudibles. J'ai peur de perdre la parole. Tout appel au téléphone me fait pleurer, j'ai peur, peur, je suis clouée à la maison. Je n'ose sortir de crainte que Gérald veuille se lever. Tout à l'heure il l'a fait, et il a fait un plongeon[32]. » Pauline essaie malgré tout de se donner une contenance, de ne pas trop montrer son désarroi aux siens, Cailloux, Lucienne, Pascale et Nicolas qui, elle le sait bien, ne sont pas dupes.

Pauline tient à son projet d'écriture. C'est tout ce qui lui reste. Mais il lui est très difficile de s'isoler dans une maison où circule un personnel infirmier jour et nuit. En avril 94, elle accepte l'offre du curé de la paroisse Saint-Pierre-Claver et s'installe dans un local du presbytère pour continuer ses récits autobiographiques. Pour elle, ce grand local éclairé et paisible est un miracle. Les soins médicaux et la vie politique prennent trop de place à la maison. Gérald veut se présenter aux prochaines élections ; du moins, il ne dit pas encore clairement aux électeurs de son comté qu'il ne se présentera pas. Pauline essaie désespérément de le mettre face à la réalité et de l'en dissuader. Après dix-huit ans de loyaux services, résigné, il annonce sa démission comme député de Mercier. À peu près à la même époque, Pauline consulte un médecin qui diagnostique chez elle une aphasie dégénérescente. L'annonce de cette nouvelle la laisse sans réaction, puis elle se rend dans son petit local de Saint-Pierre-Claver où elle s'abandonne à sa douleur. Elle pleure, elle hurle, elle songe au suicide. Mais Gérald a besoin d'elle et elle décide de rentrer à la maison. Elle écrit dans son journal : « Pas avant que G[33]. »

Elle aura soixante-six ans le 23 mai et, toujours coquette à propos de son âge, elle décide d'organiser une grande fête pour célébrer ses soixante-quatre ans ! À cette occasion, elle fera le lancement de deux compilations sur disque laser, dont la rétrospective aux éditions DDM, et de *Pauline Julien*, dans la série Québec Love, aux éditions Gamma. L'attend également la médaille officielle de Chevalier des arts et des lettres de France, que lui remettra l'ambassadeur de France au Canada, monsieur Sieffer Gillardin. Le 13 juin 1994, c'est donc la fête à Pauline. Vêtue de jaune vif, Pauline est ravie, entourée de tout son monde, sauf de Gérald qui n'a pu se déplacer. Ses amis, sa famille, ses collaborateurs, tous sont rassemblés au Monument national. Lucienne Losier a préparé un ordre du jour serré, les discours se succèdent, affectueux, drôles, spontanés, dont ceux de Jean-Claude Germain et de Lise Payette. Le lendemain et les jours qui suivent, plusieurs journaux feront un compte rendu détaillé de cette fête qui a l'heur de réjouir les journalistes, entre autres parce que Pauline, dans sa petite allocution pleine de finesse, a pensé à remercier les médias. Sylvie Bernard interprète pour l'occasion *L'Âme à la tendresse*, puis un chœur formé de Hélène Loiselle, Marie-Claire Séguin, Renée Claude et Hélène Pedneault entonne *L'Étranger.* Dans son édition du 19 juin 1994, *La Presse* consacre Pauline personnalité de la semaine. Après la fête, elle prendra la peine d'écrire un petit mot personnel de remerciement à chacun des participants.

Au cours de l'été, Pauline réquisitionne le *Journal de Montréal* pour lancer un appel de détresse en faveur des réfugiés du Rwanda. Le journal de Pierre Péladeau lui accordera une page entière de son édition du 30 juillet et publiera le témoignage émouvant de Pauline : « Que faire ? Ouvrir son cœur. Tout est à bâtir dans ce pays où des centaines de milliers de personnes vivent l'enfer. Plus on retarde, plus ils meurent. Dressons-nous avec le monde entier pour arrêter ces atrocités. Ensemble. » Au mois d'août, il faut choisir un successeur éventuel de Gérald comme candidat péquiste du comté de Mercier. La controverse s'installe entre Robert Perreault et Giuseppe Sciortino et Gérald fait, en fauteuil roulant, sa dernière sortie publique pour appuyer Perreault. Pauline est à ses côtés.

Quelques semaines plus tard, le matin du 12 octobre 1994, Gérald s'éteint dans les bras de Pauline à son domicile de la rue Pontiac. En grosses lettres, elle écrit la célèbre phrase de Cocteau : « Faites semblant de pleurer, les poètes font semblant de mourir. » Puis elle raconte sa nuit, comment elle a souvent changé les vêtements de Gérald tout en sueur et comment elle l'a entouré de serviettes. Son râle lui rappelle celui de son père juste avant qu'il ne meure à l'hôpital, comme sa mère le lui a raconté. Elle met la cassette des *Quatre saisons* de Vivaldi très fort pour qu'il l'entende, elle prend une photo de son amour agonisant, puis ce sont les derniers instants : « Neuf heures quinze, la respiration n'est pas régulière, un souffle très léger, c'est tout. Il a les yeux grands ouverts, et je demande à Pascale un miroir : pas une buée ne sort de sa bouche. Louisa tente de lui trouver un pouls, c'est fini, fini. Je l'embrasse, le caresse, me couche tout au long de lui, il est encore chaud. Vivaldi joue toujours, le ciel est exquisément bleu, les feuilles d'automne sont en feu, jaunes, rouges, ambre. La maison s'emplit petit à petit, Fabienne, Nicolas[34]... »

Pendant les deux jours qui suivent la mort de Gérald, Fabienne reste chez Pauline, de même que Robert Goulet arrivé de Majorque le 11 octobre pour rendre une dernière visite à son ami de toujours.

À la « cérémonie de consolation » à l'église Saint-Pierre-Claver, Pauline a insisté pour chanter a cappella, malgré son handicap, *Le temps passe* de Boris Vian. Elle se reprend à deux reprises, puis retrouvant par magie ses mots et sa voix, elle réussit ce qu'elle a toujours su faire admirablement : rejoindre les cœurs en plein cœur. Vers la fin de l'émouvante cérémonie, Pascale Galipeau invite la foule à chanter avec elle *Le Temps des cerises*, la chanson préférée du « préféré » de Pauline. Les amis se rassemblent au restaurant grec Demos de la rue Prince Arthur après les funérailles, puis Pauline revient seule à la maison : « Le premier matin, j'ai sorti deux assiettes pour le petit déjeuner, le "plus jamais" ne me rentre pas dans la tête[35]. » Elle entreprend de rédiger des lettres de remerciements pour les témoignages de sympathie reçus. Elle tient à écrire ses quatre cents petits mots personnels pour lesquels elle fait chaque fois un brouillon.

La vie reprend ses droits peu à peu. Pauline et Lucienne Losier décident de s'envoler au Mexique, à Trocones, du 4 au 18 décembre 1994. Un jour qu'elles se baignent dans l'océan, elles sont emportées par une lame de fond et sont rescapées de justesse sur la plage. La mort ayant frôlé de près les deux amies, l'idée d'en finir revient hanter Pauline : « Je pense au suicide, à la façon dont je le ferai. Je pleure beaucoup en pensant à Gérald. Trente-deux ans, ce n'était pas assez. Maudite maladie ! Je me sens orpheline. Et cette maladie qui me guette. J'essaie d'être forte, mais il y a toujours un objet, un mot qui m'échappe, même en présence de Lulu, ça m'humilie. Il me semble tout perdre, mon langage, ma fierté. Je ne veux pas de pitié, de compassion et sentir, ô bien loin, bien loin, de l'impatience à mon égard. C'est pour Nicolas, Pascale, Marie, les amies proches, je me mets à leur place. Je sais la peine qu'ils ressentiront. Je leur enlèverai cependant un gros poids. Trop de morts, trop de vieux, de vieilles. Que la jeunesse vive[36] ! »

Au début du mois de janvier 1995, Pauline revient à son « bureau » du presbytère de Saint-Pierre-Claver et se remet à l'écriture de son livre. Ce travail lui demande un énorme effort de concentration, mais elle s'acharne jour après jour, recommençant les mêmes phrases plusieurs fois. Le 1er février, elle se rend à Genève au chevet de son amie Heidi Knecht. Elle en profite pour revoir ses fidèles, Manon Hotte, Philippe Morand, Jacques de Montmollin, Maryse Furman. Elle a un don pour parler aux mourants, une façon simple et respectueuse de les aborder sans manifester de pitié excessive. Elle réussit même à faire rire Heidi en lui rappelant qu'un jour elle lui a « prêté » Gérald. Plus tard, en mars, quand elle apprendra la mort de son amie, Pauline repensera à Gérald : « D'ici, à Saint-Pierre-Claver, je vois un cumulus où Gérald se cache peut-être, m'encourage à tout dire parce que c'est beau, bien que ça me tire beaucoup d'émotion. Je le veux vivant, à relire ces notes, me disant de continuer[37]. »

Après la Suisse, Pauline fait le tour de ses autres amis ; elle se rend en Belgique, chez les Romus, chez Yetta Outers, puis à Majorque, chez Robert Goulet et sa femme Valérie. Pauline oublie ses valises à Barcelone, finit par les récupérer plus tard. Son écriture est de plus en plus désarticulée. Elle écrit les mêmes choses des dizaines de fois, se reprend, n'arrive pas à rendre ce qu'elle voulait dire. Pauline continue son pèlerinage : à Paris, elle revoit Françoise Staar, Christiane Zahm, Huguette Malvé, la sœur de sa chère Jacqueline Abraham. Elle parle tant de Gérald qu'elle fait un rêve éveillé, semblable aux autres. Elle soutient dur comme fer qu'elle a réellement vu Gérald en personne, qu'elle n'était pas endormie, qu'elle lui a même dit qu'elle se débrouillait bien, tout en lui demandant de l'« aider à trouver un amant aimable[38] » ! Il restera toujours le « préféré ».

Le 10 mai 1995, on décerne à Gérald à titre posthume le grand prix culturel de littérature de Trois-Rivières pour l'ensemble de son œuvre. Pauline, qui reçoit le prix au nom de Gérald, prononce une petite allocution de circonstance. Elle s'y était reprise à plusieurs fois et sollicite l'aide de Réjean Bonenfant et de Gérald Gaudet pour venir à bout de l'écrire. Le prix est assorti d'une bourse de deux mille dollars que Pauline demande de distribuer en quatre parties égales à de jeunes poètes de la relève : « On a refusé un jour une bourse à Gérald. Il était jeune. C'était au temps de Maurice Duplessis. Il a beaucoup écrit, mais il a dû passer par la politique pour être vraiment reconnu comme poète. Je sais que cela l'a beaucoup peiné comme poète. Je crois qu'il faut donner un coup de pouce aux jeunes quand ils ont du talent, de la ferveur, et qu'ils sont prêts à y mettre du temps. »

Elle poursuivra vaillamment son travail d'écriture autobiographique pendant tout l'été 1995, tantôt à North Hatley, tantôt au lac

Bélanger, parfois dans son bureau de Saint-Pierre-Claver. Après avoir atteint sa parole, les symptômes de la maladie commencent à affecter sa capacité de lecture, privant graduellement Pauline d'un des plus grands plaisirs de sa vie. Découragée par moments, elle n'abandonne pas et essaie de circonscrire les événements du passé en les regroupant par petits îlots. Au mois d'octobre, elle participe à la campagne référendaire où s'exacerbent les vieilles passions séparatistes et fédéralistes. Pauline interviendra brièvement pour donner son appui au camp du oui mais l'option souverainiste sera une autre fois battue de justesse le soir du 30 octobre 1995. La déception est amère : René Lévesque n'est plus là pour dire « À la prochaine fois ! », Pauline ne peut plus chanter *La Danse à Saint-Dilon*. Le Québec s'est tu.

Pauline fait un autre séjour de deux semaines à Paris où elle revoit Christiane et Françoise. Cette fois, elle éprouve des difficultés d'orientation qui ont des conséquences plus ou moins graves, mais qui inquiètent son entourage. Le goût de voyager est plus fort que tout et le 26 décembre 1995, elle s'envole pour l'Égypte où elle rend visite à Anouar Abdel-Malek, le grand ami de Gérald. Elle y passera les fêtes du nouvel an et ne rentrera à Montréal que le 16 janvier 1996. Elle a développé des trucs pour ne pas se perdre dans les aéroports et elle garde des doubles de tous ses documents dans ses valises. Heureusement, car elle en oublie quelques-uns. Pauline revoit les endroits qu'elle a visités avec Gérald en 1974 et, très stressée, elle se perd longuement sur le site de Karnac à Louxor.

Quand Pauline revient à Montréal, on lui demande d'être la porte-parole de différentes causes humanitaires. Ainsi, en février 1996, elle assume la présidence d'honneur d'un encan d'œuvres d'art au bénéfice du service bénévole de l'Est de Montréal. Puis elle décide de demander l'aide de la journaliste Colette Beauchamp pour poursuivre son autobiographie. Elle voudrait que le livre soit écrit en collaboration ; elle ouvre ses archives, elle lui raconte des événements puisés dans son journal intime qu'elle lit et relit sans cesse, pour se l'approprier, pour organiser les données, pour retenir le cours des événements qui ont fait la trame de sa vie. Mais la mémoire flanche de plus en plus, et la parole la déserte, ce qui rend très difficile le travail en collaboration. Pauline s'en rend compte et décide d'écrire de son côté non pas une autobiographie, mais des petits fragments de son histoire personnelle tirés de ses amours, de sa famille, de sa vie. Colette Beauchamp, quant à elle, ne pourra poursuivre le travail, ce qui n'empêchera pas Pauline de conserver cette idée de faire écrire sa biographie.

Au mois d'avril 1996, Pauline décide de produire elle-même un disque laser entièrement consacré à Brecht sur lequel elle réunit ses deux microsillons, *Tout ou rien* et *Les Sept Péchés capitaux*, ajoutant la version spectacle de *Bilbao Song*. Elle entend le distribuer à ses amis qu'elle convoque à sa façon à une petite fête : « Bertolt Brecht et Kurt Weill vivent à travers la voix de Pauline Julien depuis des siècles… Première et seule interprète du répertoire brechtien au Québec, elle vous fait cadeau de ce trésor. Venez le cueillir au bistro Le Bleu est noir, le lundi 22 avril 1996, de 17 h à 19 h. » Elle en envoie même aux amis qui ne sont pas venus, ceux du Québec et ceux d'Europe.

Au mois de mai, Maxime Deschênes, venue à Montréal peu après l'invitation de Pauline au Chantauteuil en 1973, se rend compte que l'état de santé de Pauline se détériore et lui propose de déménager au rez-de-chaussée de la rue Pontiac dans l'ancien bureau de Gérald. Pauline aime beaucoup sa liberté, mais elle accepte de bon gré de « cohabiter » avec Maxime, qui a entrepris des études de droit. Elle donne ainsi un coup de main à Maxime tout en bénéficiant d'une aide pour préparer ses repas et accomplir de menues tâches quotidiennes. Nicolas et Pascale sont aussi très attentionnés et Pauline se sent un peu moins seule et déprimée. Elle revoit le médecin qui confirme son diagnostic d'aphasie dégénérescente et elle pleure souvent. Mais elle ne désespère pas, se met à faire de la lecture à voix haute et trouve que son élocution progresse : « Ma mémoire est courte, je l'appelle et elle revient presque toujours[39]. »

En juin 1996, elle apprend une nouvelle qui lui donne des ailes. Monique Giroux, qui était allée au lancement du disque de Brecht, décide de faire une compilation CD pour *Les Refrains d'abord,* une émission sur la chanson qu'elle anime quotidiennement à Radio-Canada. Pauline travaille activement avec Monique Giroux et Lucienne Losier au choix des chansons, des photos et de la pochette. Elle est enchantée du résultat. Lors d'une émission qui lui sera entièrement consacrée en septembre 1996, elle recevra un abondant courrier d'admirateurs qui lui rappelleront des souvenirs de spectacles. « Au vieux Café Campus de la rue Decelles, j'avais osé m'asseoir à quelques pieds devant vous. Quel bonheur ! La chaleur et l'amour que vous m'avez chantés sont toujours à fleur de cœur quand je vous écoute. J'ai eu la très nette impression que les cris d'amour de Vigneault, Léveillée et Gauthier, entre autres, m'étaient directement adressés. C'était comme s'il vous fallait une vraie personne avec de vrais yeux et un vrai visage pour élever encore d'une coche la sincérité de l'interprétation de vos chansons d'amour. Puisqu'il vous fallait un "amoureux" et que vous m'avez repéré immédiatement, vous m'avez chanté dans les yeux vos immortelles. Personne, je crois, ne l'a remarqué : c'était comme un secret, notre complicité[40]. » Pauline, très touchée, soulignera au crayon jaune et orange ces phrases enflammées et répondra à son spectateur, comme elle remerciera individuellement, avec application, tous les autres de leur témoignage d'affection.

Elle passe une partie de son été 1996 à North Hatley où elle poursuit inlassablement ses travaux d'écriture. À la campagne, elle se sent bien. Elle n'a pas à se déplacer comme en ville, à répondre constamment au téléphone, et elle est moins sollicitée, ce qui lui apporte un certain calme : « Je constate que j'aimerais vivre ici indéfiniment. Je constate que j'aime cette maison, ma chambre avec sa table et sa vue imprenable. J'y vois le miroir du lever, les fleurs à cette saison qui rentrent une à une, différentes, par la fenêtre[41]. »

À partir de juillet 1996, Pauline fera encore quelques voyages : elle se rend en car à Pointe-au-Pic et à La Malbaie voir des amis, puis en septembre elle visite son ami Alan Glass à Mexico. Du 3 au 16 avril 1997, elle ira seule en Europe faire un dernier tour de piste entre Paris, Bruxelles et Genève, rencontrant ses amis tous attristés de la voir dans cet état. Ce court séjour en Europe ne sera pas tout à fait son dernier voyage. Contre toute attente, elle trouvera l'énergie de se rendre deux semaines au Pérou à la fin du mois de mai 1997 avec Lucienne Losier. Elle tient à voir le Machu Picchu avant de mourir. Elle y contemplera le ciel dans le silence et le bonheur, moniale dans l'âme devant ces lieux grandioses qui lui rappellent le Sahara. Elle laissera même un petit carnet de voyage à peine lisible. On y sent la joie de revoir les religieuses qui ont bien connu Alice et qui la reçoivent avec générosité. On y sent aussi la tristesse de se perdre sans cesse, de multiplier les oublis et de ne plus avoir d'autonomie. De même qu'elle avait pris la décision de ne plus faire de spectacles de chansons du haut de l'Himalaya en automne 1985, elle se résout du haut de la citadelle préincaïque du Machu Picchu à ne plus faire de grands voyages à l'étranger.

Elle participera à quelques événements encore, mais très discrètement. Pour Raymond Lévesque, elle prépare un petit témoignage à l'occasion d'un film qu'on lui consacre : « Un bel après-midi de printemps à Paris, je traversais la place du Châtelet. Tout à coup, un face à face glorieux se produit entre Raymond Lévesque et moi. Ce jour-là, Raymond était très ennuyé ; il ne savait pas où présenter son tour de chant. "J'ai ton affaire, Raymond, rejoins-moi ce soir rue Guénégaud, Chez Moineau, où je chante. Je te présenterai au patron." Celui-ci fut enchanté et Raymond devint le pilier de la boîte durant des années. Même que monsieur Moineau l'incitait à épouser sa fille et à prendre la gérance de la boîte. Je pense que Céline n'aurait pas aimé ça[42]. » La participation de Pauline ne pourra malheureusement être retenue en raison de son bégaiement. Dans le même ordre d'idées, en janvier 1997, elle enregistre avec Bernard Buisson une chanson pour Julos Beaucarne intitulée *Le Pensionnat.* À force de répéter, après sept ou huit heures de studio, elle réussit cette fois à chanter toutes les phrases avec beaucoup de chaleur.

Elle s'applique à perpétuer la mémoire de Gérald en demandant, en novembre 1996, que la future place du métro Mont-Royal soit nommée Place Gérald-Godin et elle obtient gain de cause auprès de la Communauté urbaine de Montréal. Elle est reçue en juin 1997 Chevalier de l'Ordre national du Québec pour avoir contribué à faire connaître le Québec « par une rare adéquation entre ses chansons, son peuple et son époque[43] ». Elle se rend à Québec avec Lucienne Losier recevoir la médaille des mains du premier ministre Lucien Bouchard. Pierrette Alarie, Léopold Simoneau et Raymond Lévesque auront droit au même honneur ce jour-là.

Elle assiste, comme toute sa vie elle l'a fait, à tous les vernissages et à tous les lancements de ses amis. En avril 1997, elle est présente à l'hommage qui est rendu à Anne Hébert et elle se fait même photographier avec l'auteur de son poème fétiche *La Fille maigre.* Elle ne veut surtout pas que les gens soient complaisants à son égard, mais elle refuse de dévoiler la nature de son handicap à l'extérieur de son cercle familial et intime, ce qui plonge parfois ses interlocuteurs dans la perplexité. Mais tout le monde est discret autour d'elle et elle ne se prive pas d'aller au restaurant, au spectacle, au cinéma, de se promener à bicyclette. Elle fait de longs séjours à North Hatley où elle se sent à l'aise, malgré ses difficultés motrices et d'élocution. Vêtue d'une petite robe et portant des espadrilles, elle fait brûler du vieux bois qu'elle ramasse par terre. Elle prend plaisir à piquer le bois, à le remuer, à se déployer sans relâche, comme pour se prouver à elle-même qu'elle a toujours des capacités. Elle s'amuse à nommer avec exactitude les fleurs magnifiques de ses plates-bandes et quand elle bute sur certains noms plus compliqués, elle rit, rit... puis pleure un peu. Elle s'isole dans la gloriette pour parfaire son livre. Juste à côté, près d'un arbre, sont enfouies les cendres de Gérald Godin sur lesquelles elle se recueille.

Le 6 avril 1998, elle lance son livre *Il fut un temps où l'on se voyait beaucoup*, fruit d'un effort ultime, chez Lanctôt Éditeur. L'événement a lieu au bar-porto le Sofa, à Montréal. Pauline ne fait pas d'allocution, mais demande à sa fille Pascale de parler en son nom. Ce jour-là, Pascale révèle publiquement que sa mère est atteinte d'aphasie. Surprise, Pauline finit par accepter que son état de santé soit connu des gens.

À partir du dernier été, elle fait part à ses amis, à ses enfants, de sa décision d'en finir pour de bon. Certains y croient, d'autres non. Telle une jeune fille, elle se promène à bicyclette, se rend presque tous les jours à la Cinémathèque québécoise voir de vieux films, est de tous les lancements, tous les vernissages, ne rate aucun repas entre amis. Elle voit son médecin régulièrement, son dentiste, fait coiffer ses magnifiques cheveux. Elle perd ses clés souvent, elle en pleure, elle en rit. Elle tente de mettre de l'ordre dans ses affaires.

Le temps presse, elle se départit de ses journaux intimes, cherche à retrouver son exemplaire de *Final Exit*. À la fin du mois de septembre, elle se rend au spectacle de Raymond Devos, s'accorde un dernier plaisir d'humour. Rire aux éclats.

Il n'y a plus de temps.

Une petite phrase écrite le 13 août 1997, plus d'un an avant sa mort, témoigne de sa souffrance : « Je me sens tellement seule, peut-être que j'ai trop aimé. »

NOTES

1. Extrait d'une chanson de Michèle Trejo, musique d'Astor Piazzola, adaptation française de Gérald Godin, ayant pour titre *Les oiseaux perdus* (*Où peut-on vous toucher ?*, 1985).
2. Lysiane Gagnon, *La Presse*, 19 janvier 1988.
3. Pauline Julien, journal intime, 20 janvier 1988.
4. Ibid., 1er mars 1988.
5. Ibid., 6 mars 1988.
6. Marie Chaix, *Le Nouvel Observateur*, 13 au 19 mai 1988.
7. Lucienne Losier, entrevue du 6 mai 1998.
8. Pauline Julien, journal intime, 3 juin 1988.
9. Ibid., 8 août 1988.
10. Ibid., 31 décembre 1988.
11. Ibid., 5 mars 1989.
12. Ibid., 24 mai 1989.
13. Ibid., 18 juillet 1989.
14. Ibid., 24 juillet 1989.
15. Roland Héroux, *Le Nouvelliste*, 10 octobre 1989.
16. Gérald Godin, *Traces pour une autobiographie, Écrits et parlés II*, édition préparée par André Gervais, l'Hexagone, 1994, p. 252-253.
17. Pauline Julien, journal intime, 6 mai 1990.
18. Ibid., 26 et 30 mai 1990.
19. Ibid., 30 décembre 1990.
20. Ibid., 5 février 1991.
21. Ibid., 5 mars 1991.
22. Ibid., 18 mars 1991.
23. Ibid., 8 juillet 1991.
24. Ibid., 26 novembre 1991.
25. Ibid., 30 novembre 1991.
26. Ibid., 1er février 1992.
27. Ibid., 19 mars 1992.
28. Ibid., 5 avril 1993.
29. Ibid., 9 mai 1993.
30. Pierre Cayouette, *Le Devoir*, 5 et 6 juin 1993.
31. Josée Boileau, *Le Devoir*, 26 juillet 1993.
32. Pauline Julien, journal intime, 3 mars 1994.
33. Ibid., 20 mai 1994.
34. Ibid., 14 octobre 1994.
35. Idem.
36. Ibid., 9 décembre 1994.
37. Ibid., mars 1994.
38. Ibid., mai 1994.
39. Ibid., 7 juin 1996.
40. Raymond Longpré, lettre à Pauline Julien, 26 septembre 1996.
41. Pauline Julien, journal intime, 26 juin 1996.
42. Ibid., texte inédit, 26 septembre 1996.
43. Communiqué de presse du Service des communications du Cabinet du premier ministre, 18 juin 1997.

Épilogue

Quand Lucienne Losier m'apprit la mort de Pauline Julien, le matin du 1er octobre 1998, j'avais les deux mains sur mon clavier d'ordinateur et j'étais en train d'écrire sur la mort de son père, survenue le 24 juin 1944. Sur le coup, j'ai eu du mal à croire qu'elle s'était donné la mort même si quelques signaux avaient été lancés, notamment cet appel du début de la semaine pour me donner son journal intime. J'ai alors ressenti la même peine que si j'avais perdu une sœur ou une amie proche. En peu de temps des liens très forts s'étaient tissés entre nous, au fil des entrevues qu'elle m'avait accordées, des entretiens que j'avais eus avec ses nombreux amis, en raison du feu qui brûlait en elle.

Le téléphone s'est mis à sonner sans arrêt. Je devais soudain parler d'elle au passé. J'avais l'impression d'être abandonnée au bout du monde. J'ai attrapé le premier avion pour rejoindre ceux qui étaient devenus un peu mes proches à moi aussi. Je suis restée plusieurs heures au salon funéraire de la rue Papineau, j'ai rencontré les amis de Pauline comme s'ils avaient été de vieilles connaissances. Les cousines et petites cousines, neveux et nièces. J'ai connu Marie, que Pauline aimait tant et qui lui ressemble tant.

Le dimanche 4 octobre, je suis allée aux funérailles, j'ai suivi le beau cortège jusqu'à l'église Saint-Pierre-Claver, le cercueil de Pauline, tiré par un cheval, Maxime Deschênes jouant de l'accordéon. Le chant des participants dans la rue. Nombreux et sympathiques, les gens qui envoyaient la main de leur balcon, qui reprenaient L'Âme à la tendresse *dans l'après-midi d'automne. Le silence.*

À l'église, il y avait beaucoup de monde. Le curé Pierre Desroches nous a souhaité la bienvenue, puis il s'est effacé pour permettre aux intimes de Pauline de donner leur témoignage, soulageant ainsi le chagrin des autres. Robert Lalonde, avec qui Pauline avait joué dans Grandeur et décadence de la ville de Mahoganny, agissait comme maître de cérémonie et ce qu'il racontait me semblait adéquat, simple et plein d'humour. Il a parlé de Pauline, de sa passion, de son impatience, de son côté abusif, de son merveilleux sens de l'amitié. Claude Gauthier a chanté Le plus beau voyage a cappella, Lionel Villeneuve a dit un long et beau poème de Gérald Godin, C'était pour vous, Claude Lamothe a fait résonner son violoncelle jusqu'aux vitraux, Monique Giroux lui a rendu hommage, puis ce fut le tour de Robert Perreault, de Geneviève Guay, la fille de Jean-Paul et de Fabienne, et Nicolas est venu parler de sa mère, amoureusement, sans concession : « Elle savait ce qu'elle faisait, déclara- t-il, elle a repoussé l'échéance autant qu'elle a pu, elle nous a tous très bien préparés. » Avant que Pascale, entourée de Sylvie Legault, Lucienne Losier, Fabienne et quelques autres, ait chanté L'Âme à la tendresse, il y avait eu Julos Beaucarne avec C'est le premier jour, et Roland Giguère qui avait salué Pauline avec ses mots de poète :

Il y a des voix qui portent à jamais
Tous nos espoirs toutes nos amours
Des voix de charme et de colère
Des foix de feu et de foudre
Des voix qui nous emportent loin
Loin de nos sombres ornières
Des voix de haute marée
Qui noient la peine et nous enchantent

Ces voix fortes ne s'éteignent pas
Ce sont nos airs du jours nos perles de nuit
Notre mémoire et notre avenir

La voix de Pauline était de celles-là
Mais plus qu'une voix encore
Pauline détenait les clés de l'amitié
Multipliait l'amour à l'infini
Montant aux barricades le cœur à la main
Et rêvait de pays libres
De plages secrètes et de paix revenue

Elle rêvait... elle rêvait qu'un jour...
Un jour ou l'autre... tout serait fait.

Une voix s'est élevée de l'aile gauche de l'église. C'était une admiratrice de Pauline, Gisèle Bart, qui chantait une chanson qu'elle venait de composer

Pauline
tu n'en pouvais plus
de ne plus pouvoir
nous dire
ce que tu pensais
ce que tu croyais,
que tu nous aimais.

Cette femme m'a par la suite fait parvenir le texte de cette chanson en expliquant que son geste avait été spontané, guidé par le besoin d'exprimer le manque, la perte d'un être cher. Plusieurs personnes sont venues lui dire qu'elle avait dit « ce qu'ils auraient voulu dire ».

Après les funérailles, je suis restée longtemps sur le parvis de l'église pour parler aux amis, aux membres de la famille. Je suis aussi allée dans la sacristie, où des cousines voulaient me faire des confidences. Puis la famille et les amis proches sont partis manger chez le Grec Démos de la rue Prince Arthur, comme après les obsèques de Gérald. Je suis restée seule dans l'église déserte et je fus la dernière à quitter les lieux, mesurant encore plus l'ampleur de la tâche qui m'attendait.

En 1997, quand j'ai rencontré Pauline pour l'une des premières fois, je lui ai demandé de me dédicacer son livre sur le Népal que j'avais lu dès sa sortie en librairie. De son écriture tremblotante, elle m'a écrit un mot généreux et confiant : « Bonjour Louise D. Une symbiose s'installe peu à peu entre nous. Ça avance. De tout cœur, Pauline J. » Pendant la rédaction de sa biographie, cette petite phrase continua d'agir comme un phare. Chaque fois qu'un dilemme se posait, une incertitude, je revenais à l'exigence de livrer ce qui est le plus près d'elle et de ses sentiments, me demandant ce que Pauline aurait fait à ma place.

Pourquoi écrivait-elle son journal ? Pourquoi n'a-t-elle pas détruit elle-même toutes ces pages ? Elle voulait s'en servir pour écrire son autobiographie, elle voulait les relire pour revivre sa vie, tranquillement, pour se souvenir, pour pallier la mémoire qui flanchait de plus en plus. Je me suis parfois demandé si c'était là la vraie Pauline. Est-il présomptueux de vouloir cerner la vie d'une autre personne, quand on sait avec quelles difficultés on tente parfois de cerner la sienne propre ?

Les hommages à Pauline furent nombreux autant dans la presse écrite qu'à la radio et à la télévision. Jamais de son vivant Pauline n'a reçu autant d'éloges en un si court laps de temps. Les dépêches tombaient de partout, de tous les coins de l'Europe et du Québec. Radio-France a fait une émission spéciale en tandem avec Radio-Canada. Pauline aurait aimé être là, pour sentir toutes les vibrations amoureuses d'un public à qui elle avait tant donné de sa personne et de son cœur. Peut-être les a-t-elle senties ? J'ai alors pensé au titre de son dernier microsillon : Où peut-on vous toucher ?

Rouyn-Noranda, juin 1998 à juin 1999

CHRONOLOGIE

1928	Naissance de Pauline Julien à Trois-Rivières, le 23 mai. Cadette d'une famille de onze enfants. Fille d'Émile Julien et de Marie-Louise Pronovost.
1934-1943	Études primaires et secondaires à l'école Sainte-Madeleine du Cap-de-la-Madeleine.
1943-1945	Fin des études secondaires au pensionnat Notre-Dame-du-Cap.
1945-1946	Cours commercial à l'école Saint-Patrick de Trois-Rivières.
1947	Secrétaire, pendant quelques mois, pour la ville du Cap-de-la-Madeleine.
1947-1948	Séjour à Québec chez les Comédiens de la Nef.
1948-1950	Membre de la Compagnie du Masque à Montréal.
1950	Mariage, le 17 juin, avec le comédien Jacques Galipeau.
1951	Premier séjour de six ans à Paris. Formation de comédienne dans la troupe de Bernard Bimont.
1952	Naissance à Paris, le 27 février, de sa fille Pascale.
1954	Joue en mai et juin dans *L'Annonce faite à Marie* de Paul Claudel dans le cloître de l'église Saint-Séverin. À l'été, elle chante pour la première fois à l'île de Ré devant des prisonniers.
1955	Remplace au pied levé une comédienne qui doit chanter dans *La Fable de l'enfant échangé* de Pirandello. C'est la deuxième fois qu'elle chante en public. Naissance le 24 avril de son deuxième enfant, Nicolas.
1956-1957	Suit des cours de chant chez Alfred Abondance. Début dans les boîtes à chansons de la rive gauche parisienne.
1957	Retour au Québec à la fin de l'été. Se sépare de Jacques Galipeau. Premier spectacle collectif à Montréal au Saint-Germain-des-Prés du 31 octobre au 13 novembre.
1958-1961	Fait plusieurs allers et retours Paris-Montréal.
1958	Chante dans les boîtes parisiennes, gagne au concours Les Numéros 1 de demain d'Europe n° 1 et participe à la finale à l'Olympia. Revient en juin à Montréal et participe au spectacle *À la parenté* au Théâtre-Club où elle est très remarquée.
1961	Le 6 février, elle rencontre pour la première fois Gérald Godin à Trois-Rivières après un spectacle. Du 13 au 19 février, chante en première partie du spectacle de Gilbert Bécaud à la Comédie-Canadienne. Trophée de la meilleure diseuse de l'année au Congrès du spectacle. Au mois d'août, elle s'installe définitivement à Montréal. De novembre 1961 à février 1962, elle joue dans *L'Opéra de quat'sous* à l'Orphéum.
1962	Premier microsillon : *Enfin... Pauline Julien,* chez Columbia. Trophée de la meilleure diseuse de l'année au Congrès du spectacle. Le 9 novembre, elle donne son premier grand récital solo dans la salle du séminaire Saint-Joseph de Trois-Rivières.
1963	Deuxième microsillon : *Pauline Julien,* chez Columbia. Joue dans le film *Fabienne sans son Jules* de Jacques Godbout.

1964 En mai, Pauline Julien et Gérald Godin emménagent rue Selkirk. Du 4 au 6 août, elle participe au Festival de la chanson de Sopot en Pologne et remporte le deuxième prix d'interprétation avec *Jack Monoloy* de Gilles Vigneault. Crée un émoi en octobre en refusant de chanter devant la reine à Charlottetown. Joue au cinéma dans *La Terre à boire* de Jean-Paul Bernier. En novembre, donne un spectacle à la Comédie-Canadienne avec les Cailloux. Enregistré, ce spectacle deviendra : *Pauline Julien à la Comédie-Canadienne.*

1965 Le 3 mars, elle participe au gala du RIN. À partir de juin, elle anime la série d'émissions télévisées *Mon pays mes chansons.* Au gala des artistes, le 12 juin, elle est consacrée diseuse de l'année. Du 26 au 28 novembre, elle donne son premier grand récital à Paris au Théâtre de l'Est parisien. Le 11 décembre, lancement de son microsillon *Pauline Julien chante Raymond Lévesque.*

1966 Elle s'installe à Paris pendant quelques mois pour y poursuivre sa carrière. Donne à partir du 28 mars une série de spectacles à la Tête de l'art. Écrit le premier jet de deux chansons : *Bonjour bonsoir* et *Vivre qui es-tu ?* À la mi-juin, elle enregistre à Paris son microsillon *Pauline Julien chante Boris Vian.* Le lancement a lieu le 14 novembre 1966. Du 4 au 13 octobre, chante à Bobino en première partie de Gilles Vigneault. Du 17 au 20 novembre, donne un grand spectacle solo à la Comédie-Canadienne.

1967-1972 À temps partiel, elle suit des cours universitaires de sciences sociales.

1967 Le 14 mai, elle donne un spectacle à l'Expo-Théâtre. À la fin du mois de mai, elle fait une tournée en Union soviétique. Du 18 au 20 septembre, elle chante en première partie de Vigneault à l'Olympia avec Clémence DesRochers, Claude Gauthier, les Cailloux et Ginette Reno. En novembre, elle achète une fermette à North Hatley. En décembre, elle participe au Festival de la Canción Popular de Cuba.

1968 En janvier, elle fait paraître son microsillon *Suite québécoise.* Le 21 avril, elle participe au congrès d'orientation du MSA et y interprète pour la première fois *Le Temps des vivants* de Gilbert Langevin. Le 27 mai, elle participe au spectacle *Poèmes et chants de la résistance.*

1969 En février, lors de la conférence internationale de la francophonie à Niamey au Niger, elle fait un esclandre en s'écriant : « Vive le Québec libre ! » pendant un discours de Gérard Pelletier. Du 24 juillet au 10 août, elle joue dans la revue *Moi, ma maman m'aime.* En septembre, paraît son microsillon consacré à Gilbert Langevin, intitulé *Comme je crie... comme je chante.*

1970 En mars, elle reçoit le prix Charles-Cros pour *Suite québécoise* paru en France en 1969. Pendant l'été, elle joue dans *Rodéo et Juliette* au théâtre du Canada à Terre des hommes. Du 16 au 23 octobre, elle est emprisonnée aux termes de la *Loi des mesures de guerre.* Du 20 au 22 novembre, elle donne son spectacle *Fragile* à la salle Maisonneuve de la Place des Arts.

1971 Le 24 janvier, elle participe au spectacle *Poème et chants de la résistance 2* au Gesù. En avril, elle lance son microsillon *Fragile* chez Zodiaque et participe au tournage de *Bulldozer,* film de Pierre Harel qui ne sortira qu'en 1974. En mai, elle est invitée par le groupe indépendantiste Rénovation à donner une série de spectacles en Wallonie-Bruxelles. À l'automne, elle fait paraître son microsillon *Au milieu de ma vie, peut-être à la veille de...*

1972 Du 21 au 23 janvier, elle donne son spectacle *Au milieu de ma vie, peut-être à la veille de...* à la salle Maisonneuve de la Place des Arts. Les 7 et 8 février, elle chante à Québec au Grand Théâtre avec l'Orchestre symphonique sous la direction de Neil Chotem. Du 23 au 27 mai, chante au Théâtre des Nations (théâtre Récamier) à Paris, invitée par Jean-Louis Barrault. En juin, elle termine le tournage de *La Mort d'un bûcheron* de Gilles Carle, film qui sortira en janvier 1973. Les 8 et 9 août, elle fait salle comble à la salle Wilfrid-Pelletier avec l'Orchestre symphonique de Montréal. Le 25 novembre, elle fait seule un Musicorama à l'Olympia ; son tour de chant est radiodiffusé sur Europe n° 1.

1973 Le 17 mars, elle chante au Grand Théâtre de Québec et le lendemain, elle remporte un grand succès à la salle Wilfrid-Pelletier de la Place des Arts. Au début de mai paraît son microsillon *Allez voir, vous avez des ailes*. Elle participe au récital *Poèmes et chants de la Résistance 3* au centre Paul-Sauvé. Du 7 au 10 juin, elle représente la radio de Radio-Canada au Festival international de la chanson de Spa. Le 8 septembre, elle chante à Delémont en Suisse devant une foule d'indépendantistes jurassiens. Le 6 octobre, elle participe à la deuxième édition du *Québec-Presse chaud* au centre Paul-Sauvé. En novembre paraît son microsillon consacré à Gilles Vigneault, *Pour mon plaisir*. À la fin de l'automne, elle emménage au carré Saint-Louis.

1974 Du 22 janvier au 9 février, elle donne un spectacle au Théâtre de la Ville à Paris. À la fin du mois de mai, elle participe à Rome au festival Premio Roma. En octobre, elle lance son microsillon *Licence complète*. Du 25 octobre au 3 novembre, elle chante au Théâtre de la Renaissance.

1975 En janvier, elle reçoit le prix Calixa-Lavallée de la Société Saint-Jean-Baptiste. En mai, elle fait une deuxième tournée en Union soviétique. Le 23 juin, elle chante *La moitié du monde est une femme* sur le mont Royal lors des fêtes de la Saint-Jean. Le 13 septembre, elle participe à la fête de l'Humanité à Paris. Du 29 septembre au 5 octobre, elle donne un récital au TNM qui sera enregistré sur disque : *Pauline Julien en scène*.

1976 Du 10 au 25 février, elle chante au théâtre Gérard-Philipe à Saint-Denis en banlieue de Paris. Le 16 novembre, le lendemain de la victoire du PQ, elle chante au Stadium à Paris avec Raymond Lévesque et Félix Leclerc. Le 17 décembre, elle donne un spectacle au Vélodrome pour célébrer la victoire du PQ.

1977 En mars, elle fait le lancement à Montréal de son microsillon consacré à Brecht, *Tout ou rien*. En septembre, elle enregistre son microsillon *Femmes de paroles*. Du 12 au 16 octobre 1977, elle donne le spectacle *Femmes de paroles* à l'Outremont. Du 15 novembre au 30 décembre, elle chante au Palais des Arts à Paris.

1978 En septembre 1978, le ministère de la Justice du Québec reconnaît avoir détenu Pauline Julien par erreur du 16 au 24 octobre 1970. Le 5 octobre, lors de la semaine culturelle du Québec à l'université Berkeley, à San Francisco, elle joue dans *On va vous conter une histoire*. En octobre, elle fait paraître son microsillon intitulé *Mes amies d'filles*. Du 18 au 20 octobre, au Centre national des Arts à Ottawa, elle fait partie de la distribution des *Sept Péchés capitaux*, de Brecht, avec les Grands Ballets canadiens.

1979 À l'automne paraît le microsillon du spectacle *Les Sept Péchés capitaux*.

1980 Du 30 janvier au 24 février, elle chante au Petit Forum des Halles à Paris. En septembre, à la Place des Nations de Terre des hommes, elle participe à un spectacle en hommage à Gilles Vigneault intitulé *Je vous entends chanter*. Le 10 septembre, elle lance son microsillon *Fleurs de peau*. Du 23 au 27 septembre, elle donne au TNM à Montréal son spectacle *Fleurs de peau*. Le 18 octobre 1980, elle participe au Cégep du Vieux-Montréal à une soirée politique de chansons et poèmes pour commémorer le dixième anniversaire de la Crise d'octobre 1970. Du 21 octobre au 3 novembre, Pauline redonne son spectacle à la salle Octave-Crémazie du Grand Théâtre de Québec.

1981 Le 9 février, elle donne un récital dans la grande salle du Palais des Beaux-Arts à Bruxelles. À la fin du mois de septembre elle fait une longue tournée dans l'Ouest canadien. En octobre est lancée une émission à la télévision belge dont le titre est *Un homme, une ville*, dans laquelle Pauline présente la ville de Montréal.

1982 Au début de janvier paraît son microsillon *Charade*. Du 16 mars au 4 avril, elle donne un spectacle au théâtre Gaîté-Montparnasse. Le 9 avril, elle est invitée au Printemps de Bourges.

1983 Le 30 juin, elle donne un important spectacle à Saint-Malo.

1984 Du 18 janvier au 19 février, elle joue dans *Grandeur et décadence de la ville de Mahoganny* de Brecht au théâtre de Quat'sous à Montréal. En septembre 1984, elle joue dans la reprise des *Fées ont soif*, de Denise Boucher.

1985 En janvier paraît à Paris son microsillon *Où peut-on vous toucher ?* qui lui mérite une deuxième fois le prix Charles-Cros. Du 30 avril au 5 mai, elle donne un spectacle à Bobino. Du 9 au 12 mai, elle fait un dernier spectacle, *Où peut-on vous toucher ?*, au Club Soda. Le 14 juillet elle participe à la soirée de fermeture du festival d'été de Québec. À l'automne, à la suite d'un voyage en Inde et au Népal, elle décide de ne plus donner de spectacles solos.

1986 En juillet, elle déménage rue Pontiac, puis elle assiste en Israël avec Denise Boucher au Congrès des femmes de la musique.

1987 En juin, elle est la première récipiendaire du prix Pauline-Julien des Métallurgistes unis d'Amérique. Le 14 novembre à Seraing en Belgique a lieu la première de *Gémeaux croisées*.

1988 Du 10 au 22 mai, elle donne avec Anne Sylvestre son spectacle *Gémeaux croisées* au théâtre Déjazet à Paris. Du 6 au 18 septembre, représentations de *Gémeaux croisées* à l'Espace Go à Montréal.

1989 Au début de mai, son livre *Népal : L'Échappée belle* paraît aux Éditions VLB. Le 10 octobre, à Trois-Rivières, première mondiale de la version française du film *Québec... Un peu... beaucoup... passionnément*, de Dorothy Todd Hénaut.

1990 Le 4 janvier 1990, elle épouse Gérald Godin à Trois-Rivières. Au printemps, elle joue avec Carbone 14 dans *Rivages à l'abandon*, une pièce de Heiner Müller. Du 5 septembre au 20 octobre, elle donne avec Hélène Loiselle un spectacle de chansons et poèmes *Voix parallèles*, sous la direction de Lorraine Pintal.

1991 Du 3 juillet au 20 août 1991, elle joue à Trois-Pistoles dans *La Maison cassée*, pièce de Victor-Lévy Beaulieu.

1992 En juin, elle joue dans *Les Muses au musée* au Musée d'art contemporain.

1993 De février à juin, elle séjourne au Burkina-Faso pour le CECI, un organisme d'aide humanitaire.

1994 En juin, lors d'une fête en son honneur, elle est reçue Chevalier des arts et des lettres de France. Le 12 octobre s'éteint Gérald Godin avec qui elle partageait sa vie depuis plus de trente ans.

1997 En juin, elle est reçue Chevalier de l'Ordre national du Québec.

1998 Le 6 avril, elle lance son livre *Il fut un temps où l'on se voyait beaucoup*, chez Lanctôt éditeur. Elle est trouvée morte le matin du 1er octobre.

DISCOGRAPHIE

ENFIN... PAULINE JULIEN, 1962 : Alors (Éliane Lubin) – La Marquise Coton (Jean-Pierre Ferland / Pierre Brabant) – La rue s'allume (Louis Ducreux / André Popp) – La Complainte du marin (Clémence DesRochers / Claude Léveillée) – Et c'est pour ça qu'on s'aime (V.Telly / Ch. Borel-Clerc) – La Piouke (Françoise Bujold / Hervé Brousseau) – Quand l'amour est mort (Gilbert Bécaud / Pierre Delanoé) – Jack Monoloy (Gilles Vigneault) – La Chanson de Prévert (Serge Gainsbourg) – Ton Nom (Claude Gauthier) – On n'oublie rien (Jacques Brel / G. Jouannest) – La Fille des bois (Pierre Mac Orlan / Léo Ferré) – Columbia, FL290 mono / FS 536 stéréo. [Réédition, 1967 : *Pauline Julien*, collection « Poésie et chanson », Harmonie (Columbia) HFS-9063.]

SOLIDAD ET BARBARIE RACONTENT LE YEN MAGIQUE ET CHASATONGA, 1963 : (collectif), Harmony (Columbia), HFL, 8002, 1963. Textes pour enfants d'André Douaire (Denise Marsan) dits et chantés par André Cailloux (Barbarie) et Pauline Julien (Solidad). Musique Herbert Ruff.

PAULINE JULIEN, 1963 : Face 1. Ma jeunesse (Gilles Vigneault) – Les Colombes (Pierre Létourneau) – El Señor (Gilles Vigneault / Claude Léveillée) – Mon mari est parti (Anne Sylvestre) – T'en as (Léo Ferré) – L'Amour (Léo Ferré) Face 2. Est-ce ainsi que les hommes vivent ? (Louis Aragon / Léo Ferré) – Jean du Sud (Gilles Vigneault) – J'entends, j'entends (Louis Aragon / Jean Ferrat) – Le Rendez-vous (Gilles Vigneault / Claude Léveillée) – L'Amour quotidien (Manouchka) – Vingt ans (Léo Ferré) – Columbia, FL296 mono / FS 542 stéréo. Direction musicale et arrangements : Serge Garant.

PAULINE JULIEN À LA COMÉDIE-CANADIENNE, 1965 : Face 1. Toi le printemps (Christian Larsen / Pierre Calvé) – J'ai mangé un agent de police (J.-C. Massoulier / Henri Salvador) – Les quat'cents coups (Léo Ferré) – La Parade du suicide (Pier Paolo Pasolini / Giovanni Fusca) – Cinématographe (Boris Vian / Jimmy Walter – Quand les bateaux s'en vont (Gilles Vigneault / Pierre Calvé) – Face 2. Les Progrès d'une garce (Pierre Mac Orlan / V. Marceau) – Toi l'homme (Françoise Lô / Barbara) – La Chanson de Barbara (Bertolt Brecht (traduction de Boris Vian) / Kurt Weill) – Stanilas (Ricet Barrier / Bernard Lelou) – Je me jette (Alberto Moravia / Gino Marinuzzi jr) – Bilbao Song (Bertolt Brecht (traduction de Boris Vian) / Kurt Weill) – Columbia, FL 317 / FS 563. Enregistré en novembre 1964 à la Comédie-Canadienne. Direction musicale et arrangements : François Cousineau. [En Europe : *Pauline Julien en récital*, Harmonie (Columbia) HFS-9073.]

PAULINE JULIEN CHANTE RAYMOND LÉVESQUE, 1965 : Face 1. Dans la tête des hommes (Raymond Lévesque) – J'en ai marre (Raymond Lévesque) – Lettres de mon moulin (Raymond Lévesque) – Les Bûcherons (Raymond Lévesque) – Mon cœur (Raymond Lévesque) – Blouson noir (Raymond Lévesque) – Le Suicide (Raymond Lévesque / François Cousineau) – Douces Fées (Raymond Lévesque) – Les Trous de la ceinture (Raymond Lévesque) – Reine du strip-tease (Raymond Lévesque) – La Maison de santé (Wa wa wa) (Raymond Lévesque) – Gamma, GM 103. Direction musicale et arrangements de François Cousineau. [Réédition CD : Gamma UBK 4096, 1999.]

PAULINE JULIEN CHANTE BORIS VIAN, 1966 : Face 1. La Chasse à l'homme (Boris Vian et Charles Auzepy / Michelle Auzepy) – L'Amour en cage (Boris Vian / Jimmy Walter) – La Java martienne (Boris Vian / Alain Coraguer) – Les Lésions dangereuses (Boris Vian / Jimmy Walter) – Sans lui (Boris Vian / Jimmy Walter) – Suicide-valse (Boris Vian / Jimmy Walter – Face 2. Fais-moi mal Johnny (Boris Vian / Alain Coraguer) – La fugue (Boris Vian / Jimmy Walter) – Je chasse (Boris Vian /

I. Muller) – La Java des bombes atomiques (Boris Vian / Alain Coraguer) – Ne vous mariez pas les filles (Boris Vian / Alain Coraguer) – Le temps passe (Boris Vian / Claude Laurence) – Bilbao Song (Bertold Brecht (Boris Vian) / Kurt Weill) – Gamma GS-107. Orchestrations de Jimmy Walter, Bernard Gérard, Jean-Claude Petit et François Cousineau. [Réédition CD : Gamma UBK 4097, 1999.] [En Europe : *Pauline Julien chante Boris Vian,* Gamma 68523, également *Pauline Julien chante Boris Vian,* CBS 62764.] Contenu et pochette différents : orchestrations de Jimmy Walter, Bernard Gérard et Jean-Claude Petit. Face 1. Je chasse – L'Amour en cage – La Java martienne – Les Lésions dangereuses – Fugue – Suicide-valse – Face 2. Ne vous mariez pas les filles – Le temps passe – Java des bombes atomiques – Chasse à l'homme – Sans lui – Bilbao Song – [Réédition 1978, CBS 82948.]

SUITE QUÉBÉCOISE, 1968 : Face A. La Grenouille (Raymond Lévesque) – Le Chinois (Georges Dor) – Ah que l'hiver (Gilles Vigneault) – L'Homme de ma vie (Clémence Desrochers / Pierre F. Brault) – La Chanson difficile (Georges Dor) – Face B. Bozo-les-culottes (Raymond Lévesque) – Les Ancêtres (Georges Dor) – La Manic (Georges Dor) – On dégringole (Jean-Pierre Ferland) – Les Gens de mon pays (Gilles Vigneault) – Gamma GMS 112. Direction musicale : François Cousineau. [En Europe : *Suite québécoise,* SFP 14026, 1969.] [Réédition CD : Gamma UBK 4098, 1999.]

COMME JE CRIE... COMME JE CHANTE, 1969 : Face 1. Comme je crie... comme je chante (Gilbert Langevin / François Cousineau) – Il y a (Gilbert Langevin / François Cousineau) – Le Baraubord (Gilbert Langevin / François Cousineau) – La vie continue (Gilbert Langevin) – Exil (Gilbert Langevin / Jean Fortier) – Urba (Gilbert Langevin / Jacques Perron) – Face 2. J'entrevois (Gilbert Langevin / François Cousineau) – La solitude encore (Gilbert Langevin / François Cousineau) – Les Chasseurs de pucelles (Gilbert Langevin / François Cousineau [nom écrit sur la pochette]. F. Dervieux [nom écrit sur le disque]) – Suzanne (Leonard Cohen, traduction et adaptation de Gilbert Langevin) – Le Temps des vivants (Gilbert Langevin / François Cousineau) – Gamma, GS 125. Direction musicale et arrangements : François Cousineau et Jacques Perron. [Réédition CD : Gamma UBK 4099, 1999.]

PAULINE JULIEN, 1969 : Toi le printemps (Christian Larsen / Pierre Calvé) – Dans la tête des hommes (Raymond Lévesque) – Bozo-les-culottes (Raymond Lévesque) – Moi, j'en ai marre (Raymond Lévesque) – La Java martienne (Boris Vian / Alain Coraguer) – Fais-moi mal, Johnny (Boris Vian / Alain Coraguer) – Le Chinois (Georges Dor) – La Manic (Georges Dor) – Le Tango des matelots (Bertolt Brecht / Kurt Weill) – Bilbao Song (Bertolt Brecht (Boris Vian) / Kurt Weill – La Chanson difficile (Georges Dor). Radio-Canada Transcription 289.

FRAGILE, 1971 : Face 1. Un nouveau jour (Jacques Michel) – Bonjour, bonsoir (Pauline Julien / Stéphane Venne) – Chanson entre nous (Pauline Julien / Stéphane Venne – J'ai l'goût du goût (Pauline Julien / Jacques Crevier) – L'Amour déconfituré (Jean-Claude Germain / Michel Garneau) – Face 2. Je ne voyais pas que j'avais besoin de toi (Stéphane Venne) – Les Femmes (Pauline Julien / Michel Robidoux) – Le Rendez-vous (Gilles Vigneault / Claude Léveillée) [poème intégré de Clémence DesRochers] – C'était hier (Pauline Julien / Jacques Perron) – Vivre qui es-tu (Pauline Julien / Jacques Perron) – Zodiaque ZO-6900. Direction musicale : Gaston Brisson. Arrangements : Michel Bordeleau (batterie), Jean-Guy Chapados (basse), Red Mitchell (guitare) Louis-Philippe Pelletier (orgue), Gaston Brisson (piano). Production : Yvan Dufresne.

AU MILIEU DE MA VIE, PEUT-ÊTRE À LA VEILLE DE..., 1971 : Face 1 Au milieu de ma vie, peut-être à la veille de... (Pauline Julien / Gaston Brisson et Jacques Perron) – Mon folklore à moué (Jean-Claude Germain / Lawrence Lepage) – La Vie à mort (Pauline Julien / Jacques Perron et Pierre Ringuet) – Je vous aime (Réjean Ducharme / Jacques Perron) – Eille (Pauline Julien / Jacques Perron) – Face 2. Déménager ou rester là (Réjean Ducharme / Robert Charlebois) – 8 heures 10 (Michel Tremblay / Pauline Julien) – La Corriveau (Gilles Vigneault) – Trois milliards d'hommes (Raymond Lévesque / Lee Gagnon et Cyrille Beaulieu) – L'Étranger (Pauline Julien / Jacques Perron) – Zodiaque, ZOX 6002. Arrangements de Gaston Brisson (piano et orgue), Jacques Perron (piano et orgue), André Parenteau (basse), Serge Vallières (guitare), Pierre Ringuet (batterie). Production : Yvan Dufresne.[En Europe : Vogue, LDM301115, 1977.]

LA LIBERTÉ EN MARCHE BRUXELLES-WALLONIE , 1971 : (collectif) Un nouveau jour (Jacques Michel) – Bozo-les-culottes (Raymond Lévesque) – Eille (Pauline Julien / Jacques Perron) – Le

Temps des vivants (Gilbert Langevin / François Cousineau) – Extraits des discours de Lucien Outers, Rénovation LP 001.

POÈMES ET CHANTS DE LA RÉSISTANCE 2, 1971 : (collectif) Le Temps des vivants (Gilbert Langevin / François Cousineau) – Eille (Pauline Julien / Jacques Perron) – Les Gens de mon pays (Gilles Vigneault) [duo avec Gilles Vigneault] – Album double. Trans-World, RE 604. Enregistré au Gesù, à Montréal, le 24 janvier 1971. Production : Yvan Dufresne.

LES GRANDS SUCCÈS DE PAULINE JULIEN, 1972 : (compilation) La Manic (G. Dor) – Lettres de mon moulin (R. Lévesque) – Suzanne (L. Cohen (Traduction de G.Langevin)) – Urba (G. Langevin / J. Perron) – Comme je crie comme je chante (G. Langevin / F. Cousineau) – La Chanson difficile (G. Dor) – Le Chinois (G. Dor) – Dans la tête des hommes (R. Lévesque) – Le Temps des vivants (G. Langevin / F. Cousineau) – Bozo-les-culottes (R. Lévesque) – Bilbao Song (B. Brecht (B. Vian) / K. Weill) – Les Bûcherons (R. Lévesque) – Les Trous de la ceinture (R. Lévesque) – Exil (G. Langevin / J. Fortier) – Les Chasseurs de pucelles (G. Langevin / F. Cousineau) – Les Lésions dangereuses (B. Vian / J. Walter) – Les Gens de mon pays. (G. Vigneault) – Album double. Volume 1, Gamma G2-1001 [En Europe : CBS 67245 / SFP 54021 / 2] [Réédition CD : AGEK 2215, n° 1, 1999.]

LES CHANSONNIERS DU QUÉBEC, 1972 : (collectif) Le Temps des vivants (Gilbert Langevin / François Cousineau) – La Chanson difficile (Georges Dor) – Ah que l'hiver (Gilles Vigneault) – La Manicoutai (Gilles Vigneault) – Bonjour, bonsoir (Pauline Julien / Stéphane Venne) – Album double. Radio-Canada international 360 / 361.

LES GRANDS SUCCÈS DE PAULINE JULIEN, 1973 : (compilation) Son cœur (R. Lévesque) – Douces Fées (R. Lévesque) – Moi j'en ai marre (R. Lévesque) – La Maison de santé (R. Lévesque) – Fais-moi mal Johnny (B. Vian / A. Coraguer) – L'Amour en cage (B. Vian / J. Walter) – Je chasse (B. Vian / I. Muller) – Fugue (B. Vian / J. Walter) – La Java des bombes atomiques (B. Vian) – Sans lui (B. Vian / J. Walter) – Ne vous mariez pas les filles (B. Vian / A. Coraguer) – Bilbao Song (B. Brecht (B. Vian) / K. Weill) – La Java martienne (B. Vian / A. Coraguer) – La Grenouille (R. Lévesque) – L'Homme de ma vie (C. DesRochers / P. F. Brault) – La vie continue (G. Langevin / J. Fortier) – J'entrevois (G. Langevin / F. Cousineau) – Les Ancêtres (G. Dor) – Il y a (G. Langevin / F. Cousineau) – Album double. Volume 2, Gamma G2-1014. [En Europe : Gamma G21014, 1978.] [Réédition CD : AGEK n° 2, 1999.]

ALLEZ VOIR, VOUS AVEZ DES AILES, 1973 : Face I. Chus tannée Roger... (Michel Tremblay / François Dompierre) – J'te dis c'que j'pense sans y penser (Jean-Claude Germain / Michel Robidoux) – Parle-moué pus d'Matane (Jean-Claude Germain / Jacques Perron) – Ah si jamais (Odette Gagnon / Louis-Philippe Pelletier) – L'Extase (Pauline Julien / Jacques Perron) – Face II. Le plus beau voyage (Claude Gauthier / Claude Gauthier et Yvan Ouellette) – Allez voir, vous avez des ailes (Michel Tremblay / François Dompierre) – La Croqueuse de 222 (Michel Tremblay / Pierre Leduc) – Comme si (Pauline Julien / Gaston Brisson) – L'Âme à la tendresse (Pauline Julien / François Dompierre) – Lettre de ti-cul Lachance à son premier sous-ministre (Gilles Vigneault) – Zodiaque, ZOX 6007. Direction musicale : François Dompierre. Arrangements et production : François Dompierre et Jacques Perron. [En Europe : *Allez voir, vous avez des ailes*. DECCA 278046, 1975.] Contenu différent : Face I. L'Amour déconfituré (Jean-Claude Germain / Michel Garneau) – Vivre, qui es-tu ? (Pauline Julien / Jacques Perron) – Je vous aime (Réjean Ducharme / Jacques Perron) – Eille (Pauline Julien / Jacques Perron) – Déménager ou rester là (Réjean Ducharme / Robert Charlebois) – La Corriveau (Gilles Vigneault) – Face II. L'Étranger (Pauline Julien / Jacques Perron) – Parle-moé pus de Matane (Jean-Claude Germain / Jacques Perron) – Le plus beau voyage (Claude Gauthier / Claude Gauthier et Yvan Ouellette) – Allez voir, vous avez des ailes (Michel Tremblay / François Dompierre) – La Croqueuse de 222 (Michel Tremblay / Pierre Leduc) – L'Âme à la tendresse (Pauline Julien / François Dompierre).

POÈMES ET CHANTS DE LA RÉSISTANCE 3 , 1973 : (collectif) Lettre de ti-cul Lachance à son premier sous-ministre (Gilles Vigneault) – Album double. Résistance 2-603. Enregistré en mai 1973 à l'aréna Paul-Sauvé de Montréal.

POUR MON PLAISIR... GILLES VIGNEAULT, 1973 : Face A. La Danse à Saint-Dilon (Gilles Vigneault) – C'est aujourd'hui (Gilles Vigneault) – Gros Pierre (Gilles Vigneault) – La Complainte du temps perdu (Gilles Vigneault – Larguez les amarres (Gilles Vigneault) – Face B. La Manicoutai (Gilles Vigneault) – Berlue (Gilles Vigneault) – Les Corbeaux (Gilles Vigneault) – Il me reste un pays (Gilles Vigneault) – Ah que l'hiver ! (Gilles Vigneault) – Zodiaque, ZOX 6014. Direction musicale : Jacques Perron et Claude Lafrance. Production : Jacques Perron. [En Europe : *Pauline Julien chante Vigneault,* Decca 278032, 1974.]

LICENCE COMPLÈTE, 1974 : Face A. La Chanson des hypothéqués (Gérald Godin / Gaston Brisson) – Tu parles trop (Pauline Julien / François Cousineau) – L'Américaine (Jean-Claude Germain / Germain Gauthier) – Litanie des gens gentils (Pauline Julien / Richard Grégoire) – 8 heures 10 (As-tu deux minutes ?) (Michel Tremblay / Pauline Julien) – Face B. C'est ma fête (Michel Tremblay / Jacques Marchand) – À la dérive (Gilbert Langevin / Richard Grégoire) – Toi, les hommes (Pauline Julien / Claude Dubois) – Dans l'temps comme dans l'temps (Gilbert Langevin / Jacques Perron) – Le Voyage à Miami (Luc Plamondon / François Cousineau) – Mommy (Gilles Richer / Marc Gélinas) – ZOX 6018. Direction musicale et arrangements : Jacques Marchand. Production : Richard Grégoire.

L'AUTOMNE SHOW, 1975 : (collectif) Litanie des gens gentils (Pauline Julien / Richard Grégoire) – Mommy (Gilles Richer / Marc Gélinas) – Rival RV-1. Enregistré au colisée Jean-Béliveau les 19 et 20 octobre 1974. Production : C.E.L. Rival.

ALBUM SOUVENIR, 1975 : (compilation) La Manic (G. Dor) – Les Bûcherons (R. Lévesque) – Les Gens de mon pays (G. Vignault) – Bozo-les-culottes (R. Lévesque) – Les Chasseurs de pucelles (G. Langevin / F. Cousineau) – Fugue (B. Vian / J. Walter) – Fais-moi mal Johnny (B. Vian / A. Coraguer) – La Grenouille (R. Lévesque) – L'Homme de ma vie (C. Desrochers / P. F. Brault) – Sans lui (B. Vian / J. Walter) – Alta LT-809.

QUI ÊTES-VOUS PAULINE JULIEN ?, 1975 : Ah que l'hiver ! (Gilles Vigneault) – La Chanson difficile (Georges Dor) – Je ne voyais pas (Stéphane Venne) – Bonjour bonsoir (Pauline Julien / Stéphane Venne) – C'était hier (Pauline Julien / Jacques Perron) – Le Temps des vivants (Gilbert Langevin / François Cousineau) – Radio-Canada international F- 681. Entrevue avec Andréanne Lafond.

PAULINE JULIEN EN SCÈNE, 1975 : Face A. L'Extase (Pauline Julien / Jacques Perron) – L'Étranger (Pauline Julien / Jacques Perron) – La Frissonneuse (Jacques Godbout et Jacqueline Barette / François Dompierre) – C'est marqué sur'l'journal (Pauline Julien / Jacques Marchand) – Litanie des gens gentils (Pauline Julien / Richard Grégoire) – L'Âme à la tendresse (Pauline Julien / François Dompierre) – Face B. Insomnie blues (Pauline Julien / François Dompierre) – Faudrait (Complainte) (Réjean Ducharme / Jacques Perron) – Poulapaix (Gérald Godin / Gaston Brisson) – Mommy (Gilles Richer / Marc Gélinas) – Le plus beau voyage (Claude Gauthier / Claude Gauthier / Yvon Ouellette) – La Danse à Saint-Dilon (Gilles Vigneault) – Deram (London), XDEF.124. Enregistré au Théâtre du Nouveau Monde en septembre 1975. Direction musicale et arrangements : Jacques Marchand. Production : Yves Lapierre. [En Europe : *En scène,* DERAM (London) 260008, 1977.]

TOUT OU RIEN, 1976 : Face A. Chanson de la survivance (Bertolt Brecht (Beno Besson et Geneviève Serreau) / Paul Dessau) – Chanson de la prostituée (Bertolt Brecht (Boris Vian) / Kurt Weill) – Chanson du suicide (Bertolt Brecht (Geneviève Serreau) / Kurt Weill) – Chanson de l'amour fou (Bertolt Brecht (Boris Vian) / Kurt Weill) – Chanson des bienfaits de la boisson (Bertolt Brecht (René Dionne) / Hanns Eisler) – Face B. Chanson de l'humiliation (Bertolt Brecht (Boris Vian) / Kurt Weill) – Chanson des toilettes (Bertolt Brecht (René Dionne) / Bertolt Brecht) – Chanson de la vanité des biens de ce monde (Bertolt Brecht (René Dionne) / Kurt Weill) – Chanson du capitalisme (Bertolt Brecht (Geneviève Serreau) / Kurt Weill) – Chanson de la solidarité (Bertolt Brecht (René Dionne) / Hanns Eisler) – Telson, AE-1502. Enregistré au théâtre Gérard-Philipe de Saint-Denis les 20 et 21 février 1976. Lancé au Québec en mars 1977. Direction musicale : Jacques Marchand. Production : Unitélédis. [En Europe : UNITELEDIS UN121276.]

LE MEILLEUR DE PAULINE JULIEN , 1976 : (compilation) La Danse à St-Dilon (G. Vigneault) – Gros Pierre (G. Vigneault) – C'est ma fête (M. Tremblay / J. Marchand) – Le plus beau voyage (C. Gauthier) – Au milieu de ma vie, peut-être à la veille de... (P. Julien / G. Brisson et J. Perron) –

Déménager ou rester là (R. Ducharme / R. Charlebois) – Lettre de ti-cul Lachance à son premier sous-ministre (G. Vigneault) – Le Voyage à Miami (L. Plamondon / F. Cousineau) – Un nouveau jour va se lever (J. Michel) – J'ai l'goût du goût (P. Julien / J. Crevier) – 8 heures 10 (As-tu deux minutes ?) (M. Tremblay / P. Julien) – Parle-moi pus d'Matane (J.-C. Germain / J. Perron) – Allez voir, vous avez des ailes (M. Tremblay / F. Dompierre) – L'Amour déconfituré (J.-C. Germain / M. Garneau) – La moitié du monde est une femme (Jacqueline Lemay) – La croqueuse de 222 (M. Tremblay / P. Leduc) – La Manicoutai (G. Vigneault) – L'Âme à la tendresse (P. Julien / F. Dompierre) – Chus tannée Roger (M. Tremblay / F. Dompierre) – C'est marqué su'l journal (P. Julien / J. Marchand) – Album double. Trans-World TWK-6521 / 6522. [Réédition : Total DT 22022 / 22023, 1978.]

FEMMES DE PAROLES, 1977 : Face A. Quatre murs (Jimmy Reeves, adapté par Annie Leclerc, de Chicoutimi) Rassurez-vous monsieur (Pauline Julien / Jacques Marchand) –Peur de... (Denise Boucher / Gaston Brisson) – La Rue (Odette Gagnon et Madeleine Gagnon / Jacques Marchand) – Marie m 'a dit (Denise Boucher / Jacques Marchand) – Non tu n'as pas de nom (Anne Sylvestre) – Face B. Une sorcière comme les autres (Anne Sylvestre) – Chanson pour Margaret (Denise Boucher et Pauline Julien / Jacques Perron) – Saluts (Pauline Julien / Jacques Perron) – Rire (Pauline Julien / Jacques Perron) – Urgence d'amour (Pauline Julien et Madeleine Gagnon / Jacques Marchand) – Kébec Disc, KD-935. Direction musicale et orchestration : Jacques Marchand. Production : Pauline Julien. [En Europe : *Femme de parole*, KÉBEC DISC RCA KDL6442, 1978.]

MES AMIES D'FILLES, 1978 : Face A. La Cree (Michel Tremblay / François Cousineau) – Anne Gervais (Michel Tremblay / François Cousineau) – Rupture (Michel Tremblay / François Cousineau) – Quatorze à table (Michel Tremblay / François Cousineau) – Face B. Après la crise (Michel Tremblay / François Cousineau) – Le Rêve de la sauceuse de chocolat (Michel Tremblay / François Cousineau) – Le Bonheur (Michel Tremblay / François Cousineau) – Réveil (Michel Tremblay / François Cousineau) – Portrait de mes aïeules (Anne Sylvestre) – Kébec Disc, KD-949. Arrangements : Guy Richer et Réjean Yacola. Production : Pauline Julien. [En Europe : KÉBEC DISC KDL6472, 1978.]

MES PLUS GRANDS SUCCÈS ET AUTRES SURPRISES, 1978 : (compilation) La Croqueuse de 222 (M.Tremblay / P. Leduc) – 8 heures 10 (M.Tremblay / P. Julien) – Chu tannée Roger (M. Tremblay / F. Dompierre) – Parle-moé pus d'Matane (J.-C. Germain / J. Perron) – Lettre de ti-cul Lachance à son premier sous-ministre (G. Vigneault) – Les Femmes (P. Julien / M. Robidoux) – La Danse à Saint-Dilon (G. Vigneault) – Le Voyage à Miami (L. Plamondon / R. Charlebois) – Gros Pierre (G. Vigneault) – Un nouveau jour va se lever (J. Michel) – Ah que l'hiver (G. Vigneault) – Bonjour, bonsoir (P. Julien / S. Venne) – Entre nous (P. Julien / S. Venne) – Le rendez-vous (G. Vigneault / C. Léveillée) – Toi, les hommes (P. Julien / C. Dubois) – Mommy (G. Richer / M. Gélinas – Archives du disque québécois AQ 21041.

LES SEPT PÉCHÉS CAPITAUX, 1979 : (collectif) Face A. Prologue. La Paresse. L'Orgueil. La Colère. – Face B. La Gourmandise. La Luxure. L'Avarice. L'Envie. Épilogue – Kébec Disc, KD-977. Livret de Bertolt Brecht. Musique de Kurt Weill. Adaptation de Réjean Ducharme. Orchestration de Jacques Marchand. Avec Pierre Charbonneau, René Lacourse, Roland Richard, Paul Trépanier. Production : Pauline Julien et RCA. [En Europe : RCA PL 37320, 1980.]

JE VOUS ENTENDS CHANTER, 1980 : (collectif) Le Doux Chagrin (Gilles Vigneault) [avec Nicole Croisille, Monique Leyrac, Claude Léveillée, Michel Rivard et Fabienne Thibault].– Ah que l'hiver ! (Gilles Vigneault) – La Corriveau (Gilles Vigneault) – Jack Monoloy (Gilles Vigneault) – Les Gens de mon pays (Gilles Vigneault) [avec Fabienne Thibault et Gilles Vigneault] – Gens du pays (Gilles Vigneault) [avec Nicole Croisille, Monique Leyrac, Claude Léveillée, Michel Rivard, Fabienne Thibault et Gilles Vigneault] – Album double, KÉBEC DISC, KD 507-508. Spectacle hommage à Gilles Vigneault enregistré à la Place des Nations le 5 septembre 1980.

FLEURS DE PEAU, 1980 : Face A. J'pensais jamais qu'j'pourrais faire ça (Pauline Julien, Denise Boucher et Gérald Godin / Jacques Marchand et Jacques Perron) – Je cherche mon chemin (Anne Sylvestre) – Nouvelles Vêpres (Denise Boucher / Réjean Yacola) – D'un soir (Pauline Julien et Denise Boucher / Claude Gauthier) – Peine d'amour minable (Denise Boucher / Jacques Marchand) – Face B. Ce soir je couche mon amie d'fille (Denise Boucher et Pauline Julien / Gaston Brisson)

Cool (Gérald Godin et Pauline Julien / Michel Rivard) – Je n'irai pas au rendez-vous (Pauline Julien / Claude Gauthier et Jacques Perron) – Célébration de la colère (Denise Boucher / Jacques Perron) – Deux vieilles (Clémence Desrochers / Marc Larochelle) – Reneuve (Denise Boucher / François Dompierre) – KÉBEC DISC, KD-995. Direction musicale, orchestration et réalisation : François Dompierre. Arrangements de base : Jacques Perron et Jacques Marchand. Production : Kébec Disc et Pauline Julien. [En Europe : *Fleurs de peau*, KÉBEC DISC KDL6498, 1981.]

LE DISQUE SOUVENIR, 1981 : (compilation) La Danse à Saint-Dilon (G. Vigneault) – Gros Pierre (G. Vigneault) – La Manicoutai (G. Vigneault) – Chus tannée Roger (M. Tremblay / F. Dompierre) – Lettre de ti-cul Lachance à son premier sous-ministre (G. Vigneault) – La Croqueuse de 222 (M. Tremblay / P. Leduc) – 8 heures 10 (M. Tremblay / P. Julien) – Allez voir, vous avez des ailes (M. Tremblay / F. Dompierre) – C'est ma fête (M. Tremblay / J. Marchand) – Au milieu de ma vie, peut-être à la veille de... (P. Julien / G. Brisson et J. Perron) – Le Voyage à Miami (L. Plamondon / R. Charlebois) – Mon folklore à moé (J.-C. Germain / L. Lepage) – Je vous aime (R. Ducharme / J. Perron) – Un nouveau jour va se lever (J. Michel) – Nuage N-008.

CHARADE, 1982 : Face A. Un gars pour moi (Gérald Godin et Pauline Julien / François Cousineau) – L'Arène (St-Cloud) – Presque toi (Pierre Huet, sur une idée de Pauline Julien / St-Cloud) – Insomnie (Pauline Julien / St-Cloud) – De la vie (Pauline Julien / St-Cloud) – Face B. Charade (Pauline Julien / Michel Rivard) – L'Étranger (Pauline Julien / Jacques Perron) – C'était hier (Pauline Julien / Jacques Perron) – L'Étoile du Nord (Gilbert Langevin / Claude Gauthier) – L'Âme à la tendresse (Pauline Julien / François Dompierre) – Mommy (Gilles Richer / Marc Gélinas) – KÉBEC DISC, KD-535. Direction musicale et réalisation : Richard Grégoire. Production : RCA, Kébec Disc et Pauline Julien. [En Europe : RCA KdDL 6500.]

OÙ PEUT-ON VOUS TOUCHER ?, 1985 : Face A. La Peur (Pierre Grosz / Marie-Paule Belle) – Agricole (Pauline Julien / Robert Léger) – Les Oiseaux perdus (Mario Trejo, adaptation française de Gérald Godin [pochette]-Pauline Julien [disque] / Astor Piazzola) – Tu me dis (Suzanne Jacob / Lewis Furey) – Le Voyage à Miami (Luc Plamondon / François Cousineau) – Face B. Maman, ta petite fille a un cheveu blanc (Denise Boucher / Pierre Flynn) – Rien qu'une fois (Anne Sylvestre) – Rock and rose (Denise Boucher / Gerry Boulet) – Les Sentiments (Vivianne Forrester / Marie-Paule Belle) – La Vie oui (Pauline Julien / St-Cloud) – Auvidis, Av 4464 (cassette AV 5464). Arrangements : Bernard Buisson, Claude Simard et Yves D'Angelo.

GÉMEAUX CROISÉES, 1988 : (collectif) Rien qu'une fois faire des vagues (Anne Sylvestre) [avec Anne Sylvestre] – La Chanson de Barbara (B. Brecht / K. Weill) – Comptine (D. Boucher / J.-F. Garneau) [avec A. Sylvestre] – L'Étranger (P. Julien / J.Perron) – Suzanne (Leonard Cohen – adaptation Gilbert.Langevin) – Une Québécoise errante (folklore, adaptation D. Boucher et C. Rochefort) [avec Anne Sylvestre] – L'Homme à la moto (Lieber-Stoller / J. Dréjac) – Non, tu n'as pas de nom (Anne Sylvestre) – Peine d'amour minable (D. Boucher / J. Marchand) – Les Sentiments (V. Forrester / M.-P. Belle) – La vie oui (P. Julien / Saint-Cloud) – Une sorcière comme les autres (Anne Sylvestre) [avec A. Sylvestre] – Album double. Disques Sylvestre, n° 133009, 1988. Enregistré au Théâtre 71 de Malakoff, le 21 novembre 1987 et au théâtre d'Hérouville le 13 mars 1988.

COLLECTION SOUVENIR, 1989 : (compilation sur cassette) La Manic (G. Dor) – La Chanson difficile (G. Dor) – Dans la tête des hommes (R. Lévesque) – Bozo-les-culottes (R. Lévesque) – Bilbao Song (B. Brecht (B. Vian) / K. Weill) – Ah que l'hiver (G. Vigneault) – Reine du strip-tease (R. Lévesque) – Les bûcherons (R. Lévesque) – Les trous de la ceinture (R. Lévesque) – Les gens de mon pays (G. Vigneault) – DMI 2-6112

RÉTROSPECTIVE PAULINE JULIEN, 1993 : (compilation) 8 heures 10 (As-tu deux minutes ?) (M. Tremblay / P. Julien) – La Croqueuse de 222 (M. Tremblay / P. Leduc) – Chus tannée Roger (M. Tremblay / F. Dompierre) – La Danse à Saint-Dilon (G.Vigneault) – Le Voyage à Miami (L. Plamondon / F. Cousineau) – Mommy (G. Richer / M. Gélinas) – Lettre de ti-cul Lachance (G. Vigneault) – Je te dis ce que je pense (J.-C. Germain / M. Robidoux) – Parle-moi pus d'Matane (J.-C. Germain / J. Perron) – La Chanson des hypothéqués (G. Godin / G. Brisson) – Au milieu de ma vie (P. Julien / G. Brisson-J. Perron) – Déménager ou rester là (R. Ducharme / R. Charlebois) – J'ai le goût du goût (P. Julien / J. Crevier) - L'Amour déconfituré (J.-C. Germain / M. Garneau)

– C'était hier (P. Julien / J. Perron) – Allez voir, vous avez des ailes (M. Tremblay / F. Dompierre) – L'Étranger (P. Julien / J. Perron) – Le plus beau voyage (C. Gauthier / C. Gauthier et Y. Ouellette) – Le Rendez-vous (G. Vigneault / C. Léveillée) – Ce soir j'ai l'âme à la tendresse (P. Julien / F. Dompierre) – Je vous aime (R. Ducharme / J. Perron) – CD Mérite 22-1017

PAULINE JULIEN, 1993 : (compilation) Dans la tête des hommes (R. Lévesque) – Son cœur (R. Lévesque) – Les Trous de la ceinture (R. Lévesque) – Reine du strip-tease (R. Lévesque) – La chasse à l'homme (B. Vian et C. Auzepy / M. Auzepy) – Fais-moi mal Johnny (B. Vian / A. Coraguer) – La Java des bombes atomiques (B. Vian / A. Coraguer) – Ne vous mariez pas les filles (B. Vian / A. Coraguer) – Bilbao Song (B. Brecht (B. Vian) / K. Weill) – Le temps passe (B. Vian / B. Vian et C. Laurence) – La Grenouille (R. Lévesque) – Ah que l'hiver ! (G. Vigneault) – L'Homme de ma vie (C. DesRochers / F. Brault) – La Chanson difficile (G. Dor) – Bozo-les-culottes (R. Lévesque) – La Manic (G. Dor) – Les Gens de mon pays (G. Vigneault) – Comme je crie comme je chante (G. Langevin / F. Cousineau) – Suzanne (L. Cohen) – Le Temps des vivants (G. Langevin / F. Cousineau) – Collection « Québec Love » CD Gamma GCD-505. Production : Les disques Gamma / Daniel Lazare.

PAULINE JULIEN, 1996 : (compilation) Alors (É. Lubin) – La Marquise Coton (J.-P. Ferland / P. Brabant) – La rue s'allume (L. Ducreux / A. Popp) – La Complainte du marin (C. DesRochers / C. Léveillée) – La Piouke (F. Bujold / H. Brousseau) – Quand l'amour est mort (G. Bécaud / P. Delanoé) – Jack Monoloy (G. Vigneault) – La Chanson de Prévert (S. Gainsbourg) – Ton nom (C. Gauthier) – On n'oublie rien (J. Brel / G. Jouannest) – La Fille des bois (P. Mac Orlan / L. Ferré) – Les Colombes (P. Létourneau) – El Señor (G. Vigneault / C. Léveillée) – Mon mari est parti (A. Sylvestre) – Est-ce ainsi que les hommes vivent ? (L. Aragon / L. Ferré) – Jean du Sud (G. Vigneault) – Le Rendez-vous (G. Vigneault / C. Léveillée) – Vingt ans (L. Ferré) – Toi le printemps (C. Larsen / P. Calvé) – J'ai mangé un agent de police (J.-C. Massoulier / H. Salvador) – Cinématographe (B. Vian / J. Walter) – Bilbao Song (B. Brecht (B. Vian) / K. Weill) – Au milieu de ma vie, peut-être à la veille de (P. Julien / G. Brisson et J. Perron) – Mon folklore à moué (J.-C. Germain / L. Lepage) – Je vous aime (R. Ducharme / J. Perron) – Déménager ou rester là (R. Ducharme / R. Charlebois) – 8 heures 10 (M. Tremblay / P. Julien) – La Corriveau (G. Vigneault) – Ah ! que l'hiver (G. Vigneault) – L'Étranger (P. Julien / J. Perron) – La Frissonneuse (J. Godbout et J. Barette / F. Dompierre) – C'est marqué sur'l'journal (P. Julien / J. Marchand) – Litanie des gens gentils (P. Julien / R. Grégoire) – L'Âme à la tendresse (P. Julien / F. Dompierre) – Insomnie blues (P. Julien / F. Dompierre) – Faudrait (R. Ducharme / J. Perron) – Poulapaix (G. Godin / G. Brisson) – Mommy (G. Richer / M. Gélinas) – La Danse à St-Dilon (G. Vigneault) – Urgence d'amour (P. Julien et M. Gagnon / J. Marchand) – Non tu n'as pas de nom (A. Sylvestre) – Une sorcière comme les autres (A. Sylvestre) – Rire (P. Julien / J. Perron) – Collection « Les Refrains d'abord », CD SRC / Fonovox VOX 7848-2 (épuisé).

PAULINE JULIEN BERTOLT BRECHT KURT WEILL, 1997 : (compilation) Les sept péchés capitaux (B. Brecht / K. Weill) – Prologue – La Paresse – L'Orgueil – La Colère – La Gourmandise – La Luxure – L'Avarice – L'Envie – Bilbao Song – Tout ou rien – Chanson de la survivance (B. Brecht (B. Besson et G. Serreau) / P. Dessau) – Chanson de la prostituée (B. Brecht (B. Vian) / K. Weill) – Chanson du suicide (B. Brecht (G. Serreau) / K. Weill) – Chanson de l'amour fou (B. Brecht (B. Vian) / K.Weill) – Chanson des bienfaits de la boisson (B. Brecht (R. Dionne) / H. Eisler) – Chanson de l'humiliation (B. Brecht (B. Vian) / K. Weill) – Chanson des toilettes (B. Brecht (R. Dionne) / B. Brecht) – Chanson de la vanité des biens de ce monde (B. Brecht (R. Dionne) / K. Weill) – Chanson du capitalisme (B. Brecht (G. Serreau) / K. Weill) – Chanson de la solidarité (B. Brecht (R. Dionne) / H. Eisler) – CD Fonovox VOX 7893-2. (épuisé)

AU TEMPS DES BOÎTES À CHANSONS À LA BUTTE À MATHIEU, PAULINE JULIEN, 1998 : La Marquise Coton (Jean-Pierre Ferland / Pierre Brabant) – Ton nom (Claude Gauthier) – Jack Monoloy (Gilles Vigneault) – J'entends, j'entends (Louis Aragon / Jean Ferrat) – Le Gros Lulu [inédit] (Manouchka) – Les Rendez-vous (Gilles Vigneault / Claude Léveillée) – Mon mari est parti (Anne Sylvestre) – La complainte du marin (Clémence DesRochers / Claude Léveillée) – El Señor (Gilles Vigneault / Claude Léveillée) – Et c'est pour ça qu'on s'aime (V.Telly / Ch. Borel-Clerc) – T'en as (Léo Ferré) – Je ne peux pas rentrer chez moi [inédit] (Aznavour) – CD Analekta, AN 2 7011. Enregistré à la butte à Mathieu en 1961-1962. Accompagnement au piano : Pierre Brabant.

PAULINE JULIEN PORTRAIT, 1998 : Alors (Éliane Lubin) – La Marquise Coton (Jean-Pierre Ferland / Pierre Brabant) – La rue s'allume (Louis Ducreux / André Popp) – La Complainte du marin (Clémence DesRochers / Claude Léveillée) – La Piouke (Françoise Bujold / Hervé Brousseau) – Quand l'amour est mort (Gilbert Bécaud / Pierre Delanoé) – Jack Monoloy (Gilles Vigneault) – La Chanson de Prévert (Serge Gainsbourg) – Ton nom (Claude Gauthier) – On n'oublie rien (Jacques Brel / G. Jouannest) – La Fille des bois (Pierre Mac Orlan / Léo Ferré) – Les Colombes (Pierre Létourneau) – Fonovox Port 2-1050 ADD. (épuisé)

ŒUVRES DE PAULINE JULIEN

Gémeaux croisées, en collaboration avec Anne Sylvestre et Denise Boucher, Paris, Éditions BEBA, 1988
Népal : L'Échappée belle, en collaboration avec Denise Hébert, Montréal, VLB éditeur, 1989
Il fut un temps où l'on se voyait beaucoup suivi de *Lettres africaines* et de *Tombeau de Suzanne Guité,* Montréal, Lanctôt éditeur, 1998

REMERCIEMENTS

ENTREVUES ET ENTRETIENS TÉLÉPHONIQUES : Pierre André, Gisèle Bar, Julos Beaucarne, Renée Bédard, Anna Birgit, Denise Boucher, Gaston Brisson, Liliane Bruneau, Bernard Buisson, Pierre Calvé, Gilles Carle, Bronwyn Chester, François Cousineau, Jean-Marie da Silva, Jacqueline De Grandmont, Jean-Maurice Dehousse, Jacques de Montmollin, Jean-Marc Desponds, Raymond Devos, Georges Dor, Évelyne Dubois, Yvan Dufresne, Sylvie Dupuy, André Escojido, Louise Escojido, Madeleine Ferron, Sheila Fischman, Maryse Furman, Jacques Galipeau, Claude Gauthier, Roland Giguère, Monique Giroux, Alan Glass, Jacques Godbout, Louisa Godin, Marthe Gonneville, Robert Goulet, Jean-Michel Grémillet, Jean-Paul Guay, Denise Hébert, Paul Hébert, Nicole Hesse, Manon Hotte, Louise Jasmin, Bernard Julien, Fabienne Julien, Marcel Julien, Marthe Julien, Vivianne Julien, Marthe Lanouette, Jean-Claude Lapierre, Paul-Marie Lapointe, Roland Lepage, Jacques Létourneau, Raymond Lévesque, Hélène Loiselle, Lucienne Losier, Pierre Maguelon, Huguette Malvé, Jacques Marchand, Denise Marsan, Jacques Marsauche, Thérèse Marsauche, Françoise Maucq, Dietrich Mohr, Philippe Morand, Jean-Luc et Geneviève Outers, Yetta Outers, Mimi Parent, Hélène Pedneault, Claire Richard, André Romus, Yvette Romus, Brigitte Sauriol, Philippe Scrive, Anne Sylvestre, Gérard Thibault, Michèle Tyssère, Dorothy Todd Hénaut, Gisèle Tremblay, Michel Tremblay, Michel Valette, Gisèle Verreault, Don Winkler, Kim Yaroshevskaya, Christiane Zahm.

AIDE À LA RECHERCHE ET RÉVISION : Gaëtan Beauchamp, André Gervais, Marthe Gonneville, Lucienne Losier, Gisèle Neas, André Sarrazin.

AIDE FINANCIÈRE : Ministère de la Culture et des communications du Québec, Ministère de l'emploi et de la solidarité du Québec, Métallurgistes unis d'Amérique, Caisse populaire Notre-Dame-du-Très-Saint-Sacrement.

INDEX DES PRINCIPAUX NOMS CITÉS

TABLE DES MATIÈRES

OUVRAGE RÉALISÉ PAR
LUC JACQUES, TYPOGRAPHE
ACHEVÉ D'IMPRIMER
EN NOVEMBRE 1999
SUR LES PRESSES DE
MARC VEILLEUX IMPRIMEUR
BOUCHERVILLE
POUR LE COMPTE DE
LEMÉAC ÉDITEUR, MONTRÉAL

DÉPÔT LÉGAL
1re ÉDITION : SEPTEMBRE 1999
(ÉD. 01 / IMP. 02)